基督教文化研究丛书

主编 何光沪 高师宁

初编 第**11**册

20世纪50－90年代川滇黔民族地区基督教调适与发展的研究（上）

秦和平 著

花木兰文化出版社

国家图书馆出版品预行编目资料

20世纪50－90年代川滇黔民族地区基督教调适与发展的研究（上）／秦和平 著 -- 初版 -- 新北市：花木兰文化出版社，2015〔民104〕

目 6+356 面；19×26 公分

（基督教文化研究丛书 初编 第 11 册）

ISBN 978-986-404-204-3（精装）

1. 基督教 2. 传教史

240.8   104002090

ISBN-978-986-404-204-3

9 789864 042043

基督教文化研究丛书
初编 第十一册

ISBN：978-986-404-204-3

20世纪50－90年代川滇黔民族地区基督教调适与发展的研究（上）

作　　者 秦和平

主　　编 何光沪 高师宁

执行主编 张 欣

企　　划 北京师范大学基督宗教文艺研究中心

总 编 辑 杜洁祥

副总编辑 杨嘉乐

编　　辑 许郁翎

出　　版 花木兰文化出版社

社　　长 高小娟

联络地址 台湾 235 新北市中和区中安街七二号十三楼

　　　　　电话：02-2923-1455／传真：02-2923-1452

网　　址 http://www.huamulan.tw 信箱 hml810518@gmail.com

印　　刷 普罗文化出版广告事业

初　　版 2015 年 3 月

定　　价 初编 15 册（精装）台币 28,000 元

20世纪50－90年代川滇黔民族地区
基督教调适与发展的研究（上）

秦和平　著

作者简介

秦和平，男，1952年11月出生，先后在成都五中、成都大学中文系历史专业、中央民族大学历史学习，现系成都西南民族大学西南民族研究院教授，主要从事近现代西南民族史、基督宗教传播史、毒品（鸦片）种禁史、民主改革史等的教学与科研工作。

出版《基督宗教在西南民族地区传播史》、《基督宗教在四川传播史稿》、《西南民族地区毒品危害及其对策》、《四川民族地区民主改革研究》等著作，续修《傈僳族简史》、《怒族简史》。

提　　要

《20世纪50—90年代川滇黔民族地区基督教调适与发展的研究》原名称是《建国以来川滇黔民族地区基督教调适与发展的研究》，是（中国）国家社科基金规划项目（07XMZ002），2010年下半年申请结项，一次结题通过，优秀等级。评审专家给予高度评价，认为"资料详实，史实准确。该成果用了较大篇幅综述了建国以来党和政府对基督宗教政策的方针、措施，以及各个历史阶段的工作特点、变化等具体情况。这部分作为建国以来党和国家对植根于本土的外来宗教信仰的处理所作的总结，应该是该成果值得表彰的一点"，一致认为本书稿值得及时出版。

该书稿是作者20余年潜心钻研的结果。其间，作者多次实地访谈，阐述及搜集了丰富的档案、方志、文史资料、调查材料和论著。作者运用民族学、宗教学、历史学和社会学等理论及方法，对中华人民共和国时期川滇黔民族地区基督教适应社会主义加以认识，从理论上加以梳理及归纳，提出了新的观点。

书稿从西南民族地区基督宗教传播史入手，阐述了宗教信仰自由政策的制定、实施及变化以及在各时期的作法，分析20世纪50—90年代基督教的调适作法及活动历程，对当前活动的概况进行了深入、系统和全面的论述，认识其活动状况，总结其活动特点。

上　册

前　言 ……………………………………………… 1

第一章　基督教在滇黔川民族地区传播概述 …… 7

第一节　基督教在云南民族地区的传播 ………… 8

一、基督教在云南传播概述 …………………… 8

二、基督教在云南民族地区概况 …………… 11

第二节　基督教在贵州民族地区的传播 ……… 24

一、基督教在贵州传播概述 ………………… 24

二、基督教在黔西北民族地区的传播 ……… 26

第三节　基督教在四川民族地区的传播 ……… 34

一、四川基督教历史简述 …………………… 34

二、基督教在部分民族地区概况 …………… 36

第二章　五六十年代滇黔川民族地区基督教的调
**　　　　适与发展** ………………………………… 41

第一节　确定并实施宗教信仰自由政策 ……… 41

一、实施宗教信仰自由政策 ………………… 41

二、人民政府对基督教、天主教的认识及要
　　求 ……………………………………………… 43

三、基督教、天主教掀起革新运动 ………… 47

四、政府接办文教事业，支持教会"三自"
　　革新 ………………………………………… 50

五、制定宪法，实行宗教信仰自由 ………… 55

六、矛盾变化，调整任务 …………………… 56

第二节　人民政府的相关工作与基督宗教的调适 … 60

一、基督教的调适及变化 …………………… 60

二、开展教育，提高觉悟，培养新人 ……… 65

三、天主教的调适与变化 …………………… 67

第三节　开展"社会主义教育"，调整政策 …… 82

一、开展"社会主义教育"运动，提高觉悟 … 82

二、"大跃进"运动的冲击 ………………… 83

三、贯彻"弛"方针、调整政策 …………… 85

四、基督宗教顺应形势，及时调适 ………… 93

第四节　怒江傈僳族地区基督教的调适与发展 … 96

一、问题的提出 …………………………………………… 97
二、历史沿革及基督教活动 ……………………………… 98
三、基督教的调适与发展 ………………………………… 99
四、基督教发展受挫折 …………………………………… 112
第五节　德宏景颇族地区基督教的活动及演变 ………… 128
一、基督教活动及演变 …………………………………… 128
二、政府部门的回应与内地教会的引导 ………………… 147
三、基督宗教其他教别的活动 …………………………… 156
四、关于基督宗教活动的认识 …………………………… 158
第六节　澜沧拉祜族地区基督教的调适与活动 ………… 164
一、基督教的活动与类型 ………………………………… 164
二、境外教会破坏，境内基督教应对 …………………… 173
三、"大跃进"运动及其影响 …………………………… 179
四、政策的调整及教会的变化 …………………………… 182
第七节　佤族地区基督教的调适及变化 ………………… 186
一、基督教的活动及其变化 ……………………………… 186
二、"直接过渡"与基督教会 …………………………… 202
三、五六十年代之际基督教的活动及变化 ……………… 213
四、对佤区基督教的认识 ………………………………… 224
第八节　滇北民族地区基督教的活动及演变 …………… 225
一、基督教开展革新运动 ………………………………… 225
二、土地改革与基督教会 ………………………………… 232
三、政策调整，公开活动，有所变化 …………………… 238
四、五十年代后期基督教活动 …………………………… 248
五、六七十年代基督教活动 ……………………………… 254
第九节　黔西北民族地区基督教的调适与变化 ………… 266
一、基督教应对与变化 …………………………………… 266
二、基督教的调适及嬗变 ………………………………… 277
三、教会的变化及"问题" ……………………………… 307
四、政治运动与教会处境 ………………………………… 314
五、六七十年代基督教活动概述 ………………………… 330
第十节　凉山民族地区基督教的变化 …………………… 343
一、历史概况 ……………………………………………… 343
二、西昌等地基督教的活动 ……………………………… 345

下　册

第三章　八九十年代滇黔川民族地区基督教的发
　　　　展及认识 ……………………………… 351

第一节　恢复政策，贯彻执行到依法管理 ……… 351
　一、贯彻执行党的宗教政策 …………………… 351
　二、依法管理宗教事务 ………………………… 356
　三、基督宗教与社会主义相适应 ……………… 359
第二节　怒江傈僳地区基督教的恢复与发展 …… 365
　一、基督教活动的恢复 ………………………… 366
　二、个别"不正常"的活动 …………………… 381
　三、管理宗教事务 ……………………………… 384
　四、基督教调适与发展 ………………………… 390
　五、"恒尼"等活动及分化 …………………… 401
第三节　德宏景颇地区基督教的活动及特点 …… 412
　一、发展概况 …………………………………… 412
　二、基督教传播中的特点 ……………………… 417
　三、对基督教发展的认识 ……………………… 419
　四、主动调适，适应社会 ……………………… 423
　五、从积极引导到依法管理 …………………… 425
　六、当前活动中值得注意的问题 ……………… 427
第四节　澜沧拉祜族地区基督教的演变及发展 … 431
　一、基督教恢复活动 …………………………… 431
　二、恢复三自会，主动管理 …………………… 433
　三、基督教的发展及特点 ……………………… 437
　四、积极调适，适应社会主义社会 …………… 442
　五、当前某些问题的认识 ……………………… 446
第五节　佤族地区基督教的活动与发展 ………… 448
　一、基督教恢复活动 …………………………… 448
　二、当前基督教概况 …………………………… 462
　三、基督教活动中值得重视的问题 …………… 469
第六节　滇北民族地区基督教活动与演变 ……… 470
　一、建立组织，正常活动 ……………………… 471
　二、培养人员，爱国爱教 ……………………… 474
　三、关于"小众教"的认识 …………………… 488

第七节　黔西北民族地区基督教的发展与变化 …… 503
　　一、公开活动，积极建设 ……………………… 503
　　二、贯彻执行政策，引导管理 ………………… 512
　　三、基督教发展及活动 ………………………… 518
　　四、规劝"小群"，回归主流 ………………… 531
　　五、抵制不正常的活动 ………………………… 534
第八节　凉山民族地区基督教的活动及"问题" … 539
　　一、基督教的恢复及活动 ……………………… 539
　　二、宗教传播中的新"问题" ………………… 540

第四章　关于川滇黔民族地区基督教调适与发展
　　　　的认识 ……………………………………… 551
　　一、基督教实现革新，成为部分民族群众自
　　　　办的宗教事业 ……………………………… 551
　　二、活动常态化，但传播对象及范围仍在扩
　　　　张 …………………………………………… 557
　　三、原始宗教影响降低，逐步被基督教等替
　　　　代 …………………………………………… 560
　　四、教规诫条，促进了基督教的发展 ………… 563
　　五、当前西南民族地区基督教之"问题" …… 567
　　六、关于基督教与社会主义相适应的认识 …… 574

后　记 ……………………………………………………… 581
主要参考资料 …………………………………………… 585
表目录
　　表 2-1　1950～1957 年怒江州基督教发展表 ………… 102
　　表 2-2　1954 年怒江州基督教构成概况 ……………… 102
　　表 2-3　1954 年福贡县基督教徒分布统计表 ………… 103
　　表 2-4　1957～1963 年碧江县基督教概况 …………… 127
　　表 2-5　1954～1961 年 9 月沧源县基督教变化概况 … 201
　　表 2-6　1961～1978 年武定县基督教发展概况表 …… 256
　　表 2-7　1951～1956 年赫章结构教会建立部分堂点
　　　　　　一览表 …………………………………………… 288
　　表 2-8　1962～1978 年结构教会建立部分堂点简表 … 338
　　表 2-9　1956 年 1～6 月西昌教职人员参加生产劳动
　　　　　　表 …………………………………………………… 348
　　表 2-10　西昌基督教会蔬菜、瓜类收入比较表 ……… 348

表 2-11　西昌基督教会财产及收入情况 ……………… 348
表 3-1　1980～1989 年怒江州基督教概况 …………… 368
表 3-2　1980～1985 年怒江四县基督徒发展表 ……… 369
表 3-3　1984 年碧江县架科底区各乡信教群众统计表 372
表 3-4　1990～2005 年怒江州基督教发展概况表 …… 400
表 3-5　1980～2006 年福贡县基督教徒统计表 ……… 401
表 3-6　1983 年德宏州各县基督教概况表 …………… 413
表 3-7　1988 年德宏州各县基督教统计表 …………… 413
表 3-8　1989～1991 年德宏州各县基督教、天主教统
　　　　计表 …………………………………………… 414
表 3-9　1999 年德宏州各县基督教、天主教概况表 … 416
表 3-10　1983 年德宏州及各县景颇、傈僳基督徒及占
　　　　本族比例表 ………………………………… 417
表 3-11　1988 年德宏州及各县景颇、傈僳基督徒及占
　　　　本族比例表 ………………………………… 417
表 3-12　1999 年德宏州及各县景颇、傈僳教徒及占本
　　　　族比例表 …………………………………… 418
表 3-13　澜沧县基督教徒族别概况表 ………………… 437
表 3-14　耿马县各民族基督徒及占该族人口比例表 … 452
表 3-15　1981～2002 年沧源县基督教概况表 ……… 455
表 3-16　1974～2004 年禄劝县基督教（三自会）概况
　　　　表 …………………………………………… 476
表 3-17　禄劝县各民族基督徒数及比例表 …………… 477
表 3-18　武定县各民族基督徒数及比例表 …………… 477
表 3-19　1977～2004 年禄劝县基督教徒（三自会）统
　　　　计表 ………………………………………… 478
表 3-20　1985 年禄劝县基督教（三自会）经费收支表 … 486
表 3-21　1982～1996 年纳雍县基督教概况表 ……… 520
表 3-22　1982～1996 年威宁县基督教概况表 ……… 520
表 3-23　1982～1996 年大方县基督教概况表 ……… 520
表 3-24　1982～1996 年黔西县基督教概况表 ……… 520
表 3-25　1982～1996 年织金县基督教概况表 ……… 521
表 3-26　1996～2008 年赫章县基督教概况表 ……… 523
表 4-1　1954 年与 2003 年云南边疆地区基督徒统计
　　　　对比表 ………………………………………… 558

图目录

图 1：福贡县基督教事务管理体制示意图 …………… 388

澜沧佤族教徒唱诗

澜沧佤族牧师田大讲道

怒江傈僳教徒欢庆感恩节

怒江傈僳族马扒讲道

禄劝撒营盘圣诞座谈会

禄劝撒营盘圣诞聚餐

彝族教牧唱赞美诗

彝族教徒祈祷

参加礼拜

禄劝县美能乡基督教宣传队表演节目

美能乡基督教宣传队表演节目

沧源永和佤族教徒家庭布置

耿马教牧人员献诗

耿马拉祜族教徒

耿马县牧师李德学讲道

耿马县基督徒听牧师讲道

佤族教徒宗教舞蹈

贡山秋拉桶天主教堂

贡山白汉洛天主教堂

怒江傈僳族教徒

怒江傈僳族牧师祷告

沧源"两会"工作栏

沧源永和教堂简介

耿马县基督教培训班合影

自由传道人

佤族小孩祷告

独龙族牧师伊里亚

安龙布依族天主徒神台

相片来源说明:

1. "耿马县基督教培训班合影"是耿马县基督教三自爱国会牧师李德学赠送;
2. 其余相片均是本人拍摄,拍摄时间1985~2009年。

前　言

　　国家社科基金规划项目"建国以来川滇黔民族地区基督宗教调适与发展的研究"（07XMZ002）是一项涉及民族众多、范围广泛、研究有难度的项目。

　　基督宗教是世界三大宗教之一，包括东正教（Orthodox Church）、基督教（Protestantistm）和天主教（Roman Catholic Church）三大教派。无论历史还是现实，东正教在西南民族地区从来没有传播过，因而本项目研究不会涉及。本项目所指的基督宗教指活动在四川、云南及贵州三省民族地区的基督教、天主教。

　　不过，与对基督教的认识比较，本项目研究论述天主教的部分极少，篇幅相当有限。之以会这样，有其特殊的历史原因：首先，与基督教的广泛传播、频繁活动相比较，天主教在西南民族地区的传播区域较窄、活动有限。如云南，天主教主要在贡山、盈江、澜沧、路南等个别民族地区开展活动；在贵州民族地区，天主教仅在石阡、镇宁、安龙、册亨及贞丰等县设有教堂，当地少数民族中信教群众有限；四川，天主教只在安宁河流域西昌、德昌及盐边等地，与泸定、康定及道孚等地有传播。由于天主教的活动范围小、教友少，相关资料极少，影响到认识与分析。当然，这还不是妨碍研究的主要原因。历史上，西南民族地区天主教会基本上由外国神职人员掌握，隶属的教区（安龙、宁远、康定等教区）非国籍主教区。20世纪50年代初，外籍传教士离开了中国，教会缺乏神职人员统率而"涣散"。再因过去天主教会多采取购置田地及房产等方式，谋取收入，组织活动，凝聚教徒。解放初，在减租减息、土地改革中，教会的土地及房产或被抵押或被没收，分配给农民，经济枯竭；加之无人引导，"涣散"无活动，天主教在一些地方便"消失"，谈不上调适，更不会有发展。如欲开展研究，缺乏对象！70 年代末，宗教信仰自由政策得到恢复，贯彻执行，正常的宗教活动受到了保护，天主教在一些民族地区得到恢复，新建堂点，接收教徒，正常活动，但发展缓慢，相关资料极少，难以开展深入分析。

反之，基督教在西南民族地区，尤其在云南、贵州两省民族地区的传播范围广、信众多、影响大，且有部分教会较早实行"自传"及"自养"，因而 50 年代初天主教受到的某些冲击，在基督教会没有多少表现，不能产生类似效果。进入中华人民共和国后，部分地方基督教主动调整宣教的内容及方式，以适应新的社会生态，积极活动，拓展空间，谋求发展。于是，与当时内地的基督教比较，川滇黔民族地区的基督教存在这样的突出表现：1、1957年前，内地的多数基督教会在萎缩，民族地区的多数教会却持续发展。2、80年代初，当宗教信仰自由政策恢复后，基督教在内地得以恢复，快速发展；但在部分民族地区，基督教得到更快发展。如在个别民族地方（如福贡县），信教群众占总人口的 60%—70%；个别民族（如傈僳族）中，信教群众占本民族人口的 30%以上。简而言之，你萎缩，我发展；你发展，我更快发展。

川滇黔民族地区基督教之所以会呈现这样的面相，既与基督教积极活动，主动调适，有所嬗变，顺应社会，积极活动，影响群众，发展教徒有关；亦与人民政府贯彻执行宗教信仰自由的政策，包括基督教在内的各宗教团体有了活动及发展的社会空间（1958 年、1966—1976 年除外）。因此，本项目既分析认识中华人民共和国建立以来，川滇黔民族地区基督教在适应新的社会形态上如何做到调适、如何得到发展的？也会阐述中国共产党及人民政府制定或怎样贯彻宗教信仰自由的政策，管理宗教事务，引导包括基督教在内的各宗教团体与社会主义相适应。

尽管，从整体上讲，基督教在西南民族地区的传播地域广、信教群众多、影响大，但其分布、活动及发展也不均衡，其中以其在云南的传播较广泛，大多数民族地区均有分布，尤其以滇西边疆民族地区及滇北民族地区的最突出；有基督徒的少数民族也最多，如傈僳、独龙、怒、景颇、佤、拉祜、苗、彝、哈尼、白、傣及藏等少数民族中均有信教群众[1]，且持续增长，趋势明显。在贵州省，基督教主要在毕节专区及六盘水市等地开展活动，以威宁、赫章

---

1 需要解释的是，白族、藏族及傣族群众中接受基督教不多，但近年来，基督教在傣族群众中增长较快。

及水城三地最集中，近年来亦增长迅速。

虽然，四川各民族地区均有基督教活动，却分散零星，接受者不多，个别原接受者甚至放弃信仰（如羌族群众）。比较而言，基督教在西昌、会理、会东及攀枝花等地活动较活跃，信教群众，除少量汉族民众外，更多是彝族、傈僳族群众，但与云南、贵州部分少数民族相比较，信教人数还是较少。需要指出的是，20世纪90年代初，所谓"三赎基督教"（"三赎教"）在凉山彝区暗地传播，频繁活动，据说不少彝族群众受到影响，甚至参与活动。有关部门经过调查，确定该教不是正规的基督教，是打着基督教旗号的"邪教"——门徒会，因而按照相关法律的规定，予以取缔。我们熟悉凉山彝族的历史、现状及习俗文化等，也了解某些不正常宗教的特点、作法及宣讲内容等，为说明当今基督教在西南民族地区活动，注意异端"邪教"的侵噬，我们也不得不简要述说，作为反证，希望能起到警戒作用。即是这样，在本项目的论述中，云南民族地区的内容最多，比重最大；贵州民族地区次之；四川篇幅最少，甚至少得有些可怜。但是，这毕竟是现实，论从史出，课题承担者为此深感抱歉，却无可奈何！

前面曾述，本项目具有较大的研究难度。概括而言，这些难度突出表现是：

一是研究的少数民族多，涉及的范围大，点多面广。

研究本项目，要求正确、全面地掌握情况，客观认识，必须跑路，深入基层社会，与少数民族群众接触，认真观察，深度访谈，深切感受，归纳分析。本课题虽然于2007年9月被批准立项，但早在二十余年前我就开展调查，动手搜集资料，有所思考，还撰写相关的论文。在课题的立项前后，我四进怒江峡谷；三到毕节专区威宁县、赫章县；两入德宏、临沧、思茅、凉山等地州，以及武定、禄劝等县；一到丽江、德钦与兴义等地州，以及维西等县。可以这样说，凡本课题涉及的民族地区，我基本上都去过；认识的少数民族，我都不同程度有所接触，交谈采访，接了"地气"，自信成果没掺"水分"，是"干货"。

二是资料搜集不容易，尤其是搜集边疆民族地区的资料更加困难。

毋庸讳言，开展研究所需要的相关资料早已印刷发行，但收集却十分困难。或受发行渠道、购书环节等的影响，各公共图书馆等少有存藏，只得到各地书摊（近年包括网购）"淘"资料。茫茫书海，何处寻觅？

再者，本书引用的档案都是开放档案，按档案法等规定，凭个人身份证或单位介绍信都能查阅。不过，部分档案虽已开放但却被"封闭"起来[2]。兹引某边疆州××局在我查阅材料介绍信上的批复加以说明。该批复是："凡涉及民族的资料，可以看、可以摘抄，不能复印；凡涉及宗教的资料，可以看，不能摘抄、不能复印。"即使这样内容的批复，也是给了很大的面子，表示了优惠，我并不责怪他们。因而，当我坐在各档案馆查阅室翻阅相关的资料时，我多么企望自己能有三国时传奇人物张松的大脑——过目不忘。遗憾的是，爹妈给了我笨脑瓜，随看随忘。不过，看总比不看好！至少能初步认识，了解基本轮廓而已。至于其他地方的情况就别提了，比这艰难者不在少数！

有必要解释的是：一、本项目引证的部分资料、尤其是边疆民族地区的资料，多抄录于 20 世纪八九十年代，幸赖那时还比较宽松，允许部分查抄这些开放资料。否则，我连"遮手的东西"都没有，今天就无法交"卷"了。二、本项目所言的田野调查，不同于民族学或人类学长期蹲点某一地点，借助调查者的细致观察而研究，即"点"的深度描写。我们的调查亦深入实地，重在搜集文献，资料要全，再观察对象，了解情况，比对资料，分析现象等，即"面"的广泛分析。这既是学科的特点之一，也是研究本项目的要求所在。三、新中国建立后，经历和平协商土地改革或"直接过渡"，各少数民族地区完成了生产资料所有制的改变，实现了社会的整合，先后进入社会主义，制度统一，管理方式也基本一致。同时，经历"三自革新"运动后，西南民族地区基督教拆毁原教派的"篱笆"，基本上统一在"三自"教会中，消褪差异，"同质"增多，因而本成果对 80 年代以后川滇黔民族地区基督教活动的分析，不免出现相同之观感、重复之嫌疑。某地区的"问题"在另一地区也有类似反映。事实如此，无可奈何！

不可否认，对川滇黔民族地区基督教调适与发展的研究涉及的是宗教、民族和边疆。"民族、宗教无小事"，若再加上边疆，则更不是"小事"，重要且"敏感"！由于涉及的研究领域要求政策性强、研究的"尺度"把握

---

2 按相关政策规定，部分档案应该开放，各地档案馆也予以开放。但在部分地方，若查阅某部委局的档案，则要求该部委局主管领导签字同意后才允许查阅。若查阅范围更大、涉及更深，则要特殊的主管部门领导签字同意。毋庸讳言，"签字"同意外来人查阅本单位的开放档案非常困难，因而这样"开放"等于不开放，形同"封闭"。

严格。如果不能正确地掌握和领会中国共产党的民族政策、宗教政策及边疆措施等，如果对建国以来人民政府在西南民族地区、尤其边疆民族地区开展的相关工作缺乏全面、深入及正确的认识；如果对西南地区各民族的历史、经济、现状及特点不甚熟悉的话，则很难进行相关领域的认识。因而，我开展本项目的认识不能不谨慎、搜集资料不能不全面，开展研究不能不认真！经过多年的辛勤努力，我相信本书的质量能够达到这些要求的！究竟如何？请读者检验，不吝赐教。

第一章　基督教在滇黔川民族地区传播概述

　　无论历史，还是现在，滇黔川民族地区，尤其是滇西边疆民族地区都是基督教的重要活动区，接受基督教信仰的有傈僳、怒、独龙、景颇、佤、拉祜、苗、彝、哈尼等民族的部分群众。如欲认识中华人民共和国建立后滇黔川民族地区基督教的调适及发展状况，宜先简要介绍基督教的传播历史。

　　尽管，英国传教士马礼逊（Robert Morrison）于 19 世纪初来华活动，传播基督教。但受清政府闭关锁国、厉禁天主教活动等的制约，基督教基本没有进入中国内地开展传播，更谈不上在西南少数民族地区进行传教活动。

　　1840 年，英国人用大炮轰开了中国的大门，《南京（江宁）条约》及《望厦条约》（中美五口贸易章程）、《黄埔条约》（中法五口贸易章程）等条约的订立，迫使清政府放弃厉禁政策[1]，允许天主教及基督教入华开展活动。1860年，在英法联军的炮口下，清政府确认中英、中法《天津条约》，并订立《北京条约》，同意外国传教士进入内地开展宗教传播活动[2]。然而，受官绅士民的

---

[1] 清政府弛禁包括天主教在内的基督宗教，主要反映在道光二十六年正月十五日（1946.2.10）道光皇帝颁布弛禁天主教的上谕。另外，之前订立的《中法黄埔条约》第二十二条允许法国人在通商口岸建造礼拜堂（参见王铁崖编《（中法）五口贸易章程：海关税则》，《中外旧约章汇编》，第 1 辑，三联书店，1957 年，第 62 页）。这项规定，意味清政府已从法律上弛禁天主教（含基督教）。按当时列强利益均沾的规定，该条约的相关规定施行于其他国家。

[2] 据 1858 年 6 月订立《中法天津条约》第十三款规定"天主教原以劝人行善为本，凡奉教之人，皆全获保佑身家，其会同礼拜、诵经等事，概听其便。凡按第八款备有盖印执照安然入内地传教之人，地方官务必厚待保护……"。另外，该条约

强烈反对及竭力抵制，传教士进入内地开展活动，步履维艰，相当困难。1875 年，马嘉理（Augustus Raymond Margary）事件发生，英国公使威妥玛（Wade,Thomas Francis）利用这事件，压迫清政府订立《烟台条约》，扩大领事裁判权，确保进入内地活动外国人的生命安全[3]，从而基督教得以在内地汉区及部分民族地区实施传教活动。

基督教在滇黔川三省民族地区的传教活动，时间最早、规模最大、影响最广的是云南民族地区，尤其是滇西民族地区，因而，我们介绍基督教的传播历史时，先从云南说起。

第一节　基督教在云南民族地区的传播

一、基督教在云南传播概述

追溯基督教在云南的传播历史，当推中国内地会（China Inland Mission）的开创活动。

19 世纪后期，内地会创始人戴德生（James Hudson Taylor）提出"前进与深入"的口号，鼓励传教士进入内地传播基督教。1874 年，戴德生等人来到武昌，租房传教，身体力行，带头示范。次年，戴德生因腿伤严重，不能行动，"咨议委员会在他的床边开会，和他祷告。戴氏求神开路，叫内地会的教士可以沿缅甸伊洛瓦底江入云南布道。他们觉得惊异，因为大家认为时机还没有到。正在这时，英国政府预备派出若干人，去考察怎样可以使缅甸与华西通商"[4]。戴德生当即派遣范明德（J.W.Stevenson 一译史蒂文森）和索尔陶（Henry Soltau 一译施享利）来到八莫，建立据点，欲借道缅甸进入云南，

第八款规定"凡大法国人欲至内地及船只不准进之埠头游行，皆准前往，然务必与本国钦差大臣或领事等官预领中、法合写盖印执照，其执照上仍应有中华地方官钤印以为凭……"《（中法）天津条约》，《中外旧约章汇编》，第 1 辑，第 106—107 页。《中法天津条约》于 1860 年 10 月在北京交换批准，故清政府允许外国人进入内地自由传教由此时开始。

3　马嘉理是英国驻华使馆的人员，1875 年（光绪元年）他在云南边境地区遇难，英政府利用此事，强迫清政府订立《烟台条约》。该条件的恶劣处甚多，涉及到对进入内地外国人实施保护的是，扩张了不平等的领事裁判权等，如第二端内规定"凡遇内地各省地方或通商口岸有关系英人命盗案件，议由英国大臣派员前往该处观审"《烟台条约》，《中外旧约章汇编》第 1 辑，第 348 页。

4　戴存义夫妇撰，胡宣明译：《戴德生传》，香港证道出版社，1988 年，第 234 页。

开展活动。

　　然而，英印殖民当局鉴于马嘉理事件发生不久，滇缅边界地段的社会秩序混乱，传教士的人身安全得不到保障，便阻止范明德等人进入[5]。1877年（光绪三年），内地会传教士麦嘉底（John M'Carthy）从镇江溯长江西行，经重庆进入云南，抵达缅甸，完成由东向西横跨中国的考察。1880年（光绪六年），英印政府解除封锁禁令，范明德等人从八莫进入云南，到达重庆，打通由西往东的路径。

　　1881年（光绪七年），内地会传教士花国香（George Clarke）由缅甸来到大理，租房传教，为基督教在滇活动的开始；次年，内地会在昆明建立传教总堂。接着，1885年（光绪十一年），圣道公会（偕我会、循道公会，Wesleyan Methodist Missionary Society）索理仁（Thornd）由重庆来到东川，开展活动。次年，柏格理（Samuel Pollard）、台慕廉（Frand Dymoud）由安庆经重庆进入云南，在昭通等地开展活动。

　　19世纪末，列强掀起瓜分中国的狂潮，基督教会也加快进入云南的步伐。据不完全材料统计，仅在1897年这一年，入滇的英籍传教士接近100人。大量传教士的涌入，传教堂点的扩张，教会活动由微弱变为活跃。

　　为了方便活动，1899年活动云贵川的部分差会携手合作，在重庆成立华西差会顾问部（Advisory Board for West China）；接着，又成立华西基督教教育联合会（West China Christian Educational Union），协调各差会的传教工作，避免冲突及矛盾。

　　尤其值得提出的是，1913年著名的基督教布道家穆德（John R.Mott）来到中国，声称"云南省乃全国最黑暗最需要福音之省份"[6]，煽动传教士积极入滇，开展活动，传播福音，以促进基督教的传播。

　　穆德的宣讲的确起到推波助澜的作用。受其影响，一些差会调整布道重心，派遣人员来到云南。据统计，在1912～1915年间，有美国长老会（Presbyterian）、德国梵特斯堡会（Vandsburger Mission，内地会系统）、路德会（Melchim 中华信义会）、圣公会（Church Missionary Society）及瑞典神召会（Pentecostal Assemblies of the World）五个差会相继来到云南，传教力量大

---

5 中华基督教续行委办会编，蔡咏春、文庸等译：《中华归主》，中国社会科学出版社，1987年，第3章，第18节，中册，第483页。
6 俞恩嗣：《云南省城中华圣公会圣约翰堂之过去与现在》，《中华基督教会年鉴》，第7辑。

大增强。他们针对少数民族的情况开展传教，"至于蛮族与汉族不同之点，在其求道心切。该蛮族之寻求者，动以千计，……傈僳族多居乡村中，每夜皆有读经班及祈祷会，如有牧师或宣教师巡视其地，则极表欢迎。盖蛮族对于福音，较汉人易于接受，故有以为欲使汉人归主，当由蛮人入手"[7]，作为重点，积极传播，进而希望影响汉人。

不久，因第一次世界大战爆发，欧洲战场兵源紧张，部分传教士回国参战，传教人才缺乏，传教活动一度受到影响。一战结束后，部分外籍参战人员返回云南，重操旧业，传教力量得到增强，处于蛰居状态的基督教迅速复苏，积极活动，拓展传教区域。接着，美国神召会、伯特利会[8]、丹麦神召会、基督教复临安息日会（Seventh-Day Adventist Mission Board）和基督会（Church of God Mission）等差会也进入云南，增加传教力量，拓展传教区域。

抗战以来，沦陷区的部分教会进入云南，再次加强基督教在云南的传教力量。此时，值得注意的有二：一、因英国势力的衰落，美国力量上升，诸如圣公会、五旬节派等原英国系统的教会由美国人所控制，转入美国系统。二、诸如"国内布道会"、"真耶稣会"等本色教会积极活动，宋尚节、王明道等著名布道家来滇活动，开展"奋兴"布道，扩大影响[9]。

抗战胜利后，芬兰神召会、滇华基督教会、十字军、中华文字布道会、边疆福音会，以及边荒会等教会进入云南，谋求向边疆民族地区发展。

与其他省区相比较，云南基督教会有如下的特点：

1、信徒数量多。保守估计，在50年代初，云南基督徒超过12万人，占全国同类数的17%多（以70万教徒总数计算），居各省的首位。

2、信基督教的族别集中、地域集中。从民族构成来讲，傈僳族、苗族（花苗）、佤族、景颇族、独龙族和拉祜族中部分人信仰，在个别地点几乎是全民众信教；从地域上讲，集中分布怒江州、德宏州、澜沧、沧源、双江、武定、禄劝及彝良等县。

---

7 陈鸿钧：《四川贵州云南三省宣教概况》，《中华基督教会年鉴》，第7辑。

8 伯特利会由蓝如溪、胡美林等人创立，提倡卫斯理·约翰的福音主义，推行奋兴布道等。其与中华国内布道会活动在云南重合，在禄丰、楚雄等地活动，其中著名的传道者是陈玉玲。具体情况，参见李琼阶《中华国内布道会之现状》（《中华基督教会年鉴》第8辑）、邓梓良《中华国内布道会》（《中华基督教会年鉴》第6辑）等资料。

9 利未整理：《灵历集光》，甘肃定西基督教会，1998年，第265～269页。

3、发展迅速。短短一二十年间，部分民族地区的教徒数量成数倍、数十倍的增长，居全国各省的前茅。

4、与英属缅甸教会有直接的联系。在滇西民族地区开展活动的浸礼会（Northern Baptist）、浸信会（Southern Baptist）及内地会等，均由缅甸传入，并与缅甸教会保持着密切联系[10]。它们传入滇西，积极地开展活动，固然受柏格理等人在滇东及黔西北地区传教成功事例的刺激，予以积极地回应，形成竞争，加快发展，但不排除某些政治原因在其中作祟。

下面，我们将基督教在云南民族地区的传播历史作简要回顾。

二、基督教在云南民族地区概况

民国年间，云南以少数民族基督徒的数量众多、发展迅速而闻名中外，他们主要分布滇西民族地区的怒江州、德宏州、沧源、双江、澜沧等地；滇北民族地区的武定、禄劝等地。我们根据各地域特点，结合民族情况，加以叙说。

（一）滇西民族地区

滇西民族地区是近代基督教传播的主要区域，传播历史长、涉及民族种类多，教徒数量大、分布广、影响深，尤以怒江州、澜沧县、沧源县为突出。

1、怒江州

怒江傈僳族自治州位于云南西北部，辖有贡山、福贡、碧江、泸水和兰坪，西枕高黎贡山与缅甸接壤，东依碧罗雪山与大理、丽江、迪庆等连界，除兰坪县外，其他四县位于窄狭的怒江峡谷中，由北至南依次排列，傈僳族、怒族、独龙族和白族是主要居民。来此地开展传播活动有内地会、神召会和滇藏基督教会。

20世纪初，缅甸八莫内地会牧师麦克西（G.E.Metcalk）派遣景颇族传教士巴拖（Rev Bathow）来到这里开展活动。几年后，滇西内地会负责人傅能仁（J.O.Fraser，傈僳族教徒称"三哥"）也来到这里。由于民族有别，语言不通等缘故，他们的传教活动未能奏效。

20年代，内地会改派潞西（芒市）傈僳族传教士约伯、批力门等来到

---

10 历史上在滇西傈僳族中活动的内地会是从缅甸传入的，但在20世纪50年代前缅甸境内没有内地会，当时内地会仅借道入华传播而已。

泸水大兴地（原老窝土司地界）开展活动。他们借助同族的血缘关系、利用民族情感消除了敌视，拉近了距离，实现沟通；加上传教士创制了傈僳文字，并运用于《圣经》、《赞美诗》等翻译，使得基督教的传播有了宣讲的文本，利于说教，交流沟通。更为重要的是，民族文字的传授与使用，接受者产生摆脱"愚昧"的心态，体验到知识的效能，激发自信心，产生自尊感，形成对教会的向心力。经约伯等人的不懈努力，基督教在泸水扎住根，有所发展。

随后，耿马福音山（贺永山）傈僳族传教士亚撒、摩西等人来到这里，宣扬"信奉基督教的人有了病不必祭鬼，只要向上帝祷告就会好。信了教后，上帝会使信徒生活富裕。将来天地会毁灭，只有信奉上帝的人能够得救，不信奉上帝的人则要受难……信了教可以学到傈僳文，讨媳妇不必出钱"，等等。这些有现实利益的说教，切合民众的生活实际，再结合传授傈僳文字，教学圣经、教唱赞美诗等，开展扫盲，得到部分群众的认同，基督教由泸水扩张到碧江等地[11]。

为了便于管理，内地会将泸水及碧江划为两个片区，泸水以称戛村为中心，由杨志英（Kuhn,Juhn）等人负责；碧江以里吾底为中心，由杨思慧（Allgn B.Cooke）管理。

神召会则以福贡为传播区。1930 年，美籍传教士马导民来到福贡，在上帕腊乌建立教堂，发展教徒，选择骨干，开办圣经训练班等，培养传教人员和教会管理者。其间，他收养一些孤儿和穷家子弟，抚养成人，培养成为"马扒"，派往各村主持教务，建立起严密的传教网络。除马导民一家外，还有王牧师、王师母（王杨美丽）、阿杜妈妈等人来此活动，教会属于缅甸密支那神召会的领导。

贡山基督教则由滇藏基督教会传入。20 年代初，原在四川甘孜地区活动的美籍内地会传教士莫尔斯（J.Russell Morse）从巴塘、盐井南下至维西，跨过碧罗雪山来到贡山，翻越高黎贡山，进至缅甸坎底。不久，他由上海返回维西，对此地的传教表现出强烈兴趣，组织"滇藏基督教会"，积极开展活动。传教期间，因与叶枝土司王家乐发生矛盾，他离开维西，来到贡山开展传教。

30 年代，他在普拉勒先后盖起两座教堂，劝说傈僳、怒族民众加入教会，

---

11 杨约拿、窦桂生：《泸水基督教简况》，《怒江州文史资料选辑》第 2 辑。

从中选拔人才，如将波格、瓦斗洛等人培养为"马扒"[12]，将喜腊、瓦斯等提升为"密鲁扒"[13]，鼓励他们利用同族的血缘关系，宣传信教的好处，在亲戚乡邻中间积极活动，发展教徒。于是，基督教在贡山各地传播开来，还传到福贡利沙底等地，力量逐渐增强，影响扩大。

2、德宏州

德宏傣族景颇族自治州包括潞西、瑞丽、陇川、盈江和梁河五县，毗邻缅甸八莫、密支那，是云南通向缅甸的主要通道，居住有傣族、景颇族、阿昌族、德昂族、傈僳族等民族。傣族、德昂族生活在平坝，景颇族、阿昌族等分布在山区。因傣族及德昂族信仰佛教，基督教仅在景颇族、傈僳族中间开展活动。

19世纪80年代后期，英国侵占缅甸，将其纳入殖民地范围。其间，浸礼会等差会也来到缅甸，在八莫、密支那等地设立教堂，向克钦族（景颇族）等山地民族传播基督教。19世纪末，传教士司拉若炳、司拉山陆、司拉山彪[14]及库森（Cushang）、汉生（O.Hanson）等在滇缅边界的景颇、傈僳等少数民族中积极活动，创制克钦（景颇）文字、翻译克钦文《圣经》、赞美诗等，创办学校，培养人才……为进入德宏州诸县传教预作准备。

1894年，内地会牧师高曼（C.G.Gowman）进入潞西（芒市）木城坡傈僳族村寨开展活动，稍后，傅能仁也来到这里，配合高曼等人，创制傈僳文字，翻译《圣经》、《赞美诗》等，培养民族传教员。20年代，基督教在毗邻的大小河、黄莲河、大坪子、阿米河和帕练等处傈僳族、景颇族村寨传播开来；接着，发展到勐戛等地[15]。

1907年，缅甸浸礼会克钦族传教士德毛冬到瑞丽称戛寨建立教堂。接着，法籍传教士德仁康来到这里，建立学校。经过不懈努力，称戛寨的"大董萨"

---

12 马扒在傈僳语中原意是教师，后为当地传教士的专用名词。马扒是职业的神职人员，教会任免，领取一定数量的薪俸，负责讲解《圣经》、施洗教徒，主持宗教活动等。

13 密鲁扒在傈僳语中原意是管理者，后为当地基层教会会长的专用名词，负责教会的日常事务，收取教徒的奉献，发放马扒薪俸、救济部分教徒、管理教徒等。

14 司拉在景颇语（克钦语）中原意是老师，后成为传教士的专门名称。

15 除利用傈僳文宣教外，据说高曼等人采取的传教方式是："1、义务传授；2、送礼不计账，全部算功德；3、信教人作义务宣传，动员非信教人入教；4、反对基督教者，一律以乱人相待；5、自愿入本教者，给予妥善办理入教手续"。余文刚译、李全民整理：《基督教在德宏传播概况问答》，《潞西文史资料选辑》第2辑。

改变信仰，接受基督教。"在他的影响下，群众信教的日多"[16]，教会有了发展。1950 年，有教堂 10 余座，信教群众 2000 余人[17]。

盈江界连缅甸、梁河和陇川，是历史上中缅交通的要道。基督教会早就对此发生兴趣，积极活动，"同治年间，英人来至铜壁关外麻汤一带宣传耶稣，至今稍变其俗"[18]。1894 年，内地会墨牧师来到这里向汉族民众等散发《圣经》等物品，收效不大。于是，基督教会改变对象，向傈僳族少数民族传教。

> 腾冲人民在前清及民国初年格于清议，几无一人入耶教者（原注：至民国二十年入耶教者，男女合计仅十六人。天主教虽来，然无入教者）。耶教士乃改变方略，于盏西、练红、木干、蓬名、一碗水、桃树河、罢洞、邦别、神护关、猛戛、粟点、龙江、练摆、罗塘、拖兔河，大半地有傈僳生息之村寨，竭力宣传，且用唤咻之手段，使之感恩怀德。傈僳种人原无文字，有美教士翰生用英文字母拼音法生成傈僳字，教之读书写信，傈僳便之。英教士傅能仁更推广之，乃相率入教。至今腾冲边境，凡有傈僳之村寨，无不有耶教之足迹焉。[19]

1913 年，傅能仁来到盈江苏典（粟点），在邦别寨建立教堂及学校，培养出孔五等傈僳族传教人员；1917 年前后，缅籍景颇族传教士李老六、罗老大等来到西山邦瓦建立教堂。随后，英籍某牧师来到龙盆等景颇族村寨活动，在遭致抵制后，他改派缅籍景颇族传教士木然弄、安东用等来此，始扎下脚跟；30 年代末，猛典龙门寨傈僳族传教士余七来到十八岔寨，开展活动。这样，基督教从邦别、邦瓦、龙盆及十八岔等村寨为据点，逐渐地向外扩展。1950 年，全县有教堂 20 余座，教牧人员数十人，信教群众 4500 余人，教派有二：内地会和浸礼会。

另外，缅甸单科寨景颇族传教士司拉山[20]于 1946 年从八莫教会学校毕

---

16 全国人大民委办公室编：《德宏傣族景颇族自治州社会概况》（景颇族调查材料之五），1958 年，第 95 页。

17 《瑞丽县基督教情况调查》，引自韩军学《基督教与云南少数民族》第 58 页。

18 黄懋裁：《西辎日记》，《永昌府文征》卷21，"记载"。

19 刘楚湘：《腾冲县志稿》，1941 年抄本，卷 25，"宗教"。

20 中华人民共和国后，司拉山曾任陇川县副县长、德宏州副州长、云南省政协副主席等职务。司拉系克钦语中"老师"，司拉山本名木然山，因为传播基督教而教书的关系，尊称司拉山。其后，木然山便以司拉山为姓名。

业，来到陇川县，在章凤广山修建教堂（海洋教堂），开办学校，利用血缘关系及族群（景颇支）的认同情感，依靠山官教徒和八莫教会的援助，从发展教育着手，培养人才，促进基督教的发展。

到 1950 年前后，该县建有 6 座教堂、3 座教会学校、发展教徒 140 余户、500 余人，分布在沿边 3 区 10 余个乡。

3、思茅地区

思茅地区下辖墨江、普洱、江城、思茅、镇沅、景谷、景东和澜沧等县，基督教在各县均有活动，尤以澜沧最为突出，因内容限制，本节仅述澜沧的情况。

澜沧县位于云南西南部，是拉祜族、佤族和傣族等少数民族的聚居地。

20 世纪初，缅甸景栋浸信会传教士永伟里（Milliam Young）、普光谦（Ray Buker）来到这里，开展活动，被驻防清军汛官彭某发觉，以非法入境活动等名义，予以拘留并驱逐出境。

不久，永伟里由缅甸取道上海到昆明，依仗不平等条约的规定，压迫云南省府及澜沧殖边总局准许其开展传教活动，滇省政府无力抵制，被迫同意，但提出数项条件意图限制。接着，永伟里来到澜沧，采取流动方式，巡回传教。

1919 年，永伟里终于在双江帕结寨建立教堂。次年，他再来孟连，声称执有督军府公文，要求买地建房。再遭土司的拒绝，揭露其谎言。永伟里恼羞成怒，以要挟方式相威胁，迫使云南省府允许其租地建堂，开展传教活动。

1921 年，糯福教堂建立，永伟里打出"美利坚合众国浸礼会糯福分会"的招牌，在拉祜族（拉祜纳）[21]民众中积极活动，大肆发展；永伟里"父子并能谙各种夷语，以拉丁字母拼造倮黑文、卡瓦文，设立学校，召收夷民优秀子女，供其衣食费，以教授此项文字，学成即分派至各村寨传教，因此积年累月，入教夷民日众。沧源设治局之野卡相继入教者，亦复不少，夷民奉之若神明"[22]。通过圣经学校教学，选择人才，加以培养，成为撒拉[23]，派往各

---

21 拉祜族内分拉祜纳、拉祜西和拉祜普三个支系，即所谓黑拉祜、黄拉祜和白拉祜。过去，接受基督教者主要是拉祜纳民众。

22 《云南省民政厅长陆崇仁报告澜沧县美籍传教士杨文森受英方津贴从事特务活动呈》，中国第二历史档案馆编《中华人民共和国档案资料汇编》，第五辑，第二编，文化（二），江苏古籍出版社，1998 年，第 882 页。倮黑、卡瓦是历史对拉祜族、

寨，建立教堂，形成中心，指挥教徒；优厚待遇，提高地位，奖勤罚懒，激励传教。

受此因素的激励，撒拉们相互竞争，内凝信徒，外求发展。基督教势力在拉祜族地区迅速发展，据说最高峰时，"俅黑族（拉祜族）在镇边区几乎90%信教，东回区 90%信教，永安区 50%信教，富邦区有 30%信教，南卡区20%，西盟区 20%，酒井区 50%"[24]。

在拉祜族地区站住脚跟后，永伟里向佤族地区拓展。一个偶然机会，为其打开局面。一天，帕拍寨某佤民患上重病，医治无效，气息奄奄。村民认为治不好了，为避免传染，将把他抬在村外路边，等待自毙。正巧永伟里路过这里，就停下来，搭起帐篷，为患者治病。3 天后，病人痊愈，返回村里，佤族民众感到十分惊奇，认为神迹，难以想象，视永伟里具有特殊的奇异功能。受此影响，全村人改变信仰，接受了基督教，基督教以此为据点逐渐地传播到其他佤族地区[25]。

20 年代末，浸礼会在澜沧、双江及沧源等地建立教堂 120 余座，发展了拉祜、佤等族教徒 27000 余人。不久，教堂增至 220 余座，教徒发展到 30000余人，俨然成为当地一股"特殊"势力。

永伟里在谋求积极发展的同时，还以糯福、安康为中心，将教徒按民族分为拉祜和佤族两大区域，由其子永亨乐（Harold Young）、永文生（Vincent Young）分别负责，永伟里则来往于两区之间，巡视教务，联络各方，督促努力，积极发展。"永伟里以六旬衰弱翁，仅粗识浅近摆夷语言。其人表面慈祥和蔼，俨然系一信道至笃之牧师，而来澜沧数年，以其百折不回之精神，

佤族的不当称呼。

23 撒拉，原为拉祜语中的先生，后成为传教士的专门名词。撒拉经过圣经学校的培养，为教会所委任，领有一定数量薪俸，分配到各寨，负责讲授《圣经》、主持礼拜活动和教徒婚丧嫁聚等。撒拉一般是每寨一个，根据其服役年限、工作能力等，分有大、中、小不同等级，享受不同的经济待遇。

24 杨树谷整理《澜沧县外来宗教情况》，云南编辑组：《中央访问团第二分团云南民族情况汇集》，云南民族出版社，1986 年，下册。该书以下简称《云南民族情况汇集》。另，该汇集曾于 1951 年印刷，1986 年整理出版时，对其中有些内容加以删除，故该汇集两个版本的一些内容略不同。

20 世纪 50 年代，镇边区后改为糯佛区。西盟区后经调整，脱离澜沧，成为西盟佤族自治县。

25 李约森等：《美国浸礼会在云南澜沧、沧源、耿马、临沧、双江一带的活动》，云南省民族研究所《民族学调查研究》，1995 年第 1 期。

跋涉往来蛮烟瘴雨之中，利用夷民头脑简单，知识浅陋之弱点，竟能将各种不同之野夷，一律纳入耶教。截至今日，得男女之三万以上，躬自造就撒拉四五百人，设分会三，学校十，福音堂二百余。……其父子本皆英人，而忽入美籍，与糯佛教会之建于孔明山南段万山丛错、极点形势之一山巅，究何为此"[26]？对永伟里传教用意颇感担忧。

不过，澜沧等地基督教的发展不象永伟里希望那样一帆风顺。30年代中期，当地政府对基督教活动有所约束，限制永伟里等人的活动；勐勐教堂因违章拓界被双江县府收回；据说永亨乐因多次奸污妇女等事被驱逐[27]，传教活动因此受到抑制，趋于衰败。

抗战期间，缅甸沦陷，澜沧部分地方被日寇侵占，永文生撤离，传教活动基本停顿。至1950年时，澜沧还有教堂70余座，大中小撒拉百余人，波管200余人[28]，教徒11000余人。

4、临沧地区

临沧地区位于云南西南部，辖有凤庆（顺宁）、云县、镇康、永德、临沧、双江、沧源和耿马等县，佤族、拉祜族、傈僳族及彝族等少数民族生活在这里。从1905年基督教传入双江后，到1950年，临沧有教徒4万余人，主要是佤、拉祜及傈僳等民族群众[29]，多分布在耿马、沧源和双江。

在耿马活动的基督教会有二：浸信会和内地会，建有教堂30余处，教徒约2800余人。

20年代初，奉内地会八莫教会牧师麦克西的指令，胡保罗来到镇康傈僳族村寨活动；1923年，他们进入耿马贺永山、板果山及沧源班洪等地，发展了一批傈僳族教徒。次年，杨志英来到这里主持教堂的建立，改贺永山为福音山，作为傈僳族传教总堂所在地，由此派遣传教员进入怒江傈僳族村寨活动。

---

26 前澜沧县政府档案，抄本。此抄件夹杂在《宦滇存稿》（抄本）中，原书存北京民族文化宫图书馆。

27 一说永亨乐支使教徒盗取班洪等地矿石样本交与英殖民者，被中国政府驱逐。

28 波管为拉祜语中管事的意思。波管由教徒选举，经教会任命的宗教服务者。波管的任务是组织礼拜、领读圣经、领唱赞美诗，管理教会财务收支，以及处理教徒纠纷，等等。波管一般是每个教堂有两三个。

29 据统计，50年代初该地区有基督徒44260余人，其中佤族教徒25000余人，拉祜族教徒16200余人，傈僳族教徒1940余人，彝族教徒800余人，苗族教徒150余人，汉族教徒170余人。

随后，传教士张思慧、张正发、孔亚伦、李某等先后驻扎这里，领导教务。1950 年，内地会建有大小教堂 26 座，发展教徒 2500 余人，其中傈僳族教徒占大多数[30]。

在内地会传入的同时，临沧五旬节会派遣传教士李克山等人来到耿马四排山、贺回一带活动，建立教堂，发展部分教徒。不久，浸礼会传教士永伟里从双江来到这里，藉口"这里是拉祜族寨，应由拉祜撒拉教"等理由排斥五旬节传教士，仅用半开银元 100 元的代价，强行买下教堂，转入浸信会的系统，糯福总堂派遣撒拉董拉约、罗大等人来此主持教务。接着，基督教会再向石洞寺等拉祜族村寨发展。

沧源与耿马接壤，是我国的佤族主要聚居地之一，有岩帅、勐省、勐角、永和、班洪和单甲到六个区，县城在永和区勐董镇。

20 世纪初，永伟里在被驱逐出境途中，收养部分佤族和拉祜族孤儿，带至缅甸景栋加以培养，成为撒拉，分配佤区活动。永伟里本人也多次来到佤族聚居区开展活动。据永伟里说：他曾遭到佤族的反对，意图杀他，"但弩弓打不出，刀也拔不出，卡佤族害怕，就信了教"[31]。虽然，我们可以断定：这是永伟里自己杜撰的神话，毫无事实依据。但在一个封闭社会，非理性的造神说教却有广泛的市场，永伟里被打造成为"神"形，赋予神迹的力量，提高了传教士的地位，部分佤族民众感到惊恐，由崇拜永伟里而接受基督教。

1930 年 4 月，勐董土司罕富邦报告：邦毫、怕帕、货岭、广波、蛮高等地教会设有教堂，发展教徒 600 余户[32]。几年后，调查班洪事件的外交部官员周光倬汇报，沧源一带已有基督教徒 1500 余户，由佤族李哲考管理。目睹此情况，结合班洪事件，周光倬感叹：

> 吾人所虑者，卡佤原无宗教信仰，脑筋单纯，生活又极枯燥，受人小惠，终身不忘。帝国主义文化之侵略手段，无微不至，信教日增，妄事宣传，恐成尾大不掉之势，对于政府国防影响殊大！[33]

---

30 这之中包括缅甸境内的教堂 10 座、教徒 800 余人。

31 《云南澜沧县拉祜族简况》，西南民族学院研究室编《西南少数民族情况参考资料》14 辑，1953 年油印本。

32 前澜沧县政府档案，抄本。此抄件夹杂在《宦滇存稿》（抄本）中，原书存北京民族文化宫图书馆。

33 周光倬：《滇缅南段未定界调查报告》，（台）成文出版社 1967 年影印，第 34B～35A 页。

1954 年，沧源县有信教寨 81 个，建有大小教堂 83 座，撒拉 66 人，信教户 3630 余户，教徒 17000 余人，占全县户、人总数的 1 / 3。

双江紧邻沧源、澜沧和耿马等县，原属于澜沧县，俗称上改心，1927 年独立成县，是拉祜、佤、彝、布朗及傣族的杂居县。

20 世纪初，永伟里等人来到这里活动，旋遭驱逐，传教之事暂成泡影。10 余年后，永伟里重返这里，随带若干撒拉，在蒙化、细些、邦佐等寨设立分会，四处活动；设立学校，培养学生，"全收县属倮、卡诸夷，严拒汉人入校，各种功课均用私造之文字印刷，中国文字全不教授"[34]。接着，永伟里、普光谦用不正当手段占据并扩大勐勐坝一块地皮，设立佤族传教总堂，与糯福拉祜族总堂相呼应，指挥双江、沧源等地传教事务[35]。

到 30 年代中叶，双江已建有大小教堂 49 座，教徒 1500 余户、约 4000 余人，"入教者计倮黑全部、蒙化（彝族）及卡佤大部，濮蛮（布朗族）小部，惟汉人与摆夷（傣族）则全无。教堂多系草盖，内置坐凳与讲台，每所可容三四十人至七八十人不等"[36]。50 年代初，双江有教堂 73 座，撒拉 84 人，教徒 15000 余人，约占人口总数的 22%。

（二）滇北民族地区

滇北民族地区是基督教在云南传播的另一重要区域，基督教在武定、禄劝、禄丰、元谋、楚雄、富民、嵩明及寻甸等地均有传播。这之中，又以禄劝、武定为重点，本文重点介绍。

1、基督教传入及分布

20 世纪初，在传教士柏格理等人的不懈努力下，基督教终于传入滇黔交界地昭通、威宁等苗族聚居区，得到迅速发展。1905 年，相传武定县洒普山龙姓苗族老人因两个儿子染上麻疯病，东奔西走，求医问药，为儿子治病。一次，他从由贵州迁至该县发窝乡马姓苗民处得知："安顺有一种红头发、蓝眼睛的人，什么病都能治好，而且不要钱"的消息后，跋涉千里，专程至安顺找到内地会牧师党居仁（J.R.Adam）。党氏以武定不属于贵州、云南事务由云南传教士经营为借口，将其介绍给在昭通等地活动的柏

---

34 前澜沧县政府档案，抄本。此抄件夹杂在《宦滇存稿》（抄本）中。"倮"是"倮黑"，指拉祜族；"卡"是"卡佤"，指佤族。

35 双江师范学校：《收回双江勐勐教堂运动》，1936 年。

36 彭桂萼：《双江》，1936 年，第 3 章，"耶稣教"。

格理[37]。

1907 年初，受柏格理的调遣，威宁石门坎的苗族传教员来到此地活动。因武定等地苗族（花苗）是从昭通等地迁徙而来的，受同族信教的影响，当地苗族也认同并接受了基督教。"有许许多多苗族人正在皈依救世主。这个运动目前正远在云南西（北？）部得到传教，真令人感到惊异"[38]。不久，柏格理等人由苗族信徒引导，从昭通亲临此地，实地考察，感到欣慰。据说他用苗语编唱了这样的歌曲，"我们不想走啊，我想留，我心中装着你们苗家两万人。我要驱赶魔鬼，拯救世界，你们跟随主吧！"[39]接着，他与地方政府交涉租地建堂，在洒普山等地建立教堂。"武定州之狮子山、禄劝县之那岔马后山、寻甸属鲁洒沛之大水井各地，均有英人购买地段，设立教堂，愚民无知，入教者甚众"[40]。鉴于两地距离较远、人手不够，照顾难周，柏格理将此地教务转让内地会经营。在此负责者系曾在威宁石门坎学习苗语苗文的郭秀峰（Arthur G.Nicholls）。郭秀峰接手后，辟武定洒普山为据点，设立苗族总堂，作为传教中心，"武定县北之洒普山，亦有信主苗人数千，有内地会华人张、郭二牧居住其中，环山而居均系信主苗人，结草为庐，衣食整洁，大非昔比"[41]，向外传播基督教。

苗族的信教行为影响周围部分彝族、傈僳族群众参加基督教，于是"耶稣教设于（禄劝）四区撒老坞，名曰福音堂，入教者多系夷民，约二百余人。其教规以劝善奉天为宗旨"[42]。接着，彝、傈僳部分群众的信教行为又影响其他民族群众，辗转影响，形成互动效应，遂使基督教在滇北地区传播开来。

> 石门坎、洒普山、滔谷等地皆设有职员训练学校，教员薪金由差会与当地信徒分担。当地信徒虽多贫困，但多慷慨捐助，已建成

---

37 编委会：《楚雄彝族自治州志》，人民出版社，1996 年，第 6 卷，社会，第 77 页。按照国家有关部门规定，新纂地方志系承担者相关工作的产物，不以个人而以集体署名，全称"××县（州、省）志编纂委员会"。为行文方便，简称"编委会"，特此说明，以下引证的各志书署名亦如此。

38 甘铎理编：《柏格理日记》，东人达、东旻译释：《在未知的中国》，云南民族出版社，2002 年，第 735 页。

39 李际会等编：《楚雄彝族自治州民族工作五十年》，云南民族出版社，2004 年，第185 页。

40 雪生：《第十一号大事编记》，中国科学院历史研究所第三所编：《云南杂志选辑》，科学出版社，1958 年，第 806 页。

41 桑坚棠：《滇省苗人归主》，《中华基督教会年鉴》，第 6 辑。

42 佚名：《禄劝县地志表册》，1923 年抄本，"宗教"。

礼拜堂多所，并负责布道员之生活。去年有五十二人自石门坎出发，五人自洒普山出发，长途跋涉布道于各偏远部落之中，宣教精神为之一振。并由滔谷派遣五人为傈僳族宣教师，三人至思茅工作，三人至怒苏族中工作。[43]

教会拓展，信教增多，组织管理等也得跟上。彝族的传教事务最先独立出来，以撒老坞为中心，建立彝族总堂，由澳籍传教士张尔昌（Gladstone Porteous）负责。接着，傈僳族、果焚、老干、汉族的传教事务也相继独立，分群活动。

滇北地区毗邻昆明，川滇交通线途经此地，交通方便，接触交流较多，汉语系当地通行语，政府统治力较强，基本上能实施有效保护，传教士的安全能基本上得到保障；而当地苗族等民众接受基督教、迅速发展的事例，经过教会的宣传，产生了广泛影响，吸引一些教会选择这里作为传播区域。如1913 年，美国自由传教士甘素珍（Morgan, Cornelia）来到楚雄等地开展活动；1918 年，中国基督教各派领导人在庐山牯岭开会，诚静怡、胡素贞、石美玉（Stone, Mary）等倡议建立中国人自己管理的无宗派教会——中华国内布道会（Chinese Home Missionary Society），向缺乏福音的地方积极传教，发展本色教会。该会首选云南为试点区，成立了中华国内布道会云南筹备会，设委员70 余名、顾问 15 人，并于次年派传教士进入云南，先后在楚雄、禄丰、姚安等地设立礼拜堂点，开展活动[44]。接着，伯特利会[45]和基督教复临安息日会也来到滇北，拓展传教区域。

在富民、寻甸两县开展活动的基督教会有自立会和中华基督教会边疆服务部。最初，该两县均为内地会的活动区，传道员王有道、王洪道等人是由洒普山教会学校培养的。其之所以自立教会，受两方面因素的影响：第一，内地会不愿意让中国教徒及教牧人员掌握较多的知识，主要是培养小学生（初小生）。王有道等对此不满，与校方争吵，被开除学籍，萌生创办教会、发展教育、启发民众的念头；第二，反对内地会划分民族总堂的作法，在各族之间制造对立。基于如此，王有道与韩杰、张怡福等合作，创建以苗族信徒为

---

43 《中华归主》，第 3 章，第 18 节，中册，第 493 页。

44 陈铁生：《云南布道之发轫》，《中华基督教会年鉴》，第 3 辑。

45 伯特利会由蓝如溪、胡美林等人创立，提倡卫斯理·约翰的福音主义，推行奋兴布道等。其与中华国内布道会活动在云南重合，在禄丰、楚雄等地开展活动。随后，甘素珍成为该会的成员。

主的自立教会——爱教会（中华基督教自立会），劝导教会捐献钱粮支持自办；主动与上海中华基督教会联系，愿意成为其中一员[46]。

创办之初，爱教会表现一定活力，产生并扩大了影响。然而，在办教的方向等上，韩、王及张等人想法不一，分歧愈加扩大。韩杰又患有神经分裂症，经常发作，教务管理受到影响；加之受内地会的排斥，"内地会说中华基督教是鬼教，两教的教徒不通婚，甚至认教不认亲"[47]。在这些因素的影响下，爱教会步履维艰，停滞不前。

20 年代初，基督教复临安息日会传至富民、寻甸等县。为寻找代理人，该会对韩杰加以资助，韩杰便脱离了爱教会，转入复临安息日会，成为该会滇中区的传教士。他在富民大龙潭开展活动，主张文化学习与传教宣传并重，积极传教[48]。王有道、王洪道则保持爱教会的自立特色，在艰苦环境中继续奋斗，随后加入中华基督教会边疆服务部，活动在寻甸柿花箐等地[49]。

其间，复临安息日会还在安宁等地建立"天心堂教会"、"云南三育研究社"等学校，招收苗、彝等族学生，采取半工半读等形式传授知识，将宗教传播与传授劳动技能、文化知识等结合起来。

建国初，滇北地区有基督徒 3 万余人，共有 5 个派别活动，其中以内地会分布最广、教徒最多、势力最大，集中在武定（约 13000 名教徒）和禄劝（约 12000 名教徒）。其他各派，或撤退放弃，难有活动；或参加工作，成为政府工作人员，便自我解散教会（如中华基督教会）。

2、内地会的特点

滇北内地会最初以苗族（花苗）为传播重点，在洒普山建立传教总堂。接着相继传入彝族、傈僳族、傣族及汉人中间。为便于管理，该会采取分而治之作法，将每个民族（汉族除外）分开传教，在禄劝撒老坞（彝族）、武定滔谷（傈僳族）、阿谷米（老干族，包括傣族）、寻甸新哨（葛布族）建立传

46 韩兴德等：《苗族自立教会和安息日会的历史》，《云南宗教研究》，1997 年第 1 期。
47 《基督教在武定区的情况》，《云南民族情况汇集》，下册。
48 惠国芳整理：《富民县访问材料》，《云南民族情况汇集》，下册。
49 1946 年 8 月，边疆服务部认为云南少数民族的中心在西部，决定撤出寻甸等地，将传教事务移交循道公会，抽出人员到保山建立堂点，以滇西为主要活动区域。《中华基督教会全国总会边疆服务部呈送民国卅四年度工作报告的代电》，《中华民国档案资料汇编》，第五辑，第二编，文化（二）。

教总堂，分族包干，各自负责；汉族信徒，则由各县教堂负责。或许以民族划分传教总堂，方便管理，但如是划分，切断了各族民众间的密切联系，阻碍彼此交流，人为制造鸿沟。

总堂之下为数量不等的支堂、分堂等，三者形成隶属的关系。总堂事务由外籍牧师主持，支堂、分堂等由国籍传道员负责。总堂附设初小一所，招收教徒子弟，选拔培养人才，辅助传教。各族总堂间无隶属关系，总堂上面是滇北基督教六族联合会，起协调作用，接受上海内地会总会的领导。需要指出的是，在滇北基督徒构成中，除苗族、彝族外，其他民族教徒数量较少，因而认识中华人民共和国建立后该地区基督教的调适与发展，主要表现在苗族及彝族教徒（地区）。

与其他差会不同的是，内地会系当时唯一由外国传教士创办而将总部设在中国的基督教会，其作用标榜"拓荒"与"拓展"，由外籍传教士传播福音，巩固及发展事务则由国籍人员负责；外籍传教士再到其他地方开辟新的活动点，因之该会重视培养及使用中国教牧人员。1930 年起，武定等地教会就由国籍牧师承担组织活动、传播宗教及管理教徒等责任。

为进一步培养国籍教牧人员，滇北基督教六族联合会于 1944 年筹建西南神学院，院址选择禄劝县撒老坞。1947 年，该院建成开学，内分神学、初中及小学三部，其中神学部每期招收正、副科学生 30 余人，由各总堂从圣经研究班学员中选拔推荐[50]。除日常的宗教教育外，神学院还组织同学巡回讲道、辅导信徒学习圣经，教唱赞美诗，开展传教活动。神学院之下，各教堂设圣经学校，"实行堂校合一，白天作学校，供小孩读书，晚上作教堂，供成人做礼拜。传教士还用拉丁字母编写成所谓苗文、彝文、傣文等来翻译圣经。在苗族中，苗文圣经相当普及，基本上做到人手一册。为普及圣经，教会每年集中部分教徒办短期读经班两次，每次五六天，自带伙食、行李"[51]，集体学习，交流提高。于是，当地教牧人员及多数教徒能阅读及宣讲圣经，自主性强，具有传教的积极性及主动性。因此本文论证的教会是内地会，介绍的地区是武定与禄劝，涉及的民族主要是苗族、彝族群众。

再者，内地会重在传教，只要教徒接受耶稣、认识圣经，对其他方面的

50　卢军等整理：《禄劝县访问材料》，《云南民族情况汇集》，下册；阳晖普：《西南神学院》，《禄劝县文史资料》第 2 辑。另外，傈僳族的传教总堂设在武定滔谷。

51　马绍忠：《楚雄州苗族调查》，《民族工作之路》，云南民族出版社，2009 年，第 40 页。

要求不甚严格，甚至还容忍保留当地的传统神祇，作为对比物，以便深入认识及体验"神"。如在苗族信教区，诸如"司娘"、"端公"等依然存在，"与基督教和平共存，并行不悖。其原因据说他们认为有两个神，一个是走正道的'正统的上帝'；另一个是魔鬼，专搞歪门邪道"[52]。当教会公开活动时，"邪神"难以影响信徒，不能损伤活动。然当环境不利，教会潜伏，秘密活动，"邪神"容易侵入，融合甚至替代"上帝"，发生蜕变。这也是尔后苗族信教区（特指内地会传教区）基督教活动"变质"的原因之一。

由于滇北地区毗邻昆明，交通较方便，其间一些神学观点激进者或主张"小群"人士，如宋尚节、王明道等人，不时来此活动，宣讲观点，传播学说。他们的言行在部分教牧人员或教徒中可能会产生影响，我们将在下面部分章节中有所涉及。

第二节　基督教在贵州民族地区的传播

一、基督教在贵州传播概述

贵州毗邻湖南，传教活动主要受到湖南基督教会的影响，视其进展而延伸。1875 年，内地会传教士吉德（Dr.Griffith）进入湖南，在岳阳租屋传教，试图开展活动。1877 年，内地会传教士祝名扬（Sev.S.R.Clarke）、巴子成（J.F.Broumton）由长沙来到贵州。据说受某将军的资助，他们在贵阳得以租借房屋，立下脚跟。随着，若干传教士先后来到贵州，壮大了传教的力量。

最初，内地会拟以汉族为传教对象，将兴义、独山、安顺和贵阳作为重点，四面出击，展开活动。不过，辛苦的活动并非能如愿以偿，难有回报。其中原因，可谓多方面，社会秩序混乱及民族关系紧张等无疑起到制约的作用。

清代后期，贵州未曾发生大规模战争，社会秩序相对安宁，族际关系比较缓和的地区，是安顺、威宁、水城及毕节等民族地区，这便是基督教调整活动区域，将其作为重点活动区域的原因之一。

除此之外，传教士之所以热衷在黔西北民族地区开展传播活动，还在于幻想通过少数民族影响汉族，使汉族民众接受基督教。

---

52 马绍忠：《楚雄州苗族调查》，《民族工作之路》，第 41 页。

有些宣教师希望各少数民族间的大规模布道工作最后将要导致在汉人中间的巨大收获。更阑夜静的时候，我们仿佛已经听到西南各少数民族、千千万万个讲各种方言的人隐约的脚步声，他们正在走进我主耶稣基督的国度。[53]

1895 年，党居仁来到安顺，在立住脚跟后，向苗族聚居区积极地传播基督教，先后在普定、水城、织金等地建立教会。1904 年，他在威宁葛布（今归赫章）建立教堂，发展教徒。由苗族影响彝族、汉族，部分彝汉民众随之接受基督教。与此同时，柏格理也从云南昭通进至威宁，在石门坎等地建立教会。一时间，基督教在黔西北地区犹如烈火燎原般的蔓延开来，大小教堂纷纷建立，教徒急剧增加。"1916 年春，大花苗男女之受洗者 300 余人，是年秋受洗者 1100 余人。此后日益发达，进教之人有加无已"[54]。据 1919 年统计，在贵州 81 县份中，35 个县份有基督教活动，尤以黔西北及黔西等地更为集中；建有传教总堂 17 处、教堂 106 处、布道区 150 处；外籍传教士 45 人，国籍职员 207 人，教徒人数 20875 人（受餐教徒 9446 人），多分布威宁、赫章等县；建有初小 84 所、在校学生 1609 人，高小 8 所、学生 189 人；医院 2 所、药房 6 处[55]。

30 年代中后期，信义会、基督教复临安息日会、圣公会等先后派人进入贵州，在毕节、贵阳、安顺等地建立教堂，开展活动。尽管如此，贵州传教重心仍在黔西北的苗族、彝族地区，传教事务的领导权基本上被英藉传教士所掌握[56]。

抗战期间，沦陷区的部分教会撤至后方活动。其中一些教会、尤其是湖南教会的传教士及教徒来到贵州，增强这里的传教力量。如中华基督教会成立贵州区会，在贵阳立住脚跟后，确定向外县发展的方式，先后在惠水、桐梓、福泉、黄平等地开办教会，发展教徒[57]。湖南内地会也在玉屏等地建立分会，积极活动[58]。黔东南地区成为基督教各派新开发的布道区，基督教力量得到了发展……

---

53 《中华归主》，第 9 章，第 1 节，中册，第 720 页。
54 翟先生：《贵州教会》，《中华基督教会年鉴》，第 4 辑。
55 《中华归主》，第 3 章，第 3 节，上册，第 372～380 页。
56 陈鸿钧：《四川贵州云南三省宣教概况》，《中华基督教会年鉴》，第 7 辑。
57 陈衡：《贵阳中华基督教会始末》，《贵州文史资料选辑》，第 13 辑。
58 李世家：《玉屏县志资料》，贵州省图书馆 1966 年油印本，第 2 章，"宗教"。

40 年代末，东北、华北等地国民党政权崩溃后，一些教会将重心转移到贵州[59]，安置部分人员，增强传教的力量；还增大"奋进"活动的力度，活跃气氛，凝聚教徒，争取参加者。然而，事倍功半，收效甚微。

中华人民共和国建立后，贵州各派教会人士响应吴耀宗等人的号召，开展"三自革新"运动，逐步统一在基督教三自爱国会中。

二、基督教在黔西北民族地区的传播

黔西北地区指今毕节专区及六盘水市部分地区，包括威宁、赫章、毕节、大方（定）、纳雍、织金和水城。

贵州西北部是民族杂居区，除汉族外，彝族、苗族和回族是当地的主要少数民族。按其生产、经营及生活习俗，各族民众多聚族而居，形成大杂居，小聚居的格局。一般而言，回族多集中城镇及交通要道，彝族多生活在平坝及浅山地区，苗族民众则聚居高寒山区。

黔西北民族地区是贵州基督宗教、主要是基督教的活动区域，20 世纪初以来，内地会、循道公会、基督教复临安息日会、小群会（聚会处）等教会先后来此活动，主要针对苗族、彝族民众积极传播，改变信仰，成为信徒。经历多年的苦心经营，威宁石门坎、四方井，赫章葛布及结构等地成为重要的基督教活动区，在贵州以至全国具有一定的影响，据说石门坎还被誉为"香港第二"，地位特殊。

在基督教各派别中，以内地会和循道公会最突出[60]，至今仍有众多的信徒和较广泛的影响，它们将是本文论述的重点部分。至于复临安息日会及小群会，仅作简要说明。

（一）基督教的传播及扩大

追溯基督教在黔西北民族地区的传播史，不能不从内地会英籍传教士党居仁（J.R.Adams）的活动说起。光绪十四年（1888 年），党居仁来到安顺租房建堂，开展传教活动。在传播中，他认为要民众接收基督教，需解决语言交流和助手等问题。光绪十五年（1889 年），他在安顺创办义学，招收一些苗族学生入学，接受教育。党居仁在向学生教授英语的同时，也向学生们学习

---

59 杜光炎：《基督教贵阳中华信义会简史》，《南明文史资料选辑》第 3 辑。

60 50 年代中叶，原循道公会逐步消失，其活动区被原内地会的传教人员控制，基本上采取内地会的活动方式。关于这个问题，本项目后有专门的介绍。

苗语。由于这些学生来自不同地点，支系差异，存在不同方言。在与他们接触交流中，党居仁在较短时间里掌握了若干种苗族方言，操之自若。这种现象，不仅使当地汉民感到惊奇，就连苗族学生也表示钦佩，认为他具有特异功能，视为"狼人"而顶礼膜拜。

语言相通，利于交流，方便了党居仁的传教活动。光绪二十五年（1899年）初，党氏来到织金县熊家场进行传道活动，苗民张约翰、李摩西受到影响，靠拢党氏，还专程到安顺教会学道半月。返乡之后，他们宣传基督教，影响乡邻，部分民众改变了观念，认同并接受基督教。每逢周六，这些信众便步行百余里路，到安顺教堂做礼拜活动。长此以往，他们感到甚不方便。1899年底，在党居仁主持下，基督教会在织金县白马洞成立，建立活动场所，肇开基督教传入黔西北地区之滥觞[61]。

1903年，党居仁在传教途中，偶遇郎岱县南龙桥苗民张雅各等人。党居仁见其穿戴奇特，长辫盘头，身披花毡，足履草鞋，背负弓箭，感到惊奇，意识到这是苗族的另一支系。询问之后，得知原是威宁大花苗，因人口增长、耕地不足而迁居南龙桥。党氏见其又渴又累，疲惫不堪，热情接待，飨以食物，简略交谈，劝其信教。临行时，党居仁表示：以后有事可来安顺找他。数天后，张雅各等人猎获一头野猪，却被豪强拦截霸占，他们投诉无门，前来安顺请党居仁帮助。党氏仅用一纸诉状就压迫当地官府饬令豪强把野猪归还张雅各等人。

归还野猪事件虽小，却反映出权势转移，今非昔比，凸显"洋人"的强势，与之伴随的"洋教"也地位特殊。目睹此情，张雅各等便逢人宣传，"我们苗族在安顺出了个狼人"，可以依靠。他还邀约张朝栋、张朝相等人到安顺教堂接受洗礼，成为教徒。返乡之后，得到了德慕坪彝族地主安国光的支持，他们于1903年冬天建立德慕坪教会。

织金、威宁个别苗寨尽管建立了教会，有了活动场所，但众多苗民仍然远涉数十里、百余里到安顺教堂参加礼拜活动，还广为宣传"安顺出了苗王，对苗民很亲热仁爱，称苗民为兄弟，尽量帮助一般穷苦苗民"等，使更多的苗民受到影响，参加基督教。

61 斐治：《布道苗族纪略》，《中华基督教会年鉴》，第5辑；张承尧：《基督教内地会传入毕节地区的历史情况》，贵州省宗教志编写办公室编：《贵州宗教史料》，第1辑，1985年。

1904 年，鉴于威宁等地教徒剧增，传教范围扩大，堂点不足，活动困难。党居仁接受张雅各、罗但以理等的建议，拟在该县葛布（今属赫章县）建立教堂，作为花苗教徒的活动中心，凝聚信众，党居仁便呈报贵州省洋务局备案。不久，受省局的指令，安顺知府、威宁知州等派员来此，会同土目查勘地形，进行前期准备。此举动则在当地制造不少的传闻，形成官办教会的假象。一些人的观念受到影响，滋生攀附想法，愿意加入教会，求得保护。加上党居仁从安顺出发，途经织金、大方等地来到葛布，信徒跟随，人数众多，沿途又有官吏保护、土目迎送，形成"洋官过境"的氛围，猛烈震撼，见者、闻者莫不奔走相告，产生轰动效应，放大并扩张了基督教的影响，产生出强烈的吸引力，加快了基督教在苗族地区的传播。

苗族的信教行为影响到彝族，彝族地区入教者有所增加，教务繁杂，照应不周。1920 年，外籍传教士岳克敦（Yorkston,John）、贝尔克两人商议，按照族属，将苗族、彝族信徒分成两个教会。其中苗族信徒集中的各支堂隶属葛布教会，彝族信徒集中的各支堂隶属结构教会，零星散居的信徒任其选择，自由参加邻近的教堂做礼拜，参加活动。由岳克敦负责葛布教会，贝尔克负责结构教会，既分离，又照应[62]。由于这两地教会均驻有外籍牧师，因之被称为苗族总堂与彝族总堂。

（二）内地会的体制及特点

其后，当赫章等地教徒增多，教务扩大，传教士便调整管理体制，由总堂分蘖教区，教区之下为堂点，构建三层管理体制。如葛布总堂之下分有东、西、中、北四个教区，教区之下为各支堂。结构总堂下分东部、中部、北部和南一、二、三及南四部共七部，即七个教区。各总堂置总长老、总传道各一人，教区设长老、传道及委办若干；各堂又有长老、传道等，内地会在赫章等地的管理体制得到健全，管理有序。

值得注意的是，在内地会开展活动的彝族及苗族堂区，缺乏国籍牧师的引导。内地会监督吉后安曾对此解释："牧师太多，没有什么价值。目前经济没有来源，牧师生活无着……不一定要有牧师的名称，才能做牧师的事情。没有牧师的名称，执行牧师的职务，也是无有不可的，没有什么妨碍。现在你们都是教会的牧师，可以本着圣经，按照各地教会的不同情况，慎重执行

---

62 罗但以理：《葛布教会概况》，《中华基督教会年鉴》，第 7 辑。

就行了。"[63]当时，这项要求并没有表现出特别的后果，然而到20世纪50年代中叶，其作用则迅速彰显，产生诸多意想不到的效能。关于这个问题，我们将在以后章节中加以阐述。

除缺乏国籍牧师管理教务外，在内地会活动区域还有这两个特点：一是办学层次低，学校主要是初小，围绕《圣经》学习而开展，只要求受教育者能认识及读懂圣经而已；二是恪遵圣经，重视祈祷，强调与"神"沟通，关心"救赎"，强调传播福音等。受前项制约，大多数教徒接受教育程度底，缺乏较高文化知识及文凭，难以外向流动，更谈不上上升、脱离农村，教徒们只得生于斯、长于斯，重复前辈的人生经历，范围狭窄。受后者的制约，教徒的灵性要求相当强烈，渴望"圣灵充满"，获得宗教的神学体验，于是"唱灵歌"（俗称新调子）、"跳灵舞"、"说方言"等属灵活动被部分教徒所认可、所接受，迅速蔓延开来。

不过，与其他派别教会比较，内地会较早倡导"自立"，启用国籍传教人员，实现替代。早在1923年，内地会发出了《教会自立政策宣言》，要实践"自立"运动，建立中国自立的本色教会，还取消了葛布、结构两总堂服待人员的津贴，外籍人员的身份也发生改变，牧师变为"顾问"，传教事务逐渐由国籍人员负责。

1934年，内地会总会唐进贤来葛布等地视察，讨论决定各地教会发展情况，建议将教务及财产等将移交给当地教会中的华籍职员，外籍教士悉数退出，转向其他地区开拓教务。1942年6月，该会贵州区主任代表上海总会，与国籍教牧人员订立合约，交出部分房地产等由华人管理，教会更名为"华内基督会"，实现了自治。"川苗、白苗、小花苗，有信仰基督教者，为数不多，不受差会或城区教会之补给，多年来自治、自养、自传，亦无正式宗教首领。每礼拜日聚会时，由有知识者兼任信仰坚固者义务带领"[64]，国籍教职人员管理教务等，逐步完成了"本色化"。

的确，接受基督教，成为教徒，在教会之中，借助"群体"等帮助、配

---

63 王明道：《解放前葛布教会史》，《贵州宗教史料》，第1辑。1952年初，葛布教会采取教牧人员推荐、投票选举等方式，推举杨志诚为牧师。不久，杨志诚调到毕节专署民委工作，受职务的限制，他没有发挥出牧师的作用。1962年，杨志诚等人被错误打入"反动"集团，受到了迫害。80年代初，毕节专区民委予以平反，赔礼道歉。

64 毕节专区档案馆藏1951年2月李明轩、李道西南少数民族概况调查表。

合或照顾，部分信徒获得了看得见的物质"利益"或看不见的精神慰藉，效益明显。

> 至于基督教对生活之影响，为文化之提高，因教会除宣传宗教外，更注意文化，因而信仰基督教之苗族，虽非只信仰本身，更获得了许多国家知识。生活方面，信仰基督教者，戒绝烟、酒及昔日一切迷信消费，生活方面即无形改善许多。男女间之贞操问题，亦受基督教影响特大。关于居处、衣物之卫生方面，亦因而改进了许多。[65]

由于如此，榜样引导，舆论相传，部分苗族及彝族群众受到影响，加入了基督教。信徒增多，教会壮大，葛布、结构总堂的统辖教徒曾达到 3 万余名，然而这种建筑在"利益"上的宗教信仰却难以持久。进入 30 年代，威宁等地方政府的衰弱，政令难行，难以控制基层，秩序混乱，持"力"者猖狂，恶霸嚣张。影响所致，"洋人"话语权减弱，说话无力量，部分民众对之认识有所改变，抵制以致反对基督教活动。

> 外国人不要我们吃酒，是要我们把粮食积存起来，以后他想法给我们夺去。还有人说，耶稣是阴（英）国人，英国没有太阳，他到中国来盗窃太阳，被皇帝发现后，才捉来钉十字架的。现在，外国人来传教，也是想来侵占中国的地方。[66]

受这些传言的影响，部分群众的观念有所改变，放弃了信仰，"反"了教，内以彝族地区的教会表现最突出。

> 20 世纪 40 年代，正是新旧社会交替时期，社会动荡，天翻地覆，人们看不清形势，看不到时代的光明前景，看不到自己的归宿，人心惶惶，人人自危。……当教牧的已无心于牧养工作，做信徒的也无意于礼拜事奉，平民信徒也觉得自己好像行于地震点上，摇摇晃晃，朝不保夕。同时，外籍牧师早溜了，本会教牧有的去世了，有的老朽了，从外地聘请来的教牧，因无补贴转回老家去了，年轻的教牧接及不上。所以，教会冷落，礼拜日的聚会处于半瘫痪状态；原来的门庭若市的景象不见了，眼前摆着的是门可落雀的凄凉景象。[67]

65 毕节专区档案馆藏 1951 年 2 月李明轩、李道西南少数民族概况调查表。
66 毕节专区档案馆藏 1953 年 10 月 3 日毕节专区宗教科赫章县基督教概况调查表。
67 李仕杰等编：《基督教结构教会百年简史》，2007 年自印本，第 82 页。

在这些因素的交相作用下，到 1950 年，葛布总堂苗族教徒约有 2000 人，结构总堂的彝族教徒约 1000 余人，若加上其他族群的信教者，赫章原内地会系统的信徒约 4000 人。

除党居仁向苗、彝族地区传教外，内地会系统还有德国女执事会（Friedenshort Beaconess Mission）传教士包宽爱（S.Yohanna Rabe）、苏宽仁（S.Magurit）、巴宽敬（S.Frieda Pavl）等人来到大方（时称大定）建立教堂、诊所及学校，开展传播活动，并将基督教传到纳雍、毕节，以及云南镇雄、四川古蔺、叙永等地。当时，大方教会也分有西区、中下区和中上区这三个教区，教徒以苗族、彝族为主。虽然，它与赫章、威宁等地教会同为内地会，派系相同，但与葛布或结构总堂既无隶属关系，也无什么联系。

有必要指出的是，纳雍县半坡苗族马显文于 40 年代末在重庆神学院学习时，积极向上，被吴耀宗按立为牧师。因此因缘，新中国成立后，纳雍半坡等地教会接受人民政府领导、拥护及执行政策的要求比较迫切。后有论述，此略。

（三）循道公会的传播及特点

前面已叙，在党居仁的努力下，内地会在威宁、赫章等苗区的传播非常迅猛，影响广泛。其间，威宁西北部及云南毗邻地区的苗族民众受到影响，跋涉数百里，到安顺听道，纷纷请求党居仁到黔滇交界地区传播基督教。考虑到众多苗民的热忱期望，鉴于路途遥远、照应困难，党居仁便将他们介绍给时在昭通等地开展活动的循道公会传教士柏格理。

1904 年，循道公会便附缘而入，柏格理来到石门坎开展活动，建立教堂，积极传播。除在威宁开展活动外，循道公会还迅速传至彝良、昭通等苗族地区。同样，苗族信教又影响到其他民族群众，四方井等地彝民改变了信仰，接受了基督教，循道公会便传入威宁及昭通等彝族地区。

为了避免重复传教，维护内部团结，1914 年党居仁、柏格理等人在威宁大松树教堂会晤，划分传教区域，决定以威宁勺圃梁子为界，东南归入内地会，西北属于循道公会，互不干扰，在黔西北地区形成内地会、循道公会两大教派划分活动区域的格局。尔后，曾有基督教复临安息日会、聚会处（小群会）等派别来此活动，终难成什么气候。

同样，在循道公会的活动区域，苗、彝两族信徒间也曾出现了不协调，发生纠纷。20 年代后期，威宁循道公会亦按族群类别而划分出石门坎和四方井两个教区，各有牧师负责。其中石门坎教区以苗族教徒为主，下辖石门坎、长海子两个联区；四方井教区以彝族教徒为主，辖有大桥、威宁、四十五户、大街及四方井五个联区。

与内地会不同的是，循道公会注重教育及医疗事业，借助教育、医疗等来扩大影响，吸收教徒，推动教会发展，并创制民族文字等，翻译圣经等，辅助传教。于是，该会入黔活动之初，广泛开办小学，并与四川其他差会联系，推荐若干苗族、彝族学生进入成都华西协合大学学习，毕业之后返回家乡，服务教会，待规定期限满后，方能离开。此外，该会的教牧人员的等级较严，培养期长，使用规范，按部就班，尤其是牧师。教徒要成为牧师，除有意识选拔、积极锻炼外，还必须经历多年的学习与历练，尤其要是接受神学院的系统教育、考试合格后才能担任。普通教徒不能上台讲道或巡回传教，更不能担当传教士的职责。

的确，创办及发展教育和医疗，传授文化知识等，创制民族文字等，提高了教徒的地位，扩大了内部交流，强化了教徒与教会的凝聚力，扩大了基督教的影响，循道公会的传播也因之加快。除在威宁西北部开展活动外，循道公会还传至云南彝良、昭通、大关、盐津，及四川筠连、叙永等县。石门坎教会因之与四川、云南部分苗族教会实现联合，更名基督教循道公会西南教区石川教区，设教区长一员；教区之下为联区、堂区，每一堂区设执事 1 员。教区每年召开会议一次，商议对策、解决矛盾、草拟计划、布置人员等[68]。

1934 年底，蒋介石利用追堵红军名义，将中央军开进贵州、云南及四川，替代或抑制了地方军阀，控制了西南地区。接着，国民政府积极推行新县制、设立保甲制等，改革传统的行政体制，建立国民党各级组织等，加强对底层社会的统治。其时，石门坎教会因其名气太大，引起国民政府及黔省当局的重视。贵州省府拟设石门设治局[69]，并建立国民党石门坎特别党部，派遣专人进驻这里，建立及加强统治；向教会学校派遣政治及军事教员，宣传同化教育，促进认同、改变习俗，鼓励汉苗通婚等，实践同化政策，以石门坎为典

---

68 吴永清等：《贵州省威宁县龙街等地区解放前社会经济情况调查资料》，1963 年，第 45 页；管承泽：《贵州石门坎苗民的见闻与感想》，下，《边事研究》第 7 卷第 2 期。

69 后因经费等问题，国民政府放弃设立石门设治局，于 1941 年底析威宁县东部设立了赫章县。

型，选择作法，总结经验，向各地推广，加快融合，实现同化。

面对外界的压力，教会领导人痛感传统的宣教方式难以适应外部社会，易遭政府、社会群体及民众的反对，应该改弦易张，主动调适，实施新的传教方法，融入主流社会，成为其中一员。从 1936 年起，石门坎教会接受内地各省教会的作法，持续开展"五年运动计划"（简称五运）[70]，引导教徒学习知识，提高文化，改变习俗；改进耕作方式，发展生产；改善环境，修建道路，走出自闭，对外交流，等等。

循道公会虽然重视教育，开办学校，培养人才，但受经费等因素的掣肘，该教会除每年向成都华西协合大学输送一两名大学生外，所开办学校主要是小学。在地方政府及士绅等未办新式学校以前，小学尽管层次不高，优势却明显，有较强的吸引力。然而，当政府等开办学校后，教会学校的层次低、未能融入"体制"等"弊端"就显露出来。1943 年秋，在彝族土司杨砥中等的支持下，朱焕章创办私立石门坎西南边疆初级中学，担任校长。在该校董事中间，除杨砥中外，还有贵州省主席杨森、云南省昭通专员龙纯祖等。后经朱焕章等人的不懈努力，石门坎初级中学纳入了国民政府的边疆教育体制中，其学历被政府承认，提高了受教育者的文化程度和文凭层次，藉教育为阶梯，鼓励青年积极向上，融入主流社会，促进经济发展，以此维系人心、凝聚教徒、发展教会、扩大影响。

1946 年，因经费筹集困难，石门坎中学难以为继，濒临停办。朱焕章被迫与循道公会英籍传教士商量，请求教会援助，找米下锅，维持该校的生存。次年，循道公会向该中学注入津贴，但改组了校董会，杨竹铭接任董事长；将校名改为"威宁私立石门坎初级中学"，朱焕章留任校长。

当国民党政权在石门坎设立特别党部后，作为据点，逐步向周围推开，设立区分部等，灌输党化教育，推行同化等观念。石门坎等地教会因教徒众多、活动频繁，在教牧及教徒中不乏大学生、大专生或中学生等，受教育程度高，社会影响大。于是，国民党政权将其作为拉拢对象，施加影响，鼓励

70　"五年运动计划"于 1930 年始于内地基督教会，主要是通过训练班等方式，培植教徒的灵性（包括耶稣道理、教会规礼、个人修养）、物质（农业改良、职业指导）和常识（社会、卫生和公民）。具体内容，见中华基督教协进会《中华归主》第 120 期相关部分。30 年代后期，石门坎教会借鉴这种作法，结合实际，有所增减，持续实施。关于这个问题，参见秦和平《基督宗教在西南民族地区的传播史》中有关部分。

入党，担任县、区党部书记、委员或区乡负责人。如朱焕章加入国民党后，担任了区分部书记，以后还作为黔西区苗族代表人物，选为国大代表，担任立法委员……这样，石门坎、四方井等地部分教职人员涉及了政治，进入"制度"中，担任不同的职务，掌握了一些权力等。

基督教与政治相结合，教牧人员进入党政之中，的确有利于循道公会扩大影响，开展活动等。然而，形势变化，新旧政权实现了更替，权势发生了转变，"有利"条件成为"不利"因素，政治上的"污点"致使地方政府及相关组织对个别教牧严加防范，有所压制，也使得这些人员在新社会中受到了束缚，难以"动弹"，组织活动，统率教徒，直接或间接导致原循道公会教会的萎缩，以至消失。据统计，1950 年威宁石门坎联区有 8 个堂区、仅剩 1864 名教徒；四方井联区有教堂 11 处，教徒仅 5000 人[71]。

除内地会、循道公会外，基督教复临安息日会于 1925 年曾派人来毕节等地开展活动，在教务发达时，教徒多达 500 余人。从 1943 年起，因领导无方，会务逐渐衰落，教徒数量锐减……1950 年，教会活动更加凄凉，统计教牧人员及信徒约 130 余人。"本布道区内的教友对于圣经真理的认识，多为肤浅，一遭遇困难，多半放弃信仰，故自解放以来，因种种关系，会务大为紧缩"[72]。到 1952 年，因无人信仰，毕节已无复临安息日会。

第三节　基督教在四川民族地区的传播

一、四川基督教历史简述

光绪二年（1877），内地会麦嘉底（Rev.John.M'carthy）从上海出发，溯长江至重庆，在此租房布道，肇开基督教在四川传播之滥觞。随即，美以美会（American Methodist Episcopal Mission）伟廉士（Rev.L.N.Wheeler）和鹿依士（Rev.Spencer.Lewise）亦由上海来到重庆，北抵成都等地。当时，四川官绅士民的仇洋情绪激烈，天主教会屡受冲击，基督教会也连带受到抵制，传教活动难以展开。

1886 年，美以美会为加强传教力量，拓宽布道区域，增派人员，租借重

71 四川省档案馆藏1951年9月西南文化教育委员会宗教事务处云贵兄弟民族中宗教情况。
72 毕节专区档案馆藏1950年5月12日基督教复临安息日会毕节布道区登记表。

庆鹅项颈民房开展活动。由于鹅项颈地势险要，居高临下，易守难攻。部分民众对教会租房行为感到困惑，困惑产生误会，误会派生惶恐，惶恐滋生害怕。恰逢此时，法国侵占越南、英国占领缅甸等消息相继传来，印证了民众的担忧，加剧了不安情绪。于是，群情激愤，矛盾尖锐，针对教会的无名揭贴遍布城镇乡村，制造舆论、动员民众。同年7月，因天主教徒罗元义宅前发生大规模的民教冲突，愤怒的群众以此为导火线，掀起打毁教堂、驱赶传教士、杀伤教徒的流血事件，史称第二次重庆教案。

重庆教案发生后，总督刘秉章采取杀害罗元义枭示其首级平息民愤、斩首抗官的石汇父子维护官府权威、劝说传教士放弃租借鹅项颈房屋消除民众疑惧等措施，暂时和缓了民教矛盾，部分消除了传教活动的障碍。从此，基督教在四川扎住根，各差会积极地入川开展活动。其后，虽然存在这样或那样的障碍或事件，多次影响以至妨碍基督教会开展活动，但基督教的发展及扩张是不争的事实。如1899年时，四川仅有教堂29处，外籍传教士142人，国籍助手32人，教徒859人；1907年，外籍传教士增至329人，国籍传道员195人，教徒约有6450人[73]；1920年，教徒数量已超过3万人。

抗战以来，部分沦陷区教会团体及教牧人员进入四川，增强了传教力量，促进基督教的发展，接着四川基督教会出现这样变化：①中华基督教边疆服务部的传教人员根据国民政府开发边区的要求，进入阿坝藏族羌族地区和西昌地区开展活动，拓宽了布道范围，增加了传教对象。②真耶稣教（万国更正教）进入四川活动，发展迅速；一些华人福音布道家到川活动，影响广泛；中华基督教信义宗（The Lutheran Churches of China）从武汉等地西进奉节、万县和重庆，成立中华福音路德会西南区，打破了先前四川的传教格局，形成你中有我、我中有你的混合局面。③沦陷区的部分教会学校、教会医院和文化团体纷纷迁入，增强和发展教会在教育、医药及文化等领域的力量，尤其5所教会大学聚集成都华西坝，开创四川教会学校的新局面,培养人才，服务社会，参与抗战等，提升了教会大学的正面形象；④以美国为背景的教会势力上升，影响扩大，等等。

抗战结束后，内迁的学校、文化团体及教牧人员、教徒纷纷返回家乡，四川基督教受到了严重的影响，人数减少，规模缩小，到1949年，全川仅有教徒2.6万人；国籍教牧人员514人，其中牧师、会督204人；有教堂611处，

---

73 *West China Missionary Conference* p387～388.

但有 107 处教堂停止了活动，各类学校近百所；医院 31 所，诊所 19 处[74]。

应该指出，四川各教会的发展状况并非同一，其传播手段也存在着若干不同之处：如美以美会、美道会（英美会，Canadian Methodist Mission）、公谊会（Friends'Foreign Mission Association）和基督教复临安息日会等比较注重利用教育、医药、书刊报纸等媒介等传播教理，侧重城镇布道，影响和培养知识份子。圣公会、内地会则多活动在偏僻乡村，采取教牧人员与民众直接地、面对面地互动传教。他们也曾开办一些学校和施药处，但这些设施规模小、层次低、功能差、影响有限。中华基督教边疆服务部是在羌族和彝族聚居地活动，重在社会事业服务，借助于传授农牧技术及医药知识的方法，亲近民众，求得认同，再视亲和的程度而传授福音，力图将宗教的传播建立在发展经济、改造社会等基础上……不同的传播方式并无优劣高下之分，它们只是各差会针对不同的传播地区与对象延伸自己的传统作法而已，效果及影响等也大不相同。

二、基督教在部分民族地区概况

当基督教进入四川后，向少数民族传播福音是其重要的活动内容。

光绪二年（1877），内地会任教士（Dr Cameron）进入康定、巴塘等地，经此南下云南德钦，实地考察，为最早进入四川民族地区的基督教传教士。

光绪二十四年（1898），内地会叶长青（Edger James Huston）由维西来到康定，开展活动，此为基督教传入民族地区之始。因受诸多因素的制约，内地会在甘孜藏区的传教活动停滞不前，从信者寥寥无几。

光绪二十九年（1903），基督会（Foreign Christian Missionary Society）哈特（Susie G Rinehart）与史德文（A L Shelton）结伴从康定来到巴塘，建立学校（华西小学）、医院和教堂，开垦荒地，引种诸如苹果等优良品种，凭借高超的医疗技术，救死扶伤，服务群众，传教士被群众认同，教会得以扎住根，得到发展。教会在鼎盛时，教徒多达百余人。30 年代，受世界性经济危机的影响，差会拨款减少，基督会的活动受到制约，被迫紧缩，放弃堂点，外籍传教士也因之撤离，留下中国教牧人员看守。；

1918 年，基督教复临安息日会派遣安德烈（John N Andrews）来此活动，先后在康定、泸定等地建立教堂，开办医院，借助医疗活动影响患者，实施

---

74 刘吉西等编辑：《四川基督教》，巴蜀书社，1992 年，第 7 页。

间接传教的方式。不过，除了传教士的高超医疗手术给民众留下深刻印象外，他们积极宣讲的教义犹如过眼浮云，瞬间消失。到 1949 年，只有复临安息日会及内地会在康定尚残留教堂及极个别人员外，其余各县基督教早已不复存在。

阿坝地区是藏族、羌族的聚居地区，是四川联结甘肃、青海的商贸通道，因之不少汉族及回族民众生活在这里。

光绪三十二年（1906），圣公会英籍牧师李白庚夫妇和国籍传道员朱育斋来到茂县，建立教堂，堂内陈放各种福音书籍，任人随意翻阅；墙壁上贴满照片，备有专人解说；参观者离开时送圣经一册、劝世文一张。接着，李白庚创办小学，招收汉羌学生入学，每期学费是银元一元，贫穷者可以免费，采取新编教科书及"四书五经"施教；要求在校生每周参加礼拜活动，参加者可一张精美图片，用以鼓励。稍后，教会创办诊所，辅助传教活动。这些手段的施用，产生轰动效应，一度吸引不少民众。但其传教成效并不乐观，更多人是冲着学校及诊所而来，对宣讲的福音不感兴趣。至 30 年代初，圣公会被迫收缩堂点，茂县等地教堂被撤销[75]。

1919 年，美道会派遣毛树森深入理番杂谷脑（黑水）等地活动，传教事务曾一度甚为红火，发展教徒甚多，据说整村整村的民众加入了教会。该区是美道会在四川唯一地能够实现自养的堂点，故名之理番自养布道区[76]。其间，宣道会也从甘肃临潭传播至松潘，与理番自养区的活动遥相呼应。

人存政存，人亡政亡。由于理县等地教会基本上依赖毛树森个人的努力，后续者难以接替，当毛树森逝世后，该会传教活动大受影响。30 年代中期，基督教在阿坝州的传播活动逐渐衰落，濒于消亡。

40 年代初，因中华基督教边疆服务部的进入，建立川西区，以汶川为据点，分别向茂县与理番两翼推进，以羌民等为传教重点。依靠边疆服务部的不懈努力，基督教才得以复兴，逐渐地扩大。

西昌地区的基督教传播历史与当地天主教会活动密切联系。清代中叶，天主教就在会理等地开展活动。因其历史悠久，势力较大，教徒之中，流品混杂，不乏为非作歹之徒，欺压民众，对抗官吏。当地官府畏之如虎，遇有

---

75 董泽荫：《英国人在茂县的传教活动》，茂汶县志编纂办公室：《茂汶风物》，第 5 期。
76 《中华基督教会四川协会年议会纪录》；*Our West China Mission* p154~160.

交涉，往往袒教抑民。长此以往，教愈得势愈欺民，民愈含冤更仇教。民教间视为仇雠，民众对天主教会愤恨不平，然又无可奈何，便选择"以夷制夷"之法，远涉雅安延请基督教传教士来西昌建立教会与之抗衡。

这样，浸礼会传教士顺利地进入西昌，开辟宁远总堂，以此为据点，积极活动。基督教会的到来，形成新的制约力量，打破原天主教个别传教士及少数教徒为所欲为的格局，先后拓展会理、盐源、德昌及西昌附近河西、高革坝、罗家场、锅盖楼和阿七沟等地，教徒人数一度达到千余人。受路途遥远，交通不便，照应不周等原因影响，1924 年，浸礼会收缩传教范围，西昌总堂被撤销，将人手、资金集中使用成都、宜宾等传统布道区域。作为善后工作，西昌等地教务由传道员沈光耀看管[77]，会理等地教务委托在云南禄劝等地活动的澳洲基督教会及中华基督教国内布道会维持。

1940 年，中华基督教边疆服务部来此地活动，成立西康部，复燃了熄灭多时的基督教活动，还渗透普雄、昭觉等彝族聚居区，设立学校及诊所，利用它们变相开展传教活动。

其时，内地会也来到这里，开展活动。该会传教士海恒博（A.J.Brocmhall）于 1947 年经西昌深入昭觉城南及竹核等地，创办诊所，为彝族民众诊病治疗，开展传教活动[78]。

还有，1947 年美国基督教浸信宣道会（Conservative Baptist，西昌当地人称北美浸信会）部分传教士来到西昌，先后在会理、冕宁泸沽建立堂点，开展活动，但无甚收获。

与云贵民族地区相比较，基督教进入四川民族地区开展传播活动的历史的确较早，却难有收获。在藏族地区开展活动，难以化解藏族民众的反对情绪，改变藏传佛教信仰，消除社会的抵制屏障；在彝区传教者，虽未遭遇原始宗教（笔摩、苏业）的反对，却无法破除彝民家支集体观念的"涵盖"网，将个体彝民剥离出来，纳入教会中；在羌区活动者，因办学校、建诊所，救死扶伤，引进先进作物及耕作技术等，解决民生问题，基督教被个别群众所认识所接受，却难以植根于底层社会，发芽成长，因而当制度发生巨变后，人民政府着力解决羌族群众的民生等问题，基督教则无形"消失"。不过，

---

77 洗崇光等：《西昌基督教简介》，《西昌市文史资料选编》第 3 辑；杨肇基等：《西昌县志》，卷 6，祠祀志。

78 《西昌专区天主教教区简史、基督教教会简史》，第 6 页；洗崇光等：《西昌基督教简介》，《西昌市文史资料选编》第 3 辑。

在西昌等地，中华基督教边疆服务部还是有些收获，影响部分群众，其中一些成为望道友，甚至接受施洗。但因该部多数职员系来自山东等地沦陷区的教职、医疗或教师。抗战结束后，部分人返回家乡；新中国建立后，又有一些职员返乡，因人员缺乏，该部难以继续开展活动，结束了在西昌等地的传播事务。

综上所述，基督教在川、滇、黔民族地区的传播活动，以云贵两省部分民族地区，尤其是滇西民族地区的收效最为明显，突出表现傈僳、怒、佤、拉祜、苗及彝族群众之中。

1950 年，共产党、解放军进入西南地区，摧毁了国民党政权，建立人民政府，改天换地，在新形势、新制度、新管理等之下，西南民族地区基督宗教面临着生存等问题，该如何应对，加以调适呢？

当然，基督宗教要与新社会的相协调、相适应，离不开共产党和各级政府的相关政策及对宗教事务的管理。于是，在阐述部分民族地区基督教会的态度及作法之前，我们拟先从建国以来中国共产党在贯彻执行宗教信仰自由政策过程中，对中国基督教和天主教的具体措施，以及中国基督教、天主教的应对措施与调适言行等加以阐述。提纲挈领，纲举目张，之后阐述西南各民族地区基督教的调适及发展，认真分析，深入研究。

第二章　五六十年代滇黔川民族地区 基督教的调适与发展

　　要清楚地认识和分析 20 世纪五六十年代云南、贵州及四川三省部分民族地区基督宗教的调适与发展，必须对中华人民共和国建立以来中国共产党的宗教自由政策及相关工作（主要是涉及基督宗教部分）进行全面的、认真的梳理，了解因果，认识发展，分析变化，揭示基督教、天主教为适应社会而调适的部分缘由。

第一节　确定并实施宗教信仰自由政策

一、实施宗教信仰自由政策

　　宗教信仰自由政策是中国共产党的一贯的、基本的政策。早在 1931 年 11 月《中华苏维埃共和国宪法大纲》就规定"中国苏维埃政权以保障工农劳苦民众有真正的信教自由的实际为目的，绝对实行政教分离的原则"[1]。这项规定在当时江西中央根据地内得到了不同程度的实行。

　　30 年代中叶，红军在长征期间，书写"信教自由"等标语，向各族群众宣传中共的宗教政策，争取支持。

　　当红军到达陕西，建立陕甘宁等根据地后，宗教政策再次付之实践，保障并维护信教群众的宗教权利。"根据信教自由的原则，中国解放区容许各

---

[1] 《中华苏维埃共和国宪法大纲》第十三条，中国社科院民族研究所编：《党的民族文献资料选编》，1981 年，第 17 页。

派宗教存在，不论是基督教、天主教、回教、佛教及其他宗教，只要教徒们遵守人民政府法律，人民政府就给以保护。信教的和不信教的，各有他们的自由，不许加以强迫或歧视"[2]。

新中国建立后，中国共产党仍将贯彻执行该项政策。1949 年 9 月下旬，中国人民政治协商会议第一届会议在北平（京）召开，会议制定并通过了《共同纲领》，作为即将诞生的中华人民共和国的施政大纲，起到了临时宪法的作用。

《共同纲领》确定了中华人民共和国的性质是"工人阶级为领导的、以工农联盟为基础的，团结各民主阶级和国内各民族的人民民主专政"。简而言之，人民民主专政的国家。

按照当时的说法，工人阶级是人类历史上的最先进阶级，工人阶级思想的理论基础是唯物主义，是彻底的无神论。然而，作为工人阶级为领导的新生政权该如何对待群众的宗教信仰呢？值得关注，也应该规定，公开表明。于是，《共同纲领》"总纲"确定"中华人民共和国人民有思想、言论、……宗教信仰及示威游行的自由权"。《纲领》"民族政策"亦重申了该项规定[3]。就是说，新生的人民政府确定、制定并贯彻宗教信仰自由的政策。

我们也应看到，中国共产党不同于历史上的其他政党或领导集团，不是简单地推翻旧社会，建立新政府替代旧政权、重复历史的轨迹，而是要改天换地，构建崭新的社会形态和政治体制，即共产党领导的社会主义制度，进而实现共产主义。

中华人民共和国建立是中国历史发展进程的新纪元，共产党领导各族人民用革命的手段推翻了国民党统治，实现了政权的更替，掌握了政权，建立人民民主专政；通过土地改革、城镇改造等运动，改变生产资料的所有制，实现了劳动人民的占有制；也必然会采取有力措施，改造旧的上层建筑，包括改革（革新）宗教制度等，传播、灌输或建立新型的意识形态及管理制度等，适应新的经济基础及社会制度[4]。不过，改革宗教制度与保障群众的宗教信仰自

---

2 毛泽东：《论联合政府》，《毛泽东选集》，人民出版社，1991 年，第 3 集，第 1092 页。

3 《共同纲领》第六章第五十三条规定："各少数民族均有发展其语言文字、保持或改革其风俗习惯及宗教信仰的自由。"

4 新中国建立初，人民政府涉及宗教管理及制度改革者是基督教、天主教、佛教和道教。对前两大宗教的工作重点开展爱国主义教育，割断与外国教会的联系，成为中国人自己办的宗教组织。对后两大宗教的工作是废除封建剥削和特权的宗教

由并不对立，而且改革宗教制度为了更好地维护群众纯正的宗教信仰。

尽管人民政府制定及贯彻执行宗教信仰自由的政策，保障人民群众有信仰或不信仰宗教的自由、有信仰这种或那种宗教的自由等，但是它们并不能影响或妨碍共产党和人民政府积极宣传唯物主义、社会主义，从事广泛的政治思想及革命传统教育等，以及进行价值评判，革新群众的观念，促进思想转变，形成并巩固社会主义新思想、新信仰及新行为。当然，它们也并不妨碍人民政府对宗教事务实施管理等[5]。

二、人民政府对基督教、天主教的认识及要求

1950 年 3 月，在全国统战工作会议上，中央统战部李维汉部长在发言中表示，人民政府对基督教、天主教是通过其进步分子及爱国民主人士，积极团结中间分子及落后群众，开展民族民主觉醒运动，在政治和经济上与帝国主义割断联系，成为"自治"、"自给"、"自传"（简称"三自"）的宗教团体[6]。

4 月 27 日，在中央民委举办藏族干部研究班上，周恩来总理阐述了中共的相关政策，"关于宗教信仰，是自由的，不可加以干涉，尊重别人的信仰"[7]，表明实行宗教信仰自由的政策。接着，5 月 2—20 日，周恩来总理与吴耀宗等基督教人士进行了四次长时间的交谈[8]，详细阐述中共对宗教（主要是基督教）的认识、政策内容，以及相关要求。

在交谈中，周总理肯定了基督教在中国革命不同时期曾有积极表现，"自

制度。对于传播于少数民族中的伊斯兰教、藏传佛教及小乘佛教等，暂不进行改革，作为民族问题来对待。

5 所谓宗教事务，指宗教作为社会实体而产生的各种行为、事项或关系，也包括宗教与社会、与政府以及其他方面的关系。本文所指的宗教事务，特指涉及国家利益和社会公共利益的宗教事务。相关解释，参见国家宗教事务局政策法规司编《宗教工作法律知识答问》（宗教文化出版社，2008 年）相关部分。

6 李维汉：《人民民主统一战线的新形势与新任务》，《统一战线问题与民族问题》，人民出版社，1981 年，第 9—10 页。"自给"以改称"自养"。

7 《周恩来在中央民委举办的藏族干部研究班上的报告》，西藏自治区党史办编：《周恩来与西藏》，中国藏学出版社，1998 年，第 113 页。

8 关于吴耀宗的思想观念及人生经历，参见吴宗兰等《追忆父亲吴耀宗》、王季深《从唯爱主义者转变为革命的人道主义者》，以及《回忆吴耀宗先生》等文章（均刊载政协全国文史资料编委会编《（全国）文史资料选辑》第 92 辑，中华书局）。

五四运动以来，基督教里面有进步分子，在中国革命队伍的过程中，他们是同情中国革命的。比如大革命时期，青年会以及其他宗教团体中的进步民主人士，曾掩护过一些从事职工运动的革命分子和共产党员。在抗日战争时期，青年会等宗教团体也起了很好的作用。在解放战争时期，也有很多基督教进步人士同情并参加了反蒋、反美斗争，反对独裁，反对内战，因而受到国民党反动派政权的迫害。解放战争获得基本胜利以后，在北京召开的人民政治协商会议，宗教界的进步民主人士也有代表出席"，等等。

尽管一些教会人士曾不同程度参与或支持中国的革命事业，做出了贡献，值得肯定。但周总理也明确指出：基督教最大的问题，是与帝国主义的关系问题。中国基督教会要成为中国人自己的基督教会，"必须肃清其内部的帝国主义的影响与力量，依照三自（自治、自养、自传）的精神，提高民族自觉，恢复宗教团体的本来面目"，成为单纯的宗教团体。

就人民政府对宗教的认识及宗教政策而言，周总理予以明确的答复：宗教在中国土地的存在是长期的，"谁要企图人为地把宗教消灭，那是不可能的。苏联是社会主义国家，它还是有宗教的。我们决不打算这样做。如果我们不想要的东西就认为它不会存在，那是不符合客观实际的"。由于各宗教团体中绝大多数信众是普通群众，人民群众有不信仰宗教的自由，也有信仰宗教的自由。既然宗教将在中国土地上长期存在，群众有选择或不选择信仰宗教的自由，那么群众的信仰权利将会受到尊重，得到保护。

对宗教组织进行的宗教宣传及宗教活动，周总理明确要求以教堂为界线，教堂内有宣传宗教、组织活动等的自由；反之，则禁止。"我们不搞反宗教运动，我们所遵守的约束是不到教堂里去作马列主义的宣传，而宗教界的朋友们也应该遵守约束，不到街上去"[9]。

其间，周总理还与吴耀宗等人还谈到教会团结、自我清理及健全教会等问题。周恩来对吴耀宗等人的谈话，促成他们对共产党及人民政府宗教政策的了解，亦加快其实践"三自革新"的步伐（阐述见后）。

6 月 25 日，周恩来总理在全国政协第二次党组会议上，对我国宗教、宗教问题及宗教政策阐述如下：

> 在我国，宗教有两类，一类是民族宗教，如回教、喇嘛教。它

---

9 《关于基督教问题的四次谈话》，中央统战部等编：《周恩来统一战线文选》，人民出版社，1984 年，第 180—187 页。

们与民族问题连在一起，尊重宗教也就是尊重其民族，任何不尊重都会引起误会；另一类是与政治有联系，如基督教、天主教，与帝国主义有关系。在慎重处理宗教问题，凡是勾结帝国主义的反动分子，都按反动分子办，不要牵扯到宗教。问题是要善于孤立少数顽固的反动分子。列宁在 1909 年曾经说过宗教就是鸦片，这是革命时期的口号。现在我们有了政权，可以不必强调宗教就是鸦片，而要尊重其民族的信仰。[10]

周总理的总结发言代表了当时共产党对我国宗教的认识与划分，指出"宗教就是鸦片"是革命时期的口号，现在不能强调；要尊重和保护群众的宗教信仰，但基督宗教必须割断与帝国主义的联系，独立自主，自办宗教。"我们主张宗教要同帝国主义割断联系。如中国天主教还受梵蒂冈的指挥就不行。中国的宗教应该由中国人来办"[11]。

8 月 19 日，中共中央作出了有关天主教、基督教问题的指示。该指示指出天主教、基督教问题不仅是宗教问题，也是帝国主义曾用于实施文化侵略的工具。目前，我们坚持信教自由，采取不帮助他们发展的方针，对教徒群众进行爱国主义的宣传，揭露帝国主义侵略的阴谋，领导和支持其中的爱国分子，团结教徒的大多数，有步骤地实现教会摆脱帝国主义的影响，把教会变成自治、自养、自传的事业[12]。

根据这指示的精神，11 月 23 日新华社刊发了《对天主教、基督教问题应有的认识》文章，向全国、世界各国表明中国共产党对宗教的认识及对宗教问题的态度。《人民日报》等各主要报纸接着转载全文，表明该文的特殊地位及对现实的指导意义。

首先，这篇文章介绍天主教和基督教在中国的传播历史及活动概况，明确点出两教具有的共同问题：

> 在中国，天主教和基督教问题，一方面是宗教问题，即在一定社会条件下所产生的群众的信仰问题；另一方面又是在长时期中被

---

10 力平主编：《周恩来年谱》，中央文献出版社，1997 年，上卷，第 49—50 页。

11 《发挥人民民主统一战线积极作用的几个问题》，《周恩来统一战线文选》，第 174 页。

12 《中共中央关于天主教、基督教问题的指示》，《建国以来重要文献选编》，第 1 册，第 408—412 页。但中央统战部研究室编《新中国统一战线五十年大事年表》（华文出版社，2000 年，第 16 页）说是 7 月份。

帝国主义利用作为工具，向我国人民进行侵略问题。我们应当掌握这问题的两个方面，认识这两个方面的联系和区别，根据中央人民政府的政策来正确处理有关宗教的问题。

其次，该文阐述了马列主义者是彻底的无神论者，是将宗教及宗教问题视为一种历史必然性的社会问题来认识和处理的，反对任何依靠行政命令或其他简单急躁办法来解决宗教。尽管在思想上，共产党不能也不可能与宗教调和，但在保卫祖国、建设祖国、反对侵略、争取和平等方面，是可以而且应当联合的。由于天主教、基督教中混杂宗教问题与被帝国主义利用作为侵略工具的问题，共产党对两教的原则是："保护信仰自由，但是在一切宗教中都应当消除帝国主义的影响，而发展爱国主义的影响。天主教应当变为完全不受外国扶持的、属于中国人民自己的社会活动。"

在具体政策上，基督教、天主教可以继续开展传教活动，但以教堂为界线，"教会不去教堂以外传教，同时其他机构或群众也不要到教堂内去进行反宗教的宣传"；教会也可以出版宣传教义的书刊传播宗教。不过，在土地改革期间，宗教活动要暂时停止。

至于教会学校、医院及救济机关等，只要遵守政策及法令，政府按照按公私兼顾原则，与一般私营事业同等看待，其中"其他学校作为必须课的政治课，教会学校中也应设立。教会办的高等学校中可以允许设立宗教课为选修课"，等等。

这篇文章还说，政府要征用或借用教会房屋时，应与教会用协商方法来解决，不应强迫占用[13]，当然教会也应该考虑政府现有的困难，将不用的房屋借给公家使用；以及政府保障宗教信仰自由，支持基督教开展"三自"革新，与差会脱离关系；对于教会学校、医院及救济机构等，仍由教会管理经营，等等[14]。

---

13 之前，共产党对教会房产与外侨房产的有所认识，在方法上加以区别。1949 年 10 月，中央在致西北局关于榆林天主教堂土地房产问题的电报中指示："凡城市地权问题，即属外人霸占部分，亦可暂缓处理。望先将榆林天主教堂所占土地与构筑的房屋、砖窑和菜园的全部材料及其处理意见送交北京外交部，以便据此研究外人教堂在城市的地权房产问题，以便订出统一办法通令全国施行。至外侨霸占私人的地权房产，则应按一般法律手续办理，不在上述范围之内。"《中央关于榆林天主教堂土地房产问题给西北局的电报》，中央文献研究室编：《建国以来周恩来文稿》，中央文献出版社，2008 年，第 1 册，第 459 页。

14 佚名：《对于天主教基督教问题应有的认识》，载《时事手册》第 3 期。同年 8 月

三、基督教、天主教掀起革新运动

（一）基督教"三自"革新，切断与差会联系

1949 年 9 月，在全国政协一届一次会议上，吴耀宗作为宗教界民主人士首席代表发言，他表示"在共同纲领里面，宗教信仰自由的原则是确定了的。我们宝贵这个自由，我们也决不辜负这个自由，或滥用这个自由。我们也要用尽我们的力量，把宗教里面腐恶的传统和它过去与封建力量、帝国主义的联系，根本铲除。……追求真理，服务人类，是一切高级宗教的共同目标，把这目标应用到今日的中国和今日的世界，就是要扫除封建的残余力量，打倒帝国主义的侵略和挑拨战争的阴谋，同时拥护世界的永久和平，拥护民主建设的力量"[15]。表明愿意遵照共同纲领，拥护人民政府，追求宗教的共同目标，扫除封建主义，切断与帝国主义联系，等等。

1950 年 7 月，吴耀宗等人发布《中国基督教在新中国建设中努力的途径》的革新宣言，提出中国基督教及团体的任务是"彻底拥护《共同纲领》，在政府的领导下，反对帝国主义、封建主义及官僚资本主义，为建设一个独立、民主、和平、统一和富强的新中国而奋斗"；表示中国基督教要与帝国主义进行切割，认识过去帝国主义利用基督教的事实，肃清内部的帝国主义影响等，反对战争、拥护和平，认识及拥护政府的土改政策；以及"培养一般信徒爱国民主的精神，和自尊、自信的心理"，在最短期内完成自治、自养及自传的任务，实现自力更生的目标，"促成一个为中国人自己所主持的中国教会"，等等。

该宣言发表后，得到了部分教会（派）的响应，大多数教牧及教徒纷纷签名表示认同和支持。1950 年 9 月 23 日，《人民日报》转载这篇宣言[16]，认

---

19 日，中央中央发出《对天主教、基督教问题的指示》（《建国以来重要文献选编》，第 1 册，第 408—413 页）。经过比对，两文的内容基本一致。即《人民日报》刊载《对于天主教基督教问题应有的认识》文章系中央的相关指示，代表了当时党中央对天主教、基督教的看法，及相关政策的基调。

15 《宗教界民主人士首席代表吴耀宗的发言》，新华书店编辑部：《中国人民政治协商会议第一届全体会议讲话报告发言》，新华书店，1949 年 12 月，第 194 页。

16 最初，《中国基督教今后努力的途径》是在基督教会内传播。1950 年 6 月 1 日，吴耀宗寄给周恩来总理，周总理阅后，致电吴耀宗，"基本方针是好的，它打开了中国基督教会及其团体今后在《共同纲领》基础上在人民政府领导下的新的努力途径"，并希望"劝导中国基督教代表人物响应这一主张，以利基督教会的革新。"（力平编《周恩来年谱》，中央文献出版社，1997 年，上卷，第 45 页）。

同吴耀宗等基督教人士爱国爱教的努力，还特别撰写社论《基督教人士的爱国运动》，支持该项行动，"我们欢迎基督教人士所发起的自治、自养、自传运动。这是基督教人士应有的使中国基督教脱离帝国主义影响而走上宗教正轨的爱国运动，他们号召割断与帝国主义的关系，实行自力更生，使教会从外国人的机关改变为中国人的机关，从而也使教会所举办的事业不再是服务于帝国主义利益的事业"，给予充分肯定，认为这是基督教人士的爱国行动，也是中国基督教会独立自主、自办教会的行动。同时，该社论也重申了中国共产党对宗教信仰的看法：人民有信仰宗教的自由，也有拒绝宗教的自由，两者同受法律的保护。但宗教活动必须与侵略或反革命活动相分离，"人民政府既不因为取缔那些危害活动而干涉宗教信仰自由，也不因为保护宗教信仰自由而容忍那些危害活动"等等。

透过该篇社论，中国共产党向全中国社会公开地阐述对宗教的看法以及实施宗教信仰自由政策的缘由。"共产党人既然是彻底的无神论者，那么，为什么又主张允许宗教信仰自由呢？这是因为宗教是产生和存在于人类面对着他们认为不可抗拒的自然法则和社会法则而求助于神秘现象的时候。因此，只有在人类有足够的力量支配自然，并彻底消灭了阶级压迫制度及其遗迹以后，宗教才会走向消灭。在此以前，当一部分人类由于技术落后而对自然力量继续存在着依赖的时候，当一部分人类还没有能够摆脱资本主义和封建主义的奴役的时候，宗教的现象是不可能从人类社会中普遍消失的，因此我们主张保护宗教信仰的自由，如同保护拒绝宗教信仰的自由一样"[17]。

根据周总理等的建议，吴耀宗决定公开发表这宣言。在发表之前，再将该文寄呈周总理，得到总理的亲自修改。该《途径》原文是"立即实现自力更生的目标"。在公开发表前，周恩来总理建议取消"立即"两字，"如此，可以减少各教会团体、学校、医院对于立即断绝国外接济的顾虑。本来，我们解决这项问题是要有步骤地进行，故去掉'立即'两字与宣言主旨并无违背"。吴耀宗等人接受这意见，改为"在最短期内，实现自力更生的目标"。关于这重要的改动，参见《关于发表基督教人士宣言给吴耀宗的电报》，《建国以来周恩来文稿》，第 3 册，第 296—297 页。

17 《人民日报》1950 年 9 月 23 日社论。对吴耀宗这份宣言，毛泽东予以肯定，指示周恩来："吴耀宗文件是很有用的，请考虑用内部文件方式电告中央局及各省市委，并要他们注意赞助。"《对吴耀宗等的中国基督教三自宣言的批语》，《建国以来毛泽东文稿》，第 1 册，第 438 页。毛泽东这批示促成《人民日报》转载该宣言并专题社论表示赞助吴耀宗倡导的运动。

必须指出的是，"三自运动"是中国基督教的自觉运动，目的是把基督教变为中国教徒自办的宗教事业，还基督教的本来面目，并非要改造基督教。因而，该宣言得到各地教会及教徒等的认可和赞同。10月中旬，中华全国基督教协进会第十四届年会在上海召开，与会代表一致通过了拥护《中国基督教在新中国建设中努力的途径》的决议，希望各教会机关、团体等以最大决心，采取积极行动，在五年内完成自治、自养、自传的"三自"目标，真正成为中国人自办的基督教。为此，该协进会专门成立"五年完成三自运动促进委员会"，以推动三自革新运动的纵深发展。

该次会议还号召全国基督徒适应时代的要求，用行动拥护土地改革，努力学习新时代知识，响应劝募寒衣救济灾民运动，等等。

（二）天主教掀起革新运动

11月底，四川广元天主教神父王良佐等500余人召开革新运动的集会，发表了《四川广元天主教徒自立革新运动宣言》，彰扬天主徒的自立革新行动。该宣言声讨了帝国主义、尤其是美帝国主义控制中国天主教，意图作为侵略破坏的机构；表示新中国建立后，"我们基于爱祖国、爱人民的立场上，坚决与帝国主义割断各方面的关系，并肃清亲美、恐美、媚美的思想，自力更生，建立自治、自养、自传的新教会，不让教会的圣洁再受帝国主义的沾污"。因而，开展自立革新运动，支援抗美援朝、保家卫国运动，"巩固世界民主和平阵营，共同为建设新中国而奋斗"[18]。

广元天主教神职人员及教友的爱国行动得到重庆、成都、天津、南京、上海等地天主教的响应，迅速扩张，各地教友先后建立革新运动促进会、反帝爱国学习会、革新委员会、抗美援朝天主教支会及三自爱国促进会等组织，开展广泛的爱国运动。"反帝爱国运动，是团结和教育广大教友的过程，也是和帝国主义进行艰苦斗争的过程"[19]，更是中国天主教徒及神职人员响应政府的号召，摆脱束缚，参与政治运动的积极表现。

当然，天主教的革新运动也得到了人民政府的积极支持。1951年1月8日《人民日报》发表题名《欢迎天主教人士的爱国运动》的社论，明确支持，还直截了当希望"中国天主教徒为要使自己的宗教信仰完全和帝国主义侵略分子、间谍分子的阴谋活动相隔绝，必须在根本上改革中国天主教会完全受

---

18 王佐良：《中国天主教反帝爱国运动忆略》，《（全国）文史资料选辑》，第148辑。
19 汤履道：《上海天主教友的反帝爱国运动》，《广扬》，第19期。

制于帝国主义外国的制度"，以期望中国天主教通过自身的改革，改变受"帝国主义"控制的制度等。

回顾中国近代的历史，该社论也指出中国天主教开展自立革新的困难程度，予以积极的鼓励，"中国天主教徒的爱国运动的发展。就不能不经过激烈的斗争。爱国的天主教徒必须有勇气、有决心打破天主教内一切帝国主义分子及其代理人的控制，不怕他们的任何恐吓诬蔑，揭露他们的一切非法破坏活动，和全中国爱国人民团结在一起，为中国天主教的光明前途而奋斗"，呼吁广大教友及神职人员行动起来，赞助并开展自立革新运动。

与《基督教人士的爱国运动》社论相比较，《人民日报》该社论对中国天主教的改革提出了更加明确的要求，就是要改变受制于外国帝国主义的制度，实现独立自主，自办教会，即前文所提出"天主教应当变为完全不受外国扶持的、属于中国人民自己的社会活动"[20]，表明中共对天主教会的态度。

然而，美国政府对中国政府的敌视态度及相关作法打乱了中共透过《对于天主教基督教问题应有的认识》文章的政策交底，加快了基督教、天主教的革新步伐；也使得教会学校、医院及救济机关等先后被政府接收[21]，转为了公办事业，相关人员也得到安置，促成了基督教、天主教与教育、医疗等事业的剥离，迅速地恢复宗教团体的本色。

四、政府接办文教事业，支持教会"三自"革新

1950年6月，朝鲜战争爆发，战火扩至鸭绿江畔，威胁新中国；美国总统杜鲁门宣布美国政府决定以武力阻止解放军解放台湾，第七舰队游弋台湾海峡，炮口瞄准大陆……10月，中国人民掀起抗美援朝、保卫和平运动。接着，美国政府采取行动，冻结了中国在美国的财产、停止中美之间贸易等，中美之间矛盾顿时尖锐，趋于白热化。当然，这些对立与纠纷涉及到了接受美国津贴的中国文化教育、救济机关及宗教团体等，即基督教会及附属文化教育团体等缺乏了资金，将如何得到生存？迫使中国政府采取措施，及时应对。

---

20 《天津天主教革新运动的成就》（人民日报社论），《广扬》，第18期。

21 关于当时中共对教会学校继续开办的具体设想，参见周恩来在1950年9月6日对教育部长马叙伦《关于处理北京私立辅仁大学问题的报告》的批示。《周恩来年谱》，上卷，第76页。

12 月 29 日，政务院召开第 65 次政务会议开展专题讨论。会上，郭沫若副总理作了报告，列举了中国政府对接受外国津贴的文化教育、救济机关及宗教团体的态度，美国政府及部分接收津贴机构或团体的相关作法，介绍了这些机构、团体，以及基督教和天主教等的爱国行动，"这些事实证明了爱国的中国人民已经认识了美帝国主义的罪恶，不能容忍帝国主义的文化侵略继续在中国进行"。他建议采取以下措施，接办并改造它们，为人民服务：

一、政府应计划并协助人民，使现有接受美国津贴的文化教育机关和宗教团体实行完全自办。

二、接受美国津贴之文化、教育、医疗机关，应分别情况，或由政府予以接办，改为国家事业；或由私人团体继续经营，改为中国人民完全自办之事业。其改为中国人民完全自办而在经费上确有困难者，得由政府予以适当的补助。

三、接受美国津贴的救济机关，应由中国人民救济总会全部予以接办。

此外，郭副总理还表示"接受美国津贴之中国宗教团体，应使之改变为中国教徒完全自办的团体，政府对于他们的自立、自养、自传运动应予以鼓励"[22]，表明了中国政府鼓励中国基督教开展三自革新的坚定态度。

会议审议并通过《接受外国津贴及外资经营之文化教育救济机关及宗教团体登记条例》。该条例规定，对这些事业、机关及宗教团体进行专门登记，内容有名称，地址，事业性质，成立经过，组织机构、编制和现有人数（包括学校学生数目、养老院、孤儿院、育婴堂、麻疯病院等所收容的人数），主持人及重要职员等，附属机构及分支机构的名称、地址、主持人和概况，工作内容等，外国资金或接受外国津贴的数目、来源和收支情况，财产概况、出版物及发行情况、其他等十四类。

通过专门登记等工作，各地政府掌握了基督教、天主教及附属教育文化、医疗事业及救济机关等的基本情况。接着，人民政府接办了各类教会学校，安置教职员工及在校学生；接办或鼓励自办医疗及救济机构等，以及对教堂

---

22 郭沫若：《关于处理接受美国津贴的文化教育救济机关及宗教团体的方针的报告》，川西人民行政公署文教厅编：《川西专门登记处工作手册》，第 1 册，1951 年 2 月，第 32—33 页。

及办公等场所免征地产税，等等[23]。

表面上看，接受人民政府登记清理、接办或资助的教育文化、救济机关及宗教团体是针对那些接受美国津贴者。实际上，二战后美国教会掌控了中国基督教及大多数附属的教育文化及医院等团体；加之处于"冷战"时期，美国冻结中国在美的财产，部分资本主义国家也将仿效，采取类似行动，因而这次专门登记者涉及的对象是整个中国基督教会及天主教会。

其间，政务院还颁布《关于外国教会及外人在华房屋地产问题处理原则的规定》等法规，明确宣布"不得承认外人在华土地所有权"；规定"教堂在乡村中、集镇中的房屋，除教堂本身及工商业所用的房屋外，其出租与农民和适合于农民居住的房屋，可征收之"等[24]，并在土地改革中加以解决。

需要指出的是，当时基督教会的多数教职人员系兼职，他们有自己的职业，主要在教会学校、文化及医疗机构等中任教（职）。美国冻结中国资产等行为，差会难以再提供津贴，资助教会，既使中国多数基督教会及附属团体陷入困境，更使其大多数教职人员缺米下锅，陷入窘境，生存困难[25]。人民政府接办或资助这些附属机构及宗教团体后，也接手了原来的职员，解决本人及家庭成员的生计，即基本生存等问题。站在这个角度认识，接办等行动减轻了教会的负担，起到了促进中国基督教会加快了革新进程的客观作用。

1951 年 1 月 5 日，上海有 26 个全国性及地方性的基督教团体负责人发表拥护政务院决定的宣言，表示"我们本着爱国的精神和自尊的心理，不但可以完全脱离美帝作为文化侵略工具的经济关系，并且能够用自己的力量，在新中国人民的基础上，建立更健全、更能为新中国社会服务的基督教事业"等等[26]。其间，各地基督徒还踊跃在《宣言》上签字，响应并且支持三自革新运动；许多基督教团体宣布从 1951 年起不再接受来自美国的津贴，也不接受

---

23 《政务院对于接受美国津贴的基督教团体处理办法》（50 年 7 月 24 日）、《中央教育部关于处理接受美国津贴的教会学校及其他教育机构的指示》等，《川西专门登记处工作手册》，第 1 册。

24 《政务院关于外国教会及外人在华房屋地产问题处理原则的规定》，《川西专门登记处工作手册》，第 1 册。其中后项规定与同年 6 月《中华人民共和国土地改革法》第 2 章第 3 条基本相同。

25 这之中也有例外，主要指农村基督教会，尤其是活动在滇黔等民族地区的原内地会等没有受到这影响。参见本项目的相关部分。

26 罗伟虹：《中国基督教》，五洲传播出版社，2004 年，第 68 页。

外国以任何方式给予的津贴，等等[27]。

　　同月，中共中央设立宗教事务处，隶属于政务院文化教育委员会，归类宣传口，其职责是全面了解各种宗教，加强同宗教界人士的联系，帮助党和政府决定对宗教问题的决策和处理有关宗教的具体问题[28]，等等。

　　3月初，中共中央发出《关于积极推进宗教革新运动的指示》，指出该运动的主要目的是肃清帝国主义对我文化侵略的影响，是反帝政治斗争的重要组成部分，要求各地政府利用茶话会或座谈会等形式，党政负责人要出席讲话，阐述宗教信仰自由，指出基督教、天主教曾被帝国主义利用，必须切割与外国的关系；鼓励教徒爱祖国，"一个好的教徒必须是一个好的爱国公民"；中国的宗教由中国人自办，掌握管理权；实现自治、自传和努力自养。"我们用上述办法使中国教会达到自养，使教徒们从经济上因而也在思想上打断与帝国主义的关系，是很值得的，而且是一定可以做到的"。至于中国天主教与梵蒂冈的关系，在梵蒂冈不干涉中国天主教革新运动，以及不在中国进行政治活动的条件下，"中国教徒和梵蒂冈仍可有纯粹宗教性质上的联系"，等等[29]。

　　4月中旬，政务院宗教事务处在北京召开"处理接受美国津贴的基督教团体会议"，邀请中国基督教各派别140余名代表参加，讨论处理接受美国津贴、开展"三自"运动等问题。与会代表通过讨论并通过了《中国基督教各团体代表联合宣言》，号召全国基督徒最后地、彻底地、永远地、全部地割断与美国差会及其他差会的一切关系，实现中国基督教的自治、自养、自传，热烈参加抗美援朝运动，拥护《共同纲领》、土地改革以及镇压反革命政策，遵守政府的一切法令，加强爱国主义教育，广泛开展学习运动，等等[30]。

　　与当时大多数基督教会的经费源于差会不同的是，中国天主教会从教廷传信部等处获得的津贴相当有限，主要依赖于出租教会土地、房产（俗称基本产业），以及经营借贷等利息收入维持运作。不可否认，在减租退押、土地改革和城镇经济改造中，天主教会用于出租的土地或房屋等被退赔或征收，"基本产业"丧失，经济困难。不过，绝大多数教徒通过土改或城镇改

27　罗伟虹：《中国基督教》，第68—69页。

28　《新中国统一战线五十年大事年表》，第19页。

29　《中共中央关于积极推进宗教革新运动的指示》，《建国以来重要文献选编》，第2册，第94—99页。

30　《中国基督教各团体代表联合宣言》，引自罗伟虹《中国基督教》，第69页。

造等分得田地、房屋及耕畜农具等，收入增加，对教会奉献也有所增多，部分缓解了一些神职人员的生活窘境。再者，按照《中华人民共和国土地改革法》规定，"农村中的僧、尼、道士、教士及阿訇，有劳动力、愿意从事农业生产而无其他职业维持生活者，应分给与农村同样的一份土地和其他生产资料"。天主教主要在农村开展活动，当地神职人员亦能通过土改分得一些土地及其他生产资料，以劳动来解决生活。事实上，在当地政府的帮助或支持下，多数神职人员组织或参加某些手工合作社等以解决收入，维持生活。

我们知道，接办教育文化事业及医疗机构等，鼓励基督教、天主教开展三自革新运动只是中共的宗教政策中一部分。引导教职人员及教徒热爱祖国、反对侵略、争取和平，参加建设事业等才是其重要内容和目的所在。

当抗美援朝运动爆发后，各地掀起强大的爱国热潮，从中央到地方，各级政府要求基督教、天主教积极参与该项运动，开展爱国主义教育，控诉帝国主义的侵略行径，组织爱国组织，团结争取教职人员，鼓励参与相关运动，并将教会革新运动并入其中，爱国爱教，驱逐外国传教士，纯洁内部，肃清"帝国主义的影响"，成为中国人完全自办的宗教团体等。

关于新中国建立初人民政府对基督教、天主教的工作情况，以及两大教会的变化，国务院宗教事务局（前政务院宗教事务处）局长何成湘曾这样总结：

> 几年来，我们党和政府执行了宗教信仰自由政策，执行了对宗教界人士的统一战线政策，取得了一定成绩：基督教、天主教的帝国主义势力被赶走了，反革命势力基本上被打垮了，我们发动了教徒群众的反帝爱国运动，动员他们参加祖国的社会主义建设事业和保卫世界和平运动，对教徒进行了爱国主义教育，提高了他们的觉悟，培养了宗教界中的进步力量，建立了全国性的宗教团体，开展了宗教界的国际活动，使宗教界团结在人民民主统一战线之内，中国广大教徒群众（包括上层爱国人士在内）是愿意拥护和参加祖国社会主义建设事业的。[31]

---

31 四川省档案馆藏 1956 年 12 月 18 日何成湘在全国统战部长会议上关于宗教工作的发言。对天主教、基督教相关工作的类似评价，参见李维汉《进一步加强党的统一战线》等文章（载《统一战线问题与民族问题》）。

当时，中共和人民政府对基督教、天主教的初期工作是支持及引导教徒、教职人员参加反帝爱国运动，肃清教会的帝国主义势力及影响，开展教育，提高思想觉悟，培养进步力量，逐步掌握"旗帜"。

在该阶段的基本任务完成后，中共和人民政府的工作重点转入建立爱国组织，促进自觉行动，开展改革，把基督教、天主教变为中国人自办的宗教事业，要求教徒群众、教职人员积极参加祖国的社会主义建设等工作上。按当时宣传的提法，社会主义是各尽所能、按劳分配的社会，不劳者不得食。劳动谋生与剥削获利是社会主义与资本主义的重要区别，引导或鼓励教徒及教职人员投身祖国建设事业（生产劳动）是社会主义社会的要求，亦是要求基督教、天主教适应社会的必然行动。

五、制定宪法，实行宗教信仰自由

1952 年 10 月，毛泽东主席接见西藏地方致敬团代表时说："共产党对宗教采取保护政策，信教的和不信教的，信这种教的或信别种教的，一律加以保护，尊重其信仰。今天，对宗教采取保护政策，将来也仍然采取保护政策。"[32]检索已披露的资料，这段讲话是新中国建立后毛主席对宗教看法及宗教政策的首次表态。虽然，这是他接见西藏地方人士、针对藏传佛教的讲话，但涵盖了全中国（大陆地区）范围及各种制度内宗教[33]。

1954 年 9 月，第一届全国人民代表大会在北京召开，大会审议并通过了《中华人民共和国宪法》。宪法重申中华人民共和国公民有宗教信仰的自由，法律予以保护。

1955 年 4 月，周恩来率团出席在印尼万隆召开的亚非会议（万隆会议），代表中国政府作了大会发言。在补充发言中，周总理利用这次国际会议特别阐述新中国的宗教政策，表明中国政府对宗教的认识及群众信仰的尊重。"宗教信仰自由是近代国家所共同承认的原则。我们共产党人是无神论者，但是我们尊重有宗教信仰的人。我们希望有宗教信仰的人也应该尊重无宗教信仰的人。中国是有宗教信仰自由的国家，它不仅有七百万共产党员，并

---

32 《接见西藏致敬团代表的谈话》，中央文献研究室等编：《毛泽东西藏工作文选》，中央文献出版社等，2001 年，第 88 页。

33 所谓制度内宗教指当时中国政府认定的宗教，主要有佛教（含藏传佛教、小乘佛教）、道教、伊斯兰教、基督教和天主教。

且还有以千万计的回教徒和佛教徒，以百万计的基督教徒和天主教徒"[34]，等等。

从毛主席的表态、宪法的规定，以及周总理在国际会议上发言等，明确反映当时中国共产党和人民政府愿意保护及尊重宗教信仰自由，并制定了相关的政策。

六、矛盾变化，调整任务

新中国建立初，人民政府鼓励和推动基督教、天主教开展反帝爱国、自立革新运动，发现积极分子，启发觉悟，激励爱国心，团结、教育和支持，"帮助他们摆脱帝国主义和国民党反动派的影响，揭露和清除反革命分子，从而保障了宗教界的爱国自由，并使他们团结在人民民主统一战线之内"[35]。

经过数年的工作，基督教、天主教已发生根本性变化，不再是被帝国主义利用的工具，表现出来的"问题"也发生改变：由既是信仰问题又是敌我问题变为主要是信仰问题。随之而来，党和政府对基督教、天主教的工作内容及重点也发生变化。

1955 年 2 月，第三次全国宗教工作会议在北京召开，国务院秘书长习仲勋出席会议，作了总结发言，介绍了过去数年党和政府对基督教、天主教开展的相关工作，指出"天主教、基督教内的帝国主义分子和反革命分子毕竟是少数，绝大多数则是信仰宗教的群众和神职人员、教牧人员，虽然其中也还包括没落的地主、资产阶级分子以及社会渣滓等，而主要的还是劳动人民，因此如果把对天主教、基督教的任何工作都当作对敌斗争，那就可能把信仰宗教的一般教徒群众和神职人员、教牧人员，与教会内的帝国主义分子、反革命分子无区别的混淆起来。在工作中，势必产生盲目急躁的情绪，势必扩大打击面，孤立自己，反而分散了目标，放松了真正的敌人"。但这并不能意味我们不对天主教、基督教开展工作，党和政府之所以要对之开展工作，目的是"把天主教、基督教由帝国主义的侵略工具变为中国教徒自己的宗教

---

34 《在亚非会议全体会议上的发言·补充发言》，外交部、中央文献研究室编：《周恩来外交文选》，中央文献出版社，1990 年，第 123 页。

35 李维汉：《进一步加强党的统一战线工作》，《统一战线问题与民族问题》，第 169 页。

事业"。于是，他布置了 1955 年度关于基督教、天主教工作的主要任务：

　　我们在天主教工作方面的任务是通过当前各项政治运动和中心工作，大力开展教徒群众和神职人员的工作，对教徒群众和神职人员进行广泛深入的保卫世界和平、反对侵略战争与爱国守法教育，提高政治觉悟，健全与发展爱国组织，孤立和打击教会内少数反动分子与现行反革命分子，以开展和深入天主教的反帝爱国运动。

　　基督教工作的方针任务是继续扩大和巩固基督教的反帝爱国统一战线，进一步发动教徒群众，大力培养爱国力量和巩固爱国阵地，争取尽可能多的教牧人员，把运动扩大到那些拒绝参加反帝爱国运动的"属灵"教派及其教徒群众中去，特别是基督徒聚会处、基督徒会堂中去，同时分化其上层，孤立反动势力，打击其违法活动。

　　为了完成这些任务，必须发动信教群众参加各项政治运动及社会中心工作，争取他们站到反帝爱国方面来，鼓励他们参加社会主义建设；要求领导干部亲自掌握，经常接触神职人员、教职人员，加强正面教育，照顾其宗教生活、社会地位，关心生活困难者；以及允许高级神职人员保持继续与梵蒂冈的宗教联系。

　　习仲勋还要求各级干部要积极宣传、贯彻执行宗教信仰自由政策，"我们既允许宗教存在，当然就有宗教的影响，这也是不必奇怪的。政府切实保护宗教信仰自由，对守法的、正当的宗教活动不加干涉，对教会的反帝爱国运动，继续予以鼓励和协助，要积极地、适当地、全面地宣传宗教信仰自由政策，使政策与广大教徒群众（原注，包括上层分子）见面，也要使干部了解信仰自由政策的意义与执行的方法，这样才能逐步地贯彻宗教信仰自由政策。把宗教政策神秘起来，或者认为宣传了宗教信仰自由政策，就会被教徒和神职人员、教牧人员所利用，以扩大宗教影响，因而不敢宣传，这是不妥当的。各种政策都是公开的，宗教信仰自由既为宪法所明文规定，当然必须公开宣传。只要宣传得恰当，对执行这个政策只有好处，没有坏处"，强调宣传对贯彻执行政策的重要性。

　　鉴于宗教工作的重要性、政策性及复杂性，为了明确责任，加强管理，这次会议明确必须改进宗教工作，统一领导，因而决定将管理宗教事务从宣

传口的文教系统中划出，在党内统由党委掌管，指定常委一人负责领导；在
政府内统由各级宗教事务部门掌管，由党组负责。宗教工作要严格遵守请示
报告制度，"事无大小，必须请示"[36]。

不久，依据此次会议定的基调，确定了宗教工作的管理体系：党内由统
战部领导，政府由宗教事务管理处（局、科）管理，延续至今。

会议之后，有关部门根据基督教、天主教的特点及其要求，采取不同措
施，开展相关工作，取得了积极成果。

1956 年初，随着"三大改造"的完成，中国社会从新民主主义过渡到社
会主义。9 月，中共八大召开，提出国内的主要矛盾已不再是阶段矛盾，而是
人民群众日益增长的物质文化需要与落后社会生产之间的矛盾，国内主要任
务是大力发展生产力、满足人民群众日益增长的物质文化需要。由于国内主
要矛盾及基本任务已发生转变，涉及基督教、天主教等的敌我矛盾也基本上
得到解决，在宗教问题表现的矛盾主要是人民内部矛盾，解决方法只能用民
主的方式，说服教育等方法[37]。

12 月中旬，全国统战部长会议在北京召开。会议期间，何成湘局长就建
国以来我国宗教的情况、主要是基督教、天主教的变化及宗教政策等作了大
会发言。

在发言中，他肯定中华人民共和国以来基督教、天主教所发生的重大变
化，检查了部分地方在执行宗教政策的"左"、右倾向及存在问题，总结宗
教工作取得的成绩：基本上消除了暗藏教会的反革命分子，争取了教徒群众
和爱国的上层人士等。提出目前"我们的主要任务是调动宗教界中一切可能
调动的力量，为社会主义建设事业服务，尽可能地减少来自宗教方面的对社
会主义建设和社会主义改造事业的阻力"。为此，必须切实贯彻宗教信仰自
由的政策，切实保障教徒有进行宗教活动的自由；切实保障教徒的公民权利，
不得因为他们有宗教信仰就任意侵犯；必须尊重信教群众的宗教信仰和宗教

---

36 临沧地区档案馆藏 1955 年 2 月习仲勋在第三次全国宗教工作会议上的总结报
告。

37 当时，毛泽东对解决宗教问题，曾有这样的论述，"我们不能用行政命令去消灭
宗教，不能强调人们不信教。不能强制人们放弃唯心主义，也不能强制人们相信
马克思主义。凡属于思想性质的问题，凡属于人民内部的争论问题，只能用民主
的方法去解决，只能用讨论的方法、批评的方法、说服教育的方法去解决，而不
能用强制的、压服的方法去解决"。毛泽东：《关于正确处理人民内部矛盾的问
题》，《建国以来重要文献选编》，第 10 册，第 67 页。

感情，不得对他们加以歧视；必须纠正部分干部，特别是基层干部对宗教职业者及教徒群众的盲目歧视、怀疑和厌恶心理，要对他们采取正确的态度。

然而，贯彻宗教信仰自由的政策，需要解决宗教活动的场所，能开展正常的宗教活动，满足信教群众的信仰需要，于是，何成湘提出了这些解决意见：

一、现有的教堂、庙观一般不再占用，更不要随便改装和拆毁。对其中群众影响较大或有文物价值的，尤须注意保护。……

二、过去已经占用或借用的教堂，如当地仍有神职人员、教牧人员，并有教徒要求过宗教生活而无适当场所时，原则上应该发还。如系当地党政机关占用借用，应以身作则，首先尽早让出。

三、机关、团体、学校、部队租用或借用教会房屋时，须取得教会的同意并订立契约。租用的，应付给租金，租金标准不得低于当地一般水平。借用的，须负责保护，不使损坏。如教会要求出租时，可另立租约付给租金。

四、凡教会、宗教职业者和教徒自己出资新建和修整教堂、庙观，原则上可以允许。

鉴于革新运动及土地改革以来，部分教会的收入减少，教职人员的生活水平普遍降低，"一般宗教职业者的生活仍很困难，有的地区甚至还发生了饿死人的情况"。他希望各地政府从统战工作出发，根据不同对象，考虑采取多种方法，适当解决等[38]。

应该说，这次会议的召开及何成湘等的发言，意味着人民政府对基督教、天主教等相关政策作出了调整，允许开展宗教活动，承认及保护宗教活动场所，目的是有效地调动教徒群众及教牧人员参加社会主义建设的积极性和主动性。

接着，在1957年4月全国第七次统战工作会议上，李维汉部长对于建国以来包括基督教、天主教在内中国各种宗教的变化情况作出了归纳，肯定了习仲勋、何成湘等领导所作的相关评价：

人民政府在过去几年，对宗教矛盾采取因教、因事、因时、因

---

38 四川省档案馆藏1956年12月18日何成湘在全国统战部长会议上关于宗教工作发言。另外，这次会议明确了宗教事务部门归统战部管理；1957年3月，中央文件（中发〔57〕寅19号）再次明确，并延续到今。

地，分别对待的政策，是符合于客观情况的。现在，由于民主革命的胜利和社会主义改造的胜利，除个别民族地区外，宗教矛盾的阶级背景已经起了根本性的变化，宗教已经基本上摆脱了剥削阶级和中外反动派的控制，而且逐步脱离着他们的影响，逐步还原为公民个人的私事。宗教信仰对于国家来说，是个人的私事。这是恩格斯说过的，所以宪法上规定宗教信仰自由。这就是说，除个别地区外，宗教矛盾已经从既是人民内部的矛盾又是敌对阶级的矛盾，转化为基本上是人民内部的矛盾，基本上不是敌对阶级的矛盾。已经基本上成为人民内部信仰或者不信仰宗教的矛盾，信仰这种矛盾或者信仰那种宗教的矛盾，信仰这个教派或者那个教派的矛盾……[39]

有必要指出的是，以上这些是对中华人民共和国成立初中共和人民政府对基督教、天主教的工作方针及政策的宏观阐述，是从整体的、全面的视角上加以论证的。其间，依据这些方针及相关政策，结合基督教、天主教的变化发展、历史传承及各自特色，中共和政府有不同的工作重点，采取不同措施，推动爱国爱教，成为中国人自己的宗教团体。

第二节　人民政府的相关工作与基督宗教的调适

一、基督教的调适及变化

自 19 世纪中叶基督教入华传播以来，到中华人民共和国建立前，除西藏地区外，基督教已扩张至各省区，活动部分城镇及乡村。同为西方传入的宗教，中国基督教也有自己的特点：①受差会及境外团体等宗派背景的影响，教派和团体数量多，各自为阵，很不团结，甚至相互攻击；②主要活动在城市及部分民族地区，其中云南、贵州少数民族信徒至少占全国基督教徒的 1／5；③20 世纪 20 年代自立行动在部分地方教会相继开展后，到三四十年代之际，多数基督教会在形式上实现了"本色化"。然而，外国宗教势力及影响仍不同程度存在，有的还起到支配的作用。

中华人民共和国成立以来，党和政府对基督教的主要工作是支持及推动其开展三自爱国运动，与帝国主义实现切割，"基督教、天主教的任何有效

39 李维汉：《在全国第七次统战工作会议上的发言》，《统一战线问题与民族问题》，第 182—183 页。

的革新运动，都不可能是教徒的自发运动，而只能在党和人民政府积极领导、督促下发生和发展"[40]。在中共和政府的引导下，通过教职人员及广大教徒的努力，清除内部"帝国主义"的影响，成为中国教徒自办的宗教团体。

当这项任务基本完成后，工作重心转入到促进各教派及团体消除历史隔阂，实现团结，调动信教群众及教牧人员投身社会主义建设事业；对少数民族基督教会重在开展爱国主义教育，萌生并增强祖国观念，建立及加强与内地教会的联系，变外向为内向。关于后者，系本项目以下各章的重要阐述对象。本节只论述前者。

（一）成立三自爱国会，爱国爱教

1953 年 11 月 27 日—12 月 16 日，全国第二次宗教工作在京举行，会议由习仲勋、陆定一主持，认识及总结建国以来包括基督教在内的宗教工作，确定今后宗教工作的目标及任务。

会议讨论了《三年来全国基督教基本总结和今后的工作方针及任务》等文件。该文件依据各基督教会的表现，分为三类：1、程度不同地参加了三自革新运动，并有一定表现者；2、反对爱国革新运动或伪装革新，并在全国范围内进行各种反动政治活动者；3、分布零散，在全国范围内不起作用的各教派。针对这些派别的表现，划清反动分子与教徒群众的界限，采取不同的措施，孤立打击极少数，争取大多数；扩大中国基督教三自革新筹委会，"更多的吸收教会中有代表性的上层领袖参加，使它真正成为全国基督教各派广泛的爱国统一战线组织"[41]。

1954 年 7 月 24 日至 8 月 6 日，中国基督教全国第一届会议在北京召开，与会代表有 232 人，代表 62 个教会和团体[42]。

在大会发言中，吴耀宗总结建国数年来中国基督教开展三自革新运动中取得了这 4 项成绩：①中国基督教及团体基本上摆脱了帝国主义的控制，逐步成为中国信徒自己主持的宗教团体；②开始肃清了教会内的帝国主义影响；③通过三自革新运动，全国信徒提高了反帝爱国认识，参加了各项爱国

---

40 《中共中央关于积极推进宗教革新运动的指示》，《建国以来重要文献选编》，第 2 册，第 95 页。

41 福建省档案馆藏三年来全国基督教基本总结和今后的方针任务的意见（草案）。引自邢福增：《革命时代的反革命：基督教"王明道反革命集团"案始末考》，（台）《中央研究院近代史研究所集刊》，第 67 期。

42 本段根据罗伟虹《中国基督教》相关部分（第 70—72 页）转写的。

运动和保卫世界和平运动；④新中国的教会在爱国爱教的基础上呈现了新的气象。

与会代表经过讨论，通过了《中国基督教全国会议告全国同道书》，为加强基督教各派的团结，消除不必要的顾虑或误解，特别修改了三自革新运动的名称，将"革新"换为"爱国"，希望"任何教派、任何不同信仰的教会和信徒，都应当在爱国爱教的基础上共同努力，为三自爱国运动贡献出最大的力量"。于是，会议决定成立中国基督教三自爱国运动委员会。

会议还决定：进一步开展基督教三自爱国运动，在反帝、爱国及爱教的共同目标之下，促进各教会所有信徒的大团结；拥护宪法，珍视宪法草案规定的宗教信仰自由的权利；提倡爱国守法、履行公民应尽的义务；号召全国基督徒积极参加保卫世界和平运动，坚持反对美帝国主义侵占台湾；鼓励基督徒继续认真进行爱国主义学习，肃清帝国主义残余影响，明辨是非，分清善事，纯洁教会，等等。

8 月 6 日，政务院宗教事务处（后改为国务院宗教事务局）何成湘处长出席闭幕式，发表了重要讲话。在讲话中，他希望各参会代表在反帝爱国的基础上，巩固和发展团结，深入开展三自爱国运动，保卫世界和平。

这次会议的成功召开，为基督教三自爱国运动的继续开展打开了新的局面，扩大了反帝爱国统一战线，实现了大多数教派的团结，扩张了三自爱国运动的影响，爱国积极分子找到了工作目标，增强了继续前进的信心，激发推进三自爱国运动全面、纵深发展的热情与干劲。

（二）促成团结，参加社会主义建设

鉴于中国基督教各派响应政府的号召，开展三自革新运动，拥护抗美援朝等运动，参与城市恢复发展经济及农村土地改革等，爱国爱教。按照有关部门的意见，1955 年对基督教工作的任务是：广泛深入发动教徒群众，大力培养爱国力量，团结争取尽可能多的教牧人员到爱国方面来，以继续扩大与巩固基督教的反帝爱国统一战线，分化、削弱、孤立、打击基督徒聚会处、基督徒会堂中的某种势力。为此，大力培养教会内的爱国积极分子，不断使新生力量成长起来，发挥其应有的作用，扩大与巩固爱国阵地；以及加强教牧人员的爱国主义教育，健全和发展地方性爱国组织，适当解决教会的自养问题。

应该看到，三自革新运动是中国基督教各派别响应人民政府的号召而开

展的爱国运动，通过该项运动的开展，中国基督教割断与外国差会的联系，自治、自传及自养，实践独立自主自办教会。不过，就中国基督教而言，三自爱国运动委员会是跨教派的组织，当时基督教会存在众多教派，其中以中华基督教圣公会、中华基督教会、中华基督教浸礼会等几个教会（简称"大公会"）的信徒多、范围广、影响大。要开展相关工作，应该也必须以大公会作为主要对象。首先，要在大公会的全国及区域性领导机构中，培养爱国进步分子，形成领导优势。其次，积极教育争取上层分子，适当照顾其社会地位，使之进一步靠拢人民政府。大力争取中下层教牧人员，并培养各类型的积极分子，成为三自爱国运动的基本力量，通过他们作为桥梁，更好地联系教徒群众。再者，结合各项中心工作及政治运动，适当发动教徒群众，提高其爱国觉悟，成为社会的重要爱国力量，等等。

1956 年 3 月 15—23 日，中国基督教三自爱国运动委员会第二次会议在北京召开，与会代表 249 人，代表了当时全国大多数基督教派，基本上涵盖各个方面。

在 14 日预备会议上，何成湘对中国基督教会再提团结的问题，希望各派教会及团体在反帝爱国的基础和目标下，放弃宗派的成见，相互尊重，团结起来，使基督教成为爱国教徒自己办理的事业，调动积极性，为社会主义建设和保卫世界和平而奋斗[43]。

3 月 22 日，全国政协副主席、北京市委第一书记彭真同志参加会议，发表重要讲话，阐述党和政府实行宗教信仰自由的政策是长期的、稳定的、符合社会实际的，"信仰自由不是为了对付宗教界，而是人民的思想应该自由。有许多宗教信徒，在历史上的确为信仰牺牲过，耶稣自己也牺牲了，但是基督教并没有消灭，信教的人反而更多。唯物论者认为宗教存在有其历史的和社会的根源，想用行政手段压制是没有用的……我们是唯物主义者，所以我们才坚持思想自由的原则"。尽管信仰不同，认识有异，但并不妨碍中国共产党与宗教界建立爱国、团结的人民民主统一战线，目的是通过统一战线等开展工作，调动信教群众及教牧人员的积极性，参加祖国社会主义建设事业。

彭真副主席还肯定建国以来基督教取得的进步，勉训基督徒要实现团

---

43 水城县档案馆藏 1956 年 3 月 14 日何成湘在中国基督教三自爱国运动第二次委员（扩大）会议预备会上讲话。

结，为国家的建设贡献力量。"自从三自爱国运动开展后，基督教界的进步是很大的，教徒在不同岗位上为社会主义作了很大努力，所以要加强我们团结的基础，不要担心没□□（前途？）。国家的前途是社会主义，这就是我们大家的□□（事业？）。相信大家在三自爱国运动基础上，团结会越来□□（越好？），大家的贡献会越来越大，前途也越来越光明"[44]，等等。

吴耀宗在会议报告中，总结了 1954 年以来三自爱国运动的发展情况，要求中国基督徒在所处的时代中，见证上帝的作为和他的旨意，具体而言，要作"实现中国教会三自的见证"、"参加社会主义的见证"和"为保卫世界和平而努力的见证"（三大见证）。对于中国基督徒的今后任务，吴耀宗概括为：进一步巩固和扩大团结，改革差会遗留的不合理现象，健全机构、加强领导、确立制度和改进工作；建立促进自养委员会，全面考虑自养的需要，争取在 1957 年内基本解决自养；建立机构，负责推动自传的研究工作；鼓励撰写及出版著作，了解信徒的需要，更多、更及时地出版其欢迎的书刊；开展对神学、教会史、教会事工等方面的研究；利用潜力，有计划地为中国教会培养更多的人才；号召全国信徒根据本职工作，响应政府的号召，积极参加社会主义建设事业；提倡互相尊重、和平共处的原则，促进国际友谊合作；大力推动有关社会主义的学习，提高信徒对社会主义建设的热忱，等等（简称十大使命）[45]。

这次会议的学习、讨论及交流，明确了基督教在当代中国社会的角色及作用，引导及促进信教群众踊跃参加社会主义建设事业。于是，与会代表们在《告全国同道书》中，认同和倡导了吴耀宗提出的"三个见证"：

> 基督徒的见证，就是见证福音，见证基督是救主……我们的见证是和我们所处的时代分不开的，吴耀宗同道指出的三个见证，正是今日中国教会的时代见证。
>
> ……
>
> 我们希望全国基督徒都能同心合意的仰望上帝，祈求他赐我们能力，为建立三自的教会，为参加社会主义建设，为保卫世界和平，奉献上自己和自己的一切。我们一定要进一步巩固和扩大团结，全

---

44 水城县档案馆藏 1956 年 3 月 22 日彭真在基督教三自爱国运动委员会第二次会议（扩大）上讲话。

45 吴耀宗：《关于中国基督教三自爱国运动的报告》，广学会编：《中国基督教三自爱国运动委员会第二次委员（扩大）会议》，1956 年，第 12—27 页。

力贯彻吴耀宗同道在报告中提出的十项任务，使上帝得荣誉，使祖
国更光明灿烂，使教会更兴旺。愿主常与你们同在，直到永远。[46]

当然，要使基督教成为中国人自办的宗教团体，除开展三自革新、实现
团结、为祖国建设作出贡献外，在引导及管理上也涉及到如何自办、自传等。
换言之，开展反帝爱国运动基本上解决了思想及行动上的"红"，也需要有
宗教领域的"专"。"专"在这里有两项特定的内容：①有能领导信教群众
开展宗教活动的教会领袖；②有能适应时代变化的神学思想，以及相关教理
的宣传。

在会议闭幕式上，何成湘就"爱教"及"自传"等发表看法。就"爱教"
而言，希望新型的教会领袖，除政治上爱国外，业务上要懂得圣经、教义和
道理，具备宗教道德，以及真正虔诚的宗教生活等，才能引领教徒，开展宗
教活动。"自传"决非照搬圣经、简单重复传统的教义宣讲，"教徒进步了，
你如何传？必须适应教徒的要求……旧的一套也不行，教徒不需要，教徒不
仅不需要有毒的，而且要新的灵粮，这是教会中心问题。很复杂，落后就不
行，讲的东西必须适合于教徒的要求"等等[47]。

应该肯定，"三个见证"及"十大使命"是中国基督教三自爱国会调整
自身，适应社会要求，主动参加社会主义建设的积极行动。

为了解决及建设"专"，同年《天风》杂志组织了这样两次大讨论：一
是"基督徒应该怎样对待'世界'"；一是"基督徒和世人的关系"。这样
讨论引起了部分教牧人员及信徒的广泛兴趣，踊跃投稿，积极参与[48]。通过广
泛、深入讨论，明辨了正误，逐步取得共识，与时俱进，丰富及提高了中国
基督教对神学的认识及阐述。

二、开展教育，提高觉悟，培养新人

根据工作重心的要求，结合中国基督教三自爱国会等的变化，1957 年 5
月初国务院宗教事务局草拟了《1957 年基督教工作计划》（草稿），指导相关

---

46 《告全国同道书》，《中国基督教三自爱国运动委员会第二次委员（扩大）会议》，
　第 30—31 页。
47 水城县档案馆藏 1956 年 3 月 23 日何成湘在中国基督教三自爱国运动第二次委员
　（扩大）会议闭幕会上的讲话。
48 怡思：《五十年代中国基督教在宗教思想上的变化》，上海社科院宗教研究所：《宗
　教问题探索》，1983 年文集。

工作的开展。

该计划肯定了建国以来中国基督教迈出了适合时代要求的步伐，发生了重大的变化，但也指出在"自治"、"自传"及"自养"中存在的部分困难，分析了部分教牧人员的思想动态，以及部分教会的活动特点，确定了这一年度工作的主要内容。

首先，加强对教牧人员进行爱国主义、社会主义教育，提高认识，转变思想；争取中间及"落后"分子，巩固与扩大基督教的爱国团结。组织各类活动、开办讲座或参加社会实践等，发挥三自爱国会的作用。在教牧及教徒较多的省份，经过充分准备，可考虑建立省级三自爱国会，指导及推动相关工作。

其次，逐步消除外国差会遗留的不合理制度，支持教会中爱国力量整顿教会；充分利用教会现有的经济资源，协助其解决"自办"中遭遇的困难。如地方政府协助教会整顿房产，用租金解决教牧人员的生活；对有劳动习惯或已参加农副业劳动的，可通过农副业收入解决其困难等；加强对教会的管理，打击反革命残余分子和坏分子以教会为掩护进行非法或违法活动；传播宗教限于教堂内，对"游行布道"、"自由传道"等，逐步压缩其活动市场；加强神学院的领导，使能担负起培养爱国爱教传道人的任务；物色可培养的青年学生，注重培养，使之具有爱国主义觉悟，又具有必须的宗教知识，以便在较长时期的锻炼后，逐步担负教会的领导工作，等等。

再者，积极主动、逐步慎重，采取走出去、请进来等方式，开展对外活动。在国际活动中，主要是向国外教会宣传我国的宗教信仰自由政策，增进中外基督教徒间的友好往来，扩大国际和平统一战线。并出版不定期的英文刊物，对外报导，介绍我国宗教情况等。

鉴于云南沿边民族地区（主要是滇西）基督教系境外传入，境内部分教会受境外教会的支配。新中国建立后，这样现象虽有所变化，但境外教会影响或渗透仍较突出，且这些地区教会活动频繁，发展迅速，影响广泛。从 1955年起，云南省有关部门尝试通过昆明等内地教会，与边疆教会建立联系，指导协助，建立及加强内向倾向，实践爱国爱教。这些作法既得了基督教会的赞扬，更受到国务院宗教事务局的肯定，在 1957 年工作计划中，专列开展云南沿边民族地区基督教的工作内容，以团结争取、教育引导为主，由外向变为内向：

关于当时云南省府等对边疆民族地区基督教会开展工作的情况，以后阐述，此略。

综上所述，50 年代初，人民政府对基督教会的主要工作，是鼓励及支持其反帝爱国，开展三自爱国运动，清除帝国主义势力及影响，成为中国人自办的宗教团体。鉴于基督教各派及团体的背景复杂性，人民政府支持他们以三自爱国为基础，形成共识，实现团结，为社会主义建设贡献力量，承认并尊重各教派及团体（含"小群"教会）的宗教志趣，还无意合并统一于三自爱国会的意图。相反，政府还协助各教派中爱国力量整顿领导机构，树立优势，清除该派遗留不合理制度，逐步掌握领导权[49]。

但在 1957 年下半年，社会形势发生重大变化，打乱了实施这项计划（草稿）的构想。其间，除三自爱国会外，基督教的其他教派或团体从"销声匿迹"到完全消失。作为制度内的宗教团体，三自教会"容纳"并消化了其他教派或团体，实现"合一"，完成了"团结"任务的要求，形成了当前中国基督教三自爱国会与家庭聚会并存的格局，即俗称"堂——点模式"。的确，这种现象出乎意外！但却是当时中国基督教所经历之道路。

三、天主教的调适与变化

（一）中国天主教的特点

与基督教相比较，同为西方传入的天主教在华活动有以下特点：

1、活动历史长，传播范围广。从 17 世纪后期天主教再次入华传播以来，尽管遭受清朝统治者百余年的严厉打击等，但是天主教活动不绝如缕，持续发展……到 1950 年，全国天主教徒超过 320 万，是当时基督徒的三四倍。

中国天主教徒以城市贫民和农民为主，尤以贫下中农为多。解放后，除了政治上得到翻身外，在经济上，经过土地改革或城镇改造等，多数天主徒程度不同获得了利益，乐意响应号召，建立爱国组织，投入反帝爱国活动，参加生产建设。"在祖国各项建设和社会主义改造事业中，涌现了很多劳动模范和先进工作者，从事农业、手工业和资本主义工商业的教友，大都接受了社会主义改造，他们参加了合作化运动，或将自己的企业参加公私合营，在农业合作化运动中，出现了不少的教友模范村或模范生产大队，有许多教

---

49 四川省档案馆藏 1955 年 2 月习仲勋在全国宗教工作会议的总结报告、国务院宗教事务局 1957 年基督教工作计划（草稿）。

友被选为社长或当了社的干部"[50]，等等。

2、外国修会及传教士长期控制教务。历史上，各地天主教隶属于罗马教廷，梵蒂冈再将分配各个修会，由其负责传教等事务。这样现象也同样表现在旧中国，罗马教廷曾将中国土地分割为各个传教区，委派给不同的各修会管理，外国神职人员控制中国天主教。

20 世纪以来，形势的变化，以及中国神职人员或教徒等要求，梵蒂冈先后设立部分国籍传教区，任命国籍主教，努力培养国籍神父，等等。1946 年，罗马教廷宣布建立中国教会圣统制，分中国为 20 个教省、79 个主教区、38 个监牧区，任命更多的国籍主教，但外国神职人员控制中国教务的格局并没有发生多大改变。如 1949 年，在全国 20 个总主教区（教省）内，华籍总主教仅 3 人，占 15%；在 137 个教区中，中国人任主教者 24 人，约占 16%；在 5788 名神父中，国籍神父 2698 名，占 46.6%[51]。毋庸讳言，由国籍神父负责的传教区范围小、教徒少，经济贫困、收入少、等级低（监牧区）。简言之，小、少、贫、低。于是，对中国天主教来说，摆脱外国人控制、由中国神职人员主持管理显得尤其重要，"中国天主教徒为要使自己的宗教信仰完全和帝国主义侵略分子、间谍分子的阴谋活动相隔绝，必须在根本上改革中国天主教会完全受制于帝国主义外国的制度"[52]，由国籍神职人员主持教务，实现自办。

从 1950 年起，原在中国各省活动的 5000 余名外国神职人员（含修女、修士）先后撤离或被驱逐出境，众多教区（堂）因缺乏神职人员主持而"空壳化"，不能带领信教群众反帝爱国，及主持开展正常宗教活动等。于是，培养中国神父主持教务、开展爱国爱教等便非常迫切！

---

50 李伯渔：《中国天主教友爱国运动情况和今后任务》，中国天主教友爱国会编：《中国天主教友代表会议专辑》，1957 年，第 19 页。

　　在政府方面而言，开展天主教的工作还有群众工作的含义。如 1951 年 1 月 20 日周恩来总理曾说："天主教有几百万教徒，这首先就是一个群众问题。我们不能把几百万信天主教的人都看作是吃洋饭的。如果这样说，一定会脱离群众，因为这里边有很多是劳动人民。"《在中共中央统战部举行的茶话会上的讲话》，《周恩来统一战线文选》，第 201 页。

51 罗渔、吴雁编《中国大陆天主教四十年大事记》，辅仁大学出版社，1986 年，第 7 页。据该书记载，当时仅 14 名中国人任主教，但我查阅并计算顾裕禄《中国天主教的过去与现在》记载的资料后，应是 24 位中国人担任主教。故用顾书资料而舍罗渔等人的数据。

52 社论《欢迎天主教人士的爱国运动》，《人民日报》1951 年 1 月 8 日。

3、如何对待与梵蒂冈的关系。从天主教教义上讲，教皇是圣彼得的继承人，梵蒂冈是各天主教会的"头"，各国各地区的教会是"肢体"。从宗教上讲，中国天主教要与梵蒂冈保持联系，甚至接受其"领导"。但梵蒂冈又是一个国家、一个政府。在 20 世纪五六十年代"冷战"时期，作为政权，梵蒂冈坚定地站在资本主义阵营内，敌视共产党[53]，反对包括新中国在内的社会主义国家。

新中国建立后，教皇、传信部及教廷驻华代表黎培里（Riberi,Amtonio）数次发布命令，反对中国天主教开展反帝爱国运动、自办教会，禁止神职人员及教友参加各项政治活动等[54]，企图藉宗教名义将神职人员、教友推入与人民政府相对抗的境地，将宗教信仰演化为政治问题，社会问题，等等。

（二）成立爱国组织，反帝爱国

1、对天主教的主要工作

建国初，中共和人民政府对天主教的工作是：赞助革新运动，支持独立自主、自办教会，集合各地革新会等，建立全国性爱国组织，促进反帝爱国运动的发展；切割与梵蒂冈的政治及经济关系，保持宗教联系；培养神职人员替代外国神父，主持宗教活动，其中以独立自主、自办教会尤其重要。即《人民日报》（1951 年元月 8 日）社论中强调的"必须在根本上改革中国天主教会完全受制于帝国主义外国的制度"。

1951 年 1 月 17 日，周恩来总理出席政务院文教委员会邀请华北区天主教人士参加的茶话会，发表重要讲话，阐述人民政府对天主教的政策，号召神职人员和教徒热爱祖国，明确支持革新运动，"宗教界提出来的三自运动是应该提倡的，人民政府定加以支持和赞助。这是宗教界的爱国运动，爱

---

53 如 1949 年 4 月 30 日，教廷传信部发布反对共产主义的命令。"不可以报名加入共产党或袒护共产党，因为共产党是唯物的，反对基督教信仰的；而共产党的领袖，虽然有时以言论表示自己不反对宗教，但在事实上，不论在理论方面或在行动方面，都显示他们反对天主，反对真宗教，反对基督的教会。2、依据法典第1399 条，禁止出版、传播、或阅读袒护共产学说或共产行动的书籍、定期刊物、日报或活页传单，或在刊物上投稿。3、信教若明知故意自由地参与上述活动，不准领圣事。若信友承认共产党的唯物主义及反基督的邪说，甚至为这些邪说辩护、宣传，将立即被视为背弃公教信仰，并遭受圣座特别保留的绝罚。"引自《中国大陆天主教四十年大事记》，第 8 页。
54 当时，梵蒂冈及黎培里等颁布的各项命令，参见顾裕禄编《梵蒂冈对华政策资料》（1922 年至 1982 年，1983 年印）相关部分。

自己的祖国，人人有责"。爱祖国，就是"爱人民的中国，爱中华人民共和国"，爱国就是接受人民政府的领导。"爱祖国，人人有责，包括天主教徒在内，爱国和天下教友是一家，并不矛盾"。周总理还希望神职人员及教徒自立起来，办好中国天主教。"凡依靠人家而不靠自力更生的决不能自强，凡自立者才有前途。中国天主教徒是有能力办好自己的教会的"[55]，表明了人民政府对中国天主教的殷切希望，亦是人民政府积极支持天主教开展革新的重要措施。

20 日，周总理在中央统战部举行的茶话会上，再次谈到中国天主教，"对于天主教徒也要做工作。我们知道，天主教徒里边有不少是受了梵蒂冈影响的人，还有一些是带有反动意识吃洋饭的人。但是天主教有几百万教徒，这首先是一个群众问题。我们不能把几百万信天主教的人都看作是吃洋饭的。如果这样说，一定会脱离群众，因为这里边有很多是劳动人民"。由于宗教信仰是长期存在的，又有那么多群众信仰，因而需要教育，也能教育。对教会内的反革命分子，要分析，要处理。"没有分析，也就无从进行统战工作了"[56]。

同月，天津天主教成立了革新运动促进会筹备委员会，表示响应政府的号召，动员教友及神职人员，开展了广泛的爱国运动[57]。4 月初，天津市天主教革新运动促进会正式成立，发表自立革新宣言，表示"我们有勇气，也有本份坚决洗涤法利赛人给予天主的耻辱，站稳中国人民的立场，拥护共同纲

55 《人民日报》1951 年 1 月 17 日《中央文教委员会邀华北天主教人士茶会》。转引顾裕禄《中国天主教的过去和现在》，上海社会科学院出版社，1989 年，第 118 页。关于这次谈话的内容，参见力平《周恩来年谱》上卷，第 119 页。同月 20 日，周总理在中央统战部举行的茶话会上还重复了 17 日与华北天主教人士的部分谈话（《在中共中央统战部举行的茶话会上的讲话》，《周恩来统一战线文选》第 201—202 页）。有必要强调的是，这种以茶话会形式阐述政策的形式后被党中央认可，随即发出指示，要求各大区及各省政府采取类似形式，召集基督教、天主教相关人士，宣讲政策，介绍情况等。《中共中央关于积极推进宗教革新运动的指示》，《建国以来重要文献选编》，第 2 册，第 94—99 页。

56 《在中共中央统战部举行的茶话会上的讲话》，《周恩来统一战线文选》，第 201—202 页。

57 针对天津等地天主徒的爱国行动，2 月 11 日周恩来召集文委有关负责人，研究华北（天津）天主教革新宣言等，提出"宣言一要明确表示肃清帝国主义在中国天主教中的影响，二是坚决宗教与政治分开，梵蒂冈不能干涉中国的政治"（《周恩来年谱》，上卷，第 130 页）。根据这些要求，尔后天津天主教革新会宣言作了相应的表述。

领，反对帝国主义，彻底割断与帝国主义各方面的联系，实行中国天主教自治、自养、自传的方针……我们要热烈的参加抗美援朝、保家卫国的运动，我们要认清那是天主的道理，揭露历来为帝国主义服务的分子，彻底肃清帝国主义的影响"等等，并向毛泽东主席、志愿军致电，表示爱国、拥护及支持的决心[58]。

4月9日《人民日报》发表题为《天津天主教革新运动的成就》社论，积极鼓励天津天主教徒及神职人员开展的革新运动，"说明了自治、自传、自养的运动，是广大中国天主教徒所拥护的爱国运动，任何帝国主义分子和反动分子，如果要阻挡这个正义的爱国运动，就要碰得头破血流"！还明确支持"天津的爱国教徒，必须提高警惕，继续与帝国主义分子进行斗争，继续教育教徒，不断提高其政治觉悟，巩固与加强团结，把运动推向前进……"[59]

2、重申政策，支持自办

1953年2月6日，中共中央发出《关于天主教工作的指示》，指出对天主教工作的目的要使天主教由帝国主义所利用的侵略工具，变为中国教徒自己管理的事业，实现自立[60]。表明了中共对天主教工作的目的所在，也对先前《人民日报》社论倡导的"自治"、"自传"及"自养"的要求有所修正。

鉴于历史沿革、教会分层及管理特点等，天主教会要成为中国教徒自己管理的事业相当困难，应该也必须由神职人员进行管理，因而对天主教高级神职人员的争取教育显得重要而迫切。按照计划，1955年，人民政府对天主教工作的任务是：继续开展和深入天主教徒的反帝爱国运动，结合各项中心工作和实际斗争，进一步发动教徒群众和争取神职人员，健全和发展爱国组织，动员教徒参加社会主义建设事业和保卫世界和平运动，加强爱国守法教育，继续肃清帝国主义的势力和影响，争取天主教工作第一步。

于是，争取神职人员，尤其是高级神职人员成为相关工作的主要环节。考虑到大多数天主徒是贫苦农民，苦大仇深，人民政府将其解放出来，翻身作主，分得土地及房屋等，地位改变，拥护人民政府，抱有报恩的意愿。在反帝爱国运动中，教友先行一步，参与其间，掀起高潮，再转向促进神职人

---

58 《天津市天主教自立革新宣言》、《向毛主席致敬电》等，《广扬》1951年第2期。

59 社论《天津天主教革新运动的成就》（《人民日报》1951年4月9日），《广扬》1951年第2期。

60 《新中国统一战线五十年大事年表》，第30页。

员，引导他们积极参加，不失为一有用的措施。

1951 年，据说北京少数教友曾倡议建立"中国天主教爱国教会"，自主自传，开展爱国运动等。然因教内反映冷淡，该会难以成立。1954 年时，部分教友酝酿将"中国天主教爱国教会"更名"中国天主教友爱国会"，突出爱国而不标榜独立[61]。

1956 年 2 月，在与参加政协二届二次会议的王文成等天主教委员的座谈中，习仲勋同志提议建立中国天主教全国性的爱国组织。这项提议得到与会者的接受，认为很有必要。会后，经过商议，这些天主教委员发出了召开中国天主教友爱国会预备会议的荐起书，拟在 7 月中下旬召开预备会议[62]。该项建议得到各地神长及教友们的热烈响应。

7 月 18—25 日，中国天主教爱国会发起人筹备会在北京召开，有 37 名主教、神父等参加。这次会议的主题是："讨论和通过中国天主教友全国爱国会筹备委员会发起书；第二，草拟和讨论中国天主教友爱国会筹备委员会章程（草案）；第三，协商各地出席中国天主教友爱国会筹备委员会成立大会人数；第四，成立中国天主教友爱国会筹备委员会筹备处"[63]。

在开幕式的发言上，何成湘再次阐述中国共产党为什么要实行宗教信仰自由的政策，因为"宗教是群众的信仰问题，是思想方面的问题，不能采取别的方法，人有自由权利"，实行宗教信仰自由的政策，就是尊重人的权利，是从思想意识角度的适当选择。尽管，信仰不同，并不妨碍在人民民主统一战线中[64]，中国共产党团结宗教界人士，开展相关工作。何成湘还转引彭真同志在基督教三自爱国运动第二次委员（扩大）会议上讲话加以说明，"无神论者和有神论者各信各的，互不相干，也不应干涉。信仰自由是不是对付宗教界的呢？不是，应该承认人的自由，宗教界过去有为教牺牲的，但我们唯物论者，不能压迫信仰者，我们同宗教界的统一战线是长期的"。

接着，他谈到对中国天主教爱国运动的认识，指出天主教的反帝爱国运

61　杨祖媛编：《主爱中华》，香港公教真理会，1996 年，第 95 页。

62　中国天主教爱国会等编：《圣神光照中国教会》，宗教文化出版社，2008 年，第 53 页。

63　《在中国天主教友爱国会筹委会预备会议上王文成主教的开会词》，《信鸽》第 109—110 期。转引《中国天主教的历史与现在》，第 137—138 页。王文成时任天主教四川南充（顺庆）教区主教。

64　按照当时提法，人民民主统一战线是以工人阶级为领导、工农联盟为基础，包括各民主阶级、民主党派、少数民族、宗教界、华侨和其他爱国人士的广泛联盟。

动，最初多系教徒发动。随着教徒觉悟的提高及神职人员的领导，爱国运动又有了显著的进步及纵深的发展，"广大教徒和多数神职人员都是爱国的。根据目前初步统计，天主教各地爱国会有 200 多个，其中有 60 多个大中城市的爱国会都很好。有了这些，就是我们成立全国爱国会的基础。这些爱国会比基督教多，比佛教更多，这是很好的"。各地爱国会推动了中国天主教的爱国运动，促进全国爱国会的成立。"天主教的爱国运动要达到什么目的呢？爱国运动的目的是："□（把？）帝国主义的侵略工具变为中国人自己办理的宗教"。

然而，爱国决非空谈，是与爱教相统一，爱国与爱教并不矛盾，一体两面，"一个虔诚教徒热爱教会，这样就容易搞好爱国，就容易有爱国表现，这是事实已经证明了的。另一方面，爱国搞得好，爱教也就容易搞好。所以，爱国要做好，爱教也要做好。我们根据各地几年来的事实证明：哪一个爱国会搞得好，首先是它的宗教生活好"。具体而言，天主教的爱国运动要开展哪些工作呢？

> 1、动员教徒做好岗位上的工作，参加社会主义建设和保卫和平运动。2、对教徒进行爱国主义教育，但不要去掉宗教。今后主要的任务就是教育，有计划的组织学习，不要提交代历史，进行斗争。爱国主义教育，必须根据自愿，政府准备帮助爱国会搞好学习，建立学习班。另外，就是组织参观，参观祖国建设。我们准备组织宗教界的高级人士进行各项参观。3、爱国会的主要任务是搞爱国工作，应适当协助教会解决问题，帮助教友过好宗教生活，如去年圣诞节各地爱国会都帮助教会办会，这就很好。[65]

7 月 23 日，习仲勋代表国务院出席会议，重申中共将长期贯彻执行宗教信仰自由的政策，也指出过去部分各级政府在执行宗教政策中的不足之处，强调"宗教信仰自由是肯定的政策，不能在二十年、一百年就不存在，完全没有理由去限制它，没有理由去作计划在什么时候消灭。宗教是有发展的，这是不是共产党骗你们的。过去，我们政府对宗教信仰自由政策，讲得多，

---

65 水城县档案馆藏 1956 年 7 月 19 日何成湘在中国天主教爱国会发起人预备会议开幕式上的报告。在 7 月 18 日筹委会预备会上，何成湘还特别阐述了爱国爱教的辩证关系，"爱国的教友就能够爱教，爱教的教友就能够爱国，爱国教友必须爱教，爱教教友必须爱国"。明确表示政府对天主教是"团结协商，帮助大家办好教会"，以及"研究办好修院，培养宗教干部，做长远打算"，等等。

做得少，贯彻得少，驱逐帝国主义分子的事做得多，搞反革命分子的事做得多。比较起来，关心宗教、贯彻宗教政策的事做得少。现在，应当是关心宗教、贯彻宗教政策的时候了"。于是，他希望神职人员们行动起来，办好中国天主教，"你们当前的主要问题是办好你们的宗教，参加社会主义建设。对罗马方面，你们一方面要作纯宗教联系，搞好关系；一方面，要有中国人的气魄，准备和罗马在政治上作长期斗争。教是一个，不应分国家，但我们的教是中国的天主教"，应由中国神职人员来自办。因此，他还提出了'我们的主教何尝不可由神职人员来选举呢"的建议。

期间，习仲勋还介绍了政府宗教事务部门的职能是贯彻政策、管理宗教事务，无权向爱国会及教会下命令，也不干涉教务。"如果政府下命令，就听不到你们的呼声。大家是有呼声，要这样才能上下一致"，等等。[66]

在 25 日闭幕会上，何成湘在发言时再次提到了爱国会，希望各地爱国会的开展工作不要单搞爱国运动，还要结合教友群众的实际需要，开展宗教生活、教友福利等活动，全方位、多层次。强调了人民政府坚持政教分离的原则，"宗教问题，政府不干涉，政府过问的是政治问题。有的地方，在这个问题上干涉到宗教是错误的。我们不用政治干涉宗教，做到政教分离"，我们尊重宗教，尽量尊重宗教传统，当然也不允许宗教干涉政治。

何成湘还阐述了中国政府与梵蒂冈的关系是国与国的关系、政权与政权的关系，是政治关系。"我们对罗马的认识，必须从政治和宗教划分界线，这个问题很重要。不划清界线，碰到很多矛盾就无法解决"。但中国天主教与梵蒂冈同为天主教，可以发生宗教关系，"因为这是天主教的教义，不加干涉，但不能发生政治关系和经济关系，这是不允许的"。中国人的宗教必须由中国人来自办，自办就是掌握管理权，并非"改变教义，另办一个天主教"[67]，撕裂或改变天主教。

7 月 25 日，会议结束，王文成、赵振声、李伯渔等发出《中国天主教友爱国会筹备委员会发起书》，希望全国各地广大神职人员及教友赞同及拥护成立中国天主教友爱国会：

---

66 水城县档案馆藏 1956 年 7 月 23 日习仲勋在天主教爱国会发起人座谈会上的讲话。事后，何成湘解释了习秘书长讲选举主教之建议，主要是表明我们自己有了主权，不是政府的决定，希望全面、正确地理解讲话的精神。

67 水城县档案馆藏 1956 年 7 月 25 日何成湘在中国天主教爱国会发起人预备会议闭幕式上的讲话。

我们伟大的祖国，自解放以来，在人民政府领导下，经过各项政治运动、社会改造和当前社会主义建设，已起了根本变化……面对着这些令人欢欣鼓舞的美景，我们感到身为一个中国人民的光荣，并从内心赞美感谢天主。因为天主的道路——和平与正义，正在实现。

热爱祖国、服从政府原是天主的诫命。吾主耶稣说的"恺撒的归恺撒，天主的归天主"，分明指示我们有爱祖国、爱教会的神圣职责。圣伯多禄、圣保禄宗徒，以及历代诸圣也曾训诲我们该如何服从政府。自古为祖国、为正义牺牲的圣人们，如圣女贞德等，都得到了圣教会的崇高尊敬。这都确切证明：爱护祖国为每一个神长、教友的本分，因而爱国爱教是分不开的。

建国后几年来，各地神长、教友参加了爱护祖国、保卫世界和平运动，提高了爱国主义觉悟，建立了爱国组织，使我们的反帝爱国运动获得了重大成就。

为了更进一步团结全国神长、教友，发挥爱国主义精神，积极参加祖国建设与各项爱国运动，保卫世界和平，协助政府贯彻宗教信仰自由政策，我们觉得有很必要成立一个全国性的爱国组织……

我们相信：这一正义行动，将会得到各地神长、教友们的赞同和拥护，我们恳切地希望大家多加指教并虔祈和平的君王——吾主耶稣，降福我们的爱国爱教事业胜利成功。[68]

7月26日，周恩来总理接见了会议代表，重申宗教信仰自由政策，"我们共产党人尊重有宗教信仰的人，希望有宗教信仰的人尊重不信教的"，相互尊重。并指出中国已经独立，掌握了独立自主的主权，中国教会应该自己办，"我们是一个独立国家，如果帝国主义仍然把持中国教会，这是和一个独立国家的地位不相称的"[69]，勉励天主教人士要有办好教会的信心，"你们天主教人士不要妄自菲薄，该有信心办好教会，一定会办得好的"等等[70]。

要自办教会，需要相应的爱国神职人员，办好宗教，掌握旗帜，周总理

68　《圣神光照中国教会》，第54页。赵振声是河北献县教区主教，李伯渔是陕西周至教区主教。

69　水城县档案馆藏1956年7月26日周恩来接见中国天主教爱国会发起人预备会议代表时的谈话。

70　《中国天主教的过去和现在》，第138页。

希望天主教赶快训练人才、培养人才，要求政府宗教事务管理部门除搞好与教会的联系等外，还要帮助教会培养神职人员，并表示"如果他们不帮助，你们写信给我，三百多万教友是有人才的，是一定能办好中国天主教的"[71]！

会议之后，各地天主教会积极参与，广泛拥护，"有了全国爱国会，无疑地会有组织有领导地团结全国神长和教友，齐一步伐，上下一心，更好地来尽爱国爱教的本分"[72]；开展了学习活动，转变思想，提高认识，"政府对我们大力支持，从各方面照顾；而对我们的要求仅是爱国，我们应和全国人民团结一起，为建设社会主义贡献力量"[73]，继续进行反帝爱国活动，丰富宗教生活，等等[74]。

3、成立爱国会，自选自圣，实践自办之路

①天主教的变化

1955 年以后，在适应新社会的要求上，天主教会的步伐加快。此前，反帝爱国等行动主要表现在教友方面，神职人员参与不多，教会态度不甚鲜明。之后，更多神职人员积极参与，态度鲜明且坚决。

1956 年元月，当"一化三改造"基本完成后，中国社会经历了新民主主义向社会主义的过渡时期，进入了社会主义社会。当时，各地神长、教友热烈欢呼这重大的历史转折，表示拥戴社会主义社会：

> 社会主义社会是一个消灭剥削、消灭阶级的社会。在这个社会里，人们将彼此相亲相爱，精诚团结，共为更幸福、更美好的生活而努力。这样的社会，正是符合我们天主教教义的社会。在这样的社会里，人们将更好地遵守吾主耶稣的"爱人如己"的圣训，守好天主十诫与教规，为我们救灵魂和死后升天堂更方便。因此，圣教

---

71 水城县档案馆藏 1956 年 7 月 26 日周恩来接见中国天主教爱国会发起人预备会议代表时的谈话。

72 《全国各地神长教友热烈响应筹组全国性爱国组织的号召》,《广扬》123 期（1956 年 9 月）。此番言语是时任贵阳教区邓汲谦代总主教讲的。

73 《宗怀谟主教发表谈话》,《广扬》123 期（1956 年 9 月）。

74 当时，毛泽东主席对天主教工作也有指示。1956 年 12 月 21 日他在阅读了《上海市卢湾区宗教界人士的思想情况》内部报导后，对中宣部部长陆定一批示"天主教事，现在是否仍归你管理？上海的天主教工作值得加以研究，将那里的有关管理和接触天主教的干部和天主教中的积极分子加以教育，使他们善于做工作。"《关于上海天主教工作的批语》,《建国以来毛泽东文稿》，第 6 册，第 272 页。

会的许多古圣先贤都曾憧憬过这样的社会制度；而在今天，一切正
直的神职人员与教友，也莫不赞成与拥护这样的制度。[75]

其间，他们纷纷表态要用自己的实际行动庆祝中国社会主义改造的伟大
胜利，领导教友在爱国工作上向前迈进，积极投入社会主义的建设事业。

于是，爱国爱教、参加建设、保卫世界和平等成为中国各地天主教会的
共同行动，"要加强学习，提高政治警惕，站稳爱国立场，明确爱国爱教一
致性，团结全体神职人员和广大的教友，在现有的基础上，使爱国主义思想
更加提高和发扬，并要以身作则领导教友遵守政府政策法令，响应政府一切
号召……今后，要紧密团结在共产党和人民政府的周围，同全国人民一道携
手并进，为建设我们繁荣幸福的新中国而贡献一切力量"等[76]。

当时，各地教会希望能尽快建立起全国性爱国组织，消除隔阂，促进了
解，加强团结，互助互勉，深入开展爱国爱教的教育[77]；广泛宣传宗教政策，
积极投入祖国建设，信仰与进步并行不悖[78]；办好教会，加强培养国籍神职人
员，"使他们成为忠心祖国，热心教会，德才兼备的神职人员。并希望尚在
国外的中国天主教士们，能够激发爱国热情，摆脱反动宣传的欺骗影响，回
到祖国怀抱，为祖国的传教事业服务"[79]，等等。

②创建中国天主教友爱国会

I.爱国爱教形成共识

1957 年 7 月 15 日，中国天主教友代表会议在北京开幕，王文成主教致开
幕词。

首先，王主教指出本次会议的任务是成立中国天主教友爱国会，听取和
审查《中国天主教友爱国运动情况和今后任务》的报告，讨论并通过《中
国天主教友爱国会章程》、推选爱国会委员会全体委员，及其他有关的重要
决定。

---

75 《为进入社会主义社会而欢呼》，《广扬》，第 108 期。

76 李道南主教：《认识了宗教政策的正确性》，《广扬》，第 116 期。李道南是当时湖
北蒲圻教区主教。

77 张士琅：《作出更多更大的贡献》，《广扬》，第 123 期。所谓隔阂，指原天主教各
教区间的"边界"。张士琅是当时上海教区代主教。

78 《略谈信仰与进步》，《广扬》，第 136 期。1957 年第 7 期。1957 年下半年，《广扬》
不再称总××期，而改为×年×期，故此期称 1957 年第 7 期。

79 王文成主教、董文隆主教：《广泛宣传宗教政策》，《广扬》，1957 年第 7 期。

在发言中，王文成强调了经过 27 天的预备会议，与会代表在爱国爱教等几个基本问题取得了一致认识，表明了爱国立场，反映了改革态度：

第一，我们热爱共产党领导的新中国，坚决走社会主义的道路。之所以如此，在于社会主义制度，"消灭了剥削和压迫，人与人之间，出现了平等互助，团结友爱，道德日益提高，人心崇尚善良，这一切和我们圣教会的公道博爱精神，是完全符合的"。

第二，我们明确了爱国爱教的方向。"我们一致认为：反帝爱国是天经地义的，利用宗教从事破坏新中国的帝国主义和反革命分子，是六亿人民的公敌，也是圣教会的罪人。过去，各地爱国组织在反帝和肃反运动中，揭发了教会内的坏人坏事，对帝国主义分子和反革命分子进行了不屈不挠的斗争，是有利于国家和教会的正义行动，是爱国爱教的具体表现，这是工作中的主要成绩"。

第三，我们对于政府的宗教政策和反帝肃反政策有了正确的认识。

由于在这些基本问题取得了共识，为成立全国天主教爱国会打下了巩固的思想基础，为开展今后的爱国爱教工作铺平了宽广的道路，等等[80]。

李伯渔主教作了《中国天主教友爱国运动情况和今后任务》大会报告。该报告阐述了建国以来中国天主教爱国运动的由来及发展概况，指出社会制度的改变，促进神长、教友们的观念变化、觉悟提高，积极行动。本着爱国爱教一致的原则，各地教徒建立了 200 余个爱国组织，顺应形势发展，开展或参与诸如反帝肃反、抗美援朝、发展生产等多项运动，充分表现了中国天主教的反帝爱国和热爱和平等精神。

> 我天主教会的广大神长教友都是爱国的。解放前，我们常常感到国弱民贫，受人欺侮，因而迫切希望有一个繁荣富强的祖国。由于中国人民革命事业的胜利，祖国的面貌焕然一新，建设事业突飞猛进，人民生活安定，社会风气改善，道德日益提高，多年的理想已经变为现实，这就更增加了我们神长教友的爱国热情。

在报告中，李伯渔指出了中国天主教友将要从事的主要任务是：①立足岗位，参加祖国的社会主义建设，履行公民的义务，"我们应当本着为爱天主教而爱人的精神，在自己的岗位上，搞好生产，搞好工作，搞好学习，为

---

80 王文成：《中国天主教友代表会议开幕词》，《中国天主教友代表会议专辑》，第 1—3 页。

祖国的社会主义建设作出更大的贡献。这样，我们才不愧对耶稣基督教爱的教训"。②响应政府的号召，参加各项爱国运动和保卫世界和平运动，通过这些运动，不断启发或提高神长教友们的爱国思想，发扬爱德精神等。③采取多种形式，根据不同对象，结合形势，进行时事政策、宗教政策，以及爱国爱教等爱国主义学习，"通过学习，帮助我们站稳人民立场，明辨是非善恶，肃清帝国主义的思想影响"。④协助政府贯彻宗教政策，帮助教友过好宗教生活[81]。

与会代表们经过广泛及认真的讨论，审议并通过了李伯渔主教的大会报告，认可和接受了今后中国天主教神长及教友们的工作任务；制定并通过《中国天主教友爱国会章程》[82]，确定了爱国会是"中国天主教神长、教友组成的爱国爱教的群众团体"，宗旨是"团结全国神长、教友，发扬爱国主义精神，积极参加祖国社会主义建设和各项爱国运动，保卫世界和平，并协助政府贯彻宗教信仰自由政策"。

在会议决议中，强调了中国天主教在爱国爱教的基础上，独立自主、自办教会的意愿。

> 为了祖国的利益，为了教会的前途，中国天主教会必须贯彻改变旧中国时代帝国主义带给我们教会的殖民地半殖民地状态，实行独立自主，由中国神长教友自己来办，在不违反祖国利益和独立尊严的前提下，同梵蒂冈保持纯宗教的关系，在当信当行的教义教规上服从教宗，但必须彻底割断政治上、经济上和梵蒂冈教廷的关系。坚决反对梵蒂冈教廷利用宗教干涉我们内政，侵犯我国主权、破坏我们正义的反帝爱国运动的任务阴谋。[83]

II.保持圣而公会的精神，独立自主，自办教会

在 8 月 2 日闭幕式上，皮漱石总主教作了总结发言，认为这次会议通过广泛、充分的讨论，明辨是非，确立了方向，明确了任务。

在发言中，皮总主教充分肯定这次会议取得这些突出的成绩：首先，批判了资本主义的道路，坚决拥护和走社会主义的道路。"只有社会主义，才

---

81 李伯渔：《中国天主教友爱国运动情况和今后任务》，《中国天主教友代表会议专辑》，第 20—22 页。

82 当时确定中国天主教教友爱国会是神长、教友组成的爱国爱教的群众团体。1962年 1 月，教友爱国会改名爱国会，成为以神职人员为主的群众团体。

83 《中国天主教友代表会议决议》，《中国天主教友代表会议专辑》，第 26—27 页。

能消灭罪恶、贫困，消灭人压迫人、人剥削人的罪恶根源，非常有利于我们荣主救灵"。其次，认识到反帝爱国是完全正义的，爱国爱教是统一，是遵守了天主的诫命，"我们确认这种正义的爱国行动不但无罪而且是有功的，因此，罗马教廷对爱国神长教友的'绝罚'打击，完全是政治迫害，根本与宗教无关，因而是无效的，坚决不能接受"。还有，明确了中国天主教与罗马教廷的关系，表示要站稳中国人民立场，与教廷划清政治界限。"中国天主教应该保持圣而公教会精神，在当信当行的教义教规上，服从罗马教宗，这是无庸怀疑的。但是，我们也清楚地看到罗马教廷一贯敌视新中国，利用中国天主教替美帝国主义和殖民主义的侵略服务，利用宗教权力煽动中国天主教神长和教友来反对自己的祖国，这是每一个爱国的神长、教友所不能容忍的"！最后，认识到中国天主教必须走独立自主、由中国神长、教友自办的道路，"中国天主教必须摆脱帝国主义的控制，拒绝罗马教廷的无理干涉，结束教会的殖民地状态，在保持圣而公教会精神的原则下，独立自主的自办教会，并一致认识到中国神长、教友，不仅要有民族自尊心，而且要有办好圣教会的自信心"[84]。

III.建立教友爱国会

在这次会议上，中国天主教友建立起全国范围的爱国会，在教内起到领导的作用；肯定了爱国爱教的统一性；规定了神长教友们要立足岗位，参加社会主义事业建设的任务；划清中国天主教与梵蒂冈的政治界限，坚持独立自主、自办教会，等等。次日，《人民日报》予以报道，撰写专题社论，表示鼓励、坚决支持。

> 中国天主教徒完全有权自办中国的天主教会，中国天主教会不但要同梵蒂冈割断一切政治上和经济上的关系，而且要梵蒂冈尊重中国的主权，尊重中国天主教会在宗教上应有的权利，不得任意干涉中国天主教的教务。只有在这样的基础上，中国天主教才能够在不丧失爱国立场，不损害我国主权和人民利益，并且有利于教会本身教务的条件下，同梵蒂冈建立一定的宗教联系。[85]

中国天主教友爱国会的成立及大会决议，尤其在爱国爱教，与梵蒂冈划

---

84 皮漱石：《中国天主教友代表会议闭幕词》，《中国天主教友代表会议专辑》，第29页。皮漱石时任沈阳教区总主教。

85 社论《深入开展天主教反帝爱国运动》，《人民日报》1957 年 8 月 3 日，引自《中国天主教友代表会议专辑》。

清政治、经济的关系上，得到了大多数神职人员及教友的广泛拥护和深刻认同。为此，天津天主教友爱国促进会《广扬》发表了《刻骨铭心的教训》（半月谈），明确表示：

> 因为我们信奉天主，所以我们承认教宗是圣教会的元首，与罗马教廷之间也就存在了宗教关系，但并不能因此就必须成为梵蒂冈国的顺民，就必须任凭帝国主义驱使……中国天主教友代表会议所提出的关于走社会主义道路，反帝爱国，与罗马教廷割断政治上、经济上的关系，以及中国天主教会独立自主的决议，为我们指出了明确的方向。中国天主教会必须摆脱过去任凭帝国主义摆布的殖民地状态，应永远结束过去那种任凭宰割的屈辱日子。中国的天主教友是不可侮的，我们具有民族自尊心，也有办好圣教会的自信心。我们不仅在政治上和经济上要与罗马教廷割断一切联系，就是在宗教事务上，我们亦应享有独立自主的权利，教廷不能任意干涉中国天主教的教务。[86]

③自选自圣主教，自办教会

1957 年 12 月 16 日，天主教成都教区召开代表会议，与会代表经过充分酝酿，反复讨论，投票选出李熙亭为主教，唐俊、李道揆为副主教，迈出了中国天主教自选主教的第一步[87]。稍后，汉口、武昌等教区也相继采取民主方式选举了教区主教。

1958 年 4 月 13 日，由李道南主教主礼、王学明等主教赞礼，祝圣汉口及武昌教区新选主教董光清、袁文华，完成了中国天主教会自选、自圣主教的历程，走上了独立自主的道路。到 1962 年，中国大多数教区的主教已由国籍神父经提名推荐、选举产生而担任，实现了自办教会的目的。

需要解释的是，中国天主教的独立自主自办教会是中国神职人员及教徒的自觉爱国行动，乃"圣神光照"的结果，涉及地是政治、经济、教会事务及管理方面，并不是在教义教规上标新立异，实施改革，"中国天主教在信仰上与世界各国天主教会是一致，同属一个信仰，同行一个洗礼，都忠于至一、至圣、至公、从宗徒传下来的公教会"[88]。

---

86 《刻骨铭心的教训》，《广扬》1958 年第 4 期。
87 《成都教区选出主教》，《广扬》，1958 年 4 月（总 157 期）。
88 晏可佳：《中国天主教》，五州传播出版社，2004 年，第 87 页。

第三节　开展"社会主义教育"，调整政策

一、开展"社会主义教育"运动，提高觉悟

　　1957 年夏秋之交，在中共中央的统一布置下，各地开展了大规模的整风与反击右派运动。在此社会形势下，宗教界也不能幸免，也不同程度开展了反击右派运动[89]。但有关部门考虑到宗教界的特殊因素，认识到直接用反右派名义开展运动似乎不太妥当，便藉开展"社会主义教育"之名开展该项运动，重在教育、引导、团结及争取[90]，或许还能减缓反右派运动的猛烈冲击力度。

> 　　我们不在宗教界提出反右，只进行社会主义教育，对右派分子区别对待……这次在宗教界进行社会主义教育，也是一个社会主义革命运动，这次运动的目的要使宗教界爱国、反帝、守法，这次运动采取开代表会的形式，在辩论的方式，这是一次明辨是非、划清敌我界限的运动，具体的要求（辩论题目）可以根据习秘书长报告中所提到的教育内容（党的领导、爱社会主义祖国、反帝、明确同梵蒂冈的关系）的总原则，结合具体情况拟订。[91]

　　10 月 17 日，中央统战部就《关于在汉族宗教界进行社会主义教育的意见》呈报中共中央。该报告肯定建国以来开展反帝爱国等运动之后，基督教、天主教的面貌已发生了根本性变化：帝国主义势力已被赶走、帝国主义直接控制已不复存在，反革命分子基本肃清，教徒受到了爱国主义教育、提高了政治觉悟，教职人员也不同程度地站在爱国方面，等等。然而，在迈过"社会主义革命"这关坎时，仍存在不同问题，"因此利用全国整风运动的机会，采取比较谨慎的方针，有计划、有步骤地在汉族宗教界进行一步社会主义教

---

89 这次运动针对佛、道、天、基各教，重点是天主教、基督教。少数民族中的伊斯兰教、藏传佛教，当时正在进行宗教制度改革，不属于该运动的开展范围。

90 中央统战部副部长张执一事后解释：当时，之所以不提反右派斗争而提社会主义教育，一是可以争取中间多数，在斗争中争取主动，再者，"鉴于宗教界右派比例大，不比一般的资产阶级分子，有的还有意识保护一下，控制使用，因此这样提更策略些"。水城县档案馆藏 1958 年 12 月 27 日张执一关于汉族地区的宗教问题与宗教工作的发言。当时，在中央统战部的领导分工中，张执一负责宗教、政协等工作。

91 四川省档案馆藏 1957 年 9 月 5 日张执一在第四次全国宗教工作会议上的讲话提纲。

育，是完全必要的"。11 月初，中共中央同意中央统战部的报告，同意开展社会主义教育的意见。

按照布置，开展"社会主义教育"的对象是佛教、道教、基督教和天主教，其中基督教、天主教是重点。教育对象是宗教职业者，采取召开代表会议、座谈会等形式，围绕①走社会主义道路还是走资本主义道路；②接受共产党的领导，即有神论者同无神论者是否可以在政治上合作；③反帝、爱国，如天主教同梵蒂冈的关系、基督教的三自爱国、佛道教的爱国守法，以及爱国爱教一致性，对肃反认识等；④对宗教政策的看法等问题，采用大字报等，进行大鸣大放、大争大辩，藉此明辨大是大非，划清敌我界限，坚定爱国、反帝、守法，走社会主义的道路，并达到提高"左派"，争取"中间派"，孤立、分化"右派"的目的。

同时，要根据教职人员在教育运动中的言论及行动，结合 1956 年以来的表现，按照《关于正确处理人民内部矛盾问题》中提出的相关标准等，政治排队，划分左派、中间派和右派[92]，分清队伍，认识阵营，确定工作要求。

二、"大跃进"运动的冲击

正当社会主义教育运动全面摊开之时，随之而来的"总路线、大跃进、人民公社"三面红旗运动进一步推动了该项运动的纵深发展，各地基督教、天主教受到了极大冲击，宗教活动基本上停止，教堂被迫关闭或改作它用；修道院、神学院等受到压缩，尚存数所修院及神学院等，教育任务有所改变；宗教书刊等限制种类、印刷数量及发行范围等；在反帝、爱国、守法、接受党的领导、走社会主义道路的要求下，大多数教职人员必须参加工农业生产，在劳动中实现思想改造；个别人（指"右派"）受到处罚，等等。

> 我们要求所有宗教界的人士不断地进行爱国主义的学习和社会主义教育运动……要爱国，就必须要爱社会主义，就必须是爱由中国共产党领导的新中国，即是必须要爱社会主义祖国，走社会主义的道路。因为这是使中国独立、富强、繁荣、幸福的唯一的道路……因此，要求宗教界的人士拥护中国共产党和人民政府，走社会主义的道路。只有这样，宗教事业才能得到保护，宗教界的人士在政治

---

92 四川省档案馆藏 1957 年 10 月 17 日中央统战部关于在汉族宗教界进行社会主义教育运动的意见。

上才有前途。[93]

事实上，开展"社会主义教育"及"大跃进"等作法背离了 1955 年以来党和政府对基督教、天主教等的基本认识及相关工作的要求[94]，试图用统一的认识、简单的作法对待宗教组织、宗教观念及群众信仰[95]，达到思想的"大跃进"，观念的整齐划一。

在"大跃进"运动中，基督教、天主教开展了"交心"运动，要求教职人员彻底敞开思想，向党交心，交出"私"心，换上"公"心，一心一意地接受共产党的领导，彻底实现政治立场的自我改造，在社会主义道路上飞跃前进[96]。

其间，基督教三自爱国会顺应形势的要求，于 10 月下旬召开第十次常委会（扩大）会议。会议确定三自爱国运动的首要任务是在全国基督徒中进行社会主义教育，各地三自爱国会牧师及负责同工，要深入学习，自我改造，召开地区性会议，采取大鸣大放大辩论的方式，"认真讨论走社会主义道路的问题，从六亿人民的利益出发，明辨大是大非，破资本主义立场，立社会主义立场，提高社会主义觉悟，警惕帝国主义继续利用基督教进行侵略活动的阴谋，肃清帝国主义和一切剥削阶级在基督教内的反动影响，更好地带领全体同工同道，热爱社会主义的祖国，深入贯彻三自爱国运动，在社会主义道路上努力前进"[97]。

在"大跃进"期间，为了响应宗教活动不影响生产等号召，基督教作出改革，开展联合礼拜，各教派放弃自己的崇拜仪式，采取统一规礼、唱统一

---

93 张执一：《试论中国人民民主统一战线》，人民出版社，1958 年 9 月，第 328—329 页。

94 水城县档案馆藏 1958 年 12 月 27 日张执一关于汉族地区的宗教问题与宗教工作的发言。在发言中，他认为"1956 年宗教界反帝斗争和肃反运动之后，曾有一个时期在执行党中央的方针、政策上有些摇摆，强调保护多了些，强调团结多了些。而且情况变了，工作没有及时跟上去"，等等。

95 周总理曾说"我们把宗教信仰问题常常看得太简单了，拿共产党员马列主义的认识来要求所有的人，要求所有人的人生观、世界观都一样，这是不可能的。思想认识是逐步改变的，而且思想认识问题是人民内部的问题。就宗教信仰来说，更是一个长期的问题"。这段讲话颇能概括 1958 年某些人对宗教的认识及相关作法。《我国人民民主统一战线的新发展》，《周恩来统一战线文选》第 445 页。

96 《彻底改造政治立场》，《广扬》1958 年 11 月。

97 《中国基督教三自爱国运动委员会常务委员会第十次（扩大）会议决议》，中国基督教三自爱委会编：《中国基督教三自爱国运动委员会常务委员会第十次（扩大）会议专辑》，1957 年，第 4—5 页。

的赞美诗；各教派管理机构等一律停止，有关事务统一由"三自会"管理；各教会的房屋、家俱及设备等交"三自会"统一管理等[98]。进而各派教会逐步"放弃"教派纷争、"消除"派系隔阂，统一在三自教会中，开展同堂礼拜。如贵州赫章可乐石岗乡彝族、苗族教会，历史上虽同为内地会，但分属结构、葛布两个教区，彼此不相往来。经过"大跃进"等运动的冲击，于是"两族同道都热烈提出要按圣经'合而为一'的原则，办好独立、自主、自办的三自教会的要求，经过了一段时间的酝酿，又得到当地党政领导的大力协助，他们的衷心愿望终于变为现实，分裂了 40 年的石岗乡两族教会于 1959 年元月正式宣告重新'合而为一'"[99]。赫章石岗乡两族教会同堂礼拜，并非典型。此类现象，在各地基督教中，非常普遍。

其间，部分地方天主教会召开教区会议，坚持自选自圣主教，继续迈出独立自主自办教会的步伐。

当然，我们有必要指出的是，在开展"社会主义教育"、"大跃进"及人民公社等运动中，部分干部、尤其是基层干部对基督教、天主教的片面认识有所助长，激起甚至加剧了他们对宗教活动、教职人士等的偏执态度和不妥作法。其中个别人还采取极端手段，包括采取"社会镇反"等加以处置，用"社会主义"思想替代以至"消灭""唯心主义"的宗教，通过思想"大解放"、实现了观念大改变，实践行动的"大跃进"，要跑步进入共产主义社会……

三、贯彻"弛"方针[100]、调整政策

（一）由"张"到"弛"，恢复政策

经历了社会主义教育及"三面红旗"运动等的猛烈冲击，中央统战部于

---

98 赵天恩、庄婉芳：《当代中国基督教发展史》，中福出版社，第 109—110 页。其实，这种现象仅指部分城镇中的基督教会，当时农村的基督教基本上停止了群众性活动，也无"三自会"组织，多数教堂等被社队占用。涉及西南民族地区的部分，参见以下各章节。

99 张廷光：《粉碎帝国主义分而治之的阴谋——赫章县石岗乡苗彝两族同道举行联合礼拜》，《贵州三自通讯》，第 6 期，1959 年 3—4 月。

100 据平杰三回忆：当时毛泽东与陈叔通谈话时说：对资产阶级可以一张一弛，可以紧几个月，也可能松几个月。对他们的教育改造要有间歇、有曲折、有等待、有策略地搞（平杰三：《我的回忆》，华文出版社，1999 年，第 255 页）。之后，中央统战部出台了"弛"的工作方针，贯彻在民族、宗教等工作中。

1958 年 12 月第十一次全国统战工作会议召开，由徐冰副部长主持，讨论民族、宗教等工作。

会议分析了 1957 年以来中国社会形势的发展、阶级关系变动，以及社会主义教育之后，宗教领域的变化等，认为经历了 1958 年急风暴雨式的"大跃进"运动后，阶级斗争趋于和缓，阶级矛盾不是社会的主要矛盾。在这样形势下，要认识宗教具有长期性、复杂性及群众性等特点，按照"一张一弛"的思想，对宗教工作等要贯彻"弛"的方针，适度放松。具体而言，继续贯彻宗教信仰自由政策，加强党委领导，作好争取、团结、教育、改造宗教职业者的工作，进一步开展反帝爱国运动，调动宗教界的积极因素，为社会主义建设服好务等。不过，徐冰在发言中也强调"弛下来并不是没有阶级斗争，而是进行说服教育，说理也是阶级斗争的一种形式，总的是阶级斗争。改造政策必须根据情况应紧就紧，应松就松"，[101]等等。

1959 年 1 月，中央统战部将这次会议的精神通知各地政府有关部门，要求贯彻执行。尽管，中央统战部要求在宗教及民族工作上要贯彻"弛"的方针，但是受多种因素的影响，主要是"庐山会议"后党内开展"反右倾思想"斗争等的牵制，在调整过程中，宗教政策屡有反复，甚至还继续采取某些不当的作法。

（二）重申并执行宗教信仰自由政策

1961 年 1 月，中共中央召开了八届九中全会，决定对国民经济实行"调整、巩固、充实、提高"的方针，恢复及发展国民经济。会议强调加强党和政府与人民群众的联系，具有重要的现实意义等等。

八届九中全会后，各项调整工作真正地步入正轨。加强党和政府与人民群众的联系，需要不断加强人民民主统一战线，紧紧地团结各族人民、各阶层群众、知识分子、民主党派等，以及包括基督教、天主教在内的宗教界。

这期间，中央统战部副部长张执一在参加中国基督教第二届全国会议预备会议上发表讲话，认为基督教界经过反右派斗争与社会主义教育运动，右派分子受到孤立及分化，进步分子得到锻炼及提高。在大势所趋的情况下，那些原来跟右派分子跑的人也表示要接受中共的领导，走社会主义道路，"总的说来，基督教界人士一方面较过去是大有进步，另一方面存着不少问题，

---

101 转引自李维汉《回忆与研究》（中央党史资料出版社，1986 年），下册，第 853—
854 页。

还需要继续努力，进行自我改造"。他还重申中共的宗教信仰自由政策是长期的、不变的。当然，"宗教信仰自由政策只是保证人们对信不信教或者信哪种宗教有选择的自由，它不能为教徒的增减和教徒信仰的深浅提供什么保证"。不过，今后只要有人信教，党和政府仍然要坚定不移地执行宗教信仰自由政策[102]。张执一表示：

①对于教徒要求进行的宗教生活，只要不违反国家法令，不妨碍生产，是应当允许的。他们可以有一定时间和场所过宗教生活（如"礼拜"、"丧家礼拜"、"祷告"、"领圣餐"、"查经"等）。

②教牧人员可以用一定时间履行他们的宗教职务（如视察教务、探访教徒等），但不得借此进行违法活动、妨碍生产。

③宗教职业者可以按照他们所信奉的教义在宗教活动所内传教，但不得以含沙射影的办法，假借某些教义攻击各个时期的中心工作和各项社会政治运动……

④对于确系自愿要求受洗、入教的人，教会当然可以接受，但受洗、入教的仪式应该公开进行，并不得借接受教徒为名以掩护反革命分子和坏分子。对于尚未成年的青少年和儿童，由于他们尚未具备选择宗教信仰的能力，希望教牧人员不要向他们灌输宗教思想或者拉拢入教，因为这样做是不符合宗教信仰自由原则的。

⑤如前所述，过去有些地方的教牧人员和教徒群众自觉自愿合并了一些教堂，让出了一些多余房屋以支援社会主义建设，这是一种爱国的表现……为了照顾教徒有适当的教堂过宗教生活，建议现有教堂今后一般可以不再进行合并。个别地方如果教堂的确合并过多以致不少教徒没有过宗教生活的必要场所，可以根据教徒群众需要，同有关方面协商，进行适当调剂。

⑥教牧人员参加劳动，应该采取自觉自愿、力所能及的原则，方式多种多样，时间可长可短，应该根据不同的人的情况，区别对待……

⑦教会只要不是向教徒摊派宗教负担、借宗教敲诈钱财或变相接受帝国主义津贴，可以接受教徒的自愿捐献和其他正常的宗教收

---

102 张执一：《在中国基督教第二届全国会议预备会上的讲话》，编辑组《张执一文集》，华文出版社，2008年，上册，第279页。

入……

⑧三自爱国运动委员会是我国基督教徒的反帝爱国组织。它的基本任务：在党和政府的领导下，团结基督教徒同全国人民一道，积极参加反帝爱国斗争和社会主义革命与社会主义建设……

⑨南京金陵协和神学院要继续办好，学员一方面要学习、研究基督教教义，一方面也要进行政治理论学习。

⑩《天风》刊物的继续出版，上海"联合书局"的继续开办，我们是愿予以支持。如果你们有什么具体困难，我们愿意在可能的条件下帮助解决。[103]

张执一时任中央统战部副部长及全国政协副秘书长，曾兼任中央民委副主任兼全国人大民委副主任，在中共党内分管宗教工作。他代表中央统战部在基督教第二次全国会议预备会上的这番讲话，应该说代表中央高层在调整宗教工作上的表态。数月后，在全国政协常委会二十次会议上，他再次重述这十条意见，还表示"这些意见虽然是对基督教界人士讲的，但是对其他宗教界，我想或许也是适用的"[104]，带有普遍性。

稍后，中央统战部派人实地调查，了解情况，以及接到干部及群众的反映，得知部分地方宗教重新活动，比较活跃，有所发展……鉴于形势的变化，结合八届九中全会有关调整政策的决议，认为：

今年，有些地方宗教活动比往年增多的情况，说明了群众的宗教信仰问题决不是经过几次运动就可以根本解决的。我们对于宗教必须要有长期斗争的思想准备，认为宗教的群众性和长期性现在已经消失，这种看法不符合实际，只能引起麻痹自己的有害作用。应该肯定，随着社会主义革命的深入和社会主义建设的发展，宗教的势力和影响将会不断地削弱下去，然而这种削弱并不是直线下降的，在总的削弱的趋势中还会有起有伏……

于是，他们建议坚持贯彻宗教信仰自由的政策，允许群众开展正常的宗教活动，引导宗教从"地下"走向"地上"等，利大于弊，"贯彻宗教信仰自由政策对于当前大办农业、大办粮食的中心任务说来，能够减少阻力、增

---

103 张执一：《在中国基督教第二届全国会议预备会上的讲话》，《张执一文集》，上册，第 279—281 页。

104 张执一：《在政协全国委员会常委会第二十次会议上的发言》，《张执一文集》，上册，第 290 页。

加动力，而党的这一中心任务的顺利完成，反过来又必将有利于宗教的势力和影响的削弱"等等。要求坚持贯彻宗教信仰自由的政策，团结信教群众参加农业生产，增产粮食，集中力量完成当前的中心任务；采取"神仙会"等形式，对教职人员等开展教育，正确认识形势，增强战胜困难的信心，等等。6月下旬，该些建议作为中央统战部文件向各地传达，要求当地政府结合地方实际，切实执行[105]。另外，针对边疆民族地区的宗教工作，国务院宗教事务局工作人员在调研报告中认为，根据边疆民族地区的特点，继续执行宗教信仰自由政策，政治上应抓紧、信仰上宜放宽，"只要宗教界能够反帝爱国、大体上听党的话，就很好了。至于宗教信仰，那是一个思想信仰问题，不是短时期内可以解决的。在目前，只要他们不利用宗教信仰搞危害国家人民利益的破坏活动，就不必也不宜去硬性干涉它。不然，会欲增反损，弄巧成拙，不仅思想问题解决不了。反而会妨害对宗教界政治上的争取和团结"等等[106]。依据这些，云南省委边工委也承认"宗教在边疆仍然是一个严重的问题，应认真贯彻宗教信仰自由政策，允许止当的宗教活动，解决宗教'内向'问题"[107]。

1962 年 3 月，全国人大二届三次会议召开，周恩来总理在《政府工作报告》中要求"应该做好宗教工作，正确地执行宗教信仰自由政策，进一步团结一切爱国的宗教徒"[108]，规定了当时人民政府的宗教工作内容及其任务。4月18日，周总理出席全国政协二届三次会议，再次提到宗教问题，解释中共的宗教政策及对宗教界人士的要求：

> 我们把宗教信仰问题常常看得太简单了，拿共产党员马列主义的认识来要求所有的人，要求所有人的人生观、世界观都一样，这是不可能的。思想认识是逐步改变的，而且思想认识问题是人民内部的问题。就宗教信仰来说，更是一个长期的问题。我们只是希望爱国的宗教界人士热爱祖国，愿意为社会主义服务，也愿意努力学

105　临沧地区档案馆 1961 年 5 月关于最近一个时期有些地区的宗教活动比较活跃的问题。

106　临沧地区档案馆 1961 年 3 月郭朋、赵昌明、陈永康关于云南边疆宗教工作情况的调查报告。

107　当代云南编辑部编：《当代云南大事纪要》（增订本），当代中国出版社，2007 年，第 211 页。

108　《不断加强人民民主统一战线是国家政治生活中的一个根本任务》，《周恩来统一战线文选》，第 429 页。

习。这样，他们思想上还有宗教信仰，这并不妨碍我们整个人民民
主统一战线的扩大和团结，并不妨碍我们祖国的社会主义建设。[109]

5月，全国民族工作会议在京召开，李维汉发表重要讲话，重点阐述了宗教问题及宗教工作。

他指出解放以来，经过爱国主义和社会主义教育，以及宗教制度的民主改革[110]，宗教界已发生根本性变化。"现在，可以肯定，宗教界的大多数是爱国的，并且政治上大有进步。宗教界同社会主义的矛盾，除了反革命分子以外，是人民内部的问题，是人民内部性质的矛盾。对宗教界应当按照处理人民内部矛盾的原则来处理同他们的关系。确定属于敌我性质的，才按照敌我矛盾处理"。他含蓄批评了1957—1958年部分地点的个别干部违反政策，简单粗暴，干涉宗教，甚至采取不妥方式处理教牧人员等的错误作法；重申"不论信教不信教，也不论信仰什么宗教，就国家来说，是个人的自由，都不受干涉和限制"。

接着，李维汉重申党和政府将继续实行宗教信仰自由的政策，保护群众的宗教自由权利，"当前，我们在宗教工作上，必须坚持执行党的宗教信仰自由政策，让群众的正当宗教活动恢复正常。一定的宗教信仰，就有一定的宗教生活，这是不可分离的。保护群众的宗教信仰自由，就不要干涉信教群众的正当的宗教生活，并且要允许他们有宗教活动的场所（必需的寺庙）和适当数量的宗教职业者（阿訇、喇嘛等）"[111]。

这番讲话虽然是李维汉在全国民族工作会议的发言，但考虑到当时李维汉担任的职务，以及宗教事务系统战工作的组成部分，还有前述周恩来总理在全国人大和政协的讲话等，事实上表现中央将对包括天主教、基督教在内各宗教事务的政策调整。

会后，李维汉、乌兰夫等就会议情况向中央书写报告，反映"一九五八年废除了宗教中的压迫剥削制度以后，少数民族地区的宗教工作出现了不少问题，不少作法违犯了党的政策"等，要求"按照群众宗教生活的实际需要和意见，处理宗教方面存在的问题，让群众的宗教生活恢复正常"等

---

109 《我国人民民主统一战线的新发展》，《周恩来统一战线文选》，第445页。
110 宗教制度的民主改革指当时对藏传佛教、伊斯兰教的制度改革，不涉及天主教、基督教、佛教和道教。
111 李维汉：《在民族工作会议上的讲话纪要》，《统一战线与民族问题》，第646—648页。

等[112]。中共中央批复了该报告，同意相关的要求，特别指出"宗教问题，是一个具有广泛群众性的问题，在许多少数民族中，宗教问题同民族问题密切联系在一起，必须长期坚持宗教信仰自由政策。应该按照群众宗教生活的实际需要和意见，处理少数民族宗教上存在的问题，让群众的宗教活动恢复正常。对于汉族人民信仰的宗教中存在的问题，也应当参照这个精神加以处理"[113]。

年底，全国第七次宗教工作会议召开，与会代表研究当前宗教的宗教状况、存在的问题等，提出了相关措施等。

（三）允许开展正常的宗教活动

根据中央的指示精神，这次《会议纪要》表示依据"弛"的要求，贯彻执行宗教信仰自由的政策，就在宗教职业者职责、宗教活动、活动场所及宗教制度等作出如下规定：

1、对宗教职业者的职责。允许牧师、神父等宗教职业者履行主持宗教仪式、管理教务等正当的宗教职务，但宗教活动等限于教堂内进行，力求这些活动不妨碍生产，在时间、次数等方面作出适当的安排。对至于某些需要在教徒或者群众家里举行的宗教仪式，如神职、教职人员应教徒的请求到教徒家里作终傅、丧事礼拜，可以不予禁止；对于牧师、神父等下乡视察教务、探访教徒，原则上不予禁止等。

2、关于群众的宗教活动。允许开展正常的宗教活动，信教群众可以在教堂进行活动或个人在家里过宗教生活。群众有不信仰宗教的自由，也有信仰宗教的自由，对那些自愿入教者不宜采取行政命令加以禁止，通过单位或亲属进行耐心说服教育，尽可能消除其入教的原因，促使其自动放弃入教要求。

对基督教会，要巩固"联合礼拜"取得的积极成果。但若有某些教派的多数教徒要求分开举行"礼拜"，可以安排他们同其他教徒共同使用教堂，在不同时间段进行。对于"家庭聚会"活动，区别情况，分别处理；引导参

---

112 《民族工作会议提出的重要问题和我们的处理意见》、《关于民族工作会议的报告》，《建国以来重要文献选编》，第15册，第521页、504页。

113 《中共中央批转"关于民族工作会议的报告"》，《建国以来重要文献选编》，第15册，第502、504页。该报告是邓小平签发的。见《邓小平年谱》（1904—1974），下册，第1711页。

加"家庭聚会"的教徒到教堂去进行宗教活动。"如果因为教堂被占用而造成的'家庭聚会',应设法解决教徒的公开活动场所问题,以促使秘密、分散、流动的'家庭聚会'转向公开、集中和固定,以便管理"。

3、对宗教活动场所的规定。允许教徒有适当的教堂过宗教生活,今后不得随意占用现有的教堂等。部分地方,教堂等宗教活动场所留得太少,信教群众过宗教生活极不方便,经过批准后,可以个别开放。对 1958 年以来由机关、公社等占用而又未明确转让的教堂及教会所属房屋,如不需要退还,原则上仍归教会所有,使用单位与教会订立租约,给以租金,以维持贫困、老弱宗教职业者的生活,等等。

4、对宗教制度改革的认识。肯定改革的必要,是正确的,"对在宗教制度改革中废除了的制度,凡系封建剥削、封建压迫的制度,如体罚教徒、摊派宗教负担,禁止教徒与非教徒结婚,以及干涉教徒离婚、再婚和通讯自由等,不许恢复……对今后利用宗教进行封建压迫和封建剥削的人,可视其情节轻重,予以批评、教育或者依法处理"[114]等等。

(四)继续开展教育,团结改造

继续开展对牧师、神父等宗教职业者的团结、教育及改造工作,要求他们制定自我改造的计划,随时检查,逐条落实;采取学习会、听报告、座谈讨论、参观访问等多种形式,建立经常的学习制度,以和风细雨形式,"不打棍子、不揪辫子、不戴帽子"(三不),开展以反帝、爱国、守法为主要内容的爱国主义、国际主义和社会主义教育(三个主义教育),提高他们的政治思想,施以改造,启发接受党的领导,走社会主义道路。

> 在教育中,应当根据各教的特点,揭露帝国主义和国内反动派利用宗教的罪行,揭露罗马教廷和帝国主义差会企图控制我国教会的阴谋,揭露教会内部一些反坏分子利用宗教进行的反革命活动和违法活动,使宗教界人士的多数人在政治上同帝国主义分子和国内反动阶级分子划清界限,推动天主教、基督教反帝爱国运动的深入发展。[115]

---

114 国务院宗教事务局党组:《第七次全国宗教工作会议纪要》,《宗教工作通讯》,1963 年第 2 期。

115 国务院宗教事务局:《关于在宗教界人士中开展以反帝、爱国、守法为主要内容的爱国主义、国际主义和社会主义教育的意见》,《宗教工作通讯》,1963 年第 1 期。

根据自愿量力、区别对待、适当安排的原则，组织或鼓励教职人员参加生产劳动，通过劳动实现改造，逐渐改变其寄生生活，达到自食其力的目的[116]。

同时，大力培养宗教界的左派分子，对现有左派分子应加强教育，帮助他们提高政治理论觉悟和宗教知识水平等；拟定具体计划，在中间分子中开展工作，以培养新的左派分子，不断扩大左派队伍，掌握旗帜等[117]。

形势的变化，政府的要求等，敦促中国基督教会、天主教会因应变化了的形势，采取措施，及时调适。

四、基督宗教顺应形势，及时调适

（一）基督教号召参加社会主义建设

1960 年 11 月 12 日至 1961 年 1 月 14 日，中国基督教第二届全国会议在上海召开，与会代表 390 余人，来自全国 25 个省、市和自治区。

其中 1960 年 11 月 12 日至 1961 年 1 月 9 日，是预备会议期间，学习宗教政策、认识国内和国际形势，听取报告，开展讨论。1961 年 1 月 9 日至 14 日为正式会议。

在会议开幕式上，吴贻芳作了基督教三自爱国会常委会的工作报告。她总结了 1954 年至 1960 年期间该会的工作成绩，指出 1957 年 10 月各地三自会响应常委会（扩大）第十次会议的号召，进行了社会主义教育的学习。1958 年，在党的领导下，教牧人员及教徒开展了社会主义教育运动，通过政治学习、劳动锻炼和社会实践，进行了自我改造。1959 年至 1960 年间，同全国各族人民一样，各地教牧人员及广大教徒参加了各项政治运动及社会实践活动，以及部分教会为适应社会而作了调整。

张执一出席预备会议，就基督教界存在的问题，发表讲话，重申中共的政策。前有阐述，此不重复。

经过讨论，会议修改了基督教三自爱国会的章程，规定了三自会的任务是接受党的领导，团结全国基督徒，积极参加各项爱国运动，投身社会主义

---

116 关于教职人员参加生产劳动，最初规定是全部人员要参加，以后调整为有劳动能力的中下级宗教职业者才参加。

117 国务院宗教事务局党组：《第七次全国宗教工作会议纪要》，《宗教工作通讯》，1963 年第 2 期。

建设事业等。因此，在会议决议中，重点强调参加社会主义建议的重要性及必要性：

> 祖国的社会主义建设事业，是全国人民（包括我们基督徒）的最大利益，我们的宗教活动，应该服从社会主义建设事业，决不应该影响工农业的生产。当然更不能允许有人假借宗教，破坏社会主义建设事业和进行非法、违法活动。我们必须爱国守法，坚决反对和揭露隐藏在基督教内的坏人、坏事和非法、违法的活动。[118]

另外，在这次会议中，还改选了三自爱国会第二届常委会，吴耀宗继续担任中国基督教三自爱国会的主席。

接着，云南、贵州及四川省相继建立省级三自爱国会，对基督教相关活动起到领导及规范等作用。如云南省基督教三自爱国会于 1963 年 7 月成立，孙守信任主席，司拉宗崩（景颇）、吴宗烈（苗）、约秀（傈僳）及张现洲任副主席。

（二）教友爱国会更名，爱国爱教更广泛

1962 年 1 月 6—18 日，中国天主教爱国会第二届代表会议在北京召开，出席这次会议有主教、神父、修女及教徒代表 256 人。

皮漱石总主教代表爱国会作了大会发言，总结了 1957 年天主教教友爱国会成立后，作了以下主要工作：团结全国神长、教友，发扬爱国主义精神，参加社会主义教育运动，接受了劳动锻炼，提高了爱国主义及社会主义觉悟；开展了以独立自主自办教会为中心内容的反帝爱国运动，协助政府贯彻宗教信仰自由政策，以及协助教区办理教务，满足教友、教友宗教生活的需要，并着手进行研究工作。根据形势的发展，结合爱国会的章程规定，皮总主教对今后中国天主教的工作提出这些意见：坚决摆脱罗马教廷的控制，彻底实现独立自主自办教会的任务；加强政治学习，加强自我改造，为社会主义建设服务；继续协助政府贯彻宗教信仰自由政策；开展以撰写中国天主教史为纲的研究工作；协助各教区集中力量联合办好一所神学院，以及积极参加反对帝国主义、特别是美帝国主义的侵略和保卫世界和平的斗争。最后，皮总主教呼吁：

> 只要我们能认清形势，听党的话、走社会主义道路，加强自我

---

118 《天风》总 604—605 期，转引《当代中国基督教发展史》，第 148—149 页。

教育、自我改造，不断提高爱国主义和社会主义觉悟，正确理解和协助政府贯彻宗教信仰自由政策，紧紧地团结在党和政府的周围，我们的反帝爱国运动就会取得更加辉煌的成绩，就能为建设社会主义和保卫世界和平贡献更多的力量，就能把中国天主教办得更好。

我们天主教界人士和全国人民一样，前途是无限光明的！[119]

其时，国务院宗教事务局局长肖贤法出席会议，发表讲话，重申中共和人民政府继续贯彻执行宗教信仰自由的政策。

共产党人自己不相信宗教，那末（么）是否允许别人信仰宗教呢？我们的答复是肯定的，我们不反对别人信仰宗教。这是因为：第一，人民群众要信仰宗教，这是他们自己的事情，也是他们的公民权利。第二，我们非常清楚的了解，群众的思想信仰，是存在于脑子里的东西，反对也是反对不了的，相反还会引起反感和不满。思想问题，是不能靠行政命令来解决的。毛主席说："我们不能用行政命令去消灭宗教，不能强制人们不信教。"就是这个道理。第三，在我们国家里，信仰宗教的群众很多，这是客观存在的事实。我们是唯物主义者，历来是从客观实际出发来观察和对待问题的。如果对群众的信仰采用强制手段，不让他们信仰宗教，那就不是唯物主义者，而是主观主义了，就会引起信仰宗教的群众的很大不满，就会影响人民内部的团结，就不利于国家的社会主义建设事业……所以，在能否自由地信仰宗教这个问题上，大家尽可以放心。党的宗教信仰自由政策，过去是这样，现在是这样，将来还是这样。[120]

这次会议的一项重要内容是将中国天主教爱国组织由"中国天主教友爱国会"改为"中国天主教爱国会。这一字之改，反映中国天主教"不但教徒，而且教会已都走在爱新中国的道路上。教徒是爱共产党领导的社会主义祖国的教徒，教会也同样"[121]，就是说，中国天主教会赞成并实践了爱国爱

119　《圣神光照中国教会》，第84—93页。

120　肖贤法：《在中国天主教友爱国会第二届全国代表会议上关于宗教政策研究问题的报告》，引自《中国天主教的过去和现在》，第161页。

121　《中国天主教的过去和现在》，第143页。关于中国天主教友爱国会的名称，在建立初，教内就有不同看法。如天津西于庄教堂孙峻德神父曾撰文加以表述《几点希望》（《广扬》第123期）。又如呼和浩特大修院张徽敬院长在《关于爱国会名称

教之路。

会议选举出中国天主教爱国会的领导人，皮漱石总主教再次担任主席。

会议还决定成立董事会，要求各教区集中力量办好一所神哲学院，"培养热爱祖国并有高深宗教造诣的神职人员和知识分子"，主持活动，接好班；以及搜集及整理资料，研究中国天主教，编写中国天主教传播史，等等[122]。

会议之后，开封等教区 7 位自选而未祝圣的主教，于 1 月 21 日在北京南堂由石漱石总主教祝圣，赋予神职的权力。此时，中国多数教区已由自选自圣的主教来领导[123]。

以上各部分是我们对中华人民共和国建立以来党和政府的宗教自由政策，以及基督宗教的调适言行等在整体上粗略阐述，提纲挈领，为下面认识建国后川滇黔各民族地区基督教的调适与发展奠下基础的。

以下我们将转入对 20 世纪五六十年代相关民族地区基督教调适与发展的加以论述。用具体映衬总体、以细部解释全面。当然，本项目落实到各个时段，各民族地区的有关部门在认识、理解及贯彻执行宗教信仰自由政策等的具体论述上有所差异；同样，各地基督宗教在因应调适，与时俱进，爱国爱教等方面表现也有不同，应该也必须个案分析。

第四节　怒江傈僳族地区基督教的调适与发展

1952 年底，"三自革新"运动在全国各地广泛开展时，云南省委决定在边疆民族地区停止此项运动。原因何在？在于部分边疆基督教会利用"三自革新"运动，消除了教派的对立，实现了联合，快速了发展，产生出若干意外的后果，其中以怒江基督教具有典型性。

的一点意见》（《广扬》，1957 年第 7 期）认为教友爱国会国"教友"两字给爱国会带来了一定的局限性，建议直接用"天主教爱国会"名称。然而，这些建议之所以未采纳，主要考虑当时部分神职人员的认识水平与接受程度等。然而，从《圣神光照中国教会》反映，爱国会的名称更改在 1980 年中国天主教爱国会第三届代表会更改的。本节相关表述从顾书的说法。

122 搜集整理及撰写资料，编写传播史等，系 1960 年有关部门对基督教、天主教等工作之一。今天，部分地方得以拥有若干关于教会的文史资料，得益于当年的这项特殊要求。

123 本节依据《中国天主教的过去和现在》第 153—154 页而撰写。

本节以怒江州泸水、碧江、福贡及贡山的基督教快速传播为研究对象，考证了该四县基督教在 1950～1957 年约增长 40%，其中以 1951～1953 年间增速最快，揭示导致基督教快速发展的内外原因，着重剖析在婚姻认定、教会学校及各类训练班上政府部门与基督教会的尖锐对立，论证了政府有关部门对教会快速增长而采取的种种措施，探讨了民主改革运动对基督教的影响，分析了造成其活动"寂静"的主要原因，并为阐述了 80 年代以后基督教的调适与发展作铺垫。

一、问题的提出

1952 年 9 月，当基督教"三自革新运动"在全国如火如荼开展时，中共云南省委请示党中央，在边疆民族地区暂时不开展此项运动：

> 为了今后更有利于团结各族群众大多数，加强对帝国主义之斗争，我们必须深刻认识斗争的长期性、艰苦性，遵照中央的指示，决定边疆暂不进行基督教、天主教的"三自革新"运动。已进行者，则应采取适当步骤予以停止，而集中力量于正面的反对帝国主义的斗争。通过各种具体事例，启发群众觉悟，广泛开展反帝爱国统一战线，并认真争取团结教会中有爱国心的教徒和传教士，更踏实、更深入地进行非教区和教区的工作。通过民族上层的团结合作，切实在生活方面、生产方面给各族群众以实际利益，务使广大群众（原注：不论教徒或非教徒）真正靠我人民政府。[124]

不久，该项要求得到了中央的批准[125]，边疆民族地区停止开展"三自爱国"运动。云南省委之所以决定在边疆民族地区暂停开展"三自爱国"运动，固然依据中央的指示，更重要的是，基于对当地形势判断做出的选择。我们拟从 1950～1956 年间怒江州基督教的活动演变加以分析。

怒江傈僳族自治州位于云南西北部，毗邻缅甸，包括兰坪、福贡、贡山、泸水及碧江（今已撤销，归入福贡县）五县，其中贡山、福贡、碧江及泸水

---

124 王连芳：《关于边疆民族地区今后工作方针与步骤的意见》，《云南民族工作实践与理论探索》，云南民族出版社，1989 年，第 134～135 页。
125 中央指示参见中央文献研究室编：《对中央关于在边疆少数民族地区停止宗教改革运动指示稿的修改》，《建国以来刘少奇文稿》，第 4 册，中央文献出版社，2005 年，第 495 页；当代云南编辑部编：《当代云南大事纪要》（增订本），当代中国出版社，2007 年，第 46 页。

四县由北向南分布在丙中洛到六库数百公里的怒江峡谷中，傈僳族、怒族、独龙族系土籍居民。清代后期，少量白族（勒墨人）、彝族及汉族民众也进入怒江，定居于此。

怒江峡谷系云南基督徒的主要聚居地，保守估计，当前信教人数约占全州总人口的 1／3，个别地点达到 90％以上，俗称"福音谷"。综观历史，基督教在怒江峡谷的发展，历经数个重要阶段，其中 20 世纪 50 年代初是非常特殊的阶段，承前启后，突出表现是：①原有的派系基本上被消除，各地教会实现了联合，产生出积极的合力效应；②教会调适传教方式，适应新的社会制度，教徒迅速增长，呈现出前所未有"繁荣"景象。

然而，在 1956 年民主改革（"直接过渡"）、1958 年"大跃进"等运动，教会受到了猛烈的冲击，极度繁荣的景象顿时消失，昔盛今悴，经历了十余年蛰居状态后，80 年代初得到复苏，再次迅速发展。

的确，50 年代初怒江基督教的调适社会、迅速发展是当年中国基督教活动中的特殊事例，它却影响到边疆地区"三自革新"运动等问题，其作用非同小可。

二、历史沿革及基督教活动

清代，怒江峡谷属于丽江府管辖，清政府分封了老窝、六库等土司或土目，有效管理该地区。清末，云贵总督李经羲鉴于英国人在滇缅边地频繁活动，图谋不轨，妄图蚕食怒江等地，派李根源等人秘密侦察，勘察地形，了解民俗，拟采取行动，积极开发。

1912 年，云南省政府派兵进入了怒江峡谷，建立泸水（老窝）、碧江（知子罗）、福贡（上帕）和贡山（菖蒲桶）等设治局，委派官吏，驻扎军队，采取强硬措施，"开笼放鸟"，摧毁家庭奴隶制，破坏了氏族制度，逐步纳入区、乡、保甲的施政系统。

的确，开发怒江对于预防侵略、维持统一、巩固国防有着积极的成效，但也产生了新的社会问题。比较突出的是，傈僳、怒族等民众、尤其是部落首领与官吏、驻军及商贾之间的对立与矛盾。由于这些外来者系汉族或白族群众，从现象上看，统治者与被统治者分别属于不同民族，使得阶级对抗容易被民族对立掩盖，阶级矛盾表现为民族矛盾。

20 年代末，内地会（China Inland Mission）傅能仁（J.O.Fraser）、杨志英

（Kuhn John）将基督教从德宏传入泸水、碧江，神召会（Pentecostal Assemblies of the World）马导民从兰坪来到福贡活动，滇藏基督会（Foreign Christian Missionary Society）莫尔斯（J.Russell Morse）从巴塘南下贡山，建立教堂，发展信徒……数年之间，基督教在峡谷扎根，迅速发展。

需要指出的是，各派教会的教义宣讲虽有差异，组织形式及教规也不尽相同，但共同之处是：①培养了一批民族传教士（马扒、瓦苦扒）及教会管理者（密支扒），较早实践了"自传"道路；②差会贫穷，经费有限，除教徒的奉献外，教牧人员也从事劳动，弥补收入不足，教会"自养"程度较高；③基督教针对诸如婚姻、酗酒、卫生等社会问题，广泛宣传、试图解决，其传播带有社会"福音"色彩，具有功利性。

三、基督教的调适与发展

1949 年 6 月，鉴于形势的变化，在中共地下党员的劝说下，碧江、福贡前政权官员同意投诚[126]。年底，卢汉宣布起义，接受共产党的领导，拥护人民政府。正在进攻滇西北游击队的数个保安团放下了武器，包括怒江在内的滇西地区实现了和平解放。地下党及时组织班子，采取行动，接管旧政权，建立过渡性的民族民主联合政权。其中接管怒江的干部以剑川、大理等地白族干部为主，当地傈僳族、怒族中间一些读书人（多是教会中上层）也被新政权吸收，担任了一些政府部门的领导。

环境的改变，多数教牧人员的观念发生变化，觉悟有所提高，一些人进入新政权，成为干部。角色转变，他们能够及时调整，适应要求，得到了认同。如福贡县，在"我们人民政府里面，也有教会'马扒'和'瓦苦扒'参加工作（原注：教会之讲道人、负责人）。我们县政府里的财政科长傅阿伯、粮政科长余泽中，建设科长杨开之，工商科长邓阿冷，区政府第一区区长胡德清、副区长阿迪都是，村级的则比区级、县级的更多一些。他们在人民政府里，都有职有权，对工作也很负责、积极，大家一向是合作的、团结的"[127]。但也有少数人未及时转变观念，不明确角色的区别，甚至利用行政权力传播基督教。如福贡某科长"到三区去工作时，根本不做什么政权工作，只

126　霜耐冬：《福贡社会历史情况回忆》；窦桂生：《碧江新政权建立前后的回忆》，《怒江文史资料》，第 1 辑。

127　《福贡县简况》，《中央访问团第二分团云南民族情况汇集》，上册，第 30 页。

是一心一意的宣传宗教，大量发展教徒。又如该县的□区区公所，实际上已变成了一、四区教徒过路的招待所。凡是教徒来了，区公所都给以热烈的招待，甚至拿出鸡蛋、糖、茶来招待。可是非教徒来了，区干部则根本不管。有些非教徒来买盐巴时，他们也趁机宣传宗教如何好。有些非教徒生了病，到县政府来要药，他们也抓紧机会进行宣传，说：'因为你不信教，得罪了上帝，所以才生病，以后信了教就会好了'。广大的少数民族非教徒对于这些干部都非常不满意，曾一再向县政府提出意见说：这些人究竟是政府干部还是马扒呢"[128]？尽管多数民众对此予以反对，积极抵制，但有部分人产生出新政权支持宗教的错觉，接受了教会的宣传，改变了观念，成为基督徒。

刚解放时，部分干部及游击队员一度对基督教怀有反对情绪，"一般人民不知道我政府对宗教信仰的态度，认为不准人民信教，故非教徒又有点歧视教徒，甚至有时侮辱教徒，公开否认耶稣复活，并劝教徒饮酒吸烟。教徒在不了解实际情况下，只有敢怒而不敢言，尽力不与非教徒往来"[129]；加上外籍传教士被中国政府驱逐或自行离境，教会缺乏领导，处境困难，影响下降。

1950 年底，中央民族访问团部分团员访问怒江各地，宣传《共同纲领》的相关精神，介绍宗教信仰自由及三自革新等等。有关部门要求教会按照吴耀宗《中国基督教在新中国建设中努力的途径》提出的宗教实行自传、自治及自养原则，宣传及发动三自革新运动，成立"基督教促进会"；还召集部分教牧人员到丽江集中学习政策，传达三自革新精神，要求响应政府的号召，割断与外国教会的联系，开展革新运动。12 月 25 日,福贡教会利用圣诞节召开会议，学习并讨论《中国基督教在新中国建设中努力的途径》，酝酿响应事宜。会上，与会代表表示："我们信教是信上帝，不是信帝国主义分子，我们热爱毛主席，我们热爱祖国……一致表示决心割断帝国主义与教会的任何联系，坚决拥护教会自治、自养、自传的方针"。当天签名教徒有 662 人[130]。夜晚，教徒们打着火把聚集县城，表示赞成三自革新，拥护共产党、毛主席。

---

128 唐西民：《怒江区民族工作中现存的几个问题》,《参考资料》第 17 期，1952 年 9 月。在这些干部中，也有在工作之初，立场较坚定、尔后思想发生变化者。

129 怒江小组：《怒江区宗教情况》,《中央访问团第二分团云南民族情况汇集》，上册，第 23 页。

130 丽江专区档案馆藏 1951 年 6 月 11 日怒江区基督教三自革新运动情况报告。

接着，成立革新会，制定爱国公约。1951 年 2 月，碧江县召开各族各界会议，代表在广泛讨论后，接受"三自"革新，通过"①信教（仰）自由；②各兄弟民族教会自养、自传、自治；③与帝国主义牧师断绝关系"等决议[131]。其间，贡山县基督教会也有采取类似的行动。

尽管多数教牧人员能正确认识三自革新，采取积极行动。也有少数人片面理解，认为开展"自传"、"自养"及"自治"，就是政府支持宗教、鼓励发展。他们既不向教徒传达"三自革新"精神，动员他们响应号召，自养、自传及自治，认识帝国主义利用宗教实施侵略的历史；而且"那些参加过三自革新运各种会议的马扒回去以后，绝大多数都不向教徒宣传三自革新。碧江县政府曾先后翻译编印了四五种傈僳文的三自革新和抗美援朝学习材料，普遍发了下去，也都给马扒扣留起来，既不根据这些材料进行宣传，也不把这些材料给教徒阅读。使很多教徒至今仍不知三自革新是怎样回事"[132]。有的还藉"自传"名义兴办训练班，培养传教人员；借口"自立"和"自传"，联合各地教会开展活动，等等。

受多种因素的制约，当地部分干部未能全面理解宗教信仰自由政策，开展广泛宣传，正确执行。"某些干部执行宗教政策有偏差，单纯宣传信教自由，而不敢宣传不信教也是自由，给教会钻了空子，扩大了势力"[133]；也没有采取措施积极防范、约束或制止教会中的不正常行为。"由于我干部少、质量差，教会反得乘此机会大肆活动，其内部得到前所未有的统一，消灭了过去内地会、神召会互不通气的局面"[134]，实现了联合，壮大了力量，得到超常规的发展。

基督教发展迅速

在认识 20 世纪 50 年代怒江地区基督教会迅速发展之前，先看以下 3 表，以数据来说话：

131　张映兰主编《中共怒江州党史大事记》，怒江州委党史征研室，1999 年，第 18 页。
132　唐西民：《怒江区民族工作中现存的几个问题》，《参考资料》第 17 期，1952 年 9 月。
133　云南省档案馆藏 1954 年 11 月怒江傈僳族自治区教会活动情况。
134　云南省档案馆藏 1954 年 11 月怒江傈僳族自治区教会活动情况。

表 2-1　1950～1957 年怒江州基督教发展表　　　　单位：个、人

县别	1950 年	1951 年	1952 年	1953 年	1954 年	1955 年	1956 年	1957 年
碧江	5500	7573	6716	7777	8757	9060	8997	10158
福贡	3070	3473	4823	7736	6390	6673	7064	9460
贡山	1300	1489	1818	6704	2913	7000	——	2000
泸水	2442	2400	2028	3130	3000	2934	2840	2060
合计	12312	14935	15385	25347	21060	25667	18901	23678

资料来源：根据档案等资料整理，表中数据既有教会的统计数，也有政府的统计数，均系概数，其中贡山历年的数据出入最大，仅供参考。

注：1956 年怒江州基督徒下降，系缺乏贡山的相关数据，并不代表该年教徒数量减少。

表 2-2　1954 年怒江州基督教构成概况　　　　单位：个、人

	总人口	教徒总数		原来的派系	教堂数目	教职人员				
		总　数	%			密鲁扒	马扒	密支扒	挖苦扒	合　计
碧江	30101	8757	29.1	内地会	76	2	16	91	152	261
福贡	28432	6390	22.5	神召会	71	3	15	85	142	245
贡山	15927	2913	18.3	滇藏会	25	1	6	30	50	87
泸水	34636	3000	8.7	内地会	41	2	9	49	82	142
合计	109096	21060	19.3		213	8	46	255	426	735

资料来源：李寿整理：《怒江区宗教情况汇报》，1954 年。

原注：1、表列各项数字，大部分系根据各县教会负责人所谈。马扒系按每个教堂一两人计算，挖苦扒系按每个教堂两人计算。

　　　2、挖苦扒是候补马扒，学习传教工作及主持祭司。

　　　3、密鲁扒人数包括在马扒、密支扒内，因此神职人员合计数字不再包括密鲁扒。

注：马扒系傈僳语中的讲道者，指传教士；密鲁扒系大马扒，相当于牧师；密支扒系傈僳语中的管理者，指教堂的管事。

　　当时，在怒江各县中，福贡县基督教发展较快、教徒较多，占总人口 22.5%，但分布却不平衡，以第一区（上帕）各乡教徒最多、比例最高，其他各区各乡则不多（参见下表）：

表 2-3　1954 年福贡县基督教徒分布统计表　　　　　单位：户、个人、%

乡　名	一　区（上帕）										
	一乡	二乡	三乡	四乡	五乡	六乡	七乡	八乡	九乡	十乡	十一乡
总户口	256	218	174	290	178	152	249	139	147	205	68
总人口	1030	1073	841	1180	822	748	1102	654	478	890	264
信教户	111	98	78	72	81	31	62	105	99	115	58
%	43.1	48	45	25	45.5	20.4	25	76	67.4	66	85.3
教徒数	366	451	393	218	387	120	258	487	254	529	206
%	36.1	53	47	17.6	42.2	16.2	23.4	74.5	53.6	59.3	78
密鲁扒				1							
密支扒	9	11	6	6	7	9	7	12	4	15	4
马　扒	2	4	3	1	3	1	3	3		5	3
教堂数	3	4	3	2	3	2	2	5	1	4	2

乡　名	一区（上帕）		二　区（鹿马登）							三区
	十二乡	十三乡	一乡	二乡	三乡	四乡	五乡	六乡	七乡	一乡
总人口	126	217	207	201	145	134	252	291	186	1320
信教户	530	972	907	835	710	622	1033	1216	744	1157
%	58	135	23	23	13	6	33	25	37	21
教徒数	46	62.2	11.1	11.4	9	4.5	13.1	8.2	20	6.5
%	187	614	85	99	85	21	109	91	138	90
密鲁扒	35.1	63.1	9.4	11.9	11.9	3.4	8.4	7.5	17.2	7.7
密支扒										
马　扒	6	16	5	2	2	1	7	7	3	1
教堂数	4	13	1	1	3	1	3		2	
总户口	2	5	2	2	1	1	2	2	2	1

乡 名	三区（利沙底）					四区（马吉）					
	二乡	三乡	四乡	五乡	六乡	一乡	二乡	三乡	四乡	五乡	六乡
总人口	142	246	199	134	357	107	304	114	205	234	323
信教户	942	1140	570	570	1275	464	1441	481	1022	1415	1497
％	51	17		8		3	43	6	37	100	76
教徒数	36	6.8			3.6	4.3	14	5.3	18	29.1	23
％	205	84			43	6	197	20	179	396	345
密鲁扒	21.5	7.4			3.4	1.3	14	4.2	17	29	24
密支扒									1	1	1
马 扒	5	2					5	2	5	15	5
教堂数	1	1					1	2		5	3	2
总户口	2	2				1	3	1	3	4	4

资料来源：福贡县工委：《关于本县教牧人员情况的调查材料统计》，1955 年。

我们再观察一些典型村寨，认识当时快速发展的具体情况。如泸水县称 戛村 1957 年有教徒 106 人，其中解放前 20 余年受洗者 63 人，占 60％；1950 ～1957 年受洗 41（43？）人，占 40％；解放前 20 余年反教者 83 人，1950 ～1957 年反教者 21 人[135]。碧江县俄科罗村，1954 年时有教徒 204 人，其中 1949 年前信教者 133 人，占 65％，49 年至 54 年信教者 71 人（49～52 年发 展 46 人，53～54 年发展 25 人），占 35％[136]，藉此透视基督教的迅猛发展及 特定时间。

（二）迅速发展的原因

基督教在怒江各地迅速发展的原因，除了前述的时代背景外，还与教会 活动、政府管理等因素有关：

1、积极宣传及促进措施

①借口独立办教，各地教会化解隔阂，消除对立，实现联合。"如福贡 第四区与第一、二、三区等原就是两个教派，过去彼此互相攻击，不相往来。

---

135 全国人大民委办公室编：《怒江傈僳族自治州社会概况》（调查材料之五），1958 年 8 月，第 47 页。反教者（指放弃基督教信仰者）不计算教徒之中。

136 全国人大民委办公室编：《怒江傈僳族自治州社会概况》（调查材料之一），1957 年 1 月，上册，第 50 页。

52 年 1 月，开过三自革新会，让他们统一起来。福贡、碧江本不相通，现在也彼此来往，而有合并为一之势。52 年圣诞节，碧江、福贡两个教会的教徒，互派代表参加圣餐，并决定 53 年的圣诞节，将在福贡举行"[137]，增强团结，扩大影响。通过开展"三自革新"运动，各地基督教先后成立县级组织，设有秘书科、财政科等机构，各教会实现了交流，扩大了沟通，加强了来往，化解了教派隔阂，实现了联合，产生合力效应。

②广泛开办学习班，培养教牧人员。怒江各基督教会，主要是内地会有积极办学习班、传授教义教规、培训教牧人员或教徒骨干的传统。每年雨季，教会利用农闲时节，开办各类学习会，召集教牧人员或教徒骨干携带口粮及生活用具，集中某地，封闭学习，交流经验，总结得失，传授教义及教规教仪，俗称"雨季圣经学校"。当三自革新开展后，各地教会藉自传为名，采取各种方式，开办各类培训班，选拔信仰虔诚的教徒，尤其将青年教徒作为重点，积极培训，灌输宗教思想，加强信仰，传授传教方式，介绍讲道技巧。对学习努力、成绩优秀者，予以鼓励，"学习优良者，尚有奖品。男的毛巾一条，女的棉线一团。学习后，返回本区进行宣传忏悔（原注，即挖苦）等活动"[138]。1950～1952 年间，除贡山县接受培训者较少外，碧江、福贡及泸水三县，每年各县接受培训者多达百余人。

学习期间，每逢周六，学员们要派到周围村寨宣传教义、组织活动；途中遇见非教徒拉着不放，喋喋不休，宣讲信教的好处,等等。返回后，要作汇报，其中吸收教徒多者将受到奖励。"所以学员们每星期六去各村寨宣传工作时都很卖力，千方百计的动员争取新教徒，以争取得到学习会的表扬"[139]，极大刺激了他们的传教积极性及主动性。不可否认，开办学习班，培养教牧人员，鼓励传播活动，遂使各地基督教有了较快发展。

③与时俱进，调整宣讲内容，扩大影响。1953 年前，教牧人员是利用翻身民众对毛主席的感激心情，制造谎言，蒙骗群众，"信教自由是吴耀宗与毛主席商量了，才订在《共同纲领》上的，干部都是信耶稣的，入了教才可上北京见毛主席；不信教，就是不守法，要拖去法办"[140]，杜撰信仰基督教

---

137 云南省档案馆藏 1953 年 1 月碧江、福贡基督教会的发展情况。福贡县原来两个教派是内地会与神召会。

138 云南省档案馆藏 1954 年 11 月怒江傈僳族自治区教会活动情况。

139 杨约拿、窦桂生:《泸水基督教简况》,《怒江文史资料选辑》第 2 辑。

140 云南省档案馆藏 1954 年 9 月李寿整理怒江区宗教情况汇报。

就能上北京见毛主席等谎言，鼓吹信教。还声称"政府政策与教规一样，如讨老婆不出聘礼，一夫一妻制"；试图藉政权力量来影响以至压迫民众接收基督教；以及利用民众对共产党的拥戴、对新政权的认同，将教理攀附于人民政府的要求上，"毛主席的道理和耶稣的道理是一样的，不打人，不做强盗，好好劳动，过好日子"等等[141]。

当这些宣传受到政府的反对及民众的抵制后，他们调整内容，利用 1951 年丽江地区地震，声称"美国人在未定处拉地筋，故意试探教徒是否诚心，如不诚心，下次再拉地筋，将教徒陷入地缝中"等[142]。

次年，怒江峡谷洪水等自然灾害，编造"故事"，夸大危害，吓唬民众，驱赶入教。"天有大灾，洪水滔天，信教的上帝保佑，不入教的死。美国丢原子弹，信教，上帝可保佑炸不死。路只有两条，一条是天堂，另一条是地狱，入教的灵魂可以上天堂。这阵子不入教，等大灾来时，再想入教，拿两条牛，怕也入不上了"[143]；"美国人将用原子弹炸怒江区，专炸非教徒"[144]，等等。他们编造世界末日、地球将终结等谣言，届时"天翻地覆，江海沸腾，赤火烧山，人类灭绝，入教者得免灾难，死后上帝接上天堂，数十年后又复活"等[145]，恐吓群众，入教求庇护。

的确，这些说教产生了某些效果，少数群众或受欺骗或被吓唬，或萌发幻觉，或滋生担忧，改变了原有信仰，加入教会，成为教徒。"各地教会由于我们不量力（原注：全区干部不到 50 人，大部地区还空白，没有摸着他们底细），同意碧江成立挖苦耶稣会，各县以（后）先后成立，搞过假革新，教会借此活动起来。这年（1952 年），碧、福、贡一带遇春荒，再加上疾病流行十个月之久，我又无卫生工作，病户因杀牲祭鬼弄得倾家荡产的很多，纷纷加入了基督教，寻找精神上的寄托，全区教徒发展约三千人"[146]。

141 云南省档案馆藏 1954 年 11 月怒江傈僳族自治区教会活动情况。

142 怒江小组：《怒江区宗教情况》，《中央访问团第二分团云南民族情况汇集》，上册，第 24 页。未定界指当时滇缅北段边界线。

143 云南省档案馆藏 1953 年 7 月怒江边工委关于福贡基督教会在第四区马吉成立所谓区公所的情况调查。

144 怒江小组：《怒江区宗教情况》，《中央访问团第二分团云南民族情况汇集》，上册，第 24 页。

145 云南省档案馆藏 1954 年 6 月怒江边工委为执行省委边工委关于今后边疆民族工作的方针道路和任务的初步工作意见。

146 云南省档案馆藏 1954 年 9 月李寿整理怒江区宗教情况汇报。"不量力"恐怕系

④利用节日，组织民众，开展活动，扩大影响。如 1952 年，泸水县基督徒约 2000 人，是年该县教会举行了秋收节 22 个，聚餐者达 700 余人，奉献粮食 288 箩、人民币 1169700 元（旧币）。其间，教会还组织话剧或歌舞表演，通过朗诵台词及肢体语言，宣传宗教，歌颂耶稣，"内容多是耶稣万能，可以治病，只要相信耶稣，一切人都可以发展好；或一人对上帝忠诚，因而丰衣足食；一人对上帝不忠诚，因而被火烧死，或遭其他灾难"[147]，将信仰的价值及追求在宗教庆典中予以充分展现。更为重要的是"高台教化"，节日歌舞活动起到灌输宗教、发展信徒的效果。这年泸水县就新增教徒 400 余人，增幅达 20%，其中仅节日期间就发展了 179 人[148]。

教会在广泛宣传、频繁活动的同时，也降低了接收教徒的"门坎"，积极发展，牟求壮大。如教会在"解放前，每礼拜只礼拜天祷告一次，现在增至逢三、六，或二、五，及礼拜天都挖苦礼拜，甚至有些教堂则是天天晚上都礼拜。吸收教徒和洗礼条件都放宽了，目前吸烟、喝酒的也无批评，祭鬼、教徒与非教徒结婚，及有两个老婆都不加严格干涉，教徒也可以参加唱歌、跳舞了"，等等[149]。

当发展到一定程度时，教会又强调建设，严格教规，约束教徒，显示特别，产生吸引，促进发展。如泸水县马普拉乡，当地教会活动并不活跃，教徒数量不多，"这几年来，教会对马普拉底乡不很重视，教规亦较其他地区宽，对于喝酒、吃烟、祭鬼等亦不很严格……53 年后，教会对马普拉底乡的工作就重视起来，尤其 54 年来，教会的发展更明确，教堂就新修 3 个……加上解放前哑巴的一个，则马普拉底乡的教堂就有 8 个了……教徒数字，在圣诞节前后也有增加。现在全乡有 306 人，在此数字中，有 84 人是在圣餐（诞）节入教的"[150]。

教规约束教徒的言行，增强凝聚力，展现出特殊形象，表现了"优势所在"，"教徒省吃俭用，生活好过些，又认识傈僳文，会唱赞美诗，自以为'爬上去'了。而非信教的人也看他们吃得饱，穿得干净，又会看人民币，

"力量不够"之误。

147 云南省档案馆藏 1954 年 11 月怒江傈僳族自治区教会活动情况。

148 云南省档案案藏 1953 年边工委怒江区宗教材料。

149 云南省档案馆藏 1954 年 1 月边工委怒江区教会活动情况与教会工作情况总结报告。"唱歌跳舞"指唱跳民族的传统歌舞。过去教会禁止唱跳它们。

150 云南省档案馆藏 1954 年 6 月马普拉底乡教会概况及勒墨族基督教问题的报告。

又会写信记账，相形见绌，自以为不如他们，尤其是青年男女，很羡慕他们，一引诱，就被钩上"[151]。这些对非教徒形成心理压力，影响观念，产生吸引作用。

其间，教会加强了对教牧人员的控制，要求他们（包括进入政府的人员）定时汇报，"这些新提拔的所谓教会干部规定每礼拜集中会（汇）报工作一次，布置任务，并建立奖惩制度、互相监督检查制度"[152]，以便掌握情况，了解动态，有效控制。

由于采取这些措施，使得怒江基督教在短期内得到迅速发展，教徒所占比例超过总人口的 20％；一些地点，教徒成为了居民的绝大多数，居于强势地位。在这些村寨，个别教徒除了冷嘲热讽或谩骂打击，对非教徒形成压力，试图转变其信仰外，还利用人数的优势，在推选各族各界代表或基层干部时，他们提出"1、信仰上帝，2、爱护马扒，3、孝顺父母"等要求，选举教会认可的人物成为代表，进入人代会或政协会。这些榜样及相关活动，影响广泛，部分群众受到压力，加入教会，成为信徒。

2、政府介入与管理缺位

过去，教徒与非教徒、教会与政府之间彼此分离，各级官员、民众对教会活动（指宗教活动）基本上持默认的态度，放任不管。部分马扒、密支扒虽然担任了甲长、保长，但未纳入政府成为官员，掌握权力，他们不可能藉此影响以至传播宗教，教会的发展是自然的、渐进的。

新中国的情况则有所不同，在全国政协第一届一次会议上，宗教信仰自由载入《共同纲领》，管理宗教事务成为各级政府的工作职责。基督教、天主教系从西方传入中国，历史上确有列强利用宗教实施侵略的事例，后果严重，于是割断中国教会与外国传教士的联系、培养及增强爱国观念，系"三自革新"运动的目的所在，在边疆尤其突出！

1951 年 6 月，云南省委在《关于少数民族工作的意见》中指出："经验证明，三自革新运动是动摇帝国主义在少数民族中的影响和基础的很好办法，但须继续努力进行工作。根据（清除？）帝国主义在少数民族中的影响（原注：因为云南在边地），是少数民族工作中基本工作之一，只有这样，才

---

151 云南省档案馆藏 1953 年 1 月碧江、福贡基督教会的发展情况。
152 云南省档案馆藏 1955 年 6 月佚名一九五五年第一、二季度边疆宗教活动情况综合。

能达到民族团结。因此，联合政府、区域自治、抗美援朝、三自革新必须推进一步"[153]，强调了开展"三自革新"运动的必须，以及积极扶植中国神职人员的要旨，"我们的政策应该是对一般宗教首领原则上维持现状，不予干涉，对中国籍牧师、神甫，则帮助其开展'三自'革新运动，驱逐帝国主义分子"[154]。以教育方式开展三自革新运动，"在用爱祖国、爱人民，说明教育，用帮助解决困难、帮助教徒自立革新，福贡、泸水都有三自运动的好例子，可供各地采用"[155]，等等。

9月，云南省政府等为加强民族团结、巩固国防发布命令，重申宗教信仰自由，支持革新运动，"实行宗教（信仰）自由，尊重各族人民的宗教信仰及风俗习惯，并赞助各族内天主、耶稣教徒三自革新运动"[156]，将此作为加强团结、巩固国防的一项重要工作，摆上突出的位置。当时，省委边工委设想"三自革新"的步骤是："政府出面来号召，自上而下把道理说清楚；培养他们进步的牧师带头领导；在进步的牧师领导之下发动群众，控诉帝国主义罪行；建立组织（原注：三自革新委员会），解决自养问题（原注：由政府帮助，各族自力更生）"[157]，使基督教成为信教少数民族群众自办的宗教团体。

前面已叙，自传及自养在怒江已实施多年，原因并非外国传教士愿意让傈僳教牧人员担任传教的主角，是由客观环境的决定。当时，除泸水、碧江两地的外籍传教士稍多一点，福贡、贡山仅有马导民及莫尔斯数人，面对千余名教徒，他们的确力不从心，不得不培养当地传教人员，实施替代，自传及自养是不得已的作法。

开展革新运动需要引导，但是政府的介入容易被误会，产生官办教会的错觉。其间，出于建立统一战线、建设新政权的需要，各地政府接纳了原教会部分人士，担任各级职位，掌握了一定权力，并"保证有职有权。要求参加下乡工作的，可以让他们像工作队一样下乡搞生产工作，宣传反帝爱国教

---

153 《云南省委关于少数民族工作的意见》，云南省委党史研究室编：《云南边疆民族地区民主改革》，云南大学出版社，1996年，第118—119页。

154 王连芳：《加强边疆少数民族工作和对敌斗争》，《云南民族工作实践与理论探索》，第75页。

155 《怒江州党史大事记》，第24页。

156 《云南省人民政府、中国人民解放军云南军区为加强民族团结巩固国防联合发布十项公告》，《云南边疆民族地区民主改革》，第121页。

157 王连芳：《对敌斗争中必须处理好几个方面的问题》，《云南民族工作实践与理论探索》第107页。

育和党的各项政策，在工作中，还要注意允许他们去礼拜祷告上帝，不可以丝毫的限制"[158]。

可是，有个别人未能没有摆正位置，认清形势的变化，反利用手中权力，传播宗教。如福贡"×××到第四区作救济工作，而拿圣经作宣传资料；司法科判案，谓'耶稣理'讲得去，则'共产理'也就通了。这样政教不分，给人民起坏映（印）象，给教会则伸腰做后台"[159]，影响恶劣。

当时，"三自革新"的要旨是割断与外国教会的联系，独立自主自办教会，政府实施对宗教事务的管理；选拔个别教牧人员进入政府，担任干部，固然有建设政权、巩固政权的目的，也与管理宗教事务、保护正常的宗教活动有关。毕竟当时在边疆民族地区，开展革新运动需要政府的监管。50 年代初，共产党刚接管怒江各地，地方政权尚在建设中，除干部数量较少、配置不足外，对宗教信仰自由政策等存在认识及执行过程。当时，在宗教工作上，"我们工作重点，应不问其信仰，不干涉其礼拜，而加强其内部斗争，耐心地争取和团结其群众，接受其中民主人士，使之与顽固分子区别，既不干涉有益事务，亦不反对其无害事业，特别要防止我过左及犯急性病"[160]。出于稳定边疆及争取团结的需要，地方政府不得将此不假手进入政权担任领导的原教牧人员，试图通过他们的努力，在党的领导下，实践革新，掌握教会的领导权，端正活动的方向。"由于政策精神不明确，在指导思想上，企图通过这一运动，一下把教会领导权掌握过来，对客观条件估计不足，完全依托在当时参加政府工作教徒身上。结果运动流于形式，不仅没有达到目的，反为教会所利用，成立了全县教会机构，统一了宗教组织"[161]。人选不当、管理缺位，变相起到助长发展的客观作用。

3、"慎重稳进"留有活动空间

怒江峡谷位于滇缅边界北段的东侧，傈僳、怒及独龙族民众跨界而居、交往频繁、联系密切。当时，中缅两国北段边界线尚未确定，基层政权有待巩固、民族干部尚在培养、国防安全需要维护，在地方政府工作中，以社会稳定、边境安全为要务，否则，一些教徒受到压力逃往境外或边境发生事故，

158 《怒江州党史大事记》，第36页。
159 云南省档案馆藏1953年1月碧江、福贡基督教会的发展情况。
160 《怒江州党史大事记》，第14页。
161 云南省档案馆藏1961年碧江县宗教情况调查报告。

对我方不利。

为稳定局面、避免边民外逃，当地政府采取"慎重稳进"的方针，在"团结、生产、进步"口号下开展工作，广泛救济，发放农具，建立卫生机构，送医送药，免费治疗，成立贸易机构，运输内地商品到边疆，促进流通，解决群众的生活及生产困难等，从而赢得了信任，"因此群众普遍流行着这句话，'盐巴不吃不得，共产党不跟不得'。几年来农村中涌现了一批积极分子，革命政权日愈巩固，生产有了发展[162]"，建立了认同，树立起威信，得到广泛拥戴。

我们注意到怒江地区基督教既与民族相联系，还涉及到英美等传教士，含有宗教、民族，以及涉外等多重因素；加上传教士长期深入民间开展活动，教徒对其产生亲近感，"由于外国人在我边疆传教时间较长，影响较深，押送杨志英等离开泸水时，当地的不少教牧人员及教徒还来送行，颇有依依不舍的样子"[163]，有一定的影响力。

"急者治标，缓者治本"。当时各级政府在巩固政权、培养干部的基础上，以和缓方式开展工作，包括对宗教事务的管理，以争取绝大多数教徒的支持和拥护，逐渐实现三自革新。于是，"慎重"作法使得政府放宽管理，容忍教会、教牧人员的一些活动；"稳进"要求决定了当地政府执行与内地不同的政策，包括对革新运动的引导或监管，客观上给予了基督教发展的活动空间。

> 把宗教头人闹（弄）到政府当干部，使他们成了两边有势、有权、有地位，因而非教徒被企（歧）视，只有教徒才吃得开。宗教他们吃得开，政府也是他们专权，助长了教会的活跃，帝国主义分子有可乘之隙。如福贡上帕行政村，全村有150多户，50年有信教100多户，不信教的四五十户；然52年则发展为不信教的只剩十几户，全家不信的只有四五户。这些团结合作是失策的，形成了政教合一，虽举行了革新，也曾训练了一百多马扒、密支扒，学习了三自革新，但是越来越发展起来了。许多地方，如福贡一区、碧江三区都由50年平均50%、60%、70%发展到80%、90%，甚至百分之

---

162 全国人大民委办公室编：《怒江傈僳族自治州社会概况》（调查材料之五），1958年8月，第9页。

163 沈锡荣：《回忆泸水县建国初期的一段情况》，《怒江文史资料选辑》第1辑。

百的数字。产生如上缺点错误的偏向，主要是我们干部对民族政策学习不够，重视不够，又缺乏研究，因此在执行上很难正确贯彻上级的指示和方针……[164]

四、基督教发展受挫折

（一）教会活动与政府要求

怒江基督教系英美诸国传教士传入，曾与境外教会有着广泛联系。中华人民共和国建立后，外国传教士撤离或被驱逐出境，但他们仍依恋怒江地区，仍逗留毗的缅甸边地，与怒江个别教牧人员保持联系，影响教会的活动，以致个别地点出现反常现象，产生不应有的行为，甚至图谋发动暴动[165]。如个别马扒声称"世界上各国都有各种党，中国有××党，我们傈僳人有耶稣党"[166]，要求组党参政，进入政治活动层面，提升地位，扩大影响；加之贡山、泸水等地多次发生教徒外逃现象，加剧了部分民众的恐慌心理，社会出现骚动……面对基督教的反常活动及快速发展，联系到传教士在境外煽动，部分干部对之感到不安，高度警惕，认为与帝国主义有联系，可能出现破坏行为，拟采取措施，加以限制。此外，在以下方面，教会的行为与政府的要求不一致，发生对立：

1、履行不履行婚姻法

历史上，国民政府颁布的婚姻法从未输入怒江地区，民间认定及维系婚姻依靠于习惯法及社会舆论。至于教徒，其婚姻关系的确定及缔结由马扒、挖苦扒控制，教会认可。

1950 年 5 月，中央人民政府颁布《婚姻法》，明确规定"结婚应男女双方亲到所在地（区、乡）人民政府登记。凡合于本法规定的结婚，所在地人民政府应即发给结婚证"。鉴于部分民族地区的实际，该法也有所变通，"在少数民族聚居的地区，大行政区人民政府（或军政委员会），或省人民政府得依据当地少数民族婚姻问题的具体情况，对本法制定某些变通的或补充的规定，提请政务院批准施行"[167]。要求各地政府根据《婚姻法》规定，结合具

---

164 丽江专区档案馆藏 1952 年 12 月 16 日佚名怒江区民族工作情况（初稿）。
165 付阿伯：《福贡基督教传播史略》，《怒江文史资料选辑》，第 8 辑。
166 《怒江傈僳族自治州社会概况》（调查材料之五），第 17 页。
167 《中央政务院法制委员会解答有关婚姻法施行的若干问题》，西南军区军法处：

体情况，贯彻执行。此时，教会依然我行我素，认定以至操纵教徒的婚姻大事，与《婚姻法》的规定形成对立。这样，在新社会里，夫妻关系、子女血缘如何认定、夫妻双方及子女等有关权利及义务从何保障呢？

2、教育问题

创办及发展教育事业，曾是基督教会在华传播的重要内容。在传授知识，认定及管理等，教会与中国民众及政府发生矛盾。20 世纪 20 年代末"非基"运动后，中国政府收回了教育权，教会学校以私立学校名义注册，接受各级政府的监管。但受地理位置、民族因素等影响，包括怒江地区的教会学校没有向当地政府注册，接受监管。

中华人民共和国建立后，人民政府宣传并实施政教分离等政策，但按照"慎重稳进"方针，暂未对怒江教会学校严格执行政教分离的规定，教会学校继续开办，有的还攀比公立学校，试图扩大规模、多设校点，挑战政府。个别马扒甚至述威胁干部，"不给我们办学，就是不准我们信教，将来江东、江西教徒像蝗虫、蚂蚁一样骚动起来，你负责，我们不负责"[168]！这些威胁的言论将派生什么后果，可想而知。

3、教会培训班问题

前面曾述，开办雨季圣经学校、训练教牧人员或教徒骨干系怒江部分基督教会的传统作法。从 1951 年起，基督教会开展三自革新运动，消除怒江各派教会原有的教派隔阂，实现了统一，于是他们藉自传名义，积极开办雨季圣经学校，热情高涨，现象反常，突出表现在：①大力培训马扒、瓦苦扒、密支扒等，通过培训，深化其信仰，提高其宣教水平，以及管理能力；②对年龄在 15 岁以下的少年儿童，教会在灌输宗教思想的同时，试图从中物色未来的教牧人员。当然，开办训练班还有健全教会的基层组织，强化各地教会联系，促进快速发展的目的。

由于接受培训的教牧人员或教徒跨区跨县，给属地管理带来了困难。政府部门希望教会减少训练班的次数及规模，受训者以当地居民为主，但被教会拒绝，继续开办，广泛招收，积极培养，不可避免地与政府的要求产生矛盾，该如何协调呢？

《政策法令选集》，1951 年，第 139、143 页。

168 云南省档案馆藏 1954 年怒江边工委三四两月份工综合报告。"江"指怒江。

（二）政府部门应对措施

新中国建立初，各级政府支持基督教会开展"三自革新"运动，团结教牧人员及教徒，任用一些教牧人员进入各级政府，担任领导工作，藉此确立及实施对宗教事务的管理。然而，受多种因素的制约，这些措施未取得预期成效，甚至产生些不应有的效果。于是，有关部门遵照指示，暂停"三自革新"运动，采取一些措施应对教会活动，确保对宗教事务的管理。

1、暂停"三自革新"运动，开展爱国教育

"三自革新"运动系 50 年代初各地基督教、天主教开展的群众性运动，具有特别的作用。然而，当时滇西边疆民族地区，人民政权尚在巩固、基层干部尚在物色或培养中，开展此项运动，欲速则不达。"由于宗教问题和民族问题交织在一起，而这些地区的群众工作还比较薄弱，如果在教徒区单纯地和毫无准备地推行'三自革新运动'，很难有效地达到团结广大教徒群众，反对帝国主义的目的。相反，稍有不慎，甚至脱离群众，引起国内外人民的误解震动，反使自己陷于孤立和被动"[169]。1952 年 7 月，德宏州景颇族原传教士司拉山[170]出走后，中共中央考虑到边疆民族地区的特殊情况，接受云南省委的要求，同意基督教会暂停"三自革新"运动。

暂停该项运动，并不意味各级政府对宗教事务不予管理、不制止非法行为，放任自流，"对基督教、天主教的具体政策，则应在有利于团结群众、孤立敌人的前提下，掌握尊重和适当管理的原则，保护其风俗习惯及宗教信仰自由，并不干涉其一般的宗教活动（原注，包括其纯宗教性质的对外联系）；而对教会中帝国主义分子的各种无理要求和非法活动（原注，如组织教会武装、外国传教士随便入境等），则应适当控制。如有个别少数利用宗教进行特务活动和组织武装暴动的首要分子，则应在掌握其真凭实据和决不牵涉教会问题的原则下，依据群众觉悟，分别其罪恶情节及其孤立程度，给予应有的法律制裁"[171]，促进教会内向，接受管理。

---

169 王连芳：《关于边疆民族地区今后工作经验和感受》，《云南民族工作实践与理论探索》，第 134 页。

170 司拉山原系缅甸克钦族（景颇族）传教士，20 世纪 40 年代末进入陇川县硃山等地传播基督教。建国初，靠拢人民政府，被安置为陇川县副县长。1952 年因一些特殊原因，暂时出境，后经劝说，返回陇川。历任陇川县副县长、德宏州政协副主席、云南省政协副主席，80 年代初因病逝世。

171 王连芳：《关于边疆民族地区今后工作经验和感受》，《云南民族工作实践与理论探

还有，暂停运动也不意味放弃了对帝国主义侵略的批判、不开展爱国主义教育，激发及增强教职人员及教徒的内向倾向。1953 年初，西南民委特别指示，"至于为帝国主义所利用的基督教、天主教，应根据最近中央指示，着重对教徒进行爱国主义与反对帝国主义的教育，但应与保护宗教信仰自由政策严格区分。在边疆地区，目前不进行三自革新运动是正确的，但因此不敢揭发帝国主义藉宗教进行侵略活动的阴谋则是错误的"[172]！暂停革新运动与开展爱国教育并不矛盾，爱国教育需要持续开展，只是注意宣讲的时间、场所及其内容，切实起到教育效果。

2、建立联系，内地教会引导边疆教会

根据边疆教牧人员迫切希望与内地教会建立联系的要求，在 1955 年 5 月底云南省第一次宗教工作会议上，有关领导提出在条件允许的情况下，有必要帮助昆明等内地教会建立与边疆教会的宗教联系，交流沟通，促进内向，减少以至消除境外教会的影响[173]。

从 1956 年起，云南有关部门组织怒江等边疆地区基督教部分教牧人员到昆明等地参观，了解祖国，认识新中国以来发生的变化，学习汉族等兄弟民族的经验，确立国家（中华人民共和国）意识，增强内向观念，培养爱国思想，启发觉悟，籍此达到团结、教育的目的。同时，有关部门也组织省三自爱国会牧师来到怒江等地，讲经布道，交流思想，考核及按立教牧人员，引导活动活动，抵制渗透，促成并增强内向。

3、沟通思想，交流认识，促进觉悟

在这些方法中，主要是定期或不定期召开座谈会或协商委员会，采取会议座谈与个别访谈相结合，帮助教牧人员认清形势，提高觉悟，培养鉴别能力，"逐渐消除帝国主义分子贯（灌）输给他们对共产党的成见，启发其爱国热忱"，接受党的领导，拥护人民政府。要求干部利用一切场所，向马扒、瓦苦扒及教徒宣讲政策，宣传爱国主义和民族团结等。"不论他们的大小节会，或星期礼拜，有请必去，争取参加，给教徒讲团结、生产政策和反帝爱国的道理，及祖国建设以教育群众、争取群众"。尤其利用圣诞节、感恩节

索》，第 135 页。
172 四川省档案馆藏 1953 年 4 月西南民族事务委员会党组对今后民族工作的意见。
173 临沧地区档案馆藏 1955 年 5 月 30 日陈方在全省第一次宗教工作会议上的总结报告。

等节日，以多种形式开展宣传，"逢感恩节或圣诞节，以政府名义出席，作正面的宣传反帝爱国增产，提高全体教徒的政治觉悟。有条件的，还可派电影组及医疗组前往放映电影和给药医病"[174]。

其间，各相关干部主动接近教徒，交流思想，从中选择要求进步、积极向上的青年教徒，加以培养，"作为我们教会工作的主要依靠力量和我们将来的教会骨干……为将来建立爱国宗教组织打下基础"[175]。

与此同时，重视对进入政府工作原教徒干部的思想教育，加强政治理论学习，提高觉悟，认清角色，摆正位置，主动积极为政府工作。"培养原有信教干部，交给他任务，从实际提出教育，使他懂得政策、了解前途，逐步能够分清敌我界线，给在乡教徒好的影响，并对政策与教徒思想动态起桥梁作用，使领导对教（会活动？）心中有底"[176]。采取措施，开展教育，鼓励学习，提高有关干部对宗教的认识及业务能力，与教牧人员建立联系，随时沟通，交换意见，引导宗教活动，管好宗教事务。"负责宗教工作的干部，也必须熟习（悉）业务，钻研圣经，要政治与业务配合，以便于接受教会，帮助和教育大、小马扒，争取中国人传自己的教"[177]，自传、自治及自养，实践革新之路。

4、发展教育，转变思想

有关部门认为，加强教育文化工作，提高民众觉悟，是从思想上抵御以至消除宗教影响，做好工作的重要措施。"加强文教、卫生工作，提高人民群众觉悟，这是作好宗教工作的核心问题，也是根本问题。此外，我们要学会和能够掌握运用傈僳文字翻译各种宣传书籍和教科书，加强小学教育和开展社会教育，逐步从思想上解决问题。这是群众的要求，是我们民族工作中的一个重要部分，也是将来随社会进步、逐渐消除群众宗教偏见的基本方法之一"[178]。于是，积极开办训练班，培养师资，增设小学及中学、举办成人识字夜校等，编印民族文字书籍，传授文化知识，发展教育，培养有文化、

---

174 云南省档案馆藏 1954 年夏泰山怒江区调查纪录。

175 云南省档案馆藏 1954 年 9 月怒江边工委关于今后宗教工作的意见及今冬明春的具体工作任务。

176 云南省档案馆藏 1954 年 11 月贡山县委贡山县宗教工作计划。

177 云南省档案馆藏 1954 年（？）7 月怒江边工委关于碧江五区教会活动情况及我们的初步意见的报告。

178 云南省档案馆藏 1954 年 9 月怒江边工委关于今后宗教工作的意见及今冬明春的总体工作任务。

有知识的民族群众。

为了发展教育事业，大力传播先进文化和科学知识。怒江工委拟"筹办小型印刷机构，抽调专人译印傈僳文字的小学一年级的课本一两种和一些政治宣传书籍，开办教师训练班，在各乡村用短期学习、轮回教授方式，展开青年男女的教育，贯（灌）输新的知识，俟有了经验，条件成熟，再大批的（地）翻译书籍、训练教员，有计划有步骤的、大力的做文化教育工作，与教会展开文字训练班的竞赛"[179]，在竞争中发挥影响，逐步实现替代。因而，当地政府部门计划在 1954 年增办 35 所完小，每个小学附设成年识字夜校，采取傈汉两语对照课文施教，占领教育阵地，降低以致消除教会的影响。

5、发展生产，搞好商贸，解决民众困难

不可否认，基督教之所以能够迅速传播，在于它针对当地一些社会问题，从改变习俗、讲究卫生等着手，实现了节资增收，相对而言，使得教徒的生活水平及质量比非教徒要好过一些。这也是基督教能够吸引一些民众之处。

要与教会争夺群众，体现新政权的优越性，应该也必须组织群众发展生产，增加收入，解决温饱，以此作为中心工作，"从正面发展生产，搞好商贸、卫生工作，给群众以看得见的实际利益，开展工作竞赛，团结和发动广大教徒"[180]，就是通过发展经济、增加收入，团结广大教徒，增加向心力，转变观念，抵制某些消极影响。"今后的工作任务与方针是：继续贯彻中央、省委慎重稳进的方针，发动群众，加强生产贸易工作，认真进行反帝爱国、增产教育，争取教会上层人物，扩大反帝爱国统一战线，巩固国防。具体方法步骤上，首先是发展生产，通过救济，解决农民群众生产生活中农具、籽种、口粮、土地等困难，改变生产方式，提高生产技术，改善群众生活。在此基础上，加强非教区工作，缩小其活动范围，建立教徒爱国增产会，使之自己管理，发展宗教事业"[181]，发展经济，改善生活，转变信教群众的观念，增强向心力，借助爱国增产，管理宗教活动。

---

179 云南省档案馆藏 1954 年（？）7 月怒江边工委关于碧江五区教会活动情况及我们的初步意见的报告。

180 云南省档案馆藏 1954 年 9 月怒江边工委关于今后宗教工作的意见及今冬明春的总体工作任务。

181 《怒江州党史大事记》，第 34 页。

6、宣传婚姻法，有所约束

在婚姻、教育等方面，有关部门根据法律的规定，逐渐开展工作，掌握主动权。"运用自治政权限制其干涉教徒婚姻问题和其他非法活动，目前即可着手宣传婚姻自主政策，废除买卖婚姻制度，酝酿到一定成熟阶段，群众基本拥护、上层同意时，即可召开协商会议，定为法律条文，规定婚姻批准权属于政府。其他如用协商方式，停止其开办教徒训练班和教会小学"，[182]等等，逐步约束。

采取上述措施后，教会一些不正常活动得到部分制止，超常规发展的势头有所控制，但政教之间的矛盾没有得到解决。当时，中国共产党人怀有强烈的使命感，认为自己肩任着中国人民的希望，要在边疆民族地区传播革命思想，消灭剥削，解放贫苦民众，改天换地，摧毁旧制度，建立及巩固基层政权，通过合作化方式，走上社会主义的康庄大道，从制度层面上促进基督教会"三自革新"的健康发展。

（三）基督教迅速发展受挫

1、民主改革[183]改变社会形态

1953 年 7 月，全国统战工作会议在北京召开。代表们肯定了解放后民族地区的巨大变化，讨论了部分地区拟社会改革，肯定其重要作用。"因为不进行社会改革，少数民族广大的劳动人民所受的压迫就还不可能最后获得完全的彻底的解放，社会不可能向前发展，过渡到社会主义也就不可能"。并认为在民族地区"采取慎重稳进的方式是正确的，非如此不可的，今后仍必须坚持这个方针"。

值得关注的是，改革即将进入社会发育程度"更加落后"的地区。这里"除了个别地区阶级分化尚未形成，那些已经形成了阶级社会的地区，也是保存着农奴制和僧侣贵族专政，或者还保存着奴隶制。即使社会经济结构和汉族大体相同，但是生产还是落后得很多。由于这些地区的上层领袖和宗教

---

182 云南省档案馆藏 1954 年 6 月怒江边工委为执行省委边工委关于今后边疆民族工作的方针道路和任务的初步工作意见。

183 民主改革是 20 世纪 50 年代中后期中国共产党领导部分民族地区广大群众与部分上层人士开展以土地改革为核心的全面社会改造。当时，云南开展民主改革有"和平协商土地改革"和"直接过渡"两种主要形式。受社会发育程度等的限制，怒江傈僳、怒及独龙等民族地区进行"直接过渡"，即不经过土地改革的阶段，直接进入社会主义。

领袖在群众中还有较高的信任,群众还拥护他们。由于这些地区的群众觉悟尚待于长期的启蒙工作,革命的力量的生长不容易,我们的工作也不容易打下基础;由于这些地区人口不多,但处在广大的边境(原注,个别地区例外),和中央的关系尚不密切,帝国主义的分裂活动尚在继续,少数民族中的离心倾向时起时伏"。改革工作应该采取特殊措施,加以实施。不过,解放军的进驻、人民政权的建立,实现了对边疆民族地区的基本控制。为了争取团结一切可以团结的力量,保持稳定、促进发展、巩固国防,因此"对于这些地区的社会改革可考虑不再采取其他民族地区已经采取过的激烈的阶级斗争方法去进行社会改革,而采用比较和平的方法,即通过曲折迂回的步骤和更为温和的办法去进行社会改革,以便十分稳妥地推动这些地区向前发展"。与会代表请求中央考虑对边疆民族地区实行和平协商改革的方针,"如果这个方针确定了,在这些地区工作的同志,即可在许多政策和作法上明朗起来,有意识、有计划、有步骤地去领导这些地区的工作,而不致捉摸不定,发生摇摆"。

这份总结还强调"至于还没有进入阶级社会或阶级分化极不明显的少数民族地区,在经过必要的工作之后,它们将直接地、但却是逐渐地和我们共同过渡到社会主义",提出了个别民族地方的"直接过渡"问题[184]。

1954 年 6 月,第一届全国人民代表大会在北京召开,刘少奇在《关于人民共和国宪法草案的报告》中指出"建设社会主义社会,这是我国国内各民族的共同目标⋯⋯社会主义改造在少数民族地区,可能用更多的时间和更缓和的方式完成民主改革,然后逐步过渡到社会主义"[185],代表党中央提出了部分民族地区采取改革方式改变旧制度,过渡社会主义的要求。

11 月,云南省委向中央呈报边疆民族地区开展改革的报告,反映有 24 个县、12 个版纳等共 96 个乡(区?)、210 万人口的地区没有改革,建国后人民政权在当地建立并得到巩固,各民族中涌现出大量积极分子,群众要求改革的呼声逐渐强烈,大有"等不得"之势,"几个主要民族区,尤其原为土改缓冲区的改革条件已大体具备,不仅由于阶级分化十分明显需要改革,应该改革;而且从群众的觉悟程度,干部的成长程度和民族上层的团结改造等

---

184 《中共中央批发全国统战工作会议"关于过去几年内党在少数民族中进行工作的主要经验总结"》,《建国以来重要文献选编》,第 5 册,第 655—658 页。

185 《关于民族区域自治问题》,《民族政策文件汇编》,第 2 编,人民出版社,1958年,第 7 页。

基本条件看来，也可以进行改革。拖延下去，对我并不利，对群众、对稳定民族上层都会被动"[186]。

1955 年 2 月，经中央同意，云南省委转批了农工部、边工委对边缘六县执行和平协商土改的报告，选择河口等县，约 180 个乡、24 万余人，涉及瑶、壮、哈尼、彝、拉祜等少数民族及汉族地区作为协商土改的试点。5 月，德宏、耿马及西双版纳等傣族地区相继开展了民主改革。

其间，云南省委认为"至于藏区，凉山彝区、怒江栗粟（傈僳）区、卡瓦族地区和德宏的景颇族地区坚决不考虑改革。应本团结、生产、进步的方针，认真作上层工作和群众的生产工作"[187]，待其他地方取得改革的经验后，才逐步开展。1956 年初，德宏傣族地区民主改革的成功，推动了怒江地区的社会改造，各地借鉴其经验，开展和平协商土地改革或"直接过渡"，建立合作社，摧毁了旧的社会制度，培养了一批民族干部，发展了农村党团员，控制了基层社会，政策及要求能够得到全面、深入地贯彻执行。

2、改革对基督教的冲击

改革初，有关部门要求各地政府继续执行宗教信仰自由政策，"改革中应坚决执行党的宗教政策。凡少数民族寺院之土地、债务及习惯负担坚决不动，在不干涉土改的条件下，允许其纯宗教性的活动。有些地区提出'逐步将宗教活动限制在教堂以内，不得在教堂外传教……'及'逐步减少宗教的精神麻醉和对生产的破坏……'等提法，显露对宗教问题的急躁情绪，须加纠正"[188]。不过，大规模的群众性运动不可能不产生急躁情绪，采取一些极端行为，产生意外后果。

前面已叙，对基督教的过快发展及某些不当言行，部分干部及积极分子早有看法，也试图阻碍或纠正。限于"慎重稳进"的方针，及"团结、生产、进步"的要求，他们在教育引导的同时，多采取容忍的态度。虽然，民主改革采取和平协商方式进行，但该项运动不可能不触及教会及一些教牧人员。如改革的重要内容是划分阶层，确定依靠对象、团结对象等。部分教牧人员

---

186 《中央对云南省委关于在边疆多数地区进行和平协商土改报告的批示附：省委原报告》,《云南边疆民族地区民主改革》，第 100 页。

187 《中央对云南省委关于在边疆多数地区进行和平协商土改报告的批示附：省委原报告》,《云南边疆民族地区民主改革》，第 102 页。

188 《云南省委批发省委农村工作部、边委对边缘六县执行和平协商土改中若干具体问题的规定的报告》,《云南边疆民族地区民主改革》,第 140 页。

因收入较多、生活状况稍好等缘故，划为富裕户；反之，多数教徒划为贫困户。阶层的划分，凸显出经济的因素，表现了地位的高低，滋生感情的隔阂，影响到信仰的认同，使得教会出现分化，形成隔阂，"现在政策变了，一切都不比以前了，我们教会负责人要时时警惕防备教徒中的贫苦农民"，上下分离、产生分裂。"部分教徒由于与地主成分的宗教'密支扒'有宗教信仰的联系和受神权统治的结果，不易与其划清敌我界限，这就要求我们必须加强工作，认真发动群众和革命队伍"[189]，抵制排斥。重要的还是，在改革过程中，人民政府从中发现积极分子，选拔骨干，培养党团员，建立农村党支部，巩固及健全底层政权；部分教徒、主要是贫苦教徒走出了封闭，突然进入了广阔的世界，接触了新生事物，接收了新鲜知识，萌生了阶级意识，激发了阶级觉悟，逐步淡化宗教信仰，参加活动者有所减少，"反教"者增多，教会活动空间被压缩、活动能量降低。

改革初步完成后，云南省要求边疆民族地区大量发展互助组，重点试办合作社，大力发展农业生产。于是，合作化运动在怒江峡谷相继展开，要把民众"组织"起来，在中共的指导下，通过合作化运动，实现集体所有制，完成生产资料所有制的改变，逐步过渡到社会主义阶段[190]。当时规定"发展互助合作中，不得在教徒与非教徒中划分界限，必须十分注意培养教徒积极分子"[191]。的确，互助合作破除了宗教认同的障碍，消除宗教与非宗教的限制，在生产上组合教徒与非教徒，冲破了教与非教间的藩篱，摧毁了传统的社会组织，改变了原有的人际关系，产生了新的共同体，包括教徒在内的广大民众的思想再受冲击，观念发生改变。"农业合作化是从根本上消灭阶级和剥削的斗争，势必动摇到民族、宗教上层的统治地位，削弱着宗教的社会基础和思想基础，因此，必然要引起一些民族、宗教上层人物的不满和反抗"[192]。少数教牧人员对之忧心忡忡，顾虑重重，"一怕合作社办起来，教徒不信教，不交上帝粮；二怕合作社由贫农领导，失去他们在农村的固有地位。因而从各方面和我们斗争，争夺农村的领导权"，产生抵触情绪，声称"教

---

189 编委会：《怒江傈僳族自治州志》，民族出版社，2006 年，下册，第 791 页。

190 社论《边疆土改区必须全力全面发展生产，稳步开展互助合作运动》，《云南日报》1956 年 11 月 27 日；刘冠英：《怒江傈僳族的社会情况和合作化运动》，《光明日报》1956 年 11 月 2 日。

191 编委会：《泸水县志》，云南人民出版社，1995 年，第 503 页。

192 怒江州档案馆藏 1956 年 11 月怒江边工委关于试办农业生产合作社初步总结。

徒和非教徒不能一齐入社，教徒要自己办社"，采取各种手段影响或动员教徒，以合伙形式，自发组织的互助组或合伙社，声称"这样作，大马扒是喜欢的"[193]。于是，他们组织、拉拢甚至威胁部分教徒，建立起单独的互助组或合作社，凝聚教徒，自给自足，继续保持封闭状况，维持教会的影响，但主要是维持自身的地位。

对此，有关部门采取措施，开展思想教育，逐步解散教徒的自发社（组），组建联系广泛、成员众多的合作社，扶植贫农掌握社（组）领导权[194]，加强引导，团结教徒，培养积极分子，发展党团员，"今后宗教工作，必须从地处边疆，情况复杂，人民生活极端贫困的这一特点出发，应当是在合作化运动中，大力解决群众的生产和生活困难，使之永远摆脱贫困落后的处境，从宗教内部培养贫苦劳动人民的骨干和积极分子，发展党团员等进步力量，将教徒团结在党的周围，使宗教上层的控制作用逐渐削弱，帝国主义的影响逐渐消除，这是宗教问题的根本方面"。同时做好马扒等宗教上层人士的统战工作，专人负责，加强学习，组织参观，开展团结、教育和改造工作，生活困难者给予补助，妥善安置部分上层安置，"在他们当中培养进步分子，逐步改造落后分子"。其间，有关部门考虑采取措施，引导当地教会与内地教会建立联系，解决傈僳文圣经印刷难等问题，"扭转历史上形成的外倾倾向，逐步割断和帝国主义分子的关系"，产生并增强内向倾向。

尽管有关部门也要求对干部开展政策教育，要充分认识宗教在边疆民族地区的重要性、长期性和复杂性，掌握政策界限，防止急躁情绪，等等[195]。可是，形势的变化，由不得"小脚女人走路"慢慢来，遵照"慎重稳进"的方针开展工作；反之，则要"用棍子赶群众进天堂"，跑步进入共产主义，过上幸福美好的生活[196]。

3、"大跃进"运动与教会活动"寂静"

按照部署，1958 年下半年怒江峡谷也开展了"大跃进"运动。在"没有

193 全国人大民委办公室编：《怒江傈僳族自治州社会调查》，1956 年 12 月，第 5～6 页；《怒江傈僳族自治州社会调查》（调查材料之五），第 17 页。

194 《怒江傈僳族自治州社会概况》（调查材料之一），上册，第 14—15 页。

195 《怒江傈僳族自治州社会调查》，第 5 页。

196 王连芳：《用棍子赶群众进天堂》，《云南民族工作回忆》，云南人民出版社，1999 年，第 259—261 页。

神和仙，天堂在人间"口号的鼓舞下，傈僳、怒及独龙等民族"大胆破除了千百年来的各种陈规陋习和迷信忌讳，使本民族的社会主义建设以更快的速度向前发展"[197]，一步跨越数千年，向社会主义飞跃。广大民众"放弃"周日休息，革命加拼命，拼命干革命，积极生产，开田整地，积肥植树，创造了人间"奇迹"，实现了"大跃进"。如兴修水利，原规划数百件，完成了2800多件；开垦水田数量从计划3万亩，完成了8万亩；每亩积肥从四五千斤提高到7万斤；全州粮食产量估计最低也有3.6亿斤，比1957年增产720％，人均6000斤……所谓"大跃进"既指生产的"大飞跃"，还包括观念的"大转变"、行为习惯的改造，以及精神面貌的大革新，"旧风俗习惯、宗教迷信等等，被大跃进冲垮了……青年男女在工地上结婚，教徒在工地上祈祷"[198]，除旧布新。

由于礼拜天被挤占，教会无法组织宗教活动。"搞大生产，群众没有礼拜天，不得瓦枯（做礼拜），不准我们信教了"，教会与政府间矛盾再次尖锐。一些教牧人员发出怨言，"天天搞生产，苦不起了，礼拜天一定要做礼拜"。如泸水称戛等地马扒敲响锛锣，号召教徒参加宗教活动，"少数靠我教徒，积极参加积肥和开田，但多数教徒又被'教堂的锣声'所勾走，星期三、六晚上及星期日整天，称戛的大部忠实教徒都聚集在礼拜堂内高唱赞美歌，以此作为抵抗生产大跃进的一种巧妙手段……"[199]

其实，不仅基督徒，其他民众也对"大跃进"的某些作法存在看法，有所抵制。"大跃进不是在平静顺利中进行的，除了在前面所叙述的经过了两条路线的斗争以外，还有尖锐的两条道路的斗争……我们坚持的打击了一批反动地主、富农和反革命分子，同时在农村进行阶级教育，发动群众回忆对比，诉苦追根，揭发那些反动的民族上层和头人的罪恶事实，提高了群众的思想觉悟。经过这样一段斗争之后，民族关系、党群关系、干群关系、本地与外来干部的关系，大大的改善、巩固、发展了。党的各种号召，生产上的措施，不仅能够顺利贯彻，而且一再的被突破"[200]。其间，基督教活动被视为绊脚石也受到冲击，"对怒江的基督教，主要加强群众唯物主义无神论的

---

197 社论《没有神和仙，天堂在人间，云南省各族人民打破神权束缚》，《云南日报》1958年9月7日。

198 张旭：《怒江傈僳族跳越几个世纪》，《光明日报》1958年11月19日。

199 《怒江傈僳族自治州社会概况》（调查材料之五），第17页。

200 《怒江傈僳族跳越了几个世纪》，《光明日报》1958年11月19日。

教育,提高群众的觉悟"[201]。在"大跃进"、"肃反运动"及"民主补课"运动中,少数教牧人员受到打击,被关押或劳改[202];社会压力使得一些教徒被迫放弃信仰或翻越高黎贡山逃到境外。昔日喧哗的教会顿时沉默,往常热闹的教堂完全寂静,超常规的发展态势嘎然中止……

4、宗教活动的恢复及发展

1958 年,"大跃进"、"人民公社"及民主补课等相继开展,猛烈地冲击基督教会,加之 8 月受茶树民武装群体入境窜扰的影响,绷紧了个别领导人头脑中的"阶级斗争"弦,认为有里外联络之嫌,要清查所谓霜耐冬、裴阿欠等勾结茶树民组织暴动等,将他们列入"反动集团",还将清查扩大到全社会。

由于茶树民是从怒江地区出境的基督徒(傈僳族),曾与境内个别人有关系。他组织的入侵行为,也连带地影响到对境内基督教的认识。在这些运动中,个别干部存在趁机消灭宗教的思想,认为"信教就是信帝国主义",采取辩论、斗争等方式来解决;创办人民公社时,伺机把教堂改作食堂、仓库或学校等;在"民主补课"中扩大打击面,错误将马扒、密支扒等教会上层作为打击对象[203],等等。于是部分教牧人员受到了处理,大多数教徒被迫宣布"反教",不再信仰基督教。如 1957 年底,全区有信教群众约 23000 余人;但在 1958 年 10 月,"反教"者达 14600 余人,约 5900 人外迁境外[204],他们中多数是教徒,两者合计,人数近两万,就是说,当地基本无公开的教徒,影响所至,一度"热闹"的宗教活动顿时寂静下来……

当然,这样的现象只是特殊时代的产物,背离了社会的发展、违反宗教信仰自由政策等。肯定地讲,该现象不会持续多久。随着中共和人民政府调

---

201 《怒江州党史大事记》,第 86 页。

202 1958 年 8 月,个别领导轻信犯人的口供,将嫌疑等同事实,制造裴阿欠、霜耐冬与境外茶树民等勾结,企图成立耶稣党,建立怒江傈僳国的"裴霜反革命案件",直接涉及人员达 930 余人。1959 年 6 月,云南省委经过审查,确定"裴霜案件"是假案,予以平反。《怒江州党史大事记》第 80 页。

　　裴、霜时任怒江州、福贡县政府的领导,历史上与基督教有关系。受此牵涉,当地基督教亦受到打击。

203 碧江县档案馆藏 1961 年碧江县宗教情况调查报告。

204 《怒江州党史大事记》,第 84 页。据《当代云南大事纪要》(增订本)记载:据省边委报告,截至 1958 年 11 月底,边疆地区 23 个县,外迁外逃边民有 11.48 万余人,争取回来 1.87 万余人,仍在境外有 9.6 万余人。关于外迁外逃的原因及争取工作的措施等,参见该《纪要》相关部分(第 157 页)。

整政策、改变作法，这种不正常的现象必将得到纠正。

1959 年元月，云南省委调整边疆民族工作的政策，纠正"大跃进"、人民公社运动中的某些作法，其中涉及到如何对待宗教。省委要求"对待民族的宗教信仰，要在贯彻保护宗教信仰自由政策的同时，坚决打击披着宗教外衣的反革命分子"[205]。该指示虽然要求打击"披着宗教外衣的反革命分子"，但也规定贯彻宗教信仰自由政策，还加有"保护"二字，就是说在边疆民族工作中要考虑执行宗教信仰自由的政策，意味纠正之前的某些作法。2 月，丽江地委制定《执行省委关于边疆民族地区人民公社及有关决定的意见》，要求创建人民公社等要从边疆地区的实际出发，公社规模要小，政策适当放宽，……做好统战工作，"进一步团结、争取、教育上层，对怒江的基督教，主要加强群众唯物主义无神论的教育，提高群众的觉悟"[206]。该意见之所以特别提到怒江基督教，要求加强教育，提高群众觉悟，实质上批评了当地政府去年的粗暴作法。

接着，有关部门甄别所谓霜耐冬、裴阿欠为首勾结茶树民组织暴动案件，认为"此案是由于敌我斗争尖锐情况下，有关领导头脑不清醒，在办理过程中不认真进行研究，轻信犯人口供等造成，是一个假案，应予平反，对全案所牵涉的人，应区别不同情况予以妥善处理"[207]。该案件的平反，也影响到对基督教的认识，不再简单的否定。

形势的变化，影响对基督教活动的态度，多数地方放弃压制，变相允许，这样部分群众逐步恢复信仰，从事礼拜等宗教活动。最初，活动规模不大，多秘密开展，特别在周日生产队集体劳动时，有些社员以休息为名不出工，在家搞宗教活动；有些社员出工不出力，稍不注意，就离开人群，躲藏在山洞树林中"娃苦"（傈僳语"礼拜"）[208]。

随着环境进一步宽松，怒江地区傈僳、怒等民族中公开信仰者也越来越多。如 1961 年至 62 年底，公开活动信教有 5013 人，包括新发展者 142 人，仍以福贡、碧江两县信众为多。宗教活动也逐步公开，规模也扩大。一些信教群众还公开要求政府执行宗教信仰自由政策，允许群众信教，组织公开宗

205 《当代云南大事纪要》编辑部：《当代云南大事纪要》（增订本），当代中国出版社，2007 年，第 161 页。
206 《怒江州党史大事记》，第 86 页。
207 《怒江州党史大事记》，第 87—88 页。
208 1985 年 10 月 5 日福贡县政协主席赵文壁谈话。

教活动；希望教会由"内地马扒来领导，如果不行，一年来一两次都行；准许内地学习的马扒回来；解决圣经，退还教堂"[209]。

当时，对怒江基督教活动影响最明显的是，各级政府遵照中央"调整、巩固、提高"等指示，调整农村工作政策，执行宗教信仰自由的政策，允许群众信仰宗教，开展活动，进而导致当地基督教的"复苏"

1962年5月，全国民族工作会议召开。会议认为1958年以来，"群众的正常宗教活动受到不少干涉和限制，不少地方群众的宗教生活因此转入'地下'"，这是不正常的、不正当的。之所以会这样，就是"少数民族地区的宗教工作出现了不少问题，不少作法违犯了党的政策"，产生若干严重的后果，因此在民族统战工作中，要贯彻执行党的宗教信仰自由政策，允许民族群众及教牧人员开展正常的宗教活动。会议还特别提到"处理边疆少数民族信仰的小乘佛教、基督教、天主教当中存在的问题，应当更宽一些，以便稳定信教的群众，团结宗教职业者"[210]。放宽一些，稳定群众，就是制止边民外迁外逃，确立他们的爱国心，解决宗教"内向"问题。

根据中央的指示，云南省委对此亦作出相应的调整。6月9日，省委第一书记阎红彦在接见少数民族代表讲话时，反思1958年边疆地区"大跃进"、人民公社等运动，承认忽视了民族特点，未从实际出发，"搞一步登天，一哄而起"；认为在当时在对待边疆地区宗教上，"把敌人利用宗教进行破坏活动和正常的宗教活动混在一起，是违背中华人民共和国宪法规定的宗教信仰自由政策的"。由于混淆了不同性质的活动，采用的工作方法肯定不当，违反了政策；要求尊重正常的宗教活动，不加限制，被占了宗教场所要退还，坏了的要修理等等[211]。接着，怒江工委对过去受到错误处理的民族、宗教上层人士恢复名誉，公开平反，保持职位；对没收的物品予以退赔，表示在尔后工作做到"一个保护"及"四个永远不变"，其中宗教信仰自由属于永远不变之列[212]，等等。

---

209 碧江县档案馆藏1961年碧江县宗教情况调查报告。

210 乌兰夫等：《民族工作会议提出的重要问题和我们的处理意见》，《建国以来重要文献选编》，第15册，第521、522、524页。

211 阎红彦：《接见出列席云南省人民代表大会省政协委员会的少数民族代表、委员的讲话纪要》，《阎红彦同志讲话集》，第513、517页；《当代云南大事纪要》（增订本），第217页。

212 《怒江州党史大事记》，第113页、115页。"一个保护"指"劳动发家致富，政府给予保护"；"四个永远不变"提不划阶级政策、入社自愿退社自由政策、牲

这样，基督教在怒江多数地区得到恢复，部分信教群众也不再隐晦，公开信仰，教徒也逐步增多，礼拜等宗教活动公开且正常（参见下表）：

表2-4　1957～1963年碧江县基督教概况　　　　　　　　单位：个人、座

年　份	1957年	1958年	1959年	1960年	1961年	1962年	1963年
信教群众	10169	2234	2828	3282	1606	2334	2466
教牧人员	283	150	106	106	39	59	66
教　堂	74	1	1	1	1	1	28

注：1963年新入教140人，"反教"29人。

与此同时，在感恩、圣诞等基督教节日，也能开展群众性的集体活动，表达宗教诉求。如碧江县五区个别教会，从1962年下半年起，公开组织感恩节活动，有20余人参加还交"上帝钱"18.61元；参加圣诞节有40余人，亦交了"上帝钱"与"上帝粮"；次年，复活、感恩及圣诞三大节日，当地均组织集体活动，自发凑集钱、粮等物品展开联欢[213]。

尽管怒江各地基督教恢复了活动，信教群众也公开了身份，表明宗教追求。但因历史等缘故，怒江地区的基督教仍有这些特点：1、恢复且公开活动者，以碧江、福贡两地为多，尤其是两县交界傈僳族聚居地为多；2、各村寨自发组织小规模活动，先前跨区跨县的大规模集体活动较少；3、个别教会放宽入教条件，谋求快速发展；一些教牧人员或教徒对少年儿童颇下功夫，积极影响，据说还提出"学校什么时间放学，教堂就什么时间做礼拜"[214]，针对相对，用赞美诗、礼拜等吸引他们，接受宗教教育。

在这些地点中，以碧江县达大科乡的情况很具典型性。1963年9月，该乡有信教群众125户、410人，分别占该乡同类数的65.1%与51%。在1959年——1963年9月，该乡"反教"有53人，但发展了98名教徒，其中少年儿童"教徒"达57人，占了新教徒的"大头"，因而该乡信教群众中，少年儿童（1—15岁）占到42%，超过了其他年龄段的信教群众。

少年儿童代表着未来，他们参加宗教活动，增大了当地教徒的群体，还

畜不折价入社政策和宗教信仰自由政策永远不变。

213　碧江县档案馆藏1964年2月碧江县五区宗教情况。

214　《关于我省（云南）当前宗教方面的情况和对今后工作的意见》，《宗教工作通讯》，1964年，第5期。

意味当地基督教将持续发展。尔后，怒江峡谷之所以被称为"福音"谷，无不与有之关（尔后该地基督教的情况，参见表 3-3　1984 年碧江县架科底区各乡信教群众统计表）。

第五节　德宏景颇族地区基督教的活动及演变[215]

一、基督教活动及演变

（一）问题的提出

20 世纪 50 年代云南德宏景颇族地区的基督教活动中，这样两件事情值得关注：

一、时任陇川副县长司拉山（原基督教传教士）率全家人突然出走缅甸，引起中共保山地委、云南省委、西南局，以至中央的重视。结合当时形势，中央同意云南省委关于边疆民族地区基督宗教暂停开展"三自革新运动"；认为芒市会议关于"政府人员不得传教"的决定欠妥，应予取消；采取措施，劝说司拉山返回祖国[216]。

二、在内地各基督教拟组建合一的"三自爱国会"，接受政府的领导，实行宗教与教育分离时，当地却成立"云南省德宏自治州景颇族浸礼会联合会"（前身"中国基督教浸礼会广山总会"），以陇川广山海洋为该会的总堂，率领 10 余个教区、20 余个教堂，继续维持教会学校。

这两件事件的发生，与基督教会、主要是陇川景颇族教会负责人利用形势、采取措施、调整策略、适应社会、谋求发展分不开的。

如欲认识其缘由，分析基督教顺应社会、积极调适的作法，宜从景颇族及基督教的传播历史说起。

（二）基督教传入及活动

1、景颇族概况

景颇族系我国少数民族之一，人口 132394 人（2000 年人口普查数），聚居于云南德宏傣族景颇族自治州陇川、盈江、瑞丽及潞西（芒市）等地。

---

215 云南德宏州是多民族地区，信仰基督教者，除景颇族群众外，还有傈僳族群众，本节虽冠名景颇族，但也包括了傈僳族地区的基督教活动。

216 《当代云南大事纪要》（增订本），第 46 页；《对中央关于在边疆少数民族地区停止宗教改革运动指示稿的修改》，《建国以来刘少奇文稿》，第 4 册，第 495 页。

相传景颇族起源于我国青藏高原的青海湖地区，战国时逐步南下，辗转迁徙，进入缅北地区，自称克钦。在中国境内者，称景颇族。受迁移时间、居住环境，及接触交往等的影响，景颇族分有景颇（大山）、载瓦（小山）、浪速、茶山等不同支系，语言不同，习俗有异，缺乏统一的政权，分散聚居，形成相对孤立之格局。

从 17 世纪初起，部分景颇民众逐步向东迁徙，进入德宏境内，来到陇川、瑞丽及盈江等地。据陇川《库本勐宛》记载，约 1635 年陇川第十四代土司多胜祖袭职期间，景颇族载瓦支首领携带礼物，请求土司允许他们作为百姓，落户勐宛等地，遭到了陇川土司的拒绝。1684 年，第十五代土司多治国统治时，景颇支首领又携带礼物，请求土司允许入境落户，愿当佃户。多治国同意其要求，将他们安置户撒等地，委任其头目为"召介"（早介），进行管理[217]。此后，景颇族民众在陇川境内扎住根，逐步扩展开来。

受社会发育程度及生产方式等的制约，景颇族散居于各山区，俗称"山头"，数户、数十户组成村寨，以旱作农业为主，缺乏统一的政权，受到傣族土司、土目等的统治，各寨民众由自发形成的首领～山官领导，山官与普遍民众差别不大，既无特权施展、也无地位高下之分，仍然操田耕作，从事生产劳动。

2、英占缅甸与基督教传播

16 世纪，英国占领孟买等地，作为基地，积极向外扩张，力谋吞并印度及周边国家。1823 年，英国人藉口缅甸国王派兵骚扰印度，入侵仰光，订立不平等的《杨达坡条约》（Treaty of Yandabo）。1852 年，英国再次进兵缅甸，谋求了更多的利益。1885 年，英国担心缅甸国王锡袍（Thibaw）倾向法国，对已不利，再次占领仰光，灭亡雍籍牙王朝，实施直接的统治。

当英国人占领缅甸后，向北推进，占领密支那、八莫等地，进入原缅甸历代王朝从未进入迈立开江及恩梅开江流域的克钦人聚居区（俗称野人山），遭到克钦等族民众的顽强抵抗，英殖民者动用数万军队，历时五年，才暂时征服克钦地区[218]。

英国人虽然暂时征服了缅族、克钦等族民众反抗，合缅甸、密支那以北

---

217 编委会：《陇川县志》，云南民族出版社，2005 年，社会，第 3 章，第 819 页。
218 霍尔著、中山大学东南亚研究所译：《东南亚史》，商务出版社，1982 年，下册，第 829、845 页。

地区为缅属殖民地，将其并入英印帝国，成为印度殖民地缅甸省，分有上、下缅甸。为了长治久安，英国人采取分化、制造隔阂等手段、分而治之，鼓励缅族等发展生产，活跃经济。在军事、教育等领域，则向克钦等族倾斜，允许他们入伍当兵，提为军官；建立学校，招收学生，开展教育，转变思想，放弃抵制。

与军事、文化渗透同步的是，英国人亦将基督教传入克钦民众中，利用宗教传播，达到征服思想、化解对立、消除反抗的目的。1891 年，英殖民者基本上控制克钦地区，为传教士提供安全保障，进一步便利其传播活动。经过多年的努力，部分克钦民众接受了基督教。

为了方便传教活动，基督教会创制景颇等族文字，翻译圣经、赞美诗，撰写宣传品，积极散发，扩大影响；开办学校，编撰教材，传授教理及文化知识，影响观念。

> 英帝入北缅后，即在适当地点成立山头学校，来校学生除供给膳食、衣服、书籍、文具外，并每人月给津贴一罗（卢）比二钱，学科内容，除圣经外，大部分为普通应用之算术及常识等。类似此种学校，不仅在靠我之南坎、木姐、贵介一带，有规模较大者，常优待吸收我境内山头青年前往就读。即在陇川、瑞丽靠缅之山区，亦有八九所之多。在办学同时，即广泛传教，把学校当中心，凡读书者，结果俱入教，因此陇、瑞一带山区之山头，信教人数可能达到 60%左右，信教后惟牧师之命是从。[219]

1897 年，内地会牧师高曼从缅甸进入潞西，以木城坡为据点，在傈僳民众中开展活动，开启了基督教进入德宏地区之历史[220]。

内地会在傈僳地区开展活动，强烈刺激了基督教缅北浸礼会。它们予以仿效，派遣人员进入中国境内开展活动。1907 年，缅甸教会派英籍牧师印嘎和克钦族传教士德毛冬来到瑞丽等戛乡曼甲寨活动，将基督教传入了中国景颇族地区[221]。

1914 年，缅甸猛巴坝教会学校毕业生早堵来到陇川，从事传教活动，但收效不大。稍后，司拉宗崩（陇川垒良人）从缅甸英军中退役回国，八莫教

219 云南省档案馆藏 1951 年 1 月滇西工委关于云南滇西傣族及山头族情况调查、开展工作意见和计划。
220 吕志潮：《耶稣基督教在潞西》，《潞西县文史资料选辑》，第 2 辑。
221 编委会：《瑞丽市志》，四川辞书出版社，1996 年，社会，第 702 页。

会派遣两位助手协助其开展活动，扩大影响。

其间，猛巴坝美籍牧师司拉珊陆潜入到陇川沿边个别村寨活动，在广山建立"海洋教堂"。浸礼会缅甸克钦族传教士明渡、李老二等人亦将基督教从缅甸传入盈江班瓦等寨；木然弄等人也来到原莲山县联合乡（今盈江县太平乡）等地从事活动，。

除浸礼会外，内地会、神召会等派别传教士也在德宏各县部分村寨有所活动。如神召会在盈江龙盆景颇族及苏典傈僳族中开展活动，内地会在盈江苏典、潞西木城坡等地傈僳族中传教。迄至 1950 年，德宏地区约有大小教堂 113 所，传教人员 225 人，教徒 12000 人，以景颇族、傈僳族群众为主。

尽管基督教积极投入，频繁活动，但各地教会缺乏联系，一团散沙，着力不少，收效不大，事倍功半。究其原因，既有教派纠纷或族别隔阂，但缺乏形势的影响与领导人的统率。

3、德宏的解放与教会的态度

1950 年，解放军进入德宏，推翻旧政权，景颇、傣、傈僳等族民众得到解放，翻身做主。在反封建、反剥削过程中，景颇民众拥戴人民政府，积极参与或投入建设事业；民族区域自治的宣传，唤醒并强化了一些人的族群意识，分散的景颇、载瓦、浪速等支系迅速敛集，在政府的帮助下，整合为统一的景颇族。各地基督会的地域、教派等意识有所淡化，甚至消除，趋向合一，以适应时代的变化。其间，司拉山的积极努力，及人民政府对其重用，客观上加剧了这一趋势的发展。

除基督教外，天主教也进入了德宏地区地点开展活动。1921 年，大理教区神父郑绍基等人来到盈江沙坪建立教堂。接着，天主教传入陇川垒保等地，委任会长，建立堂点，发展教徒。1950 年，两县天主徒约有 1000 人。

（三）任用代表人士与基督教的调适

1、50 年代初人民政府工作的重点

1950 年，解放军进入德宏地区，完成了对领土的占领，随之而来的工作队采取措施，稳定形势，联络及团结土司、土目及头人，影响民众，建立政权，安定人心，稳定形势。

当时，云南省委发出指示，要求工作队员依据《共同纲领》，在边疆民族地区，按照"宜缓不宜急，讲团结不讲斗争，反左不反右"的方针，采取措

施，争取民族上层，即使发生武装冲突也不放弃这种努力，积极搞好团结，与土司、土目或头人谈判，消除隔阂，通过他们宣传政策，稳定人心，筹建政权；经济上多予少取，放松一些。争取上层人士，广泛宣传，慎重开展工作，不要轻率过早宣传阶级斗争和卷入其内部冲突，成为矛盾一方。在上层人士的允许下，进入基层，接触群众，建立感情，逐步开展工作。

历史上，景颇民众深受旧政权及土司、土目的压迫与剥削，地位低下，生活贫困，期盼翻身、当家作主的心情尤其迫切。当解放军及工作队到来后，景颇民众衷心拥戴，主动投靠，"你们真看得起我们山头，我们有了好毛主席，我们一定要做好百姓"，积极靠拢党和政府，"对我表现得热情积极，见了我们的人就说：你们真好，没有见过比共产党、解放军更好的人"，表示热诚，愿意接受党的领导，跟人民政府走，积极行动，废除旧制度，建立新社会。"历来我们山头民族见了土司很害怕，并要磕头拜他，谈不上和他说话，有时还受他残杀。山头同胞，今天完全不同了，山头民族与岱（傣）族都平等了"等等[222]，还希望能在山下分田分地，发展生产，摆脱贫困。

> 当内地群众进行热烈的减租退押、反霸的斗争时，山头也提出要分土地给他们，他们决心下坝种田，有的说：好啰，好啰，政府、解放军和我们是一家人了，我要约人下坝子种田去。[223]

但傣族的情况有所不同。一些土司土目对人民政府有较强的戒备心，对工作队的宣传表示怀疑；部分群众也对靠拢政府、接近干部也有所顾虑，存在距离。尽管各工作队员及积极分子虽多方努力，广泛宣传，然要消除这些顾虑或畏惧，需要一个过程。

与之比较，工作队员认为景颇民众社会地位较低、生活贫困、期盼翻身，易于宣传、发动及组织。"山头对土司在经济上的贡献不大，因此当山头行动起来，在政治上、经济上所给予土司的刺激不如傣族来得大。如果说这也是对民族地区封建势力的一种削弱，而这种削弱却是较缓和和侧面的，土司上层容易接受，也接受得了"[224]，对社会震动力度不大，反抗力度不会很强。

---

222 云南省档案馆藏 1951 年 5 月 19 日滇西工委云南滇西傣族及山头族调查、开展工作意见和计划。

223 云南省档案馆藏 1951 年 1 月滇西工委关于云南滇西傣族及山头族情况调查、开展工作意见和计划。

224 云南省档案馆藏 1951 年 1 月滇西工委关于云南滇西傣族及山头族情况调查、开

于是他们将工作重点先放在景颇族上，物色、团结及任用该族相关人士，通过他们向群众宣传政策，组织及发动群众，建立政权，实行区域自治；改良农具、发放贷款、提供优良种籽、传授先进技术，发展经济，改善生活，改变观念，影响傣族，为在傣族地区开展工作打下基础。

要开展各项工作，需要寻找、争取和团结当地民族代表人士，进入政府，成为干部，代表民族利益，为本族各阶层群众服务。受语言交流、观念影响及力量对比等限制，人民政府从争取民族上层入手开展工作，通过团结上层人士，建立新政权，安定人心，稳定形势，逐步深入底层社会，进行群众工作。时任西南军政委员会负责人邓小平明确指示：

> 因为在少数民族地区，由于历史的、政治的、经济的特点，上层分子作用特别大，进步力量在那里面很少，影响很小。将来这个力量发展起来，会起很大的影响，现在不起决定影响。现在一切事情经过他们上层，要对上层分子多做工作，多商量问题，搞好团结，一步一步引导和帮助他们前进。如果上层这一关过不好，一切都要落空。[225]

接着，通过上层接触底层群众，寻找依靠对象，物色积极分子，发展党团员，培养新型民族干部，建立及健全基层政权，实现替代。

司拉山由是因缘际会，他带领部分景颇民众接受解放军、拥戴共产党而选为陇川景颇族代表，1951 年 7 月被任命为保山联合政府委员、协商委员，陇川山头（景颇）族自治区筹备主委。1952 年春，陇川县各族联合政府成立后，他当选副县长，得到了重用。

2、司拉山被任用及相关活动

司拉山，本名木然勒冒山（Maran Lashan），祖籍盈江盏西，1922 年生于缅甸邦胡（Bang Huk），曾在八莫教会学校学习多年，毕业后曾在缅甸雷基（洋人街）等地教会开展活动[226]。在景颇语中，教师称为司拉（Sara），木然勒冒山因多年从事教书职业，民众尊称司拉山。于是，久而久之，他便用司拉山代替原来的姓名。

展工作意见和计划。

225 《关于西南少数民族问题》，中央文献研究室等编：《邓小平西南工作文集》，中央文献出版社等，2006 年，第 201 页。

226 编委会：《陇川县志》，云南民族出版社，2003 年，人物·附录，第 884 页。

1946 年 3 月，缅北浸礼会纪念基督教传入克钦地区百年而召开大会，陇川线诺坎、司拉山弄等教职人员参加。会上，八莫总会负责人美国传教士英格兰声称：

> 中国人太落后了，不懂文化科学，以后要在中国地方开办学校，多召（招）收青少年学习科学文化，建校和老师的费用由我们八莫总会负责。[227]

线诺坎等人接受这意见，与总会传教士商量，征得其同意后，便到邦胡寨找司拉山，请他来广山创办学校，发展教育。司拉山感到此行具有较多困难，起步不易，坚持更难。八莫教会负责人指出：这是"主"的事业，你必须忠诚，有困难，我们给你支持。建议他以教育为先导，借助教育，转变思想，拓展教务；还委派线诺罕、早辰等人加以协助。于是，司拉山来到陇川，以广山海洋教堂为中心，开办学校，培养学生；其助手分别控制高利、顶卡及南猛等寨，群星拱月，相互呼应，形成合力。

1949 年底，解放军挺进西南地区，摧毁旧政权，建立人民政府。八莫总会鉴于中国境内各教会孤立分散、互不通气，彼此隔绝，建议联合起来，统一指挥，对应形势。司拉山便联合纳排都等山官（教徒），酝酿成立"中国景颇族联邦政府"（景颇语"密瓦勐景颇族文崩梗着荣"），联络其他山官，起到组织作用，形成合力，显示力量，谋求自立，对抗傣族土司、土目或头人，提出"山头间的纠纷事件，在山上就地解决，不要下坝处理"等要求。12 月 25 日，司拉山利用圣诞节，在瑞丽猛利寨召开筹备会，商议筹建事宜。会议组建 7 名委员的筹委会，司拉山任主任。

1950 年 5 月，解放军进驻陇川。当司拉山听闻后，在广山召集部分教徒开会，商议对策。他说虽然不知道共产党是好是坏？但我们决定要派人，找共产党接头，表现出接触共产党、靠拢人民政府的意愿。这在当时当地民族群众中是非常进步的表现。

同样，工作队来到陇川后，也主动联络司拉山，建立联系，提供经费，沟通思想，通过他向部分景颇民众宣传政策，扩大影响，安定人心，稳定形势，建立新政权，巩固边疆；并通过他的工作，组织动员部分景颇民众参加工作，选拔对象，教育训练，启发觉悟，培养为当地民族干部。

---

227 排堵绪等：《基督教传入德宏与景颇族文的产生》，《德宏州文史资料选辑》，第 4 辑；王绍华：《陇川县广山教会学校的由来》，《陇川县文史资料选辑》，第 1 辑。

9 月，陇川军政工作团召开民族上层协商会议，司拉山作为景颇族的代表邀请与会，其地位得到提升。11 月，首届各族各界人民代表会议召开，成立陇川各族行政委员会，选举产生主任及委员，司拉山选为副主任。接着，人民政府选派他到保山、昆明参观学习，出席会议，协商拥护政府、稳定秩序、争取群众、开展工作等事宜。

1951 年初，司拉山返回了陇川，于 3 月 15 日在户瓦寨组织"目脑纵"活动，与会者约 5000 人，杀了 12 头牛、两口猪。会上，司拉山宣布"中国景颇族联邦政府"正式成立，确定以其为首 20 名委员会，内有山官 4 人、头人 13 人；设计了"政府"旗帜，图案以绿色为底色，中部绘有黄色的交叉长刀与枪支；还任命了文书、警察等人员，负责联络、组织等活动[228]。

对司拉山的上述活动，当地干部在察觉后感到不妥，明确反对[229]。保山地委还派专人到广山，教育司拉山，指出陇川县已建立各族行政委员会，不能再搞另一个"政府"，不能树立所谓"旗帜"，等等。经过教育后，司拉山同意将"中国山头族联邦政府"名称更改为"陇川（户瓦）山头族办事处"。该办事处只是陇川县各族行政委员会领导下的群众组织，并非景颇族的"政府"[230]，作为区乡基层政权建立前，户瓦地区的一个过渡性机构[231]。

---

228 据说，司拉山等还提出以下要求："选拔一批少数民族青年到保山、昆明入学；2、落实了建立一支民族连的要求，对民族连进行文化知识和军事培训；3、允许山上的景颇族和其他少数民族搬迁到坝子和半山定居"。勒拖干撰、排早干译：《国外流传的司拉山传节选》，《陇川县文史资料选辑》，第 3 辑。

229 陇川工作团对之意见是："1、陇川已建县，有了各民族联合政府，"办事处"当撤销，但鉴于区乡政权尚未建立，可暂时维持现状。"中国景颇族办事处"的名称不妥，改为"陇川县广山景颇族办事处"。一俟有关区乡政权建立，办事处自然消失。2、办事处不能建立武装自卫队，不能筹集武器弹药，群众中的民兵联防不能脱产，各人手中有什么武器就使用什么武器，国防保卫有中国人民解放军负责。3、办事处的任务是反映群众的意见和要求，宣传党的民族政策，不需要专门的经费，更不能向群众摊派。4、目脑纵集会是陇川县自己举办，不动员或邀请其他县的人来参加，自动来了不阻止。对外国教会人员和边民不能邀请，自动来的不接待，不许参加会议活动，并劝其当天离去"。段泽龙：《司拉山的情况》，《陇川县文史资料选辑》，第 2 辑。

230 段泽龙：《司拉山的情况》，《陇川县文史资料选辑》，第 2 辑；韩军学：《云南基督教浸礼会》，《云南宗教研究》1990 年第 1 期；《陇川县志》，云南民族出版社，2005 年 12 月，大事记，第 16 页。另外，《陇川县志》编撰者言："中国山头族办事处"成立于 1949 年 3 月 23 日。这与韩军学及我所查阅的相关档案不同，何时正确？待考。

231 《陇川县志》，人物·附录，第 884 页。

陇川县各族各界联合政权建立后，司拉山试图以族别为界线，另建"政府"，设计旗帜，任命人员等，与人民政府的要求相背离，性质错误，影响恶劣。当时，云南省委、保山地委及陇川工委根据中央及西南军政委员会的指示，慎重稳进，与民族上层及代表人士建立联系，争取团结，稳定形势，逐步接近民众，因而对司拉山以争取、团结及教育为主，指出其错误之处，并未深究。反而，在党和政府的团结下，司拉山进入"制度"内，担任副县长，授予行政职务，社会地位发生根本改变。

其间，司拉山以景颇族领袖自居，称为"宁波娃"（景颇语，大大山官，原系当地民众对毛主席的尊称），将人民政府的团结及任用当作宣传的资本，编撰"有了山头族领袖，由（他）代表着山头族，也曾往保山、昆明、北京等地，告诉了山头族居住地和户口、人口，所以在中国各地也传遍了有山头民族的存在。过去，有山头族就没有人知道"等。于是，其手下将景颇民众翻身解放、地位提高，演绎成司拉山努力的结果。

为树立形象，扩大影响，司拉山在缅甸制作了 2000 余枚像章，发给教徒等佩带，表示归属；声称广山就是小北京，是景颇民众的中心。更有甚者，个别人还歪曲事实，将景颇民众的翻身解放、政府的关怀扶持变为司拉山个人争得的利益，将成绩算在其身上，"关于山头民族下坝生产问题，我们当领袖人物不断向政府请求，今天下坝生产者才得到农具、耕牛、谷种和土地。没有领袖和当地团长帮助，是达不到的"，将一切成绩都累积于他，成为了司拉山个人的功劳。

> 过去，没有山头族领袖时，我们山头百姓一切生命财产都无保障，时常遭遇，不该死的送死，很多老百姓把我们山头同胞当成一只狗都不如的虐待，随便打杀，我山头族同胞有话，也不敢说一声，所以也不认为了有我们山头民族的存在。现在有了我们的领袖，有了办事处替大家来办事。可是，有了领袖，有了办事处，没有钱是办不了事的，如同一个人，小时得吃得穿，才会长大。如果不给他吃和穿，哪会长大？甚至也就没有他的生命和行动。所以我们办事，和见汉人和土司以及其他，都需要钱才行，所以派款。大家要知道，要认识这点。[232]

于是，司拉山等人凭借干部身份，利用当地景颇民众翻身获解放，对人

---

232 云南省档案馆藏 1952 年 12 月中国广山山头族办事处关于派款事由宣传品。

民政府的感激心情，藉"陇川山头族办事处"开展活动，制造舆论，发展基督教。

短短数年，司拉山从传教士变为官员，再成为民族"领袖"[233]，形象迅速提升，影响从个别地点扩至陇川、瑞丽、盈江等县，从教徒扩展非教徒，声名远著。

当时，旧政权被推翻，人民政府建立，形势改变，传统说教难以争取民众；加上司拉山等人进入政府，角色改变，地位提升，教会有了利用资本。于是，部分教牧人员及时调整宣教内容，紧扣形势的变化，将人民政府的惠民政策抹上宗教元素，"毛主席的道理和我们耶稣的道理都是一样的，不打人，不做强盗，叫我们好好劳动，过好日子"[234]。混淆概念，实现替代，利用政府的威望，影响民众观念，引导入教。

更有甚者，个别人偷换概念，将教理宣讲等同于政策宣传，"毛主席的政策和我们耶稣的道理一样，我们宣传是不是可以通过传教师去讲"。将各级政府培养积极分子、发展党团员、建立农村党团支部的行动，加以异化，等同于接纳基督徒，"入教要先讨论，就像人们入党入团一样，条件够了才准入"等[235]，企图攀附共产党，将民众的感激心情、入党入团的要求变为入教的动机。

在这些因素的推动下，基督教从小到大，从弱到强，由点到面，迅速扩张。"户瓦大会扩大了党和毛主席的影响，同时也扩大了基督教在瑞丽、陇川两地景颇族中的某些影响，发展了一批教徒，不到一年，在当时陇川境内就发展到了三百多户"，发展迅速[236]。

值得注意的是，随之开展的"三自革新"运动，促使陇川等地基督教调适传播方式，也起到了加快发展的客观效果。

3、形势变化与基督教发展

① "三自革新"与边疆地区基督教

1951 年，以自传、自养及自立为内容的基督宗教"三自革新"运动在中国各教会相继展开。6 月，云南省委在关于少数民族工作的意见中指出：

---

233 当时称民族上层人物为"与群众有联系的领袖人物"。
234 陇川县档案馆藏 1953 年 6 月陇川县委秘书室陇川县七个乡基督教情况的初步调查。
235 云南省档案馆藏 1954 年 6 月瑞丽工委户育调研组瑞丽县基督教情况初步调查。
236 段泽龙：《司拉山的情况》，《陇川县文史资料选辑》，第 2 辑。

经验证明：三自革新运动是动摇帝国主义在少数民族中的影响和基础的很好办法，但须继续努力进行工作。根据（除？）帝国主义在少数民族中的影响（原注，因为云南在边地），是少数民族工作中基本工作之一，只有这样才能达到民族团结。因此，联合政府、区域自治、抗美援朝、三自革新运动必须推进一步。[237]

根据省委的指示，各地政府考虑在基督教等中开展"三自革新"是消除帝国主义的影响，实施教育，启发和培养民众爱国觉悟的重要行动；是促进教徒内向祖国、接受共产党领导、消除隔阂、预防分裂的有效措施，应该也必须摆到突出的位置，带动其他工作的开展，促进民族团结，建立各族各界联合政府，实行区域自治，稳定形势，巩固边疆。

9 月 7 日，云南省政府、省军区联合发表公告，强调人民政府"实行宗教（信仰）自由，尊重各族人民的宗教信仰及风俗习惯，并赞助各族内天主、耶稣教徒三自革新运动"，表明了政府的立场，引导群众，积极投入，推进运动的开展。此后，"三自革新"运动从内地推向边疆、从汉族教会推向民族教会。

然而，在边疆民族地区，开展运动不同于内地，存在诸多问题。受工作范围及深度、语言交流、思想沟通，以及民众觉悟程度等限制，当地"三自革新"运动不得不借助民族及宗教上层，从上而下，希望通过他们宣传动员，组织群众，达到向教徒灌输爱教必爱国等观念，订立公约，驱逐外国传教士，割断联系，消除影响等目的，实践自立、自传及自养的革新道路，因而政府部门对这些民族上层或代表加以任用，有职有权，放手使用，甚至依靠他们开展运动，完成"三自"革新的要求。

"三自革新"指基督宗教的自治、自传及自养。单就"自养"而言，概念明确，容易接受，付诸实践，但"自治"及"自传"内容既需要具体，也有待充实，因之该运动在边疆民族地区基督宗教内亦存在认识、实践和完善的过程。受管理模式、人员培养等的影响，天主教会实践"三自革新"步履维艰，困难较多。基督教会则灵活嬗变，在"革新"运动中藉"自治"名义，消除了历史上的教派、人事或地域等障碍，组织上实现了联合，群体得到壮大；利用"自传"名义，派遣人员，积极传播，促进了发展。这与开展"三

---

237 《云南省委关于少数民族工作的意见》，《云南边疆民族地区民主改革》，第 118—119 页。"联合政府"指各族各界联合政府，是在民族杂居区建立的人民政权。

自革新"的初衷不尽吻合。

建国后,三自革新运动在边疆并未认真开展,只是(19)51年随内地之三自革新运动,在边疆也叫了一阵。因为当时活动多局限于教徒上层,教徒群众中并未认真进行工作,致许多群众还不知三自革新是什么事。由于没有支持,运动也就没有弄出个"名堂"来。从最近碧江县的情况证明,过去的三自革新大部分是假的,有的则是先真后假,但是有些帝国主义间谍嫌疑的教会上层却因此乘机混进人民政府中作"官",猖狂其活动。今年各边疆地区都没有搞这个问题……

从上述情况证明,在工作基础薄弱、群众觉悟低、我们主观力量不强,教会内部进步分子很少和很难发现的情况下,我们如果单纯的、毫无准备的在边疆民族区推行三自革新运动是很难收效且易于流于形式,达不到团结广大教徒群众,反对帝国主义的目的。相反,稍有不慎,甚至会脱离群众,引起国内外教徒群众的误解和震动,反中帝国主义之计,使自己陷于被动和孤立。[238]

②司拉山出走与暂停"三自革新"运动

1952年3月15日,司拉山为庆祝"陇川山头族办事处"迁至章凤广山而召开"目脑纵",集合万名民众,保山地委及陇川县工委等领导出席会议,并讲了话[239]。

司拉山利用党政领导莅会讲话,制造政府支持的假象,起到造势的作用,再次提高其地位、扩大其影响,视自己是中国景颇族基督教的首领。他利用"三自革新",以广山为中心,以山头族办事处为组织,开展"自传"活动,实践"自治"之路,发展教徒,扩大影响。其主要手段仍是:

I.攀附党和政府,积极发展。他们利用民众对毛主席的热爱,对共产党政策的欢迎,对新生政权的拥戴,统一口径,混淆视听,欺骗民众,"共产党的道理与耶稣一样,过礼拜,不信鬼,不叫偷人、抢人都是一样"[240],接受毛主席的教导就是接受基督教,听党的话便是听圣经的道理,等等。

---

238 《云南省委关于宗教工作的意见》,中央统战部:《民族政策文件汇编》,1960年,第591页。

239 《陇川县志》,大事记,第17页。

240 陇川县档案馆藏1955年4月县统战部陇川县基督教、天主教情况报告。

II.通过山头（景颇）族办事处，扩大影响。在山头族办事处的 20 名委员中，山官及头人约占 2／3，他们在当地民众中具有权威及影响。司拉山将他们拉入办事处中，利用其地位，以民族感情影响民众，促进发展。该办事处实际上起到政教合一的领导作用，在其组织下，各地基督教（浸礼会）由分散趋于联合，以广山海洋教堂为中心，完成了统一。

III.建设学校，培养人才。解放后，基督教在景颇地区得以传播，在于兴建学校、发展教育、传授景颇文字、传播宗教思想等。当时，司拉山等人仍然袭用教育传教的方式，发展广山教会学校，亦将教会教育推向其他村寨，藉此影响思想，发展教徒。

IV.利用赶摆、"目脑纵"等节日，扩大影响；开展救济活动，拉拢群众。为了谋求发展，在司拉山的领导下，教会主动出击，利用场期或节日，开展活动，广泛宣传，扩大影响，接近距离，争取民众，改变信仰[241]。

V.从经济上施以恩惠，拉拢群众。过去，当地教会将征收的捐款全部上交缅甸浸礼会总会，由其再分配陇川等地教会。新中国建立后，八莫总会不再接受捐款，要求当地教会用于救济、资助及修建教堂等方面，藉以接近民众、拉拢群众……

在这些因素的作用下，基督教的传播得以加快。如 1953 年初，有关部门调查：在陇川县 195 户基督徒中，建国前入教者为 77 户，占 39.5%；新中国建立后入教者有 118 户，占 60.5%。其中发展最快的是司拉山长期活动的陇川户瓦等寨，从 1925 年基督教传入到 1949 年，该寨仅发展 23 户、103 人；从 1950 年到 1955 年 6 月，教徒增加了 63 户、292 人；当中 1951 年发展的教徒超过了过去 24 年发展数的总和。瑞丽户育寨，1949 年时仅 3 户、11 人，1956 年增加 19 户、81 人。瑞丽猛典寨，52 年有 13 户、50 人，55 年增至 27 户、122 人[242]。

对基督教的快速发展，尤其对司拉山等的促进行为，干部及民众有所看法，颇有啧言。同样，教会内也产生分歧，担心如此下去,欲速则不达：

> 建国后一段时间，文蚌（崩）办事处和政府也配合得很好，参
> 加解放军的剿匪行动。但是 1952 年后，情况有些变化，主要是司拉

---

241 陇川县档案馆藏 1953 年 6 月陇川县七个乡基督教情况的初步调查。

242 韩军学：《云南基督教浸礼宗教会》，杨学政、邢福增编：《云南基督教传播及现状调查研究》，宣道出版社，2004 年，第 277 页。

山想把办事处扩大化，还大量印刷发送他的像章。[243]

这些现象也引起政府部门的重视，注意教会的发展态势，审视个别人的行为及"三自革新"运动的初衷，他们试图采取措施，规范干部的言行，引导教会活动，督促健康发展。

1952 年 6 月底，德宏区及各县人民政府在芒市（潞西）召开边疆工作会议，商议团结、稳定及发展等事宜。司拉山借口避免美国间谍的暗杀，未出席会议。

这次会议除上述议题外，也讨论了司拉山等人的言行及广山教会活动等，"认为司（拉山）是想搞一个政教合一的景颇族政府，必须表明党和政府的态度"。7 月 10 日，陇川县领导向司拉山传达了会议的内容及相关决议，提出政府人员不能传教，必须贯彻三自革新运动的要求[244]。司拉山拒绝接受，表示如果这样，他就不当副县长了。于是，他携带家人及数名随从，离开陇川，出走缅甸[245]。

当时，司拉山是当地政府争取团结的景颇族代表人士之一。通过他开展工作，人民政府建立及扩大与景颇民众、主要是信教群众的联系，减少以至避免了工作的阻碍，稳定了社会形势。然而，司拉山擅自出走，可能会影响部分民众（主要是教徒）的思想，情绪波动或抵触,妨碍了相关工作的开展。此外，残存缅甸境内的国民党部队，时常越境骚扰陇川等地，危害群众生命财产，影响社会秩序。司拉山出走虽然是个人行为，但可能被敌对势力利用，挑拨不满，制造纠纷，酿生动乱。

7 月 15 日，保山地委向云南省委汇报司拉山率家人等出走之事，提出了解决的意见。25 日，云南省委基本接受该意见，并向西南局汇报，建议采取

---

243 李全民记录：《线诺罕访谈录》，杨拾全等编《中国景颇族山官》，德宏民族出版社，2001 年，第 374 页。

244 此外，当地政府领导还向司拉山交谈这些意见："1、司应履行好副县长职责，不能仅只站在本民族的立场上，更不能站在宗教的立场上另搞一套；2、办事处武装自卫队应立即解散；3、人民政府帮助各族人民发展生产，办事处不能搞摊派；4、中国的基督教要与外国教会割断联系，实行'三自革新'"。段泽龙：《司拉山的情况》，《陇川县文史资料选辑》，第 2 辑。

245 《当代云南大事纪要》（增订本），第 46 页。此外，对此事件还有一种说法。景颇族头人"多永安……从芒市开会回来，住章凤街，宣传'耶稣教要进行三自革新，外国人一律不能在中国传教，政府干部也不能传教'。外国牧师听后，告诉司拉山，司极为恐慌……说：外国牧师回去，没有人了，我不当干部，去传教吧"。保山地区档案馆藏 1952 年 12 月孙肆撰司拉山。

以下措施，谋求尽快解决：

> 1、对司拉山采取坚持争取回来的方针⋯⋯我们将由省府发一指示，保留司拉山一切职位，希望他仍然回来积极工作，替地方过早宣布和揭露转一个弯子。关于传教问题，按共同纲领规定，不要提政府工作人员不得传教。这样做可以留出司拉山回来的后路，同时表明宽大政策和争取团结对各民族一视同仁的态度，使土司和山头族山官认识党和政府大公无私，堵塞各土司挑拨山头族的漏洞和借口。

> 2、对于与司拉山有密切联系的保山专区协商会副主席纳排都和其他的山头族干部，必然坚决稳定他们，照旧任用，教育培养，遇事找他们商量，使其安心工作⋯⋯

> 3、对整个山头族群众仍应坚持埋头苦干。在有重点的作用较大的地方，大力进行改善生产生活。在这方面，若获有显著成效，对山头族的工作开展就有了一切。[246]

稍后，滇西边疆工作委员会（简称边工委）向云南省委汇报中，提出对民族上层及代表人物继续实施争取、团结、改造政策，坚决抓紧；同时采取坚而有力地措施，发动群众，提高觉悟，争取团结大多数，完全孤立帝国主义分子。对于司拉山等人，主动亲近他们，热忱相待；对其好的表现，加以鼓励；照顾生活，解决困难；如有错误行为，应耐心说服，诚恳规劝；警惕其破坏活动，稳定情绪，逐步消除戒备心理⋯⋯总之，处处要争取主动，讲究方式，我们有缺点错误，则主动检讨纠正，办不到的事，则不要轻诺，要主动说明。期间，边工委也认真审视了"三自革新"运动，建议调整，暂缓开展。

> 必须采取极为慎重稳妥的方针，树立长期斗争的观点，今后要达到三自革新，必须具备相当的群众基础，广大群众要求和支持，并从教徒中培养一批开明和进步分子，并愿带头革新，而不应轻率进行的，否则将会适得其反。因此，根据我区目前实际情况，三自革新政策暂缓进行，对宗教教堂采取尊重和适当照顾其困难，同时，根据群众觉悟水平的不断提高，适时地进行三自革新的宣传，以获得群众的拥护，达到真正三自革新的目的。[247]

---

246 《云南省委对司拉山的意见》，《民族政策文件汇编》，1960 年，第 588～589 页。
247 云南省档案馆藏滇西边工委 1952 年 8 月 9 日关于工作计划。

9 月 14 日，中央根据西南局、云南省委等报告，从全局出发，考虑地方实际,就司拉山出走及边疆民族地区"三自革新"运动专门批示：

　　1、芒市会议所决定的"政府人员不得传教"是错误的，应公开宣布取消这个决定。

　　2、靠近边疆的少数民族地区，除必须停止三反运动外，还必须采取适当的步骤，将天主教和基督教的三自革新运动停止下来。

　　3、少数民族地区的寺庙、教堂必须坚决予以保护，严禁以政治力量干涉群众烧香拜佛，严禁逼迫僧尼还俗及其他违反宗教信仰自由政策的行为。

　　4、在少数民族地区，深入群众工作，开展生产、贸易、卫生、训练干部、办小学教育及必要的救济事业等，是完全必要的，但不要因司拉山逃走而失去团结上层的信心。相反的，在这类地区，进行上述群众工作必须先作好团结上层的工作，而不能抛开和群众有联系的上层直接去进行群众工作。[248]

之前，保山地委、德宏区委、陇川县及工作队马曜等同志积极开展工作，召开各类型会议，宣布"三自革新"运动的如何进行，由本民族教徒自行决定，决不强迫，不提"政府人员不得传教"等，开展统战工作及艰苦细致的群众工作，解决民众的困难；还利用关系，向其宣传政策，解答疑难，积极争取[249]。司拉山本人对其擅自出走的行为也有所醒悟，于 7 月 31 日返回陇川[250]。他与地方干部座谈后，沟通了思想，消除了误会。随后，司拉山再到昆明、北京等地参观。期间，省、地领导对他做了许多团结工作。司拉山本人也不再直接领导教会，基本上做到了"政府人员不得传教"的要求[251]。

1953 年 7 月，德宏傣族景颇族自治区（州）成立，司拉山当选为副主席（副州长）。随后，他选为云南省民委委员，离开陇川去昆明，主要从事创制

---

248 《当代云南大事纪要》（增订本），第 46 页；《对中央关于在边疆少数民族地区停止宗教改革运动指示稿的修改》，《建国以来刘少奇文稿》，第 4 册，第 495 页。

249 编写组：《云南民族工作四十年》，云南民族出版社，1994 年，下册，第 33 页；上册，第 363 页。

250 事后，司拉山对其出走缅甸、制作像章、成立景颇族联邦政府（陇川山头族办事处）等行为有所认识。关于这个问题，参见雷正明：《回忆司拉山》，《云南省文史资料选辑》，第 56 辑。

251 关于当时云南省委对宗教的认识及对司拉山的争取，参见宋任穷《宋任穷回忆录》（解放军出版社，1994 年）相关部分。

景颇文字等工作。在德宏及陇川干部的多次教育下，他组建的"陇川山头族办事处"也于 1954 年 7 月解散，消除了另建政权的危害。

根据中央的指示，1952 年 10 月云南省召开边疆工作会议，作出《云南省委关于边疆宗教工作的意见》，决定为了今后更有利于团结各族群众大多数，加强对帝国主义的斗争，并能最大限度的不震动和影响国外人民，我们必须坚持中央慎重稳进的方针，充分认识斗争的长期性、艰苦性，遵照中央指示，决定边疆地区暂不开展基督教、天主教的"三自革新"运动，将工作重心放在反对帝国主义的正面教育上，借助若干具体事例的宣讲，教育群众，启发觉悟，发展生产，解决困难；采取措施，认真在团结教会中有爱国心的教徒和传教师，建立反帝爱国统一战线，更踏实、更深入地进行非教区和教区的群众工作；通过民族上层的团结合作，切实在生活与生产方面给各族人民以实际利益，使广大群众真正靠拢我们[252]。

与此同时，各级干部在边疆民族地区广泛开展"做好事、交朋友"活动，帮助各族群众劳动、开垦荒地、改造山区，引进作物品种，发展生产，发放救济款及救济粮，解决生产生活的困难；送医送药，治疗疾病，解决群众疾苦，等等。

③基督教的快速发展

自基督教浸信会从缅甸传入德宏后，但长期以来各地教会处于分散状态。1949 年，八莫浸礼总会召开万人大会，会议决定德宏各地浸礼会实现统一，由司拉山领导，每年到陇川广山海洋教堂集会[253]，开展活动,凝聚教徒,制造影响。

新中国建立后，司拉山被人民政权任用，进入"制度"内，成为政府的干部，角色改变，影响增大，直接或间接促进了陇川等地基督教的发展，广山海洋教堂的地位变得重要，于是八莫浸礼总会将其升为总堂，成为其属下七个分会之一，管辖陇川、瑞丽、盈江及莲山（该县后撤销，并入盈江）四县的基督教会。

1953 年以后，经中共和人民政府的教育，及各方面人士的规劝，司拉山履行起干部的职责，不直接从事传教活动。之后，司拉宗崩接替其职责，主持总堂教务，并领导其他教堂。在其主持下，基督教（浸礼会）采取以下新

252 《当代云南大事纪要》（增订本），第 46 页。
253 盈江县档案馆藏 1955 年 10 月莲山县联合乡三个月来的宗教工作初步总结。

的措施，谋求积极拓展：

第一，统一思想，谋求发展。1955 年 3 月，司拉宗崩召集教牧人员及教徒，在广山召开联合会（文崩会），结合形势，适应变化，广泛动员，统一思想，坚定信仰，巩固内部，谋求发展。他说：

> 今天，在我们周围的很多人都在进行破坏着我们的教，但我们只有坚定信仰才是我们唯一的出路。耶稣是万物之主，再大的官和王子的头上都有耶稣，信仰耶稣的国家的王子和领袖，他是一定会得到好的结果。虽然，他在某些地方，有时失败，但最后胜利一定是属于他的。
>
> 耶稣今后将会实现解放全世界，这是圣经的定语。毛泽东之所以好，他能领导中国人民，是有耶稣在支持着他们的。

这些言语抬高耶稣的地位，突出坚持信仰的成功，将毛主席的贡献、新中国的成就附会于耶稣的支持。的确，这样宣传与时俱进，结合时势，适应心态，鼓舞部分教徒的信心，起到了动员激励的作用。

第二，筹集经费，谋求自养。尽管当地基督徒乐意奉献教会，但数量较少，无法解决活动费及教职人员生活费，教会经费基本上依赖缅甸总会。1952 年前，广山等地教徒每年奉献量，折合约 1500 盾卢比（缅币），教会将捐款上交八莫总会，总会则返还 4500 盾，解决教牧人员的薪金、教堂修建费，及学校经费等。之后，广山等教会既不上交，也无返款，实践了"自养"[254]。

经费的紧张，影响到教会活动及扩张，教会负责人滚汤弄要求教徒们着眼基督教的发展上，积极参与组织筹建或经费筹集等，自愿奉献，表现支持。

> ①为加强教会传教和领导力量，各教区选出牧师来，负责各教区的教徒与传教工作；②防止周围对教会的破坏，不要听信外来的宣传，坚定信教意志；③巩固内部，继续扩大发展教会与教区；④加强教会监督检查工作，必须有专人负责；⑤教会经费，除礼拜天教徒作出的而外，每年还需按教徒的生产收入，自愿地捐出一部分来，每年收两次，充实教会经费（每户每年 8 角钱，一箩谷子）。

会议期间，他竭力渲染教牧人员因缺乏收入而生活贫困，以精神层面的

254　云南省档案馆藏 1956 年 4 月云南省宗教考察组对陇川基督教的调查报告。

奉献，大声竭呼教徒踊跃奉献，积极捐款，补贴教牧人员开支。

> 我们过去的经费是依靠外国的。从（19）52 年以来，做司拉的就没有钱了，因为政府要我们同外国教会断绝关系。他们（指司拉们）虽没有钱，仍然是在为主的事业坚持下去，如果我们不给他们一些帮助，生活上是有困难的。今天说的并不是给他的工资，而是我们大家给予他的报酬。[255]

根据讨论，会议议决：给司拉宗崩每月 40 盾卢比[256]，并给他买一匹马；司拉山弄每月 20 盾，滚汤弄每年 30 箩谷子，司拉早东每月 10 盾，盈江司拉泡散每月 15 盾，瑞丽等嘎木然单每月 15 盾。这些费用，除来自教徒的乐捐外，不足部分由各地教徒共同负担。采取摊派方式，积少成多，解决"自养"，以保障教牧人员的生活，调动传教的积极性，谋求发展。

第三，向政府要求，解决困难。广山等地教会借口困难，向政府提出资助经费，维持发展的要求。当时，在党和政府的领导下，景颇地区的社会经济尚处于恢复中，谈不上发展，基督教欲依靠教徒捐款来维持教会活动，尤其是办学经费等，确有困难。于是，滚汤弄藉口"自养"困难，请求政府拿出款项，每个教会学校补助 100 箩谷子，以及资助教会活动费，维持以至发展[257]。

6 月下旬，司拉山等人代表教会向当地政府提出如下的要求：1、在各种工作中，结合宣传宪法规定的宗教信仰自由政策，使教会人员懂得政策和法律，树立爱国主义思想。2、教会过礼拜、交会费，内部来往，要给以自由，政府不干涉。若政府发现教会人员有什么问题，直接与教会负责人联系，共同处理。3、逃出国外的传教师请政府给予宽大，使其转（回？）家。4、教会人员自动遵守国家法律，划清敌我界限，防止被帝国主义利用，并使教会知道国与国的社会政治制度不同，没有政府许可，不能互相来往。5、教会人员的困难，由政府适当帮助解决，要政府补助每个教会学校 100 箩谷子。过去教会经费由国外支持，现已断绝关系，要由政府解决。6、教会无人领导，教徒不安，也无上下联系，提议由纳排都临时负责管理。

据说司拉山等人还说："在这些要求全部答复之下（后？），与缅甸的教

---

255 陇川县档案馆藏 1956 年 1 月陇川县基督教、天主教过圣诞节情况的报告。

256 卢比系原英缅政府发行的货币。因德宏接壤缅甸，卢比等货币得以在部分边民手中流通。

257 陇川县档案馆藏 1955 年 3 月 21 日拱山基督教会召开文崩会的活动情况报告。

会彻底割断联系；否则，允许和缅甸教会照常来往。"[258]在这些要求中，除去有关宣传、政府管理等外，经费占较大比重。言外之意，希望政府能给以资助，维持教会活动。

二、政府部门的回应与内地教会的引导

（一）有关部门的因应

1、明确解答，引导活动

1955年6月底，省边工委根据党的政策，针对陇川基督教广山会议及司拉山等人的相关要求，草拟以下的意见：

> 一、保护宗教信仰自由，对正当的宗教活动，如礼拜多收会费（但不能向会外人士摊派）等，政府不加干涉，决定（于）教会负责人，那是教会内部的事情。但如有违法活动，政府将按国家政策法令予以处理。
>
> 二、要求"宣传宪法规定的宗教政策"是企图钻宗教信仰自由的空子，我们可反复地、全面的宣传宗教信仰自由政策……
>
> 三、要求补助教会学校，教牧人员生活困难等，希德宏边工委作一详细调查，摸清情况（包括教会过去的各项经费来源，现在教会的收入及教牧人员待遇等情况），并提出意见，报省研究，现不予答复。
>
> 四、除同意边工委成立宗教工作委员会外，德宏自治区政府可成立宗教事务科，以便以政府名义直接出面，跟教会打交道，避免事事以党委面目出现处理，有时陷我于被动。[259]

分析上述解决意见，第一项意见是在不违法前提下，政府不介入教会的内部事务，由教内人士自我管理，符合保护宗教信仰自由的要求；第二项意见旨在纠正个别教牧人员的片面宣传，说明宪法不制定具体的宗教政策，规定的是保护公民宗教信仰自由的权利，要求当地政府全面的、完整的宣传，让教内外群众全面了解，正确掌握。第三项涉及教会补助的要求，拟在全面了

---

[258] 云南省档案馆藏1955年6月云南省1955年第一、二季度边疆宗教活动情况综合。纳排都也是基督教的教牧人员，时任德宏州政协副主席。

[259] 云南省档案馆藏1955年6月省边工委关于德宏地区基督教活动等向统战部草拟的意见。

解教会的收支情况后，提出解决意见。这种考虑并非"官"办教会，而从边疆民族地区基督教实际及民众现状出发的考虑，旨在稳定人心，维护边疆安全。第四项意见是健全组织，分清职责，明确管理。

至于司拉山提出"若政府发现教会人员有什么问题，直接与教会负责人联系，共同处理"这项要求，有拔高教会、干涉司法或纪律之嫌，有关部门不予答复，事实上就是否定。

2、独立自主，自办宗教

基督宗教是从英、美、法等国传教士传入中国的，曾视为"洋教"。中华人民共和国建立前，基督教、天主教已在中国土地上活动了百余年，积极扩张，发展信徒，虽然教会也培养出若干牧师、神父和传教员等，但是外国人掌控中国教会的格局仍没有发生完全改变。

50 年代初，开展"三自革新"运动后，外国教职人员先后离境，中国教会基本上实现了"自立"和"自传"。由于德宏毗邻缅甸，山川相连；景颇等族系跨界民族，境内外群众联系密切；基督教、天主教从缅甸传入，缅籍人员时常跨境活动，影响、干预甚至左右德宏境内各教会的活动。

> 缅甸教会规定我国教会按照去缅甸开会联系，汇报工作，交代任务。如腾冲之神召会、内地会、五旬节会均规定每年应去缅甸五六次，进行联系。梁河石坡坡教会接受缅甸教会任务，于 1953 年 4 月在各县登记教徒与非教徒人数、户数、性别，送往缅甸八莫教会，并规定该地教徒每年必须去缅甸两次，一次做大礼拜，一次学习。[260]

当时,中缅两国的社会制度存在着明显差别，处于"冷战"时期，为防止资本主义的渗透、防御国民党残军的骚扰，有关部门因而重视边界的"阻隔"作用。"三自革新"运动虽然暂停，但自治、自传和自养仍是中国政府对基督教会的要求，也是教会改变传统作法、适应社会的行动。为了切实做到"自传"，"外向"变"内向"，实现"自治"，有效管理宗教事务，减少可能产生的麻烦或事件，阻止境外人员入境非法从事活动势在必行。

1955 年初，省外事处针对边疆民族地区基督教活动中存在的问题，提出了加强管理外籍传教人员等多项意见：

---

260 云南省档案馆藏 1954 年 12 月省宗工会整理缅甸教会及非缅籍传教士籍缅甸教会在我边境的活动情况。

1、对于境外派来的缅籍传教士（包括缅籍边民的传教士），已在境内者，我可暂任其继续居留，暂不令其出境，但应以外侨看待之，不得享有我国人民所享有的权利，更不能选任其做我政府工作人员和人民代表等。在管理上，目前虽尚不能按照内地一般外侨管理办法进行管理，但对其活动应经常注意了解，并对其活动范围加以限制，不准其出出入入，自由往来，更不准其至我内地及其他专区活动。

2、今后缅境教会欲派缅籍传教士入我境传教，或我境教会欲聘请缅籍传教士，我应以外侨未经准许，不准入境为由，阻止其入境。如我当地教会上层分子提出异议，我应婉言说服。

3、我境兄弟民族青年要求或被派至境外教会学校"学习"者，我应尽量劝阻，劝阻无效时，可不干涉。对我境传教者或教徒去境外参加教会或帝国主义所办之"训练班"，接受短期训练者，亦应尽量劝阻。如其以隐蔽的方式进行，我可多加了解，暂不干涉。

4、对我境教会或传教士接受境外教会津贴者，暂不过问，但应加强教育。

5、我沿边教会所办之学校，我可酌予经费上的补助，并取得教会负责人同意，加派我之教师进校任教。

6、与我境教会或群众无甚联系的缅籍传教士，自境外径来我境，拟开拓新的教区者，我应阻止其入境；已入境者，亦需勒令其出境。[261]

归纳上述意见，要旨是承认"历史"，正视现状，规范行为，加以管理，控制外籍传教人员随意进出、自由流动的行为；杜绝新来者，预防滋生危害。

3、抵制渗透，掌握旗帜

尽管，边疆民族地区暂停开展"三自革新"运动，但"自治"、"自传"及"自养"仍是中国政府对包括基督宗教在内各宗教组织或团体的要求，也是基督教、天主教在新社会的调适行动，更是它们立脚发展的必由之路。如

---

261 云南省档案馆藏 1955 年关于目前如何管理中缅沿边境内外边民之间宗教联系的初步意见。原件缺具体时间，因其附件有 54 年 3 月标记，故暂定为 1955 年初。

欲做到"自传"和"自治",需要本民族的教牧人员。更为重要的有,德宏各地基督教从缅甸传入,除内地会外,诸如浸礼会、神召会等,其人事、经费,及活动安排等,均接受缅甸教会的领导,如何应对境外教会的作用,切实做到"三自革新"呢?

当时,经人民政府的引导与教育,德宏各教会在形式上与缅甸教会脱离了关系,做到了"自治"和"自传",实际上缅甸教会仍在影响,甚至支配当地教会,建立分会、按立牧师、培养传教人员等。如 1955 年 9 月八莫总会将司拉宗崩召到缅甸雷基(洋人街),确定其为广山总堂牧师,授权其领导陇川、瑞丽、盈江及潞西等县的教会,主持活动;委任等嘎寨嘎木然当为瑞丽教会负责人,管理该县基督教活动等。加上德宏基督教多散布于沿边村寨,与缅甸土地相连,一田分两国,一树成国界,边界畛域虽有,屏障阻隔却缺乏,跨越国境轻而易举,只跨一步,难以阻挡,尤其对景颇、傈僳、傣等跨界边民。在缅甸教会的支使下,个别缅籍人员以走亲访友等名义,频繁进入德宏沿边村寨,非法从事活动。1956 年 4 月,在境外扎糯牧师的操纵下,"中国边疆基督教总会"在瑞丽县等嘎寨召开了德宏教区行政扩大会议,成立非法"中国景颇族联邦基督教浸礼会广山总会"[262]。我们之所以用"非法"术语,在于该会冠以"联邦"两字,包含特殊的政治寓意,必须采取行动,加以制止!

要杜绝缅籍人员入境非法传教,切实做到"自治",实现"自传",办好中国人自己的基督教,有效途径是与内地教会建立联系。通过人员培养、健全组织、指导引领等,掌握旗帜,进行爱国主义教育,萌生及增强内向观念,抵制外向,实现替代,引导前进,接受政府的领导,拥护社会主义制度。1956 年 11 月,省边工委书记孙雨亭明确指示:

> 我们必须明确宗教问题不是上层问题,而是一个群众性问题,因此就不能采取简单急躁的办法。凡是正当的宗教活动,不要进行干涉,我们应该承认现实。目前主要是领导权抓过来,在我们领导下进行宗教活动,一切就好办了。宗教浓一点并不可怕,怕的就是靠外国,只要我们能领导,就能慢慢正常下来。[263]

262 《瑞丽市志》,社会,第 702 页。

263 孙雨亭:《关于边疆民族地区土改后办社的方针问题》,《孙雨亭民族工作文集》,1992 年,第 61 页。孙雨亭原讲话中的"怕的就是靠外国"这句,在整理时删除。

该报告提出要掌握教会的领导权，引导活动，规范行为，等等，意味着有关部门对边疆地区基督教会将开展工作。

（二）与内地教会建立联系，接受指导

1、内地牧师指导教务，端正方向

1956 年春，在有关部门的安排下，昆明市三自爱国会张现洲等人来到瑞丽、陇川等地，实地调查，召开座谈会，参加教区大会，听取意见，了解情况；认识到与内地教会建立联系，实现"自治"、"自传"及"自养"也是当地教职人员及广大信徒的希望。于是，他们邀请司拉宗崩、勒康盖等十余名教牧人员到昆明参加交流。

6 月，陇川县政府根据上级指示，考虑教会的要求，分析存在的问题，拟全面贯彻宗教信仰自由政策，发动广大信教群众参加社会主义建设及改造事业，通过合作化，发展生产，改善生活，逐步摆脱贫穷落后状况。团结教牧人员，教育并争取他们与境外教会断绝联系，组织到内地参观学习，提高觉悟，从中物色对象，培养新型教职人员。除配备专职干部，开展工作外，还考虑与内地教会挂上钩，以及健全广山学校，等等[264]。

秋季，张现洲、孙守信等人再次访问德宏州，按立司拉宗崩等 3 位牧师，协助政府宣传党的宗教政策，沟通思想，建立内地与边疆教会的联系，"凡边疆教会有需要内地教会帮助之事，内地的爱国组织及有关团体都将尽力帮助"，促进边疆教会的态度发生转变，内向祖国，掌握了教会的领导权。

其间，他们专程到广山等地，参加圣经讲习会，向教牧人员及信徒讲解圣经，宣传如何办好教会、学好圣经，开展活动，与境外教会势力展开说理斗争，挫败其"护权"及制造民族分裂的阴谋，成功地将"中国景颇族联邦基督教浸礼会广山总会"改为"中国景颇族浸礼会广山总会"（一说该会名称为"中国基督教浸礼会广山总会"），选出以司拉宗崩为首的 30 人总会委员会，确定了主席、副主席及正副秘书长等人选，评定了牧师及传道员的津贴标准，其中牧师、秘书每人每月 10 元，传道员 8 元，采取教徒奉献及内地教会资助等方式，筹集经费，解决自养，以割断与境外教会的联系[265]。

264 陇川县档案馆藏 1956 年 6 月关于 1956～1957 年宗教工作规划（草案）。
265 陇川县档案馆藏 1956 年 10 月关于拱山圣经讲习会的情况报告；编委会：《德宏傣族景颇族自治州志》，德宏民族出版社，1994 年，综合卷，第 41 页；张建章：《德

这次访问及会议沟通及扩大了边疆教会与内地教会的联系，促成了教牧人员及教徒内向祖国；健全了陇川广山等地的教会组织，确定了教职人员的薪俸，满足了他们的宗教要求，激发了其拓展组织、积极发展的激情；还埋下与内地教会、主要与中华浸礼会建立联系，从教派角度掌握领导权、解除境外教会控制的伏笔。

2、健全组织，积极发展

在 1956 年圣经讲习会期间，陇川广山总堂的地位得到了内地教会的确认，确定了以司拉宗崩为主席的总会委员会。该委员会除正副主席、正副秘书长外，还设有会计、工作检查员等，任命了男女传道员[266]。

其间，广山总会还组建了妇女会，负责对景颇妇女的传教工作；制定了 1957 年工作规划，在广山拟修建长 6 丈、宽 3 丈、高 1.5 丈教会总堂；划分了各牧师的工作范围，避免重复，司拉山弄总负责，滚汤弄、司拉宗崩、孙勒用分别负责瑞丽、陇川及盈江各教会；规定教徒积极支持传教活动，要求"若牧师要到各教区工作时，须要带人，若叫那家的孩子去，都必须要去，并由委员会给予适当补助"。还规定教徒死后，须在坟墓上立十字架，表明信仰归属；教徒家的新生儿，经牧师祷告后填发出生证，视为教徒；以及培养文艺人才，广泛开展相关活动，等等[267]。

次年，广山教会组建了青年人为主的努力会（英文缩写 C·E，景颇语称"是古是浪碰"），分设陇川、瑞丽等 4 个分会。该会成员主要是中青年教徒，也吸收老年人、少年人参加，意在培植及增强教徒的灵性，为教会培养人才[268]。

当时，"中国景颇族浸礼会广山总会"辖有广山、石蛋、木孔、等夏、邦晚、坎南、弄贤、当晚及单歌等 9 个地区，专人负责，涉及范围有 994 个村寨，约 2000 户人家；有教堂 19 个，教徒 874 户、4713 人；教会小学 6 所，学生 205 人，其中男生 89 人；收入 1400 余元[269]。

宏州基督教》，朱发德编：《滇西基督教史》，2008 年。

266 关于广山教会的组织情况，参见王绍华：《基督教、天主教在陇川传播情况录》（《陇川县文史资料选辑》第 1 辑）相关部分。

267 佚名：《拱山总会妇女会议总结》，缺年月，根据内容，应为 1956 年 10 月；王绍华：《基督教、天主教在陇川传播情况录》，《陇川县文史资料选辑》第 1 辑。

268 陇川县档案馆藏 1957 年 11 月拱山圣经学习会情况报告。

269 陇川县档案馆藏 1956 年 6 月拱山圣经学习会总结。

3、接受指导，增强内向

当时，内地教会牧师指导下，"中国景颇族浸礼会广山总会"顺利成立，组建了领导机构，聘任人员，明确分工，落实责任，在形式上完成了"三自革新"的要求，满足了教牧人员及教徒的需要，但当中也存在这些问题：

首先，"中国景颇族浸礼会广山总会"内涵过大，既不符合现实情况，也与政府对教会不能开展跨地区活动等要求不相吻合。

其次，该会冠以"浸礼会"名称，突出其教派归属。浸礼会系基督教中的主要教派之一，活动在滇西景颇族、拉祜族及佤族地区[270]，昆明等地无此派活动，张现洲、孙守信等人均非该教的牧师。要建立互信、达到融合，由本教派神职人员开展工作，收效可能更好！

1957 年 3 月 13 日—17 日，在司拉宗崩等人的主持下，广山总会在瑞丽坎南召开教区行政会议，检查教务活动，调整及任免教职人员，商议教会经费，安排了年度工作计划，以及开展了宗教活动等。

其间，由全国基督教三自会秘书长、上海中华浸信会牧师李储文，云南省基督教三自会牧师张现洲、王齐兴等人组成的访问团来到瑞丽，参加该会的相关活动，李储文以上海基督教浸信联会名义向广山总会捐赠钱物及宗教用品。经过协商，陇川广山总会决定加入中华基督教浸礼会，接受内地教会的指导，达成以下数项协议：

> 1、拱（广）山教会改为"云南省德宏自治州景颇族浸礼会联会"，直接接受上海中华浸礼会联会领导，每年举行的行政会议和圣经讲习会，邀请内地教会派人参加，并经常保持书信和人员的来往联系。
>
> 2、提出牧师、传道员的候选人员，以及选送人员往内地学习汉文及神学。
>
> ……
>
> 4、对申请开办教会学校应尽量说服，除非本寨能完全负担一切费用，否则不能办。对现有几所教会学校，采取教会主办、请求政府协助，或教会主办、自己负责费用的两种办法。

---

270 浸礼会是基督教的主要教派，主要传播英、美等国。南北战争时期，美国浸礼宗分裂为南北两部教会，南部教会传入中国者，称"浸信会"；北部教会传入中国者，称"浸礼会"。

5、在芒市设立爱国会机构，协助各教会开展三自革新运动，动员教徒积极参加祖国的新建设，协助政府贯彻宗教政策和各项政策，帮助教徒和传道员组织学习，保卫世界和平等。[271]

德宏景颇族浸礼会加入中华基督教浸礼会，成为了中国基督教会的团体会员，接受领导，切断了与缅甸教会的组织关系；邀请内地牧师参加活动，保持通信来往等，为今后内地教会对边疆教会帮助与监督提供了方便；在芒市成立爱国会组织，领导边疆教会，促进三自革新运动的开展，确保方向等。年底，德宏州五县基督教三自爱国联会在芒市建立，展开活动。

通过这些措施，改变了教牧人员的观念，确定并增强了内向倾向，进一步拉近了教会与当地政府的距离。如司拉宗崩说：边疆教会现在有了内地教会的扶植，如同孤儿有了父母，有了依靠、能接受教诲，对人民政府给予的帮助表示感谢，表示要抽出更多时间给内地牧师讲道；还要安排时间，请干部宣讲政策，认识党的工作等。教会与政府的关系得到协调，隔阂得到了消除。

这次会议既贯彻了政府部门对宗教事务管理的原则，以联会替代总会，避免领导与被领导之分；也体现了政府部门对民族地区教会的让步，保持原有的教派，未强行贯彻"三自革新"中"合一"消派等要求，以及未执行教育与宗教分离的政策，容许教会学校的存在，并予以补助，加以维护。

同样，与内地教会建立联系，接受指导，使得边疆教会有了合法的身份，减少以至避免了某些麻烦，方便其活动，有利传播，并"对有培养前途的青壮年教徒及教牧人员，送往内地培养为新型的教牧人员，打下了长期工作的基础"，具有重要的作用和深远的影响[272]，并成为了云南省有关部门对边疆民族地区基督教会开展工作的成功经验，使用至今。

（三）德宏经验的肯定及推广

为了实现边疆基督教的内向，从 1955 年上半年起，云南省有关部门建议，内地教会与边疆教会建立宗教上的联系，通过沟通思想，加强交流，消除以至割断了境外教会的领导关系，变"外向"为"内向"，为内地教会对边疆教会的指导创造了条件，使民族"上层懂得了爱国爱教的道理，开始向党和政府靠拢"；教会的活动也公开、正常，有利于政府相关部门的监管；

---

271 保山地区档案馆藏 1957 年 4 月关于基督教坎南会议情况报告。
272 保山地区档案馆藏 1957 年 4 月关于基督教坎南会议情况报告。

广大教徒的信仰诉求得到满足，抵制了渗透，爱教也爱国，拥护政府。1956年 3 月，孙守信在出席中国基督教三自爱委会第二次全体委员会会议，将此作为典型，介绍经验，说明其积极作用：

> 一年多来，我们接待了好几批到昆明教会来参观的边疆少数民族的同工同道，他们对全国教会反帝爱国的大团结和自治自养自传的新气象感到兴奋和满意……最近，我们也有 5 位同工参加了省宗教事务处组织的边疆教会考察组到边疆的德宏傣族自治区进行考察访问，传达内地教会对边疆教会的怀念，交流爱国爱教的经验。如此，就加强了边疆教会与内地教会、少数民族教会和全国教会的团结，对加强民族团结、捍卫边疆、巩固国防和保卫和平都是起到积极作用的。[273]

这种方式也被中央有关部门、云南省府所赞同，作为加强边疆工作、争取团结民族群众、促进基督教"内向"的重要经验，积极采用，广泛推广。在1957 年全国基督教工作计划中，这些作法得到肯定，列入其间，予以细化：

> 开展云南边疆少数民族地区的基督教工作，逐步使他们由外向变为内向：
>
> ①年内组织边疆少数民族地区的基督教上层分子（原注：预计10—20 人，下同，略）来内地参观，中华基督教三自爱国会组织 3—5 人的访问团到少数民族地区访问。通过参观、访问，使他们认识祖国的伟大可爱，逐步与内地教会建立联系。
>
> ②从经济上给以帮助，使他们不再接受或少接受缅甸教会（实际上是帝国主义）的津贴。已经与内地建立联系的浸会，由浸会联会给予补助。其他教会的经济困难，由全国或云南省三自爱国会予以补助。
>
> ③供应少数民族宗教徒的宗教书刊，如代印傈僳文圣经、赞美诗、画册等。
>
> ④在昆明举办教牧人员学习班，分批吸收少数民族的传道人员参加学习，争取青年教徒到内地神学院学习。[274]

273　《孙守信牧师的发言》，《天风》半月刊编辑部编：《中国基督教三自爱国运动委员会第二次全体委员会会议发言集》，1956 年，第 107—108 页。

274　四川省档案馆藏 1957 年 5 月国务院宗教事务局 1957 年基督教工作计划（草稿）。

之后，云南边疆民族地区相继开展了"大跃进"、人民公社及"民主补课"等运动，在建设"政治边防"思想的指导下，上述工作计划被暂时中止。不过，在 1962 年、1965 年及 1984 年前后，这些方法多次在云南边疆民族地区采用，作为各地政府相关部门管理宗教事务、引导基督教"向内"、抵制渗透，与社会主义相适应的措施之一。

三、基督宗教其他教别的活动

过去，基督教并非只有浸礼会在德宏地区传播，诸如内地会、神召会，以及天主教也有所活动，历史也较悠久。由于社会形态发生剧变，在新的形势下，它们将如何调适呢？

内地会是英国人戴德生（James Hudson Taylor）所创立，是将传教总部设在中国土地的基督教会。单从"自治"、"自传"及"自养"而言，该会开展较早，也比较成功。如云南傈僳族、怒族、苗族教会及贵州赫章苗族教会等，但它们实施的"三自"与吴耀宗为代表中国基督教倡导革新有所不同，也不是政府和人民希望的"三自革新"，其调适步伐因而较艰难及曲折，尤其是那些信徒偏少的地区。当时，内地会在潞西木城坡及盈江苏典、十八岔等地傈僳民众中开展活动，范围较小，信徒较少，传教人员及组织者较缺乏。同样，在宣传内容及活动方式、适应新社会的要求，该会也在努力，争取适应。

> 傈僳族，住昔马、勐（苏）典两乡山林中，共计 860 人，男女勤劳动，不种鸦片，不吸烟、酗酒，不偷抢人，是兄弟民族中最善良的民族，信仰耶稣教，在昔马、蚌林、十八岔、勐（苏）典、龙门寨等地区都有教堂。建国后，外国传教士已回国，现已响应宗教革新运动，在自养、自传、自立的原则下，由傈僳同胞主办教堂。傈僳族在栋明蔚委员（原注，行委会委员，曾到昆明参观过）领导下，已创办了小学校，读汉、傈两种文字，人民政治觉悟提高，青年儿童们都想上学或到保山学习。[275]

神召会的情况也大致如此。该教会主要活动在苏典等地傈僳族中间，信徒少、影响小。建国前，牧师孔五（傈僳族）考虑到神召会系缅甸基督教中的小派别，领导能力及支持力度有限，欲靠拢内地会，争取壮大力量，却遭

---

275 保山地区档案馆藏 1951 年 5 月思鸿开、李怀宝呈报本区各民族情况由。

致内地会牧师杨志英（Kuhn Juhn）的反对，

> 1948 年，美帝特务分子杨志英以开查经班为名，调集怒江、德宏、临沧等地区内地会系统的傈僳族青年教徒到泸水受训，不但挑拨与汉族的关系，更制造傈僳族之间的分裂，使盏西苏甸（典）教会扣押邦别教会牧师孔五达三天之久。建国后，苏甸（典）教会拒不接待昆明三自爱国会慰问边疆教会汉族牧师，破坏反帝爱国的团结。[276]

解放后，人民政府不分大小，对这些教派一视同仁，争取团结，将该会负责人余因国安排为区（州）政协委员，熊维中为乡长，熊五为县政协委员等，按月津贴，通过他们的工作，影响信徒思想，确立并增加内向倾向。其间，该派也持续活动，却难有发展。必须更正的是，1956 年 10 月，张现洲、孙守信等人来盈江时，孔五的确一度表现冷淡，存在距离，但并非拒不接待。通过接触，沟通思想，部分误会得到消除，孔五也向张、孙等人吐露心声，提出如下要求：

> 1、到各教堂和有教徒地方传教是否准许，还需不需要通行证；
> 2、到缅甸探亲访友是否可以；3、请内地教会补助修建教堂费 500 元，……5、请内地教会发给傈僳文打字机一架，风琴一架。

经孙守信等人的劝导，孔五打消了顾虑，化解了抵触情绪，转变了立场，"开始愿意靠拢政府和内地教会"[277]。在孔五等领导下，该派教会也调适了活动方式及内容，趋于正常。

前面已叙，天主教的管理模式与基督教会不同，该会管理的体制以神父引领为中枢，信徒围绕其活动，一切活动由神父组织而展开。倘若缺乏，如同无头统领，散漫离析。

1951 年，外国神父被中国政府限令离境，当地教会缺乏神职人员的引领，唯有会长赵岳英艰难地维持。为了有神职人员主持活动，赵岳英曾用威胁口吻要求政府为之解决，"我们传教师应与帝国主义割断联系，自传、自养。赵即时要我们找传教师，不然，我要与帝国主义联系"[278]。在当时环境下，这项要求是无法办得到。然而，缺乏神职人员的引领，教会凝聚力降低，成

276 昆明市档案馆藏1960年6月孙守信帝国主义怎样利用基督教在我国边疆云南开展侵略活动。此资料由刘鼎寅先生提供。
277 云南省档案馆藏1956年盈江县苏典傈僳族区教会情况及上层态度。
278 云南省档案馆藏1953年9月基督教在陇川县景颇族地区的活动情况。

为一团散沙，容易随岁月流逝而淡漠信仰以至放弃信仰。

此外，当地天主教的戒律约束较松散，与基督徒比较，天主徒显示不出特殊的"优势"，信仰"边界"不鲜明。这些对于调适活动、巩固信仰颇不利。如瑞丽等地：

> 天主教与基督教的宗教生活大同小异，略有出入的仅为可吃酒、抽大烟，星期五不吃肉，以纪念耶稣逝世，其公祷文及默祷文结束语不同，"阿门"而以"哈利路亚"或"马利亚"结束，我主耶稣故称"哈利路亚"……天主教类似附属基督教，主要宗教生活皆与之合并举行。[279]

由于特色不浓，信仰"边界"不清晰，加之统率乏人，组织松散，天主教因边界"模糊"或融入基督教中，或退至多神论的行列，日趋式微。其后，天主教活动虽在陇川、瑞丽等地得到恢复，有所发展，然与先前教会缺乏传承关系，系 20 世纪 80 年代初从缅甸传入的[280]。

四、关于基督宗教活动的认识

的确，与滇黔川其他民族地区的基督教比较，当时德宏基督教会相对弱小、影响也不大，然而这弱小教会的活动却引起政府部门的强烈因应，导致了边疆民族地区暂停开展"三自革新"运动，导火索是时任陇川县副县长司拉山不愿意放弃传教师职能而擅自出走缅甸之举。

司拉山只是进入我境开展数年活动的教育传教士，作为人民政府争取、团结和任用的景颇族代表，进入了"制度"内，提升为陇川县副县长，地位发生了"质变"。其举动之所以引起了轩然大波，不是司拉山个人有多大的能耐，在于人民政府在民族地区实施区域自治制度、对少数民族采取的特殊政策，对其代表人士的争取、团结及重用，实现为人民服务，以及陇川等地的区域位置所引起的。

1949 年 9 月底，政协一届一次会议通过了《共同纲领》，将民族的区域自治列为我国的一项重要政治制度而加以实行。10 月初，中共中央在致解放军第二野战军前委的电文中强调宣传区域自治的重要性，要求付诸实践。

既然民族地区实施区域自治，帮助少数民族当家作主，管理本民族事务，

---

279 云南省档案馆藏 1954 年 6 月瑞丽工委户育调研组瑞丽县基督教情况初步调查。
280 王绍华：《基督教、天主教在陇川传播情况录》，《陇川县文史资料选辑》，第 1 辑。

于是需要物色、选拔及任用本民族干部。当时，受语言、习俗、认知及实力等的限制，人民政府难以立即亲近基层群众，只能接触民族或宗教上层人士，通过争取团结，建立认同，进而稳定形势，实现安定，进入基层，逐步接近群众，开展工作。这便是邓小平等领导人确定的"走上层"工作方式。

当时，德宏地区已确定要建立傣族景颇族自治区（州），除有傣族的代表外，也需要吸收景颇族代表人士进入政府中，参与新政权的建设及发展，实行区域自治。加上基督教长期开展传播活动，是客观存在的事实，需要该群体的代表，反映相关的要求。司拉山因缘得幸，作为景颇族代表之一，进入了新政权，立即得到重用。除他有主动靠拢人民政府的意愿、协助政府从事相关工作外，还在于实行区域自治制度中，人民政府采取团结、扶植及培养等措施，培养地方民族干部，抬高地位，安排职务。

需要说明的是，当时基督教是采取创办学校、发展教育、传授民族语文等方式开展传播。因之要求教牧人员除具备组织协调能力外，还要掌握新型的文化知识，能言善道，表达能力较强。新中国建立后，当他们进入"制度"内，成为干部后，文化知识及相关能力等优势在短期内得到显现，其顺应环境、调适作法较快，工作能力较强。如司拉山等人，因其观念较新[281]、能力较强、眼界开阔、主动靠拢，容易得到政府的重用，甚至破格提拔。

不过，司拉山利用了人民政府给予的职务安排，广泛宣传，"以其政治地位，扩大其宗教活动，企图使自己成为景颇族的民族、政治和宗教的'领袖'，自称大大山官（宁波娃）；在缅甸做了一批磁质肖像纪念章，卖给景颇族群众佩带"[282]，采取这些方式，打造形象，树立威信，提升地位；以及利用区域自治的宣传和实践，提出诸如"要组织武装、要派款、要传教、要区域自治"等要求[283]。

当德宏地区开展"三自革新"运动后，他适应形势，调整作法，制定对策，借"自治"和"自传"名义，利用"革新"运动，以广山为中心，整合

---

281 当时，有人曾将司拉山与邦瓦土官排早堵加以比较，认为"司拉山举止、装束和排早堵都不一样，如果说早堵多几分土气的话，司拉山则是很洋气的，敲着洋鼓、吹着洋号等几十个兵，还要搞检阅仪式。会上给保山地委副书记周力等领导同志送了银壳长刀、筒帕等不同规格的礼品"。谢尚芬：《在我记忆中的邦瓦土官——排早堵》，《陇川县文史资料选辑》，第1辑。

282 保山地区档案馆藏1954年3月中缅沿边界内外边民联系情况。

283 云南省档案馆藏1952年10月张更生滇西民族建政中的问题。

了各地浸礼会，实现了统一，促进了发展……这些现象在当地头人及民众中产生出政府支持、官员办教的错觉，与司拉山担任的副县长身份不相吻合。其作法固然带来了教会的发展，但也引起不信教干部及群众颇有意见，不免受到抵制或限制。

当陇川县领导告诉芒市会议的精神后，司拉山表示"我还是自己去传教吧，干部也不当了"[284]，未考虑自己已是人民政府的领导干部，擅自出走，进入缅甸。在工作队干部的争取团结下，20 多天后司拉山从缅甸返回陇川。当对比中缅两国的情况，他切身感受了新中国民族政策的优惠，及人民政府对其的团结与重用。虽然，德宏区（州）政府暂时取消了"政府工作人员不准传教"的规定，司拉山在事实上也清楚了自己的能力与基础，明白了所处身份的束缚，基本上摆正了位置，不直接从事传教活动。

司拉山之后，广山教会由司拉宗崩等人主持。在其领导下，教会结合形势的变化，继续调适，谋求进一步发展。其中原因与司拉宗崩等人的认知及能力固然有关，还与德宏沿边地带与缅甸接壤、及当时特殊形势等有关。

50 年代初，世界分为社会主义和资本主义两大阵营，两者尖锐对立，形成所谓"冷战"格局。中国政府当时执行"一边倒"的决策，属于"社会主义阵营"，抵御资本主义阵营的渗透破坏，还拟采取积极措施，力谋埋葬"帝国主义"和"反动派"。当时，缅甸还在"资本主义阵营"中，视为防范的对象，尤其是该国带有"帝国主义"色彩的基督教会。

滇西地区与缅甸接壤，按习惯划分，分为北段、中段及南段。从腾冲尖高山向北延伸至贡山为北段，高黎贡山脉横亘其间，起到天然屏障的作用，境外教会虽然进行渗透，试图影响，然因环境阻隔而力度不大，掌握几个山口，就能基本上控制侵扰。但处于中缅边界中段的德宏各地情形有所不同。清末，划分中缅边界时，曾因各种原因，中英两国官员产生了争执。一田分两国，一地成两境，犬齿交错，田地、树木或沟渠等就成为界限，区分两国。缺乏地理的屏障，越界行为只是一步之举，堵塞渗透非常困难。那时德宏地区尚在稳定秩序及恢复经济中，新制度的优越性未能发挥，与克钦地区存在差距，甚至某些方面，主要是经济状况不及对方，因之缅方对部分边民还有某些影响，在一定程度上便利了境外教会的影响或作用。

当时，国共两党敌视对立，从大陆撤退的国民党残军还盘据在中缅边界

---

284 佚名：《关于司拉山》，《陇川县文史资料选辑》，第 2 辑。

中段、南段缅方一侧的土地上。受政治因素的支配，这些残军经常越境骚扰，陇川等地屡受伤害。

鉴于这些情况，有关部门审时度势，认为"边区不但是国防与民族两大问题，而且还有土匪问题，内地土匪将逃向边疆，必将以边界少数民族地区为依托，向内地扰乱和发展。这个问题的核心问题是民族问题。只有解决了民族问题，才能解决国防和土匪问题"[285]。以民族问题为重点，采取慎重稳进的原则，从团结入手，争取并任用民族上层，安定人心，逐渐而和缓地开展工作。

基督宗教曾在景颇、傈僳等族中广泛活动，宗教与民族关系密切，宗教事务属于当时民族工作的组成部分。为有效管理宗教事务，引导基督教开展正常的活动，司拉山事件后，当地政府改变了吸收教牧人员为工作人员、藉此联系群众等作法，转入接近群众，交朋友、做好事，解决困难，发展经济，改变观念，培养积极分子，物色及选拔新型民族干部，发展农牧民党团员，建立基层组织，听党的指挥。

> 培养政治上毫无保障的耶稣徒为政府干部与群众领袖，应认为是一失败教训，但山头、傈僳族中耶稣教势力雄辩（？）是客观存在事实，必须具体布置。这些教徒向我，必须培养其中的进步分子，以便使庞大教徒与帝国主义隔断联系。提三自革新运动是一种方法，在我们不能控制条件下，大张旗鼓搞三自运动，反变为其扩大宗教势力的工具，但对已参加政府工作的牧师、教徒，禁止传教、（宣传）美国是一种过急的要求。司拉山的逃跑与此事关系甚大，逃跑及（即）将对我造成很大危险。解决宗教问题是比土司问题更慎重、更耐心，这同样是民族问题，同时不仅是国内问题，还是国外问题。主要办法是替群众办好事，解决其切身困难，使其在实际生活中相信共产党，相信其自己的力量，这是和帝国主义、宗教迷信的竞赛。[286]

随着工作的深入，人民政权的巩固，有关部门对群众开展爱国主义的教

---

285 王连芳：《加强边疆少数民族工作和对敌斗争》，《云南民族工作实践与理论探索》，第 66 页。

286 云南省档案馆藏 1952 年 7 月 15 日关于司拉山全家出走问题致瑞丽等县委电文。司拉山事件对建国初边疆民族地区任用民族上层也产生深远的影响。从 1953 年起，民族上层一般不安置在政府部门，主要在人代会、政协会中安排。

育，逐步树立"祖国"的观念，激发及增强对祖国的热爱，拥护人民政府，分清宗教宣传与党、政府政策的区别，转变思想。

> 在教徒和非教徒中加强爱国主义教育，和祖国几年来在党和毛主席领导下，取得各项建设的成就，提高他们对祖国的认识；有策略的说明党和宗教不同，清除他们在思想上认为党与宗教是一样的看法，并交待清楚宗教政策，消除他们认为共产党不准信教的看法，和一些人强迫认教的作法。并加强团结教育，指明前途，强调只有在党和毛主席的领导下，共同向社会主义社会前进，各族人民才能摆脱贫困落后，走向富裕。[287]

事实上，对于基督教等的活动，与其采取措施，步步设防，层层堵塞，不如掌握旗帜，积极引导，联系组织内地教会进入边疆民族地区开展活动，同当地教会交流思想、沟通认识，建立相应组织，掌握旗帜，把握方向，变外向为内向，培养自己的人，实践"自治"、"自传"和"自养"，成为中国人自办的教会。

其间，我国政府也主动采取措施，按照"和平共处五项原则"，与缅甸拉近距离，建立并发展友好关系。1956 年 12 月，周恩来总理代表中国政府出访缅甸，沟通交流，结成"胞波"情谊。缅甸政府接近及友好我国等行为，对活动其土地的基督教也有所制约，部分教会在形式上放弃对德宏等地教会的领导，承认其自立。"1957 年，教牧人员反映说：周总理访缅之后，八莫总会便通知我们，缅甸教会不管中国教会了，中国教会独立了。盈江县龙盆教会派人去缅甸官弄教会缴纳会费，缅甸教会也不再接受"[288]，等等

自从 1956 年、1957 年内地教会牧师相继来到陇川、瑞丽等地开展活动，建立并密切了与景颇等族基督徒的关系，边疆民族的教会转变方向，调适行为，实践"三自革新"的道路，爱国爱教，但尔后其活动也并非一帆风顺。

1958 年初，广山等地教会不顾政府积极参加"大跃进"要求，以及勤俭节约等的规劝，召开联区会议，执意扩大规模，试图采取措施，统一边疆教会……在当地政府的联系下，孙守信等人再次到陇川等地，演讲教育，"介

---

287 陇川县档案馆藏 1955 年 3 月当前宗教活动情况的报告。

288 韩军学：《云南基督教浸礼宗教会》，杨学政、邢福增主编：《云南基督教传播及现状调查研究》，第 283 页。

绍了祖国的伟大可爱和几年来的社会建设成就，以及当前生产大跃进，说明爱国爱教的一致性，指出基督教教徒必须拥护党的领导，和全国人民一道坚决走社会主义道路，积极参加社会主义建设，参加生产大跃进"等[289]。

其间，教会与政府之间也出现了不协调的杂音，随着"大跃进"运动广泛开展，在上级的要求下，德宏各地政府积极紧跟，实施建设"政治边疆"的行动，"要用棍子赶群众进天堂"，跑步进入共产主义。各县基督教人员也奉命集中开会，通过了"基督教必须拥护大跃进，爱教必须爱国"等决议，投身"大跃进"运动中[290]。受此冲击，刚步入规范活动、快速发展的基督教会受到打压，部分教牧人员及教徒外逃缅甸，宗教活动顿时沉默……

1961 年底，国务院宗教事务局派人来到德宏等地，针对边疆民族中基督教等活动开展调研，分析问题，认识成绩。他们肯定了解放以后当地政府在宗教工作等取得的成绩，"在宗教界进行了反帝爱国教育和社会主义教育，争取、团结了大部分宗教界人士，并推动了他们的进步；发动了教徒群众，调动了他们的生产积极性，打击了隐藏在宗教内的帝国主义分子和反、坏、右分子，大体上争取了宗教界的内向，在一定程度上削弱了宗教在群众中的势力和影响，等等"。同时，他们指出工作中所存在的若干问题：未完全贯彻宗教信仰自由政策，一些干部采取措施，禁止信教群众从事宗教活动；对宗教界的统战工作有所失误，团结及教育欠缺，争取上层影响基层群众等工作薄弱，若干精心培养的教职人员逃到境外；在争取群众内向、认同祖国等还需要加强等等。他们认为：

> 比起内地来，云南边疆的宗教工作，更须要政治上抓紧，信仰上适当放宽些。在目前，只要宗教界能够反帝爱国、大体上听党的话，就很好了。至于宗教信仰，那是一个思想信仰问题，不是短时期内可以解决的。在目前，只要他们不利用宗教信仰搞危害国家人民利益的破坏活动，就不必也不宜去硬性干涉它。不然，会欲增反损，弄巧成拙。不仅思想问题解决不了，反而会妨害对宗教界政治上的争取和团结。[291]

根据中央的相关指示，结合当时"调整、整顿、巩固、提高"的需要，

---

289 保山地区档案馆藏 1958 年 5 月关于景颇族戛渡教区行政会议情况报告。
290 《德宏傣族景颇族自治州志》，综合卷，第 44 页。
291 临沧地区档案馆藏 1961 年 3 月 16 日郭朋等关于云南边疆宗教工作情况的调查报告。

60 年代初，云南省委及省府调整政策，恢复宗教信仰自由政策，允许信教群众开展正常的宗教生活，社会趋于稳定，生活恢复发展。但在 1964 年以后，"四清"运动及轰轰烈烈的"文化大革命"运动，再次横扫宗教组织和信教群众，宗教活动被禁止……

前面已叙，50 年代初陇川等地基督教（浸礼会）的调适和发展，既与司拉山等个人因素有关，还与当时缅甸教会的活动密切联系。因为景颇民众信仰基督教，最初表现较松散，但当组织起来后，具有依附性：一因发展存在差距。与缅甸克钦族比较，当时德宏景颇族显示不出优势，甚至反不如缅方。经济、教育等差距，使得缅甸具有某些影响，该国基督教的影响也较大。二因司拉山等人的调适努力，产生凝聚的效果与发展的作用[292]。

进入 20 世纪 80 年代，宗教信仰自由政策得到恢复，基督教在景颇族地区重新活动，且受到法律的保护，但发展较缓，影响有限，原因多方面：一是德宏地区社会稳定、经济、教育及文化的快速发展，优势明显，差距拉大。虽然缅甸基督教积极渗透，施加影响，但作用有限，难以产生预期效果。二是缺乏领军人物的引导。历史上景颇教会的发展确与司拉山等人的努力有关，当司拉山去世后，当地缺乏这样人物、尤其是官员来组织或领导。虽然，我们不能断言人存教存、人亡教亡，但教会的发展多少因之受到了影响。反之，盈江苏典等地傈僳族教会趋于活跃，发展较迅速。不过，近年来基督教在景颇族中发展较快，具体原因参见下章相关部分的分析。

第六节 澜沧拉祜族地区基督教的调适与活动[293]

一、基督教的活动与类型

（一）基督教的传入及特点

1920 年，在缅甸景栋（孟艮）从事传教活动的美国浸信会（Southern Baptist）传教士永伟里（Milliam Young）专程来到昆明，压迫云南省府及澜沧

---

292 对此，司拉山也比较认同。其家属根据他的生平事迹，在其墓碑上用景颇族和汉文镌刻这样的碑记"从为一个民族到为整个国家，从一个有良心的教师到民族领袖——司拉山之路"。引自前揭文。

293 澜沧县虽是全国唯一的拉祜族自治县，亦有众多的汉、傣、佤及哈尼等族民众生活在此。接受基督教者，除部分拉祜族外，还有佤族，因此本节内容中也包含了佤族教徒的情况。

殖边总局官员允许其在澜沧等地传播基督教，并给予法律保护。

　　与其他教派不同的是，永伟里采取简单快捷的传播方式，主要特點是：一、不攻击不破坏拉祜、佤等族民众的传统习俗，将基督教与他们的传统神祇相联系、相挂钩。"永伟里把基督教的上帝与拉祜族的厄萨信仰、甚至佛教的某些观念加以揉合，宣称基督、厄萨、佛，使教义通俗化，容易为一般拉祜群众所接受。拉祜族的传统节日不限制，圣诞节除了唱赞美诗，也举行打歌"等娱乐活动[294]。二、快速招收教徒，建立堂点，抢占地盘，迅速扩张。待成为教徒后，再传播教理，巩固信仰，提高认识。这种先授洗、后培训的方法类似先圈占土地，再细作耕耘的农耕方式，称之"圈地式"传教方法[295]。

　　由于以简单快捷、迅速发展为前提，该会设置的入教"门坎"极低，吸收教徒条件简单，只要有意者能回答诸如"你为什么要做基督徒？""你愿意从今以后不拜邪灵鬼神了吗？""你是不是只有一个老婆？""如果周日逢集市，你能够来教会做礼拜而不赶集吗？"等问题，答案基本正确后，就会考虑施洗，成为教徒。

　　短短十来年，基督教在澜沧扎下根，得到发展，还传入孟连、沧源及双江等地，建立百余座教堂，拥有教徒 3 万余人。为便于领导，永伟里分别成立了拉祜族及佤族传教总堂，各有专人负责对区域内各民族提供服务，开展传教。1933 年，永伟里年老退休，教务由其子永亨乐（Harold Young）、永文生（Vincent Young）继承。后因永亨乐行为不端，被众教徒鄙视，威信丧失[296]，传教活动由永文生负责，一直延续到 20 世纪 50 年代。

　　此外，该派还具有以下两个鲜明的特点，进而影响到尔后该教会的某些言行，制约其活动：

　　一是组织严密，指挥有序。早年永伟里在景栋传教时，曾收养若干孤儿、孤女，采取拟血缘形式，构建起亲情关系，使其受到教育，长大之后，培养成助手，俗称"撒拉"。"打仗亲弟兄，上阵父子兵"，他们对永氏父子忠

294　赵成龙主编：《双江拉祜族佤族布朗族傣族自治县志》，云南民族出版社，1995 年，第 6 编，第 3 章，第 855 页。

295　工再兴：《西南少数民族语言圣经翻译传播及其社会文化影响》，四川大学宗教研究所，未刊博士论文。

296　一说永亨乐因支使教徒偷运沧源班洪等地银矿，派人为英军侵略班洪带路等而被中国政府驱逐。参见编委会：《澜沧拉祜族自治县志》，云南人民出版社，1996 年，第五篇，第 154 页。

心耿耿，死心踏地，开展活动主动、积极，具有活力。

来到澜沧不久，永氏选择糯佛为据点，创办学校，培养传教人员——"撒拉"。"撒拉"分大、中、小不同等级，选择的标准，除工作能力、影响大小及村寨位置等外，与在糯佛学校接受教育的长短密切联系，以及同永伟里或永文生的亲近程度而决定。"撒拉"们也随时到糯佛去汇报事务，接受指示，引导行动；永伟业父子也根据其"绩效"，特殊相待，物资笼络，联络感情，激励行动。

在拉祜族地区，基督教传入某村寨后，根据民众聚族而居的特点，建教堂于村寨中央部分，派遣"撒拉"加以管理。"撒拉"的生活费用及宗教活动开支，除糯佛总会定期给予外，还剥削所在村寨的教徒。如沧源县勐角乡控井等地：

> 撒拉的生活和经济来源全靠教徒，每到星期天和大小节日，教徒每人送一碗米、一点盐、一两元半开给撒拉，每个撒拉五天能吃五斤肉。连教会的活动经费也是群众供给。

撒拉的田地亦由教徒们轮流耕种、经营及帮助收获，撒拉坐享其成，以便全身心投入教会，主持活动，有效管理。

鉴于头人在拉祜、佤族村寨中起到主心骨的作用，具有权威，永氏父子在传教过程中积极地拉拢头人，受洗之后，成为教徒，委为"撒拉"，有意倾斜，赋予管理权限。通过他们影响、动员，以致强迫村寨民众入教，既方便顺利，更能快速发展。

30 年代后期，云南省府在滇西边疆民族地区推行新县制，划分区乡，建立保甲制，以及构建设没局等新型体制，加强统治。其间，部分撒拉因其地位及影响，被地方政府委任区长、乡长及保甲长，进入"制度"内，赋予管理基层事务的权力。此后，在澜沧、沧源、双江等教徒聚居村寨，宗教组织与基层政权相结合，互为表里，教堂成为指挥地，撒拉就是领导者，形成了政教合一的体制。

的确，这种拟血缘与地域结合、宗教与政治渗透的体制便利了永伟里父子的指挥，有效管理了教徒，以至出现强迫村民信教的现象，促进了基督教的迅速传播，扩大了影响。然而，它也埋下了尔后崩溃的潜因。当社会形态变化后，该模式因"制度"改变、人员更换而崩溃，突出反映在"撒拉"地位的变化而引导宗教活动的兴衰：

　　进入中华人民共和国后，撒拉们丧失了先前的优越地位，一落千丈。过去他们主要以剥削教徒为生，当环境改变后，取消剥削，其生活靠什么呢？无恒产则无恒心，他们愿意继续开展宗教活动，发展教务吗？其中极个别人甚至成为被管制者，宗教活动因无人统率而萎缩，以至消失。

　　往昔，在撒拉的引诱或压迫下，一些村民无法逃避，只得接受基督教；而今环境变化，他们因为有了选择自由而放弃信仰，成为叛教者。其行动可能影响其他人观念，产生仿效。

　　二是政治倾向明显，参与性较强。来到澜沧后，永伟里以"美利坚合众国浸信会糯佛分会"命名当地教会，标明其宗教派系和政治归属。

　　多年来，在永伟里父子的宣教内容中，鼓吹美国、英国强大、文明及富裕等，宣传基督教与美国、英国等的密切关系，称入教为"投洋"。"政府推行政令，该水（永）文生即借题宣传，对征兵则言中国与日本交战将败与日本，苟去当兵，即将要命，且中国败与日本之时，汝等则无地安身，若早从洋人，将来可有保障，并可免兵役之险"[297]，等等。长期地、反复地宣传，这些宣道内容在教徒中烙下了深刻的印象，个别人崇洋迷外，滋生外倾意识，淡漠祖国，缺乏认同感。

　　严重的是，这些思想倾向在当地重要事件中也屡有表现。如"班洪事件"中，永亨乐支使教徒偷窃银矿等，向英国人传递情报，为英兵带路，等等。

　　新中国建立后，这些曾被传教士错误宣讲的内容影响了一些撒拉或教徒的思想，与政府的宣传教育格格不入，某些撒拉或教徒因此产生对抗的言行。于是，该教活动范围等受到了影响，可能因此受到挤压。

　　在澜沧等地基督教活动中，根据传播对象的不同，分有拉祜族及佤族两种区域。前者以澜沧为中心，后者以沧源、双江为中心。建国以后，受发展差异等因素的影响，两地教会有不同反映及调适因应，必须分开介绍，深入认识。

（二）外籍传教士的活动及人民政府的态度

1、策动叛乱，裹胁教徒外逃

　　1949 年初，在共产党的领导下，澜沧各族民众再次发动武装斗争，配合游击队（"边纵"）的行动，推翻了国民党政权，成立了包括澜沧、宁江两

---

297 《澜沧县长陈家骥呈报美籍教士水文生唆使教民戕害陈席珍等经过的有关文电》，《中华民国档案资料汇编》，第 5 辑，第 2 编，第 870 页。

县在内的澜沧临时专员专署，组建起人民武装，平息了多次反叛行动，迎接人民解放军的进驻。

反之，永文生等人敌视新生的人民政权，策动糯佛、东岗部分撒拉及教徒，发动叛乱[298]。9 月中旬，他在糯佛教堂召开撒拉及部分教徒开会，声嘶力竭，煽动叛乱，反对共产党、反对人民政权：

> 你们这些拉祜族还不站起来，不如那些卡佤。现在卡佤站起来，打共产党，你们眼睛还闭着，你们应该睁开眼睛来开（看），像卡佤一样打共产党，站起来打共产党……[299]

在其策划下，个别撒拉宣传"共产党杀人放火，共产共妻，分田地、房屋、东西，灭教，当事头人要拿去公审，晒太阳、杀头，三十岁左右，不管男女，一个不留……"[300]提出"反汉人"等口号，挑起民族隔阂，煽动无知教徒及民众，搜集枪支弹药，成立所谓"四大民族（拉祜、傣、佤及爱尼）联盟"，组织武装力量，与石炳麟地方势力合股，发动叛乱，进犯人民政权，杀害干部及群众。

1950 年初，这股叛乱武装被解放军及民兵击溃。当叛乱失败后，永文生胁迫糯佛等地 900 余民众（多数是教徒）及 30 余名大撒拉逃至境外，以缅甸景栋为据点，网罗力量，继续从事破坏活动。

2、慎重稳进，妥善工作

糯佛出现个别撒拉及少数教徒的武装叛乱、对抗政府的事件，是永文生策划指挥，意在借撒拉及教徒之手反对新生政权，制造政府与教会的对立。

对于事件的由来及症结，当地党政部门洞若观火，清楚透彻，认为澜沧基督教有明显的国际背景，由于传播时间长、教徒多、信仰深，敌对势力常常利用宗教进行破坏[301]，必须加以区分，正确对待，防范及打击敌特分子颠覆破坏活动，维护及保障群众、包括广大信教群众的利益；对那些参加叛乱

---

298 编委会：《澜沧拉祜族自治县志》，云南人民出版社，1996 年，第 5 编，民族·宗教，第 154 页。

299 澜沧县档案馆藏 1956 年 9 月 19 日糯佛区委糯佛区拉祜族地区社会政治经济调查。

300 澜沧县档案馆藏 1956 年 9 月 19 日糯佛区委糯佛区拉祜族地区社会政治经济调查。

301 李健：《团结起来，共同前进～澜沧县 1950—1966 年的统一战线工作》，澜沧县委党史办编《中共澜沧拉祜族自治县历史资料》，第 4 辑，云南民族出版社，1995 年，第 487—488 页。

的普遍教徒，不咎既往，着眼争取团结。

> 因为这种事情，主要的责任是永文生，也不是所有人都参加。
> 其中参加的一部分也是受骗或被迫的，在今天他们还是政府的好百
> 姓……只要他们投向伟大的祖国，拥护社会主义建设，不管过去有
> 多大罪恶，一律不追究既往的。如果生产、生活上有困难，政府是
> 给予帮助的。[302]

于是，当地各级政府针对这些情况，采取措施，安抚群众；广泛宣传，
开展教育，启发觉悟；认识事件的由来，揭露个别外籍传教士等的阴谋，执
行宗教信仰自由政策，维护群众利益。特别在 1950 年 9 月，云南省委对澜沧
的相关工作作出指示，要求当地政府结合实际，执行政策，分清是非，维护
群众利益：

> 澜沧各族人民代表会议上揭露"传教士美特永文生"的罪
> 行，我们认为：对于裹胁群众，进行破坏活动，反祖国活动，甚至
> 公开组织叛乱的帝国主义特务，这样做是应该的，不必提及他的宗
> 教身份是对的，但必须揭露其藉此进行反革命罪行，向群众说明我
> 们并不反对信教自由，以争取群众。因为目前当地广大群众尚对基
> 督教保有盲目信仰，我们要善于避免刺激他们的宗教感情……[303]

澜沧县领导根据省委指示，分析形势，调查研究，主动积极，认真做好
相关工作，在执行民族政策及宗教政策的前提下，坚持宗教信仰自由，注意尺
度，广泛宣传，开展教育，团结教徒，争取撒拉等宗教职业者，降低该事件可
能产生的负面效应，安定人心，稳定形势，发展生产，改善生活，等等：

> 一、肯定各少数民族均有"保持或改革其风俗习惯、宗教信仰
> 的自由"在共同纲领上已写得很明白，但改革主要须依靠各族广大
> 群众有了觉悟，真实是一致要求，才可以搞。干部不能包办代替，
> 过急求成，否则会出乱子或钻空子。
>
> 二、……你们已经很明朗（确？）在群众大会上宣传：神台、
> 神像，你们要烧掉，人民政府是许可的。暗示群众毁掉，使群众不
> 烧也不好，这将会造成坏人钻空子，造谣污蔑共产党不准信教，命

---

302 澜沧县档案馆藏 1956 年 5 月 30 日糯佛区工作队糯福区宗教界人士座谈会情况报
　　告。

303 云南省委：《关于少数民族工作中的两种错误思想的指示》，载云南省委办公厅编
　　《两种活页文件》第 5 号，1950 年。

令把神像烧了……希望这类事情即时注意防止，大力地宣传我宗教政策，表明政府的态度，不反对宗教信仰自由，了解和解除教徒的思想顾虑，提倡自给、自传、自治。

三、你们准备搞一"坦白运动"，这是错误的，教徒信教没有犯错误，为什么要他坦白呢？因此这样做不好，希把这些工作贯穿在民族团结、对敌斗争、增加生产的具体任务里，不要单打一……304

遵照"慎重稳定"的方针及省委指示，当地政府掌握政策，注意方法，开展工作；争取团结宗教上层，政治安排、经济补助；对教徒群众开展反帝爱国教育，宣传祖国的建设与发展，启发认识，提高觉悟，树立及增强爱国主义思想，以及"进一步交代党的宗教政策，解决教徒中各种怀疑、顾虑和不满，不要再以'劳动创造一切'去直接批驳'上帝创造一切'的虚伪说教"等等。

其间，地方政府也着手采取措施，做好平息糯佛叛乱后的善后工作，如部队搬回营房，糯佛教堂归还教会，解决信教群众的礼拜要求；保持教堂及周边地区的完整及清洁305；动员及组织教会人士到内地参观，开拓眼界，沟通思想，产生及强化内向意识等。

（三）教会活动类型

当时，在澜沧部分拉祜族地区，基督教活动出现这样三种态势：①如木戛（永安）等地，部分民众放弃基督教信仰，公开背教；②糯佛等地，部分教徒信仰淡漠，参加礼拜者减少，宗教活动逐渐萎缩，甚至不进行公开活动；③芒（蛮）弄等地，一些教会主动嬗变，宣传"新内容"，适应社会，谋求发展。现将这些变化，分述于下：

1、木戛等地

木戛位于澜沧西北，接界沧源、西盟，接壤缅甸，系拉祜、佤族杂居地，基督教虽有传播，但不是重要活动区。

1949年底，该地撒拉逃走，教会统率无人，宗教活动因缺乏领导而逐渐消失，信教群众的信仰也趋于淡化，认为宗教活动可有可无，要求不迫切，甚至个别人还以政府的态度来决定信仰宗教的取舍。他们说："假若以后传

---

304 澜沧县档案馆藏1951年10月9日县工委胡耀东关于处理信教问题的几点指示。
305 云南省档案馆藏1956年1月6日澜沧边工委对糯佛工作的指示。

教士回来，我们就来报政府。政府说：给他传，我们就不说；政府说：不要。那我们就把他追丢。"[306]虽然这些人数量不多，但反映出当地的教徒思想已发生变化，揭示其宗教信仰程度已逐步淡化的现象。

2、糯佛等地

糯佛位于澜沧西南，接壤缅甸，系基督教的主要活动区。其中糯佛大寨是全县基督教的领导中心，所谓"美利坚合众国浸信会糯佛分会"就设在这里。

在平息永文生策动的叛乱后，地方政府采取措施，"做好事、交朋友"，疏通关系，安定民众，稳定秩序。配合抗美援朝宣传、电影下乡，巡回放映，形象教育，以及开展"山区改造"、发展经济等，扩大共产党、人民政府的影响，施以教育，影响及改变民众，尤其是信教群众的观念，认同并接受人民政权。

开展这些工作后，相关的政策措施得到宣传，部分撒拉和教徒对比新旧社会的差异，思想发生了变化，突出表现是接受了人民政府开展反美爱国的宣传，滋生出祖国（中国）的观念及领导人（毛主席）的认同意识，产生了靠拢政府、接受领导的意向

> 大部分教徒崇拜美帝国主义及永伟里父子思想逐步开始仇视了。如过去我们不能唱打倒美帝国主义的歌，或说"美帝国主义"。现在，我们可以说而且可以宣传与揭发美帝的罪恶，且教徒也说"美帝"了。如教徒看了我们的电影说：过去美帝的电影不说话、不好看，现在毛主席的电影会说话，真好看……美国人过去来传教，是为了侵略我们中国。我们以后不信美帝的道理，不过礼拜，要听毛主席的话。如果再搞礼拜，就等于再信美帝的道理，礼拜天不唱美帝的歌子，不读美帝的书，唱毛主席、解放军的歌，读毛主席的书……[307]

通过教育，主要是反美反帝、新旧对比等教育，部分教徒及若干撒拉的信仰追求有所变化，对教会的依附程度降低，感情趋于冷漠，一些宗教禁忌和仪式有所放弃；还有些人甚至放弃宗教信仰。加上永文生及部分撒拉出逃，部分村寨宗教活动统率乏人；新型民族干部的选拔、培养及任用，撒拉丧失

---

306 澜沧县档案馆藏1952年1月佚名永安区（木戛）情况。
307 云南省档案馆藏1954年12月4日云南省某部门关于糯佛教会调查。

了原有的地位，威信下降，难以有效组织宗教活动，教徒们较少参加礼拜活动。如糯佛大寨，在 1953 年 5 月前，有 80 余人参加礼拜活动；但到 1954 年 3 月，参加礼拜者仅 30 余人。其后参加礼拜人数越来越少，到 7 月份时，该寨已无人进入教堂作礼拜，公开的宗教活动基本上停止。

> 不作礼拜之原因，来自群众方面。由于群众觉悟提高，我党为人民服务的各种事实被群众所体会，因此群众这样说：今天是毛主席、共产党领导，信美国不好。见工作同志有些不好意思。另主要的是以永文生为主的宗教统治者已逃出国外，没人具体领导，监督限制。糯福群众说：解放前信教生活很苦，建国后有些不信教，生活同样好过，信不信都是一样啦，礼拜天只是去唱唱歌，所以群众思想上逐步淡漠……

> 另外，由于民族干部的成长也起了一定的作用。自治区委员代表扎卡、左觉民经常对群众宣传，说他们以前同样信，生活是如何困难；建国后不信了，生活逐年改善，还当了中队长、委员、代表，并与群众具体地算了耽误生产的账。娜妥委员也常说：今天是毛主席领导，应唱毛主席的，不要唱美国的歌。糯福信教较忠实的付村长，去年到昆明参观回来后，宣传今天是毛主席领导，我们要唱毛主席的歌，不唱美帝国主义的歌。我们这里是中国的地方，不是美国的地方，要与美帝一刀两断。[308]

糯佛大寨是永伟里进入澜沧最早建立教堂的地方，曾是滇西南拉祜族基督教会的领导中心，地位重要。该寨信教群众不公开从事礼拜活动，产生出广泛的影响，辐射及引导周围村寨，它们也受到影响，产生类似现象。

其实，透过现象看问题，当地信徒群众放弃公开宗教活动，原因多方面的。其中部分教徒确因生产发展、生活改善、觉悟提高，及接受教育等而放弃信仰，但也有部分信徒迫于外界压力而采取隐藏方式，革面不革心，公开放弃，暗中坚守，继续进行宗教诉求，一俟环境变化，时机成熟，就会公开反映、积极表现。

（三）芒（蛮）弄等地

与糯佛等地不同的是，基督教则在芒（蛮）弄等拉祜族聚居地有明显的发展，分析原因，与教牧人员与时俱时，调适宣讲内容，谋求发展有关。

---

308 澜沧县档案馆藏 1955 年 5 月 19 日糯佛区委关于糯福宗教问题的报告。

解放后，在党的领导下，拉祜民众摆脱了旧社会的枷锁，翻身做主人，爱戴共产党、拥护人民政府，精神面貌焕然一新。对新社会的热爱、对新教育的接受，使得他们对新思想、新组织等有了兴趣，接受意向强烈。个别教牧人员有鉴于此，注入时代内容，加以嬗变。

他们借"解放"名义向群众宣传其传播的是"解放新教"，是建国后涌现的新兴宗教，做好事、讲平等、讲团结，"同生死、共患难"，"有福同享、有祸同当"，与旧社会的基督教不同。加入之后，心情愉快，身体健康，不会生病。还向群众宣传，现在是建国后的新中国，什么都是新的，连宗教（教门）也是新的，所以我们也必须入新的教门。

为了掩饰其礼拜活动，这些传教者说建国后共产党的会多，我们的会也要多，三天开一小会，七天一纳佛（礼拜）。在纳佛时，大家集中一起，开展活动，实行握手礼，表示团结。并说我们进入新社会，就要改变习俗，不能信神鬼、不许喝酒，有所禁忌等[309]。

的确，这种"新瓶装旧酒"的宣教手段，具有隐蔽性和实用性，在一段时间内或许能迷惑少数群众，收到效好的传播效果，基督教也因此在部分地方、部分群众中得到了一定程度的传播。

二、境外教会破坏，境内基督教应对

（一）境外教会实施破坏

澜沧基督教系美籍传教士永伟里所传播。从传入之始，在永氏父子的支配下，该教会从名称到宣讲内容、部分行为等，都有鲜明的外向性，由此而派生某些行动的政治性。最典型者是永文生策动糯佛部分民众发动叛乱，对抗人民政府。

平息叛乱后，人民政府不究既往，采取措施稳定秩序、安定人心、争取团结信徒群众，但永文生却威迫部分撒拉及教徒外逃境外，以景栋为据点，建立领导机构。

在此之后，永文生将管理教务权力交予原糯佛大撒拉李××，表面上是潜心翻译佤文圣经，不再过问教会事务。树欲静而风不止，处于当时对立的环境下，境外教会随时会藉宗教等对澜沧进行渗透，施加影响，甚至捣乱破

---

309 云南省档案馆藏 1952 年佚名蛮弄山宗教问题情况。

坏。如 1951 年,永文生支使撒拉张×给糯佛村长来信,希望他们不要听共产党的话,粮食不要给共产党吃,并表示我们还是要回来……[310]同时,各种谣言也在糯佛等地秘密散布,如声称美国势力强大,要帮蒋介石反攻,将复辟旧制;中国力量弱,怕美国、怕永文生;美国要投原子弹,只有信了教的人炸不死等谣言;宣传外国有田有地,自由自在,得种大烟等等[311],吓唬群众,妄图诱惑一些人外出。

追究来源,这些谣言是从景栋教会传入国内,暗中散布,转辗传播,蛊惑人心,意图恐吓民众、尤其是要求进步的撒拉及教徒,以及诱引群众、主要是信教群众离境外迁,等等。当时,滇西边疆地区,地广人稀,劳动力宝贵。有了劳力才能开发、才能建设,因而吸引劳动者、稳定及拉拢人心显得尤其重要。

与制造谣言、恐吓群众配套的是采取利诱或拉拢手段。如 1956 年李××给澜沧班利寨撒拉张某来信,诱惑拉拢,还要他转告澜沧县的其他撒拉:你们的津贴从 1949 年到现在(指 1956 年),都保存在外面,什么时候都可以领取……[312]这些刚柔手段,相互并用,异曲同工,分化教徒群众,分离政府与教会的关系。

对此,当地政府部门认为"澜沧基督教有明显的国际政治背景,是帝国主义文化侵略的组成部分,但教徒人数多、信仰深,敌特常利用宗教进行活动,为澜沧建国后宗教工作的重点"[313],应对及挫败境外宗教的破坏活动成为地方政府的重要工作与教会顺从形势的调适内容。

应该看到,当时部分群众放弃了公开的礼拜活动不完全出于真心,这并非好事。受社会政治环境改变等的影响,的确有一些人放弃了基督教信仰,不再信仰耶稣等;另一些人可能不是这样,革面不革心,只是不在公众场合表现其信仰而已。"撒拉"的逃走或弃职,管理缺位,教堂破烂,影响观瞻,授境外教会攻击的口实。严重的还有,除早已失效的"美利坚合众国浸信会糯佛分会"外,澜沧缺乏统一各寨的县级教会组织,难以组织信教群众抵御

---

310 澜沧县档案馆藏 1957 年 6 月 4 日澜沧县委澜沧糯佛基督教情况。
311 澜沧县档案馆藏 1956 年 9 月 3 日糯福区委关于糯福区对敌斗争与宗教问题的报告。
312 澜沧县档案馆藏 1957 年 6 月 4 日澜沧县委澜沧糯佛基督教情况。
313 李健:《团结起来,共同前进~澜沧县 1950—1966 年的统一战线工作》,《中共澜沧拉祜族自治县历史资料》,第 4 辑,第 487 页。

外来渗透。

（二）采取措施，抵制破坏

1954 年 9 月，第一届一次全国人大召开，通过了《中华人民共和国宪法》，宪法重申中华人民共和国公民有宗教信仰自由，受到法律的保护。

接着，按照上级布置，地方政府组织人员，巡回各地，宣传及讲解宪法；召开座谈会，宣讲宪法精神，强调保护宗教信仰自由，等等。在实际工作中，地方政府认为宗教工作是一项社会性的群众工作。开展这项工作，要争取团结有代表性的宗教上层，发动教徒群众，开展反帝爱国教育，提高觉悟；在人大及政协中适当安置宗教上层，搞好统战工作；发现及培养教徒中的积极分子，培养爱国的教牧人员，逐步占领宗教的阵地[314]。

既然基督教在当地客观存在，民众有信仰及选择宗教信仰的权利，信教群众的信仰要求需要得到满足，要受到法律的保护。澜沧系沿边民族地区，宗教活动随时受到境外教会的渗透、影响及干扰。与其严密防范，莫如允许礼拜活动，变暗地为公开；礼拜活动时，可通过以前是教徒的干部向教徒开展爱国主义教育；对原有撒拉、波管进行学习改造，选派一些青年积极分子学习；对宗教上层，经济给予补助，政治上加以安置；对影响大的教堂，由政府出款修理，带动其他。要支持教会成立三自爱国会，管理宗教事务，引导开展正常的宗教活动，抵制渗透。其领导成员拟由以下人员构成：①党和政府干部，本身是基督教徒；②较进步靠我的宗教上层；③出身劳动人民家庭、在群众中有一定影响的教徒；④有代表性的宗教上层[315]；通过他们，掌握宗教旗帜，爱国爱教。

的确，人民政府采取这些措施后，起到了团结、引导等效果，境外教会的威胁或利诱难以产生效果。接着，它们变换伎俩，改变手段，组织传教大会，诱引边民外出参观，再采取各种手段让其逗留境外。

（三）境外渗透，诱引边民出逃

20 世纪 50 年代初，在美国某教会的资助下，永文生在景栋北郊景帕购置

---

314 李健：《团结起来，共同前进～澜沧县 1950—1966 年的统一战线工作》，同上，第488 页。迄至 1957 年，澜沧县在宗教上层人士中安排了 15 名县人大代表、13 名县政协委员、2 名县政府科长和 2 名区长。

315 澜沧县档案馆藏 1956 年 9 月 3 日糯福区委关于糯福区对敌斗争与宗教问题的报告。

了大片土地，作为活动基地，交李××等人管理，收留出逃的信教群众。接着，境外教会又在毗邻糯佛邦角的缅甸沙寨等地设立教堂，建立学校、广播站、商店和诊所等，用拉祜、佤、傣及爱尼（哈尼族一支系）四种语言全天广播，宣传宗教，传播教理，攻击中国政府，诋毁民族宗教政策，"糯福教堂没人管了，在中国不得做礼拜，二天死了不得上天堂，要信教的赶快跑出"；"上帝说中国今年要闹粮荒，明年要闹大粮荒，今年不死人，明年要死人"等。以及筹集经费及粮食等物资，设立接待站，派人入境，引诱边民外出，给予安家费用，移居缅甸、傣国，等等。

1956 年底，永文生筹备经费，召集人员，选择距澜沧沿边村寨约 10 里的缅甸纳莫寨召开基督教的布道大会，还派遣十余名人员非法入境，秘密活动，宣传动员，引诱边民（主要是教徒）出境参加。

1957 年 2 月底，境外的浸信会布道大会召开，据说与会者 1100 余人，涉及缅甸边地 70 余寨，规模浩大，牵涉广泛。表面上看，该会议的议题是：采取措施，发展教徒；宗教费用及捐献、摊派等；扩充教会学校，预防"坏人"及"小偷"等。实则组织人马，示威境内教会，造成恶劣的影响。

不可否认，该布道大会的造势及相关活动，给澜沧等地基督教的确施加了不小压力，一些民众、主要是信教群众受到影响，情绪波动；个别者还越境参加，有的甚至滞留境外。

（四）澜沧基督教的积极应对

境外教会制造谣言，挑起不满，策动边民外逃，甚至召开传教会议，挑战澜沧县人民政府及基督教会。1957 年 3 月，在政府有关部门帮助下，澜沧基督教会针对相对，召开全县第一次基督教代表会议，与会代表 153 人；还邀请昆明基督教三自会牧师孙守信、王桂媛两人来澜沧莅会，宣讲爱教爱国，独立自主，自办教会。

在这次会上，主持人提出"宗教倾向谁"、"靠谁办教"等问题，要求与会代表加以讨论，辨清是非，明确倾向。在讨论中，代表们认为目前"全国解放了，我们教堂还没有解放；现在全国建设了，我们教堂的牌子也要换一换"。自然，早已失效的"美利坚合众国糯佛浸信会"名称应该也必须抛弃，换为中国自己的招牌。还提出培养年青的撒拉、刊印拉祜文的新圣经、准许在有教徒的地区传教、修理教堂，以及昆明派牧师（撒拉弄[316]）来糯佛

---

316 撒拉弄在拉祜语中指牧师。

长期居住、主持活动等多项要求。其中请内地牧师指导教务的要求尤其强烈，希望通过内地牧师的指导，改变教会的方向及活动内容，成为中国基督教会的会员：

> 我们民族落后，没有上海、昆明来的人领导，光靠本民族几个撒拉来搞，是不行的，如果自己能搞，我们也不会等到这几年。人可以送出去，但教会总不能说是拉祜族的，要说是昆明的教会，政府的教会。

经过讨论协商，代表们同意取消美国浸信会的旧名称，成立"澜沧县基督教爱国会筹备会"，选举产生 21 名筹备会成员，姚保义任秘书。会后，由孙守信牧师主礼，按立了李扎志（撒拉扎志）为牧师（撒拉弄），领导全县教务。

会议还邀请当地干部出席并讲话，宣传了祖国的大好形势和中共宗教政策，介绍了建国以来澜沧的发展及变化，建立及加强了政府与教会的联系，管理宗教事务等。

通过召开会议，讨论了相关事项，端正了办教方向，组建澜沧县基督教爱国会，按立了牧师，有了教务的领导者等。当地干部还认为，通过这次会议，党的宗教政策进一步地贯彻到群众中间，教徒的宗教生活得到了满足，为我境教会由外向转为内向开辟了良好的开端，有利于稳定群众和开展对敌斗争，使我们初步占领了这块宗教阵地，掌握了宗教的旗帜，引导活动的方向：

> 只有当我们抓住了宗教旗帜，只有当教徒的宗教生活有了充分保证，宗教感情不再受到压抑的情况下，才能做透教徒群众的爱国主义思想工作，才能扭转边疆宗教由外向转内向。[317]

尽管这次代表会议取得了若干积极的成果，宣传并实践了爱国爱教，但也存在一些问题。如受某些观念的影响，在会议期间，地方政府的介入较多，一些撒拉及教徒产生出官办教会的错觉，除希望政府资助基督教外，还想借政府等名义开展活动。会后，部分撒拉、教徒藉此竭力宣传，谋求发展，仅在三四个月时间，就施洗新教徒 910 多人，选举波管 6 人，导致基督教的快速发展；个别村寨的教牧人员伺机讽刺非教徒，加强控制教徒，甚至提出要

---

317 澜沧县档案馆藏 1957 年 4 月 10 日关于澜沧地区基督教第一次代表会召开情况报告。

处分不守教规的教徒，要把不信教的人撵出寨子；一些地方备工备料，积极筹建新教堂等等。

> 1957 年第一次代表会议后，在筹委会撒拉中产生严重的依靠政府办教的思想，原因有二：1、内地教会未加强对他们的领导，联系差，他们无管理水平和经验，具体困难多；2、企图把教会作为政府一个部门，以求得党和政府在经济上和政治上的支持。[318]

还有，受"属地管理"体制的限制及此后"反右"运动等的影响，昆明基督教会也难以继续扶持澜沧教会，才建立的宗教联系迅速中断，对当地教会的活动无不影响。

（五）境外教会再施压力，境内教会主动反击

1958 年初，境外教会再作动作，公开挑衅，选择距澜沧边界不足 10 里的缅甸南磨房寨召开宗教会议（缅语"歌敏底"）。传说美国教会为此次会议提供了 2 亿元的费用，要召集 1 万多人参加。这次会议除开展各种大型活动外，还要检查几年来宗教活动，布置以后的工作等等。

为了筹备这次会议，境外基督教会在南磨房寨修建了若干房屋，安置来宾；按贫富等级，全体村民摊派费用；相传永文生亲自参会，坐镇指挥；景栋官员"召行"也将带几百人参加，携带电影队前来祝贺，大造声势，等等[319]。

"山雨欲来风满楼"，有关部门经过研究，认为境外基督教筹备南磨房会议的意图明显，正是针对我们，它们会使用派遣、策动、煽动等各种手段引诱我境教徒群众外出参加，搞乱思想，分化瓦解，破坏我方工作。于是，澜沧县边工委指示糯佛、东回等地领导应即深入基督教集中地方，摸清情况和群众反映动态，全面地交待党对宗教的保护政策，说明爱国爱教的道理，要与国外割断关系，动员民众全力投入大春春耕，抢种早熟作物，减轻今后粮荒，改善生活等。在步骤上，先进行要求进步、靠拢的宗教上层及教徒的思想工作，交代政策，帮助他们提高认识，再通过他们宣传教育，作好群众思想工作。

其间，澜沧县基督教会也采取措施，组织力量，宣传引导，主动反击，

---

318 澜沧县档案馆藏 1958 年边工委澜沧地区几年来宗教工作情况和问题。

319 澜沧县档案馆藏 1958 年 2 月 21 日澜沧边工委办公室关于国外召开宗教大会的初步了解情况和处理意见。

抵制境外破坏。2月底，澜沧基督教召开第二次代表会议，与会代表70人。在李扎志牧师的主持下，总结一年来工作情况，安排了今后的工作。有关领导莅会宣讲政策、介绍形势，会议根据"大跃进"、大变化的要求，提出"大跃进为谁好"，"搞好大跃进和办好教会有什么关系"，以及"撒拉、波管要如何领导教徒，搞好大跃进"等问题，就搞好农业生产、生产大跃进和办好教会的关系等开展广泛的辩论，采取召集撒拉等座谈，用出一天工，即可创造若干财富的事实算细账；发动教徒，以及对比方法，专题辩论，阐述多出工、多收入是为谁好？多积肥、多挖田有什么好处等？

会议确定既尊重宗教信仰、又有利发展生产的原则，教育撒拉、波管响应"大跃进运动"的号召，开展大生产，星期六坚持出工，种好自己的田地，发展生产，起好带头作用。

会议也希望密切澜沧教会与内地教会的联系，昆明等地教会指导开展正常的宗教活动，促进及实现教会的内向；以及期望有关部门能译出拉祜族圣经及赞美诗，及时印刷，积极推广，满足教徒的精神需要，等等[320]。

三、"大跃进"运动及其影响

在1956年以前，澜沧等地党政部门注意到边疆民族地区宗教活动中的民族性、复杂性及国际性，坚持"慎重稳进"的原则，正面教育，积极引导，实施特殊的政策，基本上不正面触动宗教，尤其是基督教。

1957年3月，澜沧县基督教会召开第一次代表会议，成立"澜沧县基督教爱国会筹备会"。通过这次会议，统一了思想，选举了领导机构，按立拉祜族牧师，管理教务等，意在掌握住宗教旗帜，抵御渗透，变外向为内向。12月，筹备会召开了第四次会议，与会代表学习政策，认清形势，作了八条决议，"分清了敌我界限，对党的宗教政策有了进一步理解，使教会在爱国爱教的道路（上）跨出了一步"[321]，取得了积极的成效。

其间，在有关部门的布置下，云南省内地宗教界开展了"社会主义教育运动"，就拥护中共对国家政治生活的领导和宗教政策等，爱国爱教一致性等问题，开展大辩论，分清正误，明辩是非，消除封建阶级、资产阶级的残

320　澜沧县档案馆藏1958年3月7日糯佛第二次宗教代表会议总结报告。

321　李健：《团结起来，共同前进～澜沧县1956～1966年的统一战线工作》，《中共澜沧拉祜自治县历史资料》，第4辑，第490页。

余影响，但仍对边疆地区宗教界持慎重的态度，暂缓开展相关辩论。

从 1957 年底到 1958 年，在总路线的指引下，"多、快、好、省"地建设社会主义，全国各地开展"大跃进"运动，跑步进入共产主义社会。云南边疆民族地区也不例外，开展了"民主补课"等运动，促进"大跃进"及人民公社运动的纵深发展，工作急躁，要用"棍子将少数民族赶进天堂"。澜沧县教会于 58 年 2 月召开第二届基督教代表会，对搞好农业生产大跃进与办好教会的关系等进行大辩论，要解决大跃进与宗教的矛盾，要求周三、周六晚上不再做礼拜，撒拉自己种田，从事农业生产等。不过，这些要求附有强迫的色彩[322]。

然而，这些运动背离"慎重稳进"的精神，放弃了积极领导，稳步发展的方针，突出并强调了阶级观点，划分阶级，强调敌我界线，开展阶级斗争，扩大了打击面，错捕、错斗部分群众[323]……

"大跃进"及人民公社运动等，的确带来了宗教的"大变化"，除绝大多数教堂不再开展礼拜活动等，无形关闭外，还有以下突出的变化：

1、教徒信仰"淡漠"、觉悟"提高"，纷纷"退教"

据说在生产劳动中，多数信教群众（含教牧人员）看到了自己征服自然的强大力量，认识到人的作用，于是对上帝或神的信仰和仰赖也就相对地削弱了。

> 糯福寨教徒石××说：我讨了 40 年的佛，一点东西也讨不得，反而连将种都讨光了，如果像今年一样搞生产，一二年就可以够吃够穿……糯福社（原来的社）45 个教徒中就有 30 人提出退教，班美社 66 个教徒中有 63 个要退教，现在全县有 3 个区的 34 个寨子约 3000 多教徒不信教了。在继续信教的地区也有相当分化，现在信教的多系老人和妇女，青壮年（男人）大部不信了。

这样，有部分群众干脆"放弃"了宗教信仰，退出了基督教，不再参与宗教活动。影响所至，当地教徒大减，公开的宗教活动消失……

2、部分教会减少甚至放弃礼拜。

在生产紧张时，各社队以"生产大跃进"名义，通过积极分子串连，发

---

322 李健：《团结起来，共同前进～澜沧县 1956～1966 年的统一战线工作》，同上，第 491 页。

323 编委会：《澜沧拉祜族自治县志》，云南人民出版社，1996 年，大事记，第 16 页。

动群众，占用礼拜天而从事农业生产；星期三晚上也不过礼拜。只有在生产不紧张时，才开展礼拜活动，但活动时间也大大缩短了。

3、废除宗教"剥削"

在此期间，信教群众不再因祈福名义，以"挡谷子"、"挡米"及"挡钱"等方式，向撒拉奉献财物，提供其生活需要。多数村寨的撒拉无物可得，生活困难，只得参加农业劳动，获得收入，争取自养。影响所至，县基督教三自筹备会也因缺乏经费，难以继续开展工作、组织相关的活动，名存实亡[324]。

尽管这些变化显著且"积极"，其实它们并非出于自愿，却是沉重压力下的无奈举动，甚至是应付之举。于是，这些所谓"变化"却被境外敌对势力利用，大做文章。他们竭力宣传"在中国吃不饱，生活苦，信教不自由，你们出来，在南弄、勐永，有撒拉弄买给出来教友种的一大块地，很肥沃，种一年，可以吃三年。如果三年不行，还可以再包，信教、生产自由"等[325]。以信仰宗教自由为诱饵，召开传教会议，大造声势，攻击中国政府，影响境内民众，"共产党的政策变了，现在内地都不准做礼拜，礼拜天也要逼着生产，不准休息……"提供优惠条件，引诱边民，主要是教徒移居境外。如该县糯福、东回两区，在 1958 年就外逃 7000 人，其中多数是基督徒，以至部分沿边村寨的居民基本跑光，空空如也，寂静荒凉。

> 大跃进开展以后，敌特乘机造谣破坏，敌我斗争日愈尖锐，宗教上层和某些教徒中的怀疑不满情绪被敌所利用和煽动，在一定程度上宗教又变成了敌人对我进行斗争的工具，敌人通过对我宗教政策和大跃进的歪曲污蔑，大力宣扬国外宗教的热闹和自由，因而煽动和诱骗了许多教徒和群众外逃。[326]

其间，当地又开展"民主补课"、"大跃进"及人民公社等运动，想象所谓"大跃进"求得生产大发展、社会大进步，跑步进入共产主义。可是，欲速则不达，却起到为渊驱鱼、为丛逐雀的后果。

---

324 澜沧县档案馆藏 1959 年 1 月 19 日澜沧县工委 1958 年宗教工作情况。讨佛是拉祜语中祈求耶稣的意思。

325 澜沧县档案馆藏 1961 年 10 月 24 日云南省委调查组关于澜沧县糯佛乡基督教问题的调查报告。

326 澜沧县档案馆藏 1959 年 1 月 19 日澜沧县边工委 1958 年宗教工作情况。

四、政策的调整及教会的变化

1958 年底，云南省委鉴于"大跃进"及人民公社运动等给边疆民族地区带来了剧急的社会震动：边民外逃，生产破坏，社会不稳，危及国防安全，⋯⋯于是，采取断然措施，紧急刹车，停止开展人民公社等运动。

"大跃进"运动除改变生产关系等外，遭受其冲击还有宗教组织、宗教活动，以及民族群众的宗教信仰。毋庸讳言，在外迁的边民中，基督教徒占有较大比例。如澜沧沿边村寨，多数信教群众已迁至境外，向往成为座座空寨。靠近内地的村寨，群众虽外迁不易，但公开不进行宗教活动，不过仍有些人暗中操持信仰，并希望政府能执行宗教政策，允许公开活动，因而在调整农村各项政策时，亦需要执行宗教信仰自由政策，承认并保护群众的宗教信仰权利。于是澜沧边工委遵照上级指示，根据实际，提出做好宗教工作的意见："1、加强对敌斗争，划清敌我界线，继续争取宗教转为内向；2、努力发展生产，贯彻宗教政策，切忌用强迫和行政命令方法解决宗教问题；3、丰富教徒的文化生活，加强科学技术的宣传；4、在教徒中培养进步力量，重组基督教爱国筹备委员会，对宗教维持现状，控制发展⋯⋯"尽管这些指示存在时代的局限性，但"总的来说是好的，特别是纠正强迫命令的方法，起到了安定教徒、稳定人心的作用"[327]。

1959 年初，澜沧边工委深入各地，广泛调查，了解实际情况，总结自 1957 年 3 月基督教三自会（筹）建立以来，基督教倾于内向、接受政府管理、开展正常宗教活动等方面取得的成绩；认识"大跃进"及人民公社运动等中对宗教的冲击，以及境外敌对势力利用宗教开展的破坏活动等；揭示缺乏健全的宗教组织和内向的教职人员等而派生的后果等，建议各级政府等要认真全面贯彻党的宗教政策，对妨碍生产发展的教规教仪，"在教徒觉悟和自愿的基础上，可逐步削弱或代替；但在教徒未觉悟前，不宜强制执行，切忌用强迫或行政命令的方法来解决宗教问题"。同时，大力发展生产，改善群众生活；翻译民族语歌曲、放映电影、推广球类等体育活动，丰富群众的文化生活。以及加强教会的对敌斗争，抵制渗透破坏，通过政府引线，与内地教会挂上钩，割断与境外教会的联系，变外内为内向。并且通过生产和共产主义教育，提高教徒群众的阶级觉悟，划清阶级界线和敌我界线；注意物色积极

---

327 李健：《团结起来，共同前进～澜沧县 1956～1966 年的统一战线工作》，《中共澜沧拉祜自治县历史资料》，第 4 辑，第 491 页。

分子，培养进步力量，重组县三自筹委会，等等[328]。

2 月初，边工委在前项规定的基础上，进一步调整措施，降低"大跃进运动"等对民族群众的信仰诉求及宗教活动带来的负面作用：要求各级党委要加强对宗教工作的领导，配置专人负责，并对干部进行宗教政策的学习等；全面宣传及贯彻党的宗教信仰自由政策，在服从生产，遵守政府法令的原则下，对基督教的礼拜天等不必干涉；继续团结、教育和改造宗教界上层人士，并继续和适当安排，等等[329]。

这些措施的实施，部分地稳定了人心，安定了形势，边民外逃减少，群众的宗教活动有所恢复。但受多种因素的限制，1959 年及以后的政策调整并非得到全面贯彻，切实执行，其间仍有反复，急躁冒进情绪时有发生，影响政策的落实及相关工作的开展等。

1960 年 11 月，中共中央发出《关于农村人民公社当前政策问题的紧急指示信》和《关于贯彻执行〈紧急指示信〉的指示》，着力纠正自 1958 年以来农村工作中"左"的错误。此后，调整及恢复政策才在边疆民族地区真正地落实。

肯定地讲，调整或恢复政策包括要真正执行宗教信仰自由的政策。要尊重和保护民族群众的宗教信仰自由，允许及保护开展正常的宗教活动。这不仅维护民族群众的基本权利，选择或信仰某种宗教的自由；也涉及民意的表达及人心的争夺，进而关系到边疆民族地区的社会稳定、经济发展及国防安全。反之，在缅甸的基督教会则采取以下措施，诱惑边民，吸引外迁，影响澜沧等地安定：

> 境外教会对外迁的教徒都施加一些小恩小惠诱惑。部分村寨每一人发给一个"十"字，保护不抓兵，发给三四十斤粮食，锄头一户两把。帝国主义牧师被我驱逐出境后，沿我边境一线，近到 1 华里，远到 40 华里的巴何加……等 10 个缅境村寨设立教堂，办学校，教拉祜文，大搞教徒集会，吸引我境内群众，随时针对我各项工作进行造谣说：在中国吃不饱，生活苦，信教不自由，你们出来，在南弄、勐永，有撒拉弄买，留给出来教友种的一大块地，很肥沃。种一年，可以吃三年；如果三年不行，还可以再包。信教、生产自

---

328 澜沧县档案馆藏 1959 年 1 月 19 日澜沧县边工委 1958 年宗教工作情况。
329 澜沧县档案馆藏 1959 年 2 月 14 日澜沧县边工委关于加强宗教工作的意见。

由。据回来教徒说：今年 7 月境外教会在贺岛召开了一个教徒大会，约 1000 余人参加。9 月又在金坎召开第二次大会，到会 1700 余人，会上并成立了一个所谓协会，并决定春节在金坎再开一次更大的歌咏比赛大会，传说要境内的教徒都去参加。参加的人可以不带钱、不交粮，宗教上有一笔传教开支。[330]

1961 年 10 月，云南省有关部门派出了调查组来到澜沧等地，分赴糯佛、班利等拉祜民众聚居村寨了解基督教的活动及信教群众的要求等。其间，中央统战部也派人到沿边民族地区，深入基层，了解宗教的实际情况。

通过调查，有关部门得知 1958 年"大跃进"及人民公社运动等冲击，受境外别有用心者的诱惑，糯佛等地部分拉祜等族群众，包括不少教徒外迁缅甸，但还有不少拉祜民众（包括从境外返回群众）留驻当地，接受党和政府的领导。如在糯佛乡的民众中，基督徒约占 50%，比例不小。在他们中间，的确有人声称放弃了宗教信仰，还表示"过去，牧师说不信教的生了病就会死，死了也不得上天；可是，这两年不讨佛，生了病就找医生看，打针吃药。过去，生了病，一边讨佛一边病人就死掉，牧师还说这个是到该死的时候，上帝接他们上天去啦"。因此他们不再相信宗教，接受科学，转向医疗等。但经过深入的调查，情况并非如此。在这些群众中，真正放弃信仰者不到 5%，是极少数。宗教信仰淡漠者约 2／3，他们在"思想感情上仍对宗教有联系"，只是追求的程度不甚强烈，表现为随大流，"如果准许讨佛，我们还是想讨的，这几年没有搞过，青年们结婚也不方便，好像是偷偷做的，没有以前和外国的热闹、自由"。当中以临死前希望得到终极关系的意愿尤其迫切。然而，坚持信仰者仍有 1／3。这些虔诚者仍固守信仰，"从小就讨佛，现在不得做嘛，心理不好在。七天一讨佛是我们的礼，不给讨佛，这个地方不想在。不信耶稣，星期天不忌日子，二天眼睛全瞎掉"。其间，他们暗中邀约同类，组织家庭礼拜，还强烈要求政府允许恢复礼拜等活动、满足宗教诉求，以及维修糯佛大教堂，等等[331]。

与之比较，东回乡班利寨很少发生信教群众外迁现象，村民仍坚持基督教信仰，系全民信教寨，礼拜等宗教活动公开、正常地举行，其中周日要作

---

330 澜沧县档案馆藏 1961 年 10 月 24 日省委调查组关于澜沧县糯佛乡基督教问题的调查报告。
331 澜沧县档案馆藏 1961 年 10 月 24 日省委调查组关于澜沧县糯佛乡基督教问题的调查报告。

三场礼拜，"进教堂的人数，早、午、晚不一。通常情况是早上少些，一般五六十人；中午多些，一般为百人左右；下午最多，为 150 人左右。另星期天，一般不参加任何劳动。就是无菜吃，也不下地摘一片菜叶；无米吃，也不舂碓；卖东西，也不当时收钱"。因而，该寨群众迫切要求解决的不是允许开展宗教活动，而是希望能在礼拜活动中传授拉祜文字，以便群众能阅读圣经；请政府提供拉祜文圣经及赞美诗，选派青年到内地神学院学习，毕业后返乡担任撒拉，解决群众的宗教诉求；请求内地牧师来边疆主持宗教活动，等等[332]。

根据实际情况，结合民众的要求，以及政策调整，调查组认为在调整生产关系的同时，注意调整宗教界与我们的关系，建议每年圣诞节前召开教牧人员座谈会，交代政策，表明态度；维修糯佛大教堂，归还教堂物品，允许教徒礼拜；`物色对象，选派到内地神学院训练，培养自己的撒拉；解决拉祜文圣经及赞美诗，以及内地选派牧师来边疆地区主持宗教活动，增强内向倾向等[333]。

年底，在有关部门的安排下，昆明市基督教三自会主席孙守信牧师等人在圣诞节期间来到了澜沧，先后深入糯佛、东回、上允、文东等地主持宗教活动，与教牧人员交谈，施洗教徒，稳定教徒思想，开展工作，争取外迁教徒回归，传达基督教第二届全国会议精神等[334]；糯佛教堂也由政府出资维修，退赔了部分占用的教堂或宗教用品，允许信教群众从事公开的宗教活动[335]；选派徐永利（拉祜族）、魏老三（佤族）、鲍老五（佤族）等人到南京（金陵）神学院进修学习，提高神学水平和组织宗教活动能力，培养为新型的教牧人员，争取实现替代。

需要指出的是，从 1951 年起到 1958 年时达到高潮，澜沧县大多数撒拉先后逃到境外，境内多数教会因无撒拉领导而逐步衰弱。其后，领导拉祜族

---

332 澜沧县档案馆藏 1961 年 10 月 24 日省委调查组关于澜沧县东回区班利乡基督教问题的调查报告。

333 澜沧县档案馆藏 1961 年 10 月 24 日省委调查组关于澜沧县糯佛乡基督教问题和东回区班利乡基督教问题的调查报告。

334 张现洲：《解放前后云南基督教状况及其变化》，《云南民族民俗和宗教调查》，云南民族出版社，1985 年；编委会：《思茅地区志》，云南民族出版社，1996 年，下册，第 888 页；临沧地区档案馆藏 1961 年 12 月 26 日地委统战部关于昆明市爱国会牧师来访活动安排的意见。

335 澜沧县档案馆藏 1963 年 7 月 25 目县委农办宗教上层活动情况。

教会者主要是由政府送出培训的牧师徐永福等人，掌握了基督教的旗帜。通过培养人、掌旗帜、增内向，实践三自革新道路等措施，困扰澜沧基督教多年的外向倾向逐步消除。从 1962 年起，糯福、东回等地拉祜族地区的基督教恢复公开活动。其间该县佤族地区的基督教活动也呈现活跃现象，到 1965 年 1 月，全县仍有教堂 43 处，部分拉祜、佤族民众仍坚持信仰，继续开展活动……

第七节　佤族地区基督教的调适及变化[336]

一、基督教的活动及其变化

（一）基督教传入及活动

1、基督教传入及发展

佤族是我国少数民族之一，2000 年我国佤族有 396610 人，生活在云南西盟、沧源、双江、澜沧、耿马及孟连等地，其中西盟、沧源是我国佤族的聚居县，佤族约占两县总人口 85%；澜沧、双江、耿马等地是杂居县。佤族也是跨界民族，在与沧源、西盟及孟连毗邻的缅甸佤邦也多有分布。

历史上，佤族是信仰多种宗教的民族，有信仰基督教、有崇信佛教，也有保持原始宗教（三佛祖）信仰。其中基督教主要在沧源、澜沧、双江及耿马等县部分佤族民众中传播，以沧源县基督徒最多，聚集于永和、岩帅等沿边地带。因此我们在认识建国以来基督教在佤族地区的调适及发展时，拟以沧源为重点，附带介绍双江、耿马等地的部分情况。

20 世纪初，美国浸信会传教士永伟里从缅甸非法入境，潜至澜沧、沧源、双江、临沧等地秘密活动，被清朝官吏发现，押解出境。在押解途中，永伟里收养部分佤族及拉祜族孤儿，带至景栋培养，成为撒拉，派遣到佤区开展活动，利用同族的血缘关系，方便传播，扎根发展。

1917 年，在鲍三木倒（永和人，在景栋教堂学习）的引导下，永伟里驮运 30 多驮物品来到了沧源永和大寨，袭用施舍物资等方式，积极送礼，拉拢

---

336 佤族主要聚居于云南临沧地区沧源、耿马和双江，以及思茅地区西盟、澜沧等地。因西盟佤族自治县基本上没有基督教活动，信仰基督教的佤族群众多聚居沧源、耿马和双江，因此本节主要介绍临沧佤区情况，内以沧源为主。还有拉祜族、傈僳族及傣族等与佤族杂居，因此本节将涉及拉祜族及傈僳族的信教群众。

头人，得以落脚。接着，他们再用欺骗手段，答应让永和统管阿佤山为条件，收买了该寨头人达布门，得到支持。随后，达布门采取恫吓或威胁等手段，强迫永和大寨民众放弃传统信仰改信基督教，搭建起简易教堂，作为领导中心，影响其他村寨。

当该寨建立据点后，永伟里派遣撒拉扩展至民良、丁来、回波等佤寨活动，还辐射到糯掌、怕棚等拉祜族地区，传播基督教。接着，永伟里、永亨乐（Harold Young）来到双江，采取欺骗的手段，在勐勐坝租借土地，建立教堂，向佤、拉祜等族民众传播基督教。

30年代初，永亨乐、永文生（Vincent Young）来到沧源岩帅开展活动，仍采取物资开路，利益诱惑等手段，拉拢贺南等村寨头人接受了基督教。再通过他们强迫寨民接受，基督教得以在贺南等寨扎住了根，并向周围扩张。

为了便于管理，永氏兄弟以沧源拉勐河为界，划分两个教区：河东教区包括岩帅、贺南，及澜沧安康、上允、南栅等地佤、拉祜族教会，称"实格等"，以贺南教堂为联络中心，封肖××任总管；河西教区即永和、勐角、勐来、班考，及耿马福荣、贺派等地，称"实格冷"，以永和教堂为联络中心，封永和头人达布门任总管，两个教区均接受永文生的领导[337]。

由于沧源、双江两县及耿马部分地方的基督教系永伟里等人传播的浸礼会，在澜沧、双江拉祜族教会的所有特点，佤族教会也具有，差别不大。不过，因佤族的社会结构与拉祜族有所不同，传统的部落制度基本上保持，头人在社会中的地位较高、作用较强、号召力大，基督教在佤区部分村寨中得以扎根及传播，与该寨头人改变信仰、积极宣传，甚至强迫寨民等分不开的。因而头人是否接受信仰，往往决定基督教能否在该寨扎根、发展或衰败。头人在群众信仰选择上的重要作用，曾是佤区基督教的突出特点。

> 基督教的传入，对头人在经济剥削和政治统治权威更加巩固，因而头人除衷心信奉外，还积极的支持基督教的活动（原注，当然有个别头人和个别撒拉在某些利益上发生矛盾时，有的被头人撵走的。若发现此类现象，即另换人来当撒拉）。据了解，永和头人兼撒拉者，就有5人。鲍老大是永和最有权威的大撒拉，其他撒拉都称他为"大哥"。头人开会都必须有他参加才行，在决定问题时，头

---

337 李明富主编：《沧源佤族自治县志》，云南民族出版社，1998年，第28篇，第3章，第900～901页。

人都要观望他的态度，以他的意思为准。[338]

于是，在那些接受基督教的佤族村寨里，头人担任或撒拉或充当波管（长老），教政合一。"礼拜日，全寨不劳动，在教堂里听撒拉传教做祷告（早、午、晚三次），有灾有病皆寄于上帝保佑，大小节日每家向撒拉送礼、做礼拜也要给撒拉送些米、菜、盐等。平时吃点好的，也要送一点"等[339]。如是现象使得撒拉或波管在村寨中更具话语权，也带来信教群众的负担稍重。如沧源部分信教村寨的情况是：

> 春节时，全寨杀一猪，每户出谷 7－15 斤、半开 3－5 元，派收的钱归撒拉和头人分享；每年修葺教堂一次，劳动力和草片由头人向群众摊派；礼拜祷告时，每户必带零星礼物送给撒拉；每年每户抽一人，给撒拉砍一天柴火；撒拉的田地，由群众代耕；结婚要给撒拉半开一元，并招待饭一餐，死人亦出半开一元、米一碗给撒拉。另有些地方在人病、搬谷、收谷时要出米一碗，半开 0.5－1 元，粑粑一对，芭蕉一台（串？），甘蔗 2－3 节不等，献给撒拉。

毋庸讳言，这种政教合一、负担较重等现象使得尔后当社会形态发生了变化，佤区基督教会容易发生改变：有头人支持者则兴盛；反之，则衰落。

> 一种是头人支持，群众生活丰裕的地区，其活动更为便利，群众信仰亦更深（如永和地区）。一种头人不支持，群众生活贫困的地区（如勐角区的控井）……建国后，大部分群众已不信仰耶稣，头人根本不支持其活动，并指定传教师从事生产。[340]

推而论之，20 世纪 50 年代中叶我国佤族地区实施民主改革（直接过渡），实现对社会的全面改造，当新型民族干部替代头人、撒拉或波管，成为基层政权的领导人后，基督教可能因为缺乏支持而衰落，以至消失。

另外，在耿马部分佤族地区开展传播活动还有内地会传教士，属于该县福音（福荣）山教会管辖，其特点与沧源、双江等地有所不同。

2、历史问题及影响

在佤族聚居区，多数民众以血缘纽带为网络，按部落划分，聚集各个村

---

338 临沧地区档案馆藏 1956 年 6 月 12 日界务勘察第二队沧源基督教情况。
339 临沧地区档案馆藏 1953 年缅宁专区（沧源）勐角区控境保境寨耶稣教情况。
340 云南省档案馆藏 1955 年 1 月 7 日临沧地委宗教工作委员会临沧区宗教情况及今后意见。

寨中，相对封闭，构成社会的基本单元，各部落间既联系又对立，头人统领作用尤其突出，其态度往往决定基督教能否扎根或发展，因而佤区基督教又带有浓郁的部落制色彩。

清代嘉庆以来，景东、景谷等地部分拉祜族民众曾多次反抗清朝统治，屡遭镇压，余众向西南迁徙，进入澜沧、孟连、西盟等地。由于历史缘故，他们与统治者间存在严重对立，进而影响到对政权的认同。即使建国后，他们对于人民政权也存在认识与接受的过程。前已论述，此略。但佤族社会的情况有所不同。除20世纪初中英两国官员勘分滇缅边界时，永和等寨曾与清军发生冲突，矛盾未得到解决，永伟里父子伺机挑拨，使得个别人改变观念，思想外向；以及沧源设治局陈席珍因反教铲烟被教徒杀害[341]，班糯等寨因遭受打击，产生怨恨情绪外，大多数佤族民众对祖国内地、对中央政府有强烈的认同感。这种认同感是历史形成的[342]，经历了千余年考验而延续至今。这些认同感对于基督教的活动无不产生影响，部分抵消了永氏父子的挑拨离间。

解放后，佤族民众在接触解放军、工作队后，滋生亲近感，进一步激发强烈的依靠心理，增强了对人民政府、对祖国的向心力。

需要解释的是，永和、班糯等寨之所以一度产生抵制行为，固然与清末滇缅界务纠纷、部分寨民无辜拖累；或陈席珍铲烟而激化矛盾外[343]，主要是永伟里、永文生父子长期灌输崇洋亲美宣传而产生的负面后果。

受其恶劣宣传的影响，在个别教徒头脑中，滋长出美英强大、中国不行等错误思想。中华人民共和国建立以后，这些负面影响未因制度变革而迅速消失，仍残存少数撒拉或教徒的观念中，不时在一些言行上得到反映。

> 教徒长期受到美帝国主义反动教育，外倾思想比较严重，称美国为大美国。若提到美帝国主义的坏处，教徒群众思想上是不满的。
>
> 他们说：美国给我们治病，创造文字，学习卫生，学会做生意，改

341　《澜沧县长陈家骥呈报美籍教士水（永）文生唆使教民戕害陈席珍等经过的有关文电》，《中华民国档案资料汇编》，第5辑，第2编，文化（二），第874—875页。

342　如部分佤族民众视他们是三国时代诸葛亮（孔明）随从们繁衍的后代。

343　关于这两个问题，前者参见陈灿：《宦滇存稿》，卷5；伊斯兰等人：《中英会勘滇缅南段未定界务总报告书》（1937年），以及周光倬：《滇缅南段未定界调查报告》（1935年）等资料。后者，参见《沧源佤族自治县志》大事记等记载。陈席珍曾任沧源设治局局长（县长），仇视基督教，在铲除鸦片问题上，与教徒发生武装对抗，因之遇害。

好生活，不杀人头、不杀牛祭鬼，与共产党一样，哪里不好哩？谈

到外国，他就知道得多。若谈祖国的成就，他们是不十分信任的。

如永和头人说：车路一百年也不会到我们沧源。[344]

历史上，沧源曾是中缅边界南段未定界地区，界务纠纷对当地社会有所影响，各种谣言容易制造并得到迅速传播，混淆是非，影响视听，迷惑民众，产生骚乱。50 年代初，国民党残军退守毗邻沧源等的缅甸边地。受当时敌我矛盾的制约，他们时常越境骚扰破坏，影响稳定，扰乱人心等。未定界问题及国民党残军骚扰等，影响到边地的稳定及人心的安定。因而，在沧源等地，边疆、民族及宗教等相互交织，错综复杂，稍有不慎，产生新矛盾，派生新问题。要求采取措施，营造和平氛围，消除对立情绪，维护稳定、保障安全。人民政府遵照"慎重稳进"的原则，从民族宗教上层入手，争取团结及教育，派遣医疗队、教师、商贸人员等，接触民众，逐步开展工作。

（二）基督教的活动及变化

1、佤区解放及相关工作

1950 年 7 月，解放军及工作队进驻沧源等地，解放了领土。1951 年初，有关部门邀请当地佤、拉祜、傣等族代表召开两次各族各界代表会议，拟筹建人民政府，并任命部分民族宗教人士担任领导职务，逐步开展工作。

其间，盘踞缅甸边地的国民党残军时常越境骚扰，形势不稳，国防尚未巩固。1951 年 4 月下旬，"云南反共救国军"等武装进犯沧源，一度占领永和、勐董、岩帅等地。面对敌强我弱的形势，奉上级机关命令，我工作人员等暂时撤离，退守澜沧。7 月，解放军再来沧源，打败国民党残余武装，收复失地，维护秩序，安定形势；组织民兵，防御骚扰，工作队重新进入佤区，建立各级政权，开展工作。

沧源既是佤、傣、拉祜等少数民族聚居地，也是滇缅南界的未定界地方[345]，还是多宗教传播活动的地区，宗教与观念习俗相联系，对少数民族有重要的影响，其中基督教在佤、拉祜等族群众中影响广泛、作用突出，尤其在

---

344 云南省档案馆藏 1954 年佚名沧源县基督教活动情况。

345 20 世纪初，清政府与英国在划分滇缅边界线时，因对界线位置及走向发生争执，难以解决，遗留了滇缅南北未定界，其中南段未定界主要在沧源境内。中华人民共和国建立后，历经多次谈判，1962 年中缅签定边界协议，确定了两国的边界线，解决了遗留的未定界问题。

永和、岩帅、勐角等边界线地带。在地方政府的工作中，宗教占有重要的地位，关系到争取团结、保持稳定、维护安全、巩固国防等。

当人民政权得到巩固后，各级干部通过"做好事，交朋友"等方式，逐步深入佤族村寨，接触群众，传授先进技术，传播优良作物，发放耕畜或农具贷款，发展生产；派遣医务人员，巡回治病，传播卫生常识，推行公共卫生；设立学校，派遣或培训教师等，执行政策，稳定撒拉及信教群众的思想，稳定情绪；逐步开展爱国主义教育，灌输祖国的观念，多次组织头人、撒拉及波管到内地参观，开阔眼界，提高觉悟，转变观念，确立并增强内向倾向，割断与境外教会的联系，自办教会，等等。

必须认识宗教工作是一个长期艰苦的工作，必须在教徒群众中不断进行爱国守法教育，提高教徒群众的爱国主义觉悟，使各教会逐步割断与帝国主义及反革命分子的联系。

对于披着宗教外衣进行反革命活动的现行犯者，要掌握确凿证据，首先经过分析研究，在有理、有利的情况下，予以打击。

要求充实机构，各县领导应重视这一工作，指定专人负责，特别是耿马、沧源两县，宗教情况复杂，对这一工作特别引起注意，把这一工作推向前进一步。

其次，在进行这一工作的同时，必须认识我区地处边疆，民族复杂，宗教问题和民族问题交织在一起，稍如不慎，即会引起一些其他事故，因此，竭（亟？）应贯彻省委"慎重稳步"的方针。[346]

因接壤缅甸、佤、拉祜及傣等少数民族是跨界民族，民族、宗教及边疆等相交织，情况复杂，应该也必须贯彻"慎重稳进"方针，在宗教问题上持谨慎的态度。

不过，与沧源相比，双江、耿马等地的情况略有不同。1950 年，双江等地也先后得到解放，召开各族各界人民代表会议，组建了人民政权。由于双江、耿马等佤区靠近内地，除少数地点外，佤族与其他民族接触较多，交流广泛，族群之间因信仰等而产生的隔阂小，没有什么矛盾。

新中国建立后，人民政府开展"山区改造"等工作，发展经济，增加收入，改善生活。虽然两县沿边地带也曾遭到蒋军残部的骚扰，均迅速平息，破坏性不大；这里不是滇缅未定界地区，边界纠纷不复存在。1952 年底，两

---

346 云南省档案馆藏 1955 年 1 月 7 日临沧宗工会临沧区宗教情况及今后意见。

县通过清匪反霸等运动，基本上消除了不安定的因素，确保了社会的稳定。

1955 年上半年，耿马、双江被省委列入边缘六县民主改革区，采取以和平协商为方式进行土地改革，实现对传统社会的全面改造。除耿马福音山（福荣区，后有介绍）等个别地点外，基督徒均参加土地改革，分得田地、耕畜及大型农具，等等。地位的改变，收入的增多，影响到观念，部分信教群众的信仰程度发生了变化，淡化甚至放弃了基督教信仰。

2、基督教特点及影响

前面曾述，佤族社会中，头人的作用重要，基督教能否扎根，得到发展，往往取决于头人的态度，佤区基督教具有村寨部落制的特点。如沧源永和地方，头人兼撒拉就有 5 人，具有较强的权威，"不论修葺教堂和摊派款项均由头人出面，从中剥削。有的头人则强迫群众信教，为维护基督教的禁忌，而不准群众去赶街"[347]，等等。

与傈僳、怒及景颇族中基督教会不同的是，佤族及拉祜族的各基层教会缺乏自立程度，分散孤立，撒拉只是永伟里、永文生等外籍牧师出钱雇佣的"管理者"，依据其服务年限及工作好坏，分成三等，从永氏父子处得到数量不等的津贴，随时接受其调遣，谈不上自传、自治及自养。

进入新中国后，佤区基督教的变化，除了形势改变、人民政府开展工作外，也与部分头人的观念改变及地位变化有关。斯时，外籍牧师及部分撒拉的外逃缅甸，佤区教会原有的指挥系统基本瓦解，呈现出各寨为阵、自我行动的松散面相。那些暂缺撒拉或信教头人村寨的宗教活动因无人主持而基本暂停；部分有撒拉或信教头人的村寨，根据形势，调适行为，或暂时放弃，不从事宗教活动；或继续坚持，扩大活动，伺机发展。这些变化直接或间接地影响到所在村寨的佤族群众，放弃或坚持信仰及是否开展宗教活动。我们拟从耿马、双江两县入手，引出并重点认识沧源县基督教会的调适与发展。

3、耿马基督教的变化

与沧源、双江等地不同，在耿马开展传播活动的基督教主要是内地会。1921 年潞西县勐城坡傈僳族传道员胡大受缅甸八莫基督教内地会派遣，来到贺永山活动，传播基督教。1924 年，杨志英在贺永山建立教堂；稍后，张思

---

347 全国人大民族委员会办公室编：《云南沧源卡瓦族社会经济调查报告》（卡瓦族调查材料之四），1958 年 8 月，第 168 页。

慧扩大教堂规模，配套相关设施，改贺永山为福音山总堂，积极发展，先后在耿马、沧源、永德等20余个村寨建立了礼拜堂，教徒除傈僳族民众外，还有佤、拉祜等族群众。1951年初，该总堂约有基督徒2000名。

1952年7月，以福音山骂戛为中心的少数基督徒，在境外敌对势力操纵下，利用地方政府某工作人员在执行政策上的偏差，发动叛乱，教会头目曹××等纠集教徒500余名，编为3个中队，持机枪、步枪、铜炮枪、弓弩、长刀等武器百余支，围攻驻军，俗称骂戛事件。事后，福音山、贺回等地有300余户、1000多人迁至境外[348]，其中有不少基督徒。

在平息骂戛叛乱中，个别教牧人员及少数教徒受到处理，但当地政府执行民族宗教政策，采取各种措施，广泛工作，揭露境外敌特阴谋，团结教徒，争取受骗外迁的320余人返回了家园。有必要指出的是，福音山基督教系内地会，在历史上，内地会较早实现了传教人员的本土化，将他们推向前台，积极使用，因此该会的组织能力及传播活动较强，"自我修复"较快。当该事件平息后，教会又藉口开展"三自革新"运动，树立起改革形象，利用中共在群众中的威信，广泛宣传"解放了，耶稣和毛主席就是一样的"，"共产党讲和平，基督教也讲和平"等等，迷惑群众，吸引入教。教会负责人××还向当地政府提出：我们要与内地教会取得联系；到内地参观，要有我们的名额，以便宣传毛主席的政策；国外教会的人进出，要给以保护等要求。

尽管毗邻缅甸，在人民政府的积极工作下，耿马社会形势稳定，经济逐步发展，教会也活动频繁，从1953年起，福音山教徒增至2800余人，涉及族群增多，除佤族、傈僳族和拉祜族，还有汉族、老亢族（彝族）等族民众；宗教活动活跃[349]。除平常礼拜集会外，还利用相关节日，聚集教徒，表演唱歌、跳舞等节日，内容多系耶稣创造世界、犹太人活动、保罗传教，等等，宗旨是信仰上帝的忠实教徒上了"天堂"，半信半疑或破坏者成为"罪人"[350]等等，藉此凝聚教徒，宣传教理，扩大影响，吸引群众。

对于基督教的快速发展，频繁活动，当地个别干部确有看法，过于注意宗教的消极因素，忽略基督教还是部分群众的宗教信仰，其存在有需要的

348 编委会：《耿马傣族佤族自治县志》，云南民族出版社，1995年，大事记，第21页。马清宝：《耿马的宗教信仰及图腾崇拜》，《耿马文史资料》，第2辑。
349 云南省档案馆藏1954年4月27日耿马县委邦角山基督教的活动情况。
350 云南省档案馆藏1955年1月7日临沧宗工委临沧区宗教情况及今后意见。

必然性。在具体工作事务中，个别干部曾违反政策规定，采取措施，限制以至压制宗教活动。如是行为，欲速则不达，激起个别教牧的反对，声称"毛主席、共产党给我们信教自由，只有×××不准我们信教；今天宪法也规定保护我们信教自由。如果不给信教，只要毛主席下一道命令，我们就不信教"，要求执行宗教信仰自由政策，保护宗教信仰的权利。个别人甚至威胁："我们信教不好，杀我的头都行。不好，我们要搬家"，以恫吓干部。当然，我们肯定地讲，这些威胁言语起不了什么作用，也没有什么"市场"，得不到多数信教群众的支持。

1956 年底，在民主改革中，通过建政工作，建立或健全基层政权，基层党团支部得到锻炼，逐渐起到领导核心，民众的觉悟有所提高，部分信教群众的思想发生变化，不再参与宗教活动，教会势力下降，影响减弱。

1958 年初，鉴于福荣等地少数教徒受境外势力的影响，离家出走，外迁境外，影响安定。耿马县委报请临沧地委，希望通过内地教会与边疆教会建立联系，安抚群众，团结教徒，引导教会活动。于是，有关部门组织省基督教三自会牧师张现洲访问该县，走村串寨，开展宗教活动，与部分教牧人员及教徒代表进行座谈等，宣传政策，稳定人心，争取了部分外迁教徒返回祖国；按立了两名佤族传教员，协助开展宗教活动。

但在随后"民主补课"及"大跃进"运动中，根据指示，当地政府积极创办人民公社，划分阶级，忆苦思甜，开展阶级教育，占领思想阵地。环境的压力，使得一些群众的信仰淡漠，"教规上也发生变化：1、开始吃烟酒……2、吃饭不祷告；3、婚姻自由；4、实行田间礼拜；5、压缩过节时间和规模"[351]。其中有些人放弃了信仰，不参与礼拜等活动，基督教的影响进一步下降，。反之，那些坚持信仰者，多逃到境外，躲避压力。

4、双江基督教的变化

解放以后，双江各级政府积极工作，稳定形势，领导各族群众发展生产。1955 年初，该县列入和平协商土地改革地区，废除封建土地所有制，实现农民土地所有制；发展了农村党团员，建立基层党团支部及妇女会等，群众认识提高，观念转变，部分不再参加宗教活动，放弃信仰。1956 年底，有关部门调查该县 76 座基督教堂的活动后，分门别类，有以下类型：

---

351 沧源县档案馆藏 1958 年 12 月 5 日关于临沧宗教在工农业生产大跃进和人民公社运动中的变化情况。

第一类，继续从事礼拜、纳佛、讲圣经等活动，约 20 处，占教堂总数 26.3%。这类教堂之所以继续开展活动，主要是有撒拉等的领导。

第二类，不礼拜、不纳佛，礼拜天休息，共 35 处，占 46.1%，原因是缺乏撒拉等的管理，无人组织活动。

第三类，原有教堂已不存在、宗教活动完全停止者，共 21 所，占 27.6 %。[352]

这些数据反映，当时双江县约 73.7% 的教堂，即大多数村寨已公开放弃基督教活动。尽管，仍有个别坚持信教的村寨希望保持信仰，继续发展，因数量有限，影响不大。不过，我们更想指出的是，双江虽系佤族的聚居区[353]，因靠近内地，社会的发育程度相对高些，交流频繁，当地接受基督教者，除佤族群众外，还有拉祜、彝族群众。前引多数教堂不再开展宗教活动的材料，确系事实，但这些"放弃"者并非全是佤族民众。到了 1958 年，受"大跃进"等运动的冲击，双江县基督教活动公开"消失"，转入秘密的家庭礼拜。

综上所述，耿马和双江两县虽能反映建国初部分佤区基督教的某些变化及调适行为，但典型性不强，故我们要重点认识及分析沧源县佤区基督教的情况。

5、沧源基督教的变化与调适

①部分教会的衰落及原因

历史上，基督教在佤区得以扎根及传播，与村寨头人的态度及作法有关，部分群众对此并非自愿接受、真诚信仰，随大流，众人礼拜我参与。一俟形势变化，氛围宽松，有了"自由度"，他们可能会放弃信仰，不再参加宗教活动。

解放以后，受社会形势的影响，这样变化迅速显露出来，趋于加快。50 年代初，有关部门调查岩帅区基督教情况，得知该区仍有教堂 20 余个，教徒近 6000 人，但经常参加祈祷者仅占教徒总数 30%，多数人表示已不信教，原因"接近建国初期，部分人对宗教表示厌恶，这是出于觉察到教内管理的约束，并不是从政治上看问题"。虽然，有少数村寨仍坚持开展礼拜等活动，

---

352 双江县档案馆藏 1957 年 3 月 15 日关于基督教堂活动情况报告。

353 双江县全称是双江拉祜族佤族布朗族傣族自治县。佤族约占该县总人口 8%、占少数民族人口 18%。

但时断时续，反反复复。如贺南大寨教会在 1952 年停止活动，1953 年有所恢复，1955 年又停止了活动……[354]。

透过现象看问题，部分佤民之所以放弃信仰、不参加教会活动，的确受制于该寨头人或撒拉的思想转变、不再领导活动外，但更与人民政府积极领导群众开垦水田、挖凿水沟，发展生产、增加收入等有关。

从 1952 年起，人民政府派遣工作队深入佤区各村寨，传播先进农具、技术及种籽，贷粮贷款，发展生产，增加收入，改善生活；宣传卫生知识，送医送药，解决疾苦，等等。部分信教群众在与工作队干部等亲密接触中，切身感受新社会的温暖，不愿意参加宗教活动，破除了禁忌，从事生产，增加收入，改善生活。如部分教徒反映：

> 入什么教，几十年了，生活没有得好过，倒反愈不好。今天有了毛主席的领导，说什么就是什么，我们生产得到发展，生活得改善，这是毛主席教我们劳动换来的幸福，这与过去撒拉教我们祈祷一无相关。天下是不会掉东西来给你的，神灵也不会给你过好日子。[355]

在发展生产、改善生活过程中，包括教徒在内的佤族群众亲近了政府，认识到党和政府是依靠的力量，愿意听共产党的话，跟党走，政府的威信（佤民称"解放"）迅速确立，逐步提高；对头人或撒拉的依附程度减弱。反之，撒拉或头人的威信下降，难以组织或统率民众，宗教活动也因之受到影响。如勐角控井等地。

> 经过上述工作，该保群众真正相信了共产党的好处，觉得信奉上帝几十年，也没有解决生产上的困难，共产党来了才三年，生活已得到改善，这样逐渐自然地使该保群众对基督教的信仰起根本的变化。在教徒方面，我们初到该保工作时，不通过撒拉传教开会的机会，就召集不拢群众……经过我们的工作，大部教徒的思想已起变化，不再去听传教而到田里去做活，做礼拜只有几个老太婆和小孩参加。教会传教如果不趁我们开会的机会，连撒拉亲自都召集不起。撒拉曾这样叫喊：不行了，教徒不听话了，头人也不帮我们召

---

354 沧源县档案馆藏 1957 年 3 月 16 日关于宗教活动的调查表；7 月 22 日岩帅宗教撒拉登记表。

355 沧源县档案馆藏 1956 年 3 月 13 日秘书科关于宗教情况的报告。

集群众过礼拜了,现在的控境(井)不是过去信教的控境(井)了。撒拉过去全靠群众送的礼物生活,现在已大部得不到了,每天一斤肉也成问题。他们知道,如是再不劳动,生活就没有办法,也只好亲自下地去生产。[356]

根据佤族社会的实际,各级政府从抓民族宗教上层入手,争取、团结及教育头人及撒拉等,进行爱国宣传,确立祖国的意识,转化为拥护人民政府的言行。其间,还多次组织他们到昆明、北京等地参观,所见所闻,切身感受祖国的飞跃发展,增强内向观念,抵制境外的渗透。通过参观,确有部分头人或撒拉的观念发生改变,信仰淡漠,个别人还带头违反教规。"有一部分宗教头人,由于我们组织他们到内地参观,回来后也有一定的进步,有的干脆吃酒,打破教规,不信教了。多数不再过问宗教事务,积极参加劳动生产",宗教活动因无人领导而逐渐减少。甚而个别头人公开声明不信仰基督教,还强令村民服从,"我们这个社(贺南大寨)坚决不信,哪个信就把他开除社……"反对恢复宗教活动等等[357]。

②部分教会的调适与发展

然而,在那些固守观念、坚持信仰的村寨,尤其是毗接国境线的村寨,基督教活动不仅延伸,甚至继续发展。除政府开展工作较缓迟外,主要原因是头人及撒拉的权威尚存,凭借特殊地位,压制民众,坚持活动,以及利用地处边境、敌我对峙的形势,制造谣言,吓唬民众,接受教会。如1951年4月,境外"云南反共救国军"先遣营进攻沧源。在敌强我弱的情况下,为有效消灭敌人,工作队干部奉令撤出,再次"解放"只是时间的问题。然而,勐角区蛮黑寨某撒拉利用短暂的时机,竭力宣传,吓唬民众,加入基督教:

你们赶快入洋,入了洋,什么也不怕,撒拉会保护你们。你们不入洋,×××来了,要砍你们的头。入洋,跟×××不一样。你不入洋,要把你送到永和,我们大撒拉处关起。世界上完全是我们的文字了,你们赶快来入教上学。[358]

不久,解放军重新反攻,驱逐"云南反共救国军"等,再次解放沧源,

---

356 云南省档案馆藏1954年6月对控境(井)保教会进行工作的经验。
357 沧源县档案馆藏1958年9月2日沧源县基督教问题是如何解决的。
358 沧源县档案馆藏1956年五个撒拉的简历及活动情况。"入洋"指当地民众加入基督教。

建立政权，开展工作，落实"解放"的各项任务时。其间，个别撒拉又调整宣传内容，鼓吹美国国力强大，借用所谓新术语、新名词等来吓唬民众，不能放弃基督教，继续坚持活动。

> 撒拉弄要领美国十万人来看耶稣，要把×××赶出去。美国打战不用枪炮，只用蚊子来咬人，不好好信耶稣，大约害病七天，眼睛看不见，蚊子就来咬死他。[359]

更有甚者，个别撒拉还杜撰国际时事，宣扬美国、联合国，贬低中国、前苏联，打击那些暂时放弃信仰的村寨，藉此妄图强加信仰，发展信徒。如班坝某撒拉这样加以宣传：

> 美国、联合国力量大，苏联不行了。贺南过去搞过火了，现在要向班糯学习。耶稣和×××一样，汉人是为了当大官，耶稣根本是大（的？），我们要好好的信教。×××解放，是母鸡尾巴解放；美国解放，是用公鸡尾巴解放。外国挖公路，是用机器挖，很好。中国不有机器，路也挖不好，等等。[360]

当时，在边境民族地区，要实现社会稳定、国防安全及民族团结，重要环节是在民族宗教上层中开展爱国主义教育，确定祖国意识，增强内向观念。再由他们传授及影响普通群众，形成爱国爱教的氛围。当地政府专门组织头人、撒拉及波管到内地参观，接触发展的事实，开拓眼界，树立并增强内向倾向，变封闭为开放，实现团结。

的确，部分头人、撒拉参观后，观念改变，放弃了信仰，不组织宗教活动。前有叙述，此不重复。但也有部分头人或撒拉参观后，虽接受了教育，开拓眼界，但未改变观念。返乡之后，他们大肆活动，竭力宣传宗教信仰的自由，积极组织活动，发展教徒。

> 有些撒拉在内地参观回来，摸清了共产党的政策，利用合法形式，把政策加以扩大宣传，和在某些方面歪曲了党的政策，而强制群众信教。[361]

---

359 沧源县档案馆藏 1958 年 7 月 30 日临沧地区关于沧源县勐角区坝卡、糯掌两乡执行宗教政策上存在的问题和今后意见的报告。

360 沧源县档案馆藏 1957 年 7 月 14 日岩帅区委会县委工作组报告。贺南系岩帅一个乡，曾是基督教活动最突出的地方，建国后，宗教活动时断时停。"解放"系佤民概括社会变化的借用词。

361 沧源县档案馆藏 1957 年 7 月 14 日岩帅区委会等工作组报告。

在这之中，以沧源县勐角区糯掌乡某撒拉最具典型。糯掌乡是佤族、拉祜杂居乡，过去经济落后，生活贫困。解放以来，人民政府发放贷款，积极引导，大力扶持，发展生产，生活得到改善。据调查，在糯掌寨44户人家中，1953年仅8户粮食自给或有余粮，占总户数18%；到1957年够吃及卖余粮者达36户，占总户数82%，净增3倍多。生产发展、生活改善，民众思想也发生变化，对宗教不甚热心。撒拉××从内地参观回来后，重新动员，积极组织，维修教堂，扩大规模，频繁活动。于是，该寨教徒从200人猛增520多人，宗教活动从隐蔽到公开、稀疏到频繁：

> 平时宗教活动也很嚣张，只讲信自由，不讲不信也自由，强制信众礼拜天不准去赶街、砍柴、做生意，甚至对我转业军人×××进行公开干涉，拦路质问：谁准你去赶街？在这种森严的宗教压力下，连我们转业干部×××（在）礼拜天也不敢去生产，只好呆在家里。

期间，一些撒拉还结合政府的宣传教育，调适传教内容，将毛主席与耶稣相提并论，"耶稣管天上，毛主席管地上"，只是管理范围不同，都应接受。更将教理比附共产党的政策，声称"耶稣政策和毛主席政策一样"[362]，试图将佤族群众热爱毛主席、拥护共产党的感恩之情转为保持信仰、积极参加宗教活动的动因。

为了加快发展，这些头人或撒拉还利用宗教节日，邀约毗邻各寨群众，开展活动，比赛竞争，物资奖励，制造声势，形成舆论，影响视听，传播基督教。

> 糯掌撒拉××（19）56年由昆明学习回来，对未洗过水的青年人进行了一次普遍的登记，大发展了一批，使全部教徒由原来的200余人发展至523人，宗教节日进行大肆活动。1957年圣诞节在糯展寨过节，杀猪五个、牛两条，坝卡、勐卡、挖角、翁顶、永和等地有人参加，共达300余人，还进行演戏、爬竹杆、跳高、走纤、顶簸箕等引诱人的比赛奖励活动，以扩大其影响。这种规模之大，为过去所没有。[363]

类似现象，在永和、岩帅等地各村寨也多有反映。如岩帅区班奈乡、贺

362　《云南沧源卡瓦族社会经济调查报告》（卡瓦族调查材料之四），第170页。
363　沧源县档案馆藏1958年6月临沧地委工作组糯掌乡宗教情况。

南乡等地：

> 目前班奈乡作礼拜，过去多者 70 人，一般 50 人，自撒拉 5 月
> 份参观昆明回来，积极宣传，人数达百二三十人。东勐整修教堂，
> 积极宣传教徒复教，乡长不干工作，要去搞宗教。已废多年的贺南
> 宗教又要恢复，贺南的两个村主任等 9 人，从 5 月至 6 月 26 日到乡
> 长家开会商量，准备恢复宗教，共计 5 次：每人出钱 2 角 5，米 1
> 石……[364]

在恢复宗教活动时，个别村寨重新出现头人、撒拉强迫群众信教的现象。部分群众颇有意见，纷纷反映，又信了，他们还想剥削，信教又没有什么好处；但也无可奈何，因为"不信，又怕他们信教的乱搞"[365]，担心再受歧视或打击。

受多种因素的影响，当时人民政府的力量尚未沉入底层社会，在沿边地带，佤族村寨仍保持传统的社会结构，头人或撒拉的权威仍在，利用政策、影响民众，图谋发展的行为仍然继续……

③政府的认识与因应

20 世纪 50 年代初，处于敌我对峙的环境下，边疆民族地区亟需慎重稳进，从争取、团结民族上层入手，建立信任，逐步开展工作，建立并延伸统治。急者治标，缓则治本！于是，当地政府以争取、团结及教育民族宗教人士为重心，采取以下措施，引导教会开展正常的宗教活动，减少撒拉等的宗教剥削，变外内为内向，作出如下要求：

> 对代表性大的宗教上层应由各区领导干部和统战部作具体争
> 取团结教育工作，掌握情况，在政治上进行适当的安置，生活有困
> 难给予救济；有一般代表性的，也要加强工作。

> 应尊重宗教的正当活动，礼拜天和祷告耶稣时不要发动去生产
> 或召开会议，不要占用教堂或缅寺作仓库、学校等，现借用者应即
> 时解决归还。

> 教徒中之党团员、干部、积极分子及进步的神职人员不愿信教
> 的问题。从争取、团结广大教徒群众及神职人员出发，不影响宗教、

---

364 沧源县档案馆藏 1957 年 4 月岩帅区委会、县委工作组关于岩帅区宗教活动的报告。
365 沧源县档案馆藏 1957 年 7 月 14 日岩帅区委会、县委工作组报告。

不脱离教徒群众，根据情况，应说服教育他们，保持正当的宗教活动，遵守教规教义，平时便于具体了解掌握宗教内部的活动情况；发动教徒积极参加各项工作，拥护我党政策和措施，保证工作顺利前进；如果宗教在群众中失去信仰，没有什么影响，就不动员再去信教。

　　将基督教中有代表性的人物和进步青年教徒组织一个爱国委员会，便于领导和组织他们学习，同时又可安排宗教上层。[366]

为了解除撒拉或部分教徒的顾虑，增强内向意识，扭转外向观念，影响境外，抵制渗透，当地政府拟帮助永和等地佤族修理教堂，帮助勐董等地傣族修理缅寺，显示人民政府贯彻执行宗教政策，维护信教群众的信仰权利，保护宗教活动场所；团结及任用民族宗教上层，在政协或人代会中安排位置，开展统战工作，参政议政，加强联系等，因而，与澜沧、双江、耿马等地不同的是，基督教仍在沧源佤区快速发展。如与1954年比较，1956年该县教徒数量约净增两倍；1957年虽有下降，但也净增一倍多（参见下表）。

表2-5　1954～1961年9月沧源县基督教变化概况　　　　单位：座、人

	1954年	1956年	1957年	1958年	1959年	1960年	1961年
教堂	71	83	77	30	17	5	2
撒拉	68	74	54	20	16	5	3
教徒	5376	15395	12826	3423	1756	274	185

注：1、资料来源：《云南沧源卡瓦族社会经济调查报告》（卡瓦族调查材料之四）；临沧宗工委：《临沧区宗教情况及今后意见》，1955年1月7日；省、地、县委调查组：《沧源县宗教情况》，1961年11月29日。
　　2、此表的相关数据仅作参考之用，并不能代表沧源县的全面情况。

不过，此表相关数据也显示，1958年以后，该县基督徒、撒拉及教堂等却呈现持续急剧下降，降幅之大，也超乎常规。对于基督教的这种急剧缩小态势，当时有关部门也承认大多数是不自愿的、不正常的，边疆不稳定是明显的。分析原因，是受"民主补课"、"大跃进"及人民公社等运动冲击所致。

---

366 沧源县档案馆藏1957年2月1957年宗教工作意见。

二、"直接过渡"与基督教会

（一）慎重稳进，开展工作

20 世纪 50 年代初，佤区各级政府遵照"慎重稳进"的方针，争取团结民族上层，开展工作，接触下层；进行山区改造，发展生产，改善生活，争取了人心，赢得了支持；做好事、交朋友，接触群众，发现积极分子，发展农村党团员，培养民族干部，逐步实现少数民族当家作主、民族区域自治。

以上诸种措施的目的，就是建立及巩固新社会，实践为民族群众服务。但我们要指出的是，根据当年宣传的理念，建立及健全新社会不仅是简单地更替政权，更在于建立及发展社会主义制度，逐步进入各尽所能、按需分配的共产主义社会。于是，采取措施，实施"改地换天"的社会改造势在必行，非此不能实现改变所有制占有形式、更替社会形态，以及改变统治者阶级，等等！

按照历史唯物主义的理论，人类社会由低级向高级发展，存在原始社会、奴隶社会、封建社会、资本主义社会和共产主义社会这五种社会形态。以这种社会形态的理论进行划分，沧源、西盟等地佤族社会尚处于奴隶社会初期，即家庭奴隶制时期；双江、耿马及澜沧等杂居区的佤族进入了封建社会初期，但均要进行社会改造，才能进入社会主义社会。

在地处边疆民族地区，开展社会改造必须慎重。如果在工作中出现严重错误，不仅纠正困难，挽回影响、取得信任也异常艰巨。云南省委从实际出发，采取分类型、分阶段分别对待：对耿马、双江等接近内地、发育程度较高的佤族社会，采取和平协商方式实施土地改革；对沧源、西盟等发育程度较低、生产落后的佤族社会，实行不划阶级、不进行土改，在国家的帮助下，通过大力发展生产、开展互助合作等，"直接过渡"到社会主义社会的途径（简称"直过区"）。

1955 年初，省委将耿马、双江等县作为试点区域，开展了以和平协商方式土地改革为中心的全面社会改造。其间，省委要求改革中执行相关政策，允许开展宗教活动等：

> 改革中应坚决执行党的宗教政策，凡少数民族寺院之土地、债务及习惯负担坚决不动，在不干涉土改的条件下，允许其纯宗教活动。有些地区提出："逐步将宗教活动限制在教堂以内，不得在教堂外传教……"及"逐步减少宗教的精神麻醉和对生产的破

坏………"等提法，显露对宗教问题的急躁情绪，须加纠正。[367]

然而，底层社会的大规模群众运动不可能不触动甚至损害某些人、某个群体的利益。当社会改造完成后，新型干部将替代旧的管理者，完成基层政权的转移。部分撒拉或头人感到恐慌，组织或裹胁部分教徒向境外迁徙[368]。其间，确有少数干部在思想上对宗教的认识存在偏差，希望利用这次改造运动，解决基督教的过快发展、不正常活动等。但上级领导闻讯后，及时指示，加以制止，强调以土地改革为核心社会改造是所有工作的中心，宗教工作必须服从及服务于这个中心，不能发生偏差：

> 建国后，该区宗教问题有所发展，由于我们工作做的不够，教会的活动和教徒的发展是必然现象。今后为了扭转这种不利趋势，各县建立宗教机构，积极的、主动的进行对宗教工作的管理，是必要的，但目前正在进行土改，地区的宗教工作应服从改革工作。在改革中将宗教工作"推向前一步"的提法，尚欠稳妥。因此，在改革时期应严禁搞教会中的反革命问题（现行犯除外），目前只是了解情况和掌握材料。[369]

在这道指示中，有关部门指出了存在的问题，教育干部要掌握政策，消除急躁情绪，改变工作方式。于是，逐步安定了人心，维持了边疆民族地区的稳定，减少以致消除了部分教徒的外迁现象，保证了改革工作的顺利进行。

（二）教会过快发展与政府态度

当时，在社会改造运动中，沧源及西盟佤区属于不开展土地改革的"直过区"。在改造传统共有制、建立合作化的过程中，信教与不信教群众间产生一些矛盾，也存在竞争，但基本关系是协调的，在容许的范围内。不过，受工作程度等的制约，民族干部尚在物色及培养中，人民政府的宣传尚未完成延伸社会底层，基层社会的管理还存在"缺位"现象。部分撒拉或头人利用这特定的时机，攀附共产党、毛主席等，调整传播内容，声称"耶稣教和共产党的政策是一样，听耶稣的话和听毛主席的话都是一样"[370]等，适应社

---

367 《云南省委批发省委农村工作部、边委对边缘六县执行和平协商土改中若干具体的规定的报告》，《云南边疆民族地区民主改革》，第140页。

368 《耿马傣族佤族自治县志》，大事记，第21页。

369 沧源县档案馆藏1955年4月6日省边工委关于临沧地委宗教情况及今后意见的报告。

370 《云南沧源卡瓦族社会经济调查报告》（卡瓦族调查材料之四），第171页。

会变化，蒙蔽群众，谋求发展。1956 年，沧源县基督徒迅速增至 15000 余人，超过全县人口的 1／3[371]。在 1957 年，教徒虽略有下降，也超过 12000 人。活动频繁，规模扩大，影响广泛。如岩帅部分地方：

> 班奈乡作礼拜，过去作礼拜多者 70 人，一般 50 人，自撒拉（1957年）5 月份参观昆明回来，积极宣传，人数达百二三十人；再如东勐乡撒拉积极整修教堂，竭力宣传，要求群众恢复信仰，乡长不干工作、要去搞宗教……贺勐乡信教首领下令，礼拜天不准下地生产，如果谁不信，就要整谁。有些群众反映又信了，他们还想剥削，信教又没有什么好处，不信又怕他们信教的乱搞。[372]

尽管部分地区基督教活动频繁、规模扩大，更多人加入其间，成为教徒，但地方政府仍持稳重的作法，拟开展执行宗教政策的检查工作，了解干部的真实看法，以及宗教活动情况等，指出存在的主要问题是：

> 当前，干部思想上存在较普遍地是不了解实际情况，意图打击宗教，消灭宗教，对教徒群众的觉悟估计偏高，不认识宗教信仰自由政策是我们与帝国主义争夺广大教徒群众的有力武器，因而在执行政策上过"左"、过"急"，干涉其正当的宗教活动，少宣传或不宣传信教自由，过多强调不信教自由，这都是错误的。

为此，要求基层干部要贯彻执行宗教信仰自由等政策，积极开展工作，主动"争取团结教职人员，通过争取和平解放台湾及宗教政策的宣传，普遍地进行反帝爱国教育，在积极领导发展生产，组织互助中，使广大教徒群众和神职人员受到爱国主义的教育，提高社会主义觉悟和爱国思想"，[373]等等。

> 宗教工作在信教地区是一个带有民族性、群众性和国际意义的大问题。通过正确执行宗教信仰自由和保护宗教政策，可以更好的发挥群众积极性，消除疑虑，对党更加信任……的确，随着生产发展，不少地区的群众对信教有所冲淡，但是当前任务不是要他

---

[371] 当时，沧源基督教的快速发展并非个例，耿马、镇康等地基督徒也有迅速增长。1956 年，包括沧源在内的临沧地区各县，基督徒从 1954 年 7000 余人增至 37000人。张正华：《教育宗教徒爱国爱教是边疆民族地区宗教工作的长期任务》，临沧地委党史征研室编：《临沧地区统一战线》。
[372] 沧源县档案馆藏 1957 年 7 月 14 日岩帅区委会、县委工作组报告。
[373] 沧源县档案馆藏 1957 年 2 月 10 日县委 1957 年宗教工作意见。

们不信教，而是争取宗教内向，加强对他们的领导。认真争取团结一切可以团结的宗教上层人物，防止迷惑于对宗教有所冲淡的表现现象，而放松宗教工作的倾向。今后在宗教活动时间不得借故开会等限制他们的宗教活动……党才能通过这些民族干部加强对宗教的领导，并通过宗教形式进一步提高群众，有利于合作化的开展。[374]

针对部分撒拉歪曲宗教政策、错误宣传等问题，沧源有关部门认为除开展爱国主义教育、提高教徒的思想觉悟外，要全面地宣传宗教信仰自由的政策，既有信仰宗教的自由，也有不信仰的自由，两者兼顾，"对歪曲宗教政策和披着宗教外衣进行违法活动的，要适当的揭发，使大家辩明是非，以理服人"。对于教会中的积极分子和进步撒拉，要组织学习及参观，多作教育，指明前途，使其由外向内，爱国爱教；对重点地点，要积极工作，施加影响等[375]。

（三）"直接过渡"与合作化

1、"直接过渡"与合作化

1955年上半年，云南省委在双江、耿马等边缘六县180余乡、24万余人口的杂居区开展了以和平协商方式进行土地改革的社会改造运动（民主改革）。5月，借鉴这些地方的改革措施及取得经验，省委决定在德宏傣族地区开展民主改革；接着，省委将德宏傣族地区的改革措施适当修改，再推广到西双版纳、临沧、思茅、丽江等边疆民族地区。

在德宏傣族地区开展和平协商土地改革时，聚居该地区景颇族的情况则明显不同。景颇族社会的发育程度低、家长氏族残余还保持不同程度，土地私有化不突出，存在换工互助或合种合收，已有阶级分化，但甚不明显，社会最突出的问题不是阶级矛盾，而是贫困落后及民族问题，不能采取划分阶级、分配土地及耕畜等方式实施社会改造。与景颇族类似的有傈僳族、怒族、佤族、独龙族等，对于他们，则将其原始共有制加以改造，转化为新型的集体制，以团结、生产、进步为方针，在国家的帮助下，为"直接过渡"到社会主义创造前提条件。

---

374 《佤族地区直接过渡的初步意见》，左培林主编：《临沧地区民主改革》，临沧地区党史资料编审委员会印，1999年，第351页。
375 沧源县档案馆藏1957年7月14日岩帅区委会、县委工作组报告。

1955 年底，沧源县委结合佤区实际，创办互助组，采取组员个体所有和小组集体所有两种形式，尝试"直接过渡"，进入社会主义。次年，云南省委要求直过区要"大力发展互助组，重点试办合作社"积极发展生产。沧源县委选择岩帅区贺南寨为试点，创办两个不同类型的合作社。合作社按照入社自愿、退社自由原则而组建：第一类型社有 18 户，所有一切无偿归社，共同劳动，共同分配；第二类型社有 12 户，老田分红，新田、旱地不分红，耕牛折价入社，留自留地。

经过实践，这两类社都曾显示出"合作"的集体力量，效率提高，粮食增产，群众生活有所提高。比较而言，第二类型社的优势更要明显一些[376]。根据取得的经验，县委拟在巩固完善的基础上，为满足民众的要求，在 1957 年争取全乡合作化，社的类型由群众选择，自愿组合。其间，贺南乡合作社的范例亦被该县其他地方借用，并依据当地实际情况，创办了不同类型的合作社。

尽管沧源佤区的合作社取得了突出成绩，存在的问题仍然不少，尤其是尚处于奴隶社会初期的族群一步跨入了社会主义社会之后，的确有众多不适应之处，需要调适，逐步适应，缓慢发展，成熟健全。按照有关部门的规划，沧源等"直接过渡区"的合作化运动遵照循序渐进的原则，逐步建设，逐步完善，争取在 1960 年完成农业合作化[377]。

1957 年 3 月，省边工委召开"直过区"工作座谈会，分析"直接过渡"取得的突出成绩，亦担心因"跑步太快"而出现的若干滞后效应，提出其中心任务是发展生产，"一切工作必须围绕发展生产去进行，互助合作是发展生产从而解决各种复杂矛盾的根本道路，但必须创造一定的前提条件和基础，并随着生产的发展逐步办社"，办好不能办坏，防止孤立办社。除个别条件成熟地方外，其他地方以巩固为主，要在生产和办社中附带解决好封建剥削因素和原始落后因素，等等[378]。

根据这些要求，沧源县委将工作重心放在巩固而非发展合作社上，以巩固促进发展，逐步推广。在 1957 年，全县只建立了 13 个合作社，入社农户412 户，占总户数 3.7%。

---

376 《云南沧源卡瓦族社会经济调查报告》（卡瓦族调查材料之四），第 91 页。
377 编委会：《思茅地区志》，云南民族出版社，1996 年，下册，第 1042 页。
378 《云南民族工作四十年》，下卷，第 92 页。

2、合作化对基督教的影响

不可否认，"直接过渡"及合作化运动对于沧源佤区基督教会造成较大的影响。由于部分撒拉或头人在适应社会过程中，在传教中采取不妥当的说法，如将耶稣比附毛主席、基督教等于共产党等，诱惑群众上当，加入宗教活动，成为信徒；加之部分村寨的宗教活动对互助组或合作社的劳动安排等存在矛盾、发生冲突等。不可否认，少数干部因之对基督教存在看法，甚至抱有偏见。"在社会主义改造中，宗教信仰也是很值得注意的问题，不仅它本身就是社会主义改造中的阻力，而且它往往被富裕阶层和政治头人为对抗社会主义改造所利用，且也往往被敌人所利用"[379]。不过，受"慎重稳进"方针及工作重点等约束，部分干部暂时搁置这些看法，抑制情绪，基本上不在工作中加以表露。"关于基督教问题，目前主要应克服干部对宗教工作的厌恶情绪，缺乏长期工作的思想，今后要说服民族干部做宗教工作，培养进步和靠我的宗教人物掌握宗教旗帜，争取教徒内向"[380]，执行相关政策，培养进步的教牧人员，掌握"旗帜"，引导活动。

在"直接过渡"中，建立互助组、推行合作化，改传统公有制为集体制，肯定会触动撒拉、头人，以及教会的利益。如贺南乡在社会改造过程中，工作队利用互助组等组织农民，发展生产，切断了撒拉或头人的雇工来源；采用以劳动计量来分配粮食等，保护了贫困农户的劳动成果；不劳动不得食，撒拉或头人也得放下架子，参加生产，按劳取酬。以及培养积极分子，发展农村党团员，形成领导核心，逐步掌握村寨政权；并在生产劳动等之中，开展社会主义教育等，改变传统的社会意识，包括宗教信仰。群众信仰淡漠，不再参加宗教活动；撒拉或头人的威信丧失，权势转移；互助组或合作社的建立，替代了教会的功能，基督教"消失"只是时间的问题。

> 解放之初，贺南乡有耶稣教教堂4所，撒拉4人，信教之家284户，占总户数的91%。通过九年来的发展生产和科学文化的教育，特别通过（19）58年社会主义改改（造）、大跃进，耶稣教几乎全部垮台。教堂被群众改成了学校，撒拉失去了群众威信。群众反映："信教几十年了，还是吃不饱和没得穿，共产党来了领导我们

379 《云南沧源卡瓦族社会经济调查报告》（卡瓦族调查材料之四），第48页。
380 王连芳：《边疆民族地区直接过渡工作的新情况和新问题》，《云南民族工作实践与理论探索》，第303页。

> 发展生产，组织合作社，才有吃有穿了……撒拉和某些剥削上层企
> 图把已垮台的耶稣教恢复起来，而群众的答复是："信教不能解决
> 肚子，劳动才有饭吃。"虽然这仅仅是几句话，但说明了本质问
> 题。[381]

贺南乡教会只是沧源佤族基督教会在合作化过程中的典型变化，随着合作化运动的全面、深入地开展，基督教会遭遇到猛烈的冲击！

（四）"大跃进"与宗教"变化"

从 1957 年下半年起，形势骤然变化，云南各地开展了反右倾等运动，边疆民族地区工作受到了严重的干扰，不再坚持从实际出发和分类指导的原则，而把民主改革或"直接过渡"后的所有问题都统一到两条道路斗争上来，加快合作化的步伐，用大跃进求得大发展、大解决。此后，沧源等地不再坚持缓办，而是大办、快办合作社，还要把合作社迅速提升到人民公社，一大二公，"用棍子赶群众进天堂"。

1、"民主补课"与"大跃进"运动

1957 年 10 月，中共中央作出关于在少数民族中进行整风和社会主义教育的指示，要求及时开展。该项运动分三类地区开展，其中佤族、景颇族地区列入第三类地区，可以在社会上采取适宜的方式，正面进行社会主义的宣传教育，但不进行整风和大辩论[382]。之前，按照云南省宗教事务管理部门关于在宗教界开展社会主义教育的布置，边疆地区基督教会要进行爱国爱教、拥护社会主义的学习等。这样，正面开展社会主义教育、爱国爱教成为地方政府对基督教的重要工作。

月底，云南省委指出：前几年，边疆土改后为了稳定农村、发展生产，有意识地缓和一下阶级关系。但目前农村中反动气焰上升，因此必须乘反右派的有利时机，对反革命分子和反动地富的现行破坏加以打击，提高群众的阶级觉悟和社会主义觉悟，鼓起生产劲头，为今秋办社打下政治基础。在这个问题，边疆民族地区不能例外，同样要开展打击反革命和不法地主、富农的破坏活动，俗称社会镇反。1958 年元月，省委再对边疆民族地区的工作作出部署：为了完成和平协商改革的任务，防止境外敌特分子的潜入破坏，要

---

381 《云南沧源卡瓦族社会经济调查报告》（卡瓦族调查材料之四），第 18 页。
382 编写组：《云南民族工作四十年》，云南民族出版社，1994 年，下卷，第 87 页。

开展打击不法地主、富农等的"补课"运动（民主补课），等等[383]。

　　根据这些指示，包括沧源在内的沿边民族地区开展"民主补课"运动。该项运动在打击不法地主、富农，积极开展社会主义教育的同时，极大地加快合作化运动的步伐。1958 年 4 月，沧源县就建立合作社 133 个，入社农户 6461 户，占总户数的 47.8%，其中岩帅区入户农户达 75%以上，基本上实现了合作化，还办起了一个高级社[384]。

　　4 月底，省边工委再开"直过区"工作座谈会，肯定了沧源及怒江等地的工作经验，实现了掀起"民主革命和合作化高潮，双管齐下，一箭三雕，三步并作一步走"的大发展，并认为生产跃进必须带动合作化前进，能快就快，边疆民族地区的合作化速度，肯定要快一点[385]，快马再加鞭。

　　这年，全国掀起了"总路线、大跃进、人民公社"的三面红旗运动，要求各族人民"鼓足干劲、力争上游、多快好省建设社会主义"。按照当时说法，社会主义就是公有制经济，人民公社"一大两公"，管理范围大，公有化程度高，最能体现公有制的要求。建立人民公社，解决所有制，促进生产大发展，迅速跨进共产主义社会，于是合作社要迅速升为人民公社，再次实现所有制形式的历史性转变。

　　在七八月"大跃进"运动时，省委召开地委书记会议，布置了在"直过区"的工作任务，要求划分阶级，废除山官、王子及头人的特权及剥削，实现"枪换肩"，建立群众武装，彻底改造基层政权等。10 月中旬，省边工委召开电话会议，下达在民族地区建立人民公社的指示，要求在如基础较好、群众条件具备的沧源等沿边民族地区，"只要经过试点，取得系统经验，报经省委批准后，可以争取在今冬实现人民公社化"[386]，要把人民公社的红旗高高飘扬在祖国边疆地区，显示社会主义的优越与先进。

　　当时，沧源有关部门曾设计：1958 年底，岩帅、勐角、勐省三区实现合作化；1959 年，永和、班洪及单甲三区基本实现合作化，全县完成所有制改造的任务。即使这样，其发展速度也被上级认为太慢了，要求一天要等于二十年，跑步进入共产主义。在"大跃进"的推动下，沧源掀起大办合作社的高潮，到 58 年底，合作社增至 353 个，入社农户达 10115 户，占总户数的 79.3%

383　《云南民族工作四十年》，下卷，第 98 页。
384　《云南沧源卡瓦族社会经济调查报告》（卡瓦族调查材料之四），第 19 页。
385　《云南民族工作四十年》，下卷，第 103 页。
386　《云南民族工作四十年》，下卷，第 99 页、105 页。

欲速则不达，"大跃进"运动带来社会大动荡，致使包括基督徒在内的各族群众外迁境外：

> 各地大办公共食堂，"吃大锅饭"，搞平均分配。由于不顾客观实际，使生产受到影响，粮食减产，群众饿饭，不时发生水肿病和其他营养不良疾病，加之受境外敌特的煽动策反和破坏，民族上层和群众不明真相，对党的政策不了解，对一切抱怀疑态度，人心动荡，民族关系紧张，边境一线群众大量外迁。[387]

2、基督教"消失"，隐蔽活动

从 1957 年起，合作化发展，公有化程度的提高，以及开展社会主义教育等，基督教已受到了猛烈冲击，再不可能像数年前自由、迅速的发展。进入 1958 年，"民主补课"、"大跃进"、社会镇反及人民公社运动等，更加猛烈地打击了基督教会，一蹶不振。

分析主要原因：首先，创办合作社后，农村党团支部建立，作用凸显，新型民族干部的培养与使用，废除部落制，民主建政，组建乡村政权，实现对基层政权的控制。再者，"补课运动"划分阶级，分清敌我，取消以至打击山官、王子或头人的特权与剥削，撒拉或头人的威风不再，地位丧失。还有，在合作化过程中，组织起来，发展生产，改善生活，群众觉悟提高，有摆脱宗教的束缚，积极发展生产的要求。

> 在今年大跃进当中，积极领导佤族人民兴修水利开田，群众逐步靠拢政府，阶级觉悟日益提高。使他们相信，只有共产党的领导，才能摆脱贫困，使他们逐步认识到基督教是危害社会的，因而在我工作基础较好地区，群众对基督教的信仰，逐渐冲淡，作礼拜的人大为减少（岩帅区已停止做礼拜）。群众反映：天天祷告，还是没得吃，只有生产才得吃，过去每礼拜群众要给撒拉送米送钱，现在不送了。撒拉亦感到教会在群众中已渐失去信仰，生活失去依靠，政治受到孤立，被迫参加生产。[388]

此外，部分干部对宗教的"偏见"也对冲击的程度产生了推动力。过去，部分干部确对基督教颇有看法，甚至偏见，盼望采取积极行动将群众从宗教束缚中"解放"出来，消除或避免宗教的"愚弄"言行。限于政策的规定和

---

387 《沧源佤族自治县志》，第 3 编，第 1 章，第 128 页。
388 《云南沧源卡瓦族社会经济调查报告》（卡瓦族调查材料之四），第 171 页。

纪律的约束，这些看法或偏见没有转化为实际的行动。但作为头脑中的"潜意识"，这些干部不时在某些场合下以言语或态度或有反映。反之，部分撒拉或头人看准了这些，积极宣传，竭力发展，加剧了与干部的反感情绪，致使矛盾难融，滋生并加剧了对立情绪。

> 我们共产党人是无神论者，"宗教"这两个字首先在我们干部的思想上就没有很好的影响；加上建国后敌人又利用宗教的某些落后分子进行反革命活动，阻碍我各项工作，更引起思想上的反感；再加上政策水平有限，因此在（19）56 年至（19）57 年这段（时间），也出现对宗教有不够尊重的现象，并仇视撒拉，有事不找他们商量，礼拜天撒拉要在教堂讲教，我们就在教堂里召开群众会等，虽没有直接取缔，始终是想办法要把它搞垮。这样搞的结果，唯独没有搞垮宗教，相反的，敌人便利用了宗教，猖狂地进行活动。[389]

1958 年初，按照布置，"直过区"必须开展"民主补课"运动，划分阶级，打击反革命和不法地富的"破坏"活动等。毋庸讳言，多数撒拉及头人均系村寨的富裕户，若划分阶级成分，他们有可能划为地主、富农等，属于"补课运动"中的打击对象。加之开展"大跃进"运动就是要破除"右"倾思想，不怕做不到，只怕想不到。因此，"大跃进"运动激活了残留干部头脑中对宗教"偏见"的潜意识，变成了剧烈的行动，要打击宗教中的"敌对势力"。

> 基督教工作，目前是解决敌我矛盾，要狠狠打击敌人，把宗教旗帜夺过来，掌握在我们手里。在我县可分类地区：一类是信仰已经淡漠的地区，必须狠狠抓住广大教徒群众要求发展生产，摆脱贫困的本质要求，能挤掉的活动就挤掉，能削弱的就削弱。如宗教上层与我争夺群众，可以进行辩论，进一步全面贯彻信仰自由政策。一类为目前信仰较深的，要加强爱国爱教的教育，帮助教徒群众划清宗教问题和政治问题的界限，全面宣传宗教信仰自由政策，培养靠我们人掌握教会，打击宗教内的敌人和帝国主义代理人。[390]

---

389 沧源县档案馆藏 1958 年 6 月 14 日综合我县几年来宗教情况简报。
390 沧源县档案馆藏（缺具体年月，1958 年？）关于民族上层及宗教上层工作的跃进计划。

因受这些思想的指导，个别地方干部及群众在推行合作化、"民主补课"运动中，对基督教、撒拉或头人等加以处理，"用社会主义教育、阶级斗争、发展生产来发动群众，破除迷信，与敌人划清界线，由个体生产走向合作化的道路，肃清了反动宗教分子活动的一切场所"[391]。如 1958 年 3 月，沧源县在坝卡乡召开四级干部会议，布置加快合作化进度、发展生产、开展社会主义教育等多项工作。接着，部分区乡干部便动员及组织积极分子及民众，在信教群众中开展对比教育，算一算礼拜活动影响生产的后果，清理撒拉等的剥削账，要求撒拉等公开表态，放弃剥削等，争取在短期取消礼拜等活动。当然，部分撒拉或头人也意欲利用教会组织、宗教活动与之对抗，保全地位，挽回损失。

> 今年各地大跃进中，结合生产积极办社，从根本上触动了头人、撒拉利益，阶级斗争日益尖锐。教徒们（他们？）为了挽救他最后的垂死挣扎，在班糯、班奈、东母、贺勐、公罕等地，纷纷提出复教，强迫群众进教堂。谓：不进教堂，生产不会发展。我们信教已几代人。现在不信不好，不信，人会病、会死，不能上天。有的宗教反动分子造谣：班驮乡不信耶稣，房子就会起火。[392]

不过处在当时的环境下，这些言行难以再产生效果。且不言力量对比、环境压力，就以合作化而言，大多数佤族民众已被组织起来，集体制产生的"积极"利益使得他们不愿意跟随撒拉或头人，参加宗教活动。"政府贷款救济我们比爹妈还好，"共产党、毛主席比耶稣还好"；"人过礼拜，肚子不过礼拜，谁叫过礼拜，谁给饭吃"[393]！明确反对这些撒拉、头人等的言行，反对继续开展宗教活动，等等。

其间，撒拉或头人群体也发生了分化，不再是铁板一块。形势的变化、人民政府的教育争取团结等，部分撒拉的观念改变，觉悟提高，有的放弃信仰，不主持宗教活动，转而积极生产，成为大跃进的带头人。

> 当然，也有些撒拉经过多年来的教育，在生产大跃进中，不进教堂，积极生产。如亢瓦寨撒拉肖及卡由于生产劳动好，被吸收入社，还担任生产组长。东勐撒拉们泡酒给群众吃，表示辞职不干。

---

391 《云南沧源卡瓦族社会经济调查报告》（卡瓦族调查材料之四），第 88 页。
392 《云南沧源卡瓦族社会经济调查报告》（卡瓦族调查材料之四），第 171 页。
393 《云南沧源卡瓦族社会经济调查报告》（卡瓦族调查材料之四），第 171 页。

而绝大部分爱国教徒已自觉不信教，他们说：共产党领导开沟开田，发展生产是人人得见、人人得益的，撒拉教我们祷告几十年，也不见那家日子过得好。[394]

面对如此的环境，基督教调适之术不多，或许人间"蒸发"，隐蔽潜伏，秘密活动便是选择之一。岩帅、勐省及勐角近 70 个村寨有 1 万余名教徒"放弃"了信仰，不再进教堂、不祷告、不参加宗教活动，等等。一些位于边境线的村寨，部分撒拉或头人带领信教群众逃往境外，躲避打击。仅有永和、勐角糯掌及勐省贺腊等 30 余寨约两三千名群众还继续保持信仰。从表面上看，基督教在沧源已基本"消失"了。

需要指出的是，部分"放弃"信仰的群众并非真正"反"了教，是在压力之下的"革面"不"革心"的行动，内心仍固守基督教信仰。事后，有关部门调查了勐角坝卡、糯掌两乡中 100 户不过礼拜的教徒，其信仰状况的构成是：从思想上放弃信仰的 33 户，信与不信两可 35 户，还保持深刻信仰 32 户，各占 1 / 3。就是说，信与愿意信者还是占了 2 / 3。如此结果是对少量干部作出的"解决宗教问题不一定要几年，我们只四个礼拜就解决问题，也不感到吃力"结论的莫大嘲讽[395]。

在"大跃进"等运动的压力下，宗教信仰仍然存在，仍有守望者及跟随者，说明采取简单粗糙的方式不可能消灭基督教。只要有人，就会有信仰，就会有活动！就得正视。随着纠正"大跃进"运动等左倾错误，当地政府也恢复和执行政策，承认宗教信仰自由，区分信仰与行为。

三、五六十年代之际基督教的活动及变化

（一）1959 年政策调整与教会变化

社会主义教育、"民主补课"、"大跃进"及人民公社运动等，欲速则不达，反却导致沧源佤族社会骚动、生产破坏，民心不稳，人口逃亡，"由于全县'大跃进'运动、阶级划分和建立生产合作社运动操之过急，致使群众外迁 14000 人"[396]，约占总人口的 1 / 3 弱，撒拉、头人及教徒在外迁民众

394　《云南沧源卡瓦族社会经济调查报告》（卡瓦族调查材料之四），第 172 页。

395　沧源县档案馆藏 1958 年 7 月 30 日临沧地委关于沧源县勐角区坝卡、糯掌两乡执行宗教政策上存的问题及今后意见的报告。

396　《沧源佤族自治县志》，大事记，第 18 页。据统计，在 1958 年至 1960 年间，沧

中占较大比例。

应该说，大量人口逃亡境外，境内生产破坏等，并非沧源的个别现象，当时整个滇西沿边民族地区均发生类似事件，外迁人口超过十余万[397]，严重损害了农业生产、民族团结、边疆稳定及国防安全等。严峻的生态环境及潜在的恶果促使地方政府正视形势，掂量后果。

尽管，1958 年 9 月云南省委第一届第三次会议讨论并通过《关于执行中央"中央关于在农村建立人民公社问题的决议"的决议》，作出了"9 月准备，10 月行动，10 月底基本完成"人民公社化的布置。10 月初，省委又作出《关于建立人民公社的指示》，提出力争在上半月内完成人民公社化。同月 13 日，省委边工委召开电话会议，传达了省委关于边疆民族地区建立人民公社的意见等，要求在年底内实现人民公社化[398]，下达了指示。可是，沧源等边疆民族地区出现的持续边民外迁、生产破坏、社会动荡等严酷事实迫使地方政府不得不放慢"跃进"速度，采取强力措施，缓释压力，恢复常态。

在此之前，临沧地委统战部针对大量边民外逃、尤其是基督徒外逃等来到沧源部分村寨，派遣人员开展调查，弄清情况，制定措施，争取制止。通过实地调查，调查组认为在合作化运动中，当地干部"运用斗争策略不够，没有抓住教徒要求发展生产、改善生活的本质要求，运用群众的声势，争取团结改造宗教上层的大多数，打击少数顽固分子。不分利用宗教进行反革命活动和一般的宗教职业者，一律对待，在群众中针对他们算剥削账，不但不分化，反使他们倒向敌人一边"。针对撒拉及教徒外逃等的问题，该报告提出在边疆民族地区，既存在敌人利用宗教进行反革命活动的敌我问题，也存在人民信仰宗教的问题。它们虽相互交织，但不重合，要求认真研究，区别对待，要解决是敌我之间矛盾而非人民内部的矛盾。"我们当前的任务是要解决敌我之间的矛盾，而不是消灭群众信仰宗教的问题。如果我们不是首先抓住敌人和我们之间的矛盾，而首先强调去取消群众礼拜生活，或者急于消

源、耿马及镇康三县共外迁边民 23900 余人，其中沧源有 14735 人。同期，争取回国 11713 人，其中沧源 9304 人。见张正华《浅析对边疆民族上层团结教育改造的得失》，临沧地委党史征研室编《临沧地区统一战线》，2000 年。

397 据《云南民族工作四十年》记载：1958 年 9 月—11 月，外迁边民超过 11 万人；从 1958 年起，边疆民族地区农业连续三年减产，其中 1960 年粮食总产比 57 年减少 5%、大牲畜存栏数减少 12%，等等（上卷，第 190、193 页）。

398 《云南民族工作四十年》，上卷，第 185、189 页。

除群众的宗教偏见，就必给敌人留下空子"。在"大跃进"中，当地政府要动员及组织群众，大力发展生产，满足群众的本质要求。至于宗教活动，具体分析，区别对待：对那些影响生产的宗教活动，由群众开展"大跃进"等大辩论，适当改变；对不影响生产的纯宗教活动，就不要干涉。对宗教上层继续开展爱国爱教、爱国守法教育，"不应涉及信仰去讨论"，等等[399]。

其间，根据省有关部门安排，省基督教"三自爱国会"牧师张现洲等来到沧源部分地方，深入部分撒拉或信教群众中，宣传政策，从宗教层面上开展安抚工作。据张现洲等人报告：

> （永和）差不多所有和我们接触过的人，都认识到牧师来访问是党和政府的关心。单坝坎的郎宗说：建国后七八年，只听说昆明有牧师，还有礼拜堂，但不得见，前几天政府告诉牧师要来串我们地方，老老小小听了很高兴，毛主席和共产党比我们的父母还好，给吃给穿，还关心到我们信教的事。基本群众岩恐等说：我们信教的人，政府不能丢，这次牧师来串，是政府领导才会有的，所以要听政府的话。[400]

通过交流，他们触及到部分教徒及撒拉的真实心态，了解他们并不愿意迁往境外，那里秩序混乱，耕地难租等，承认外逃境外的行为是不对的，"多数人都说：牧师讲的都是初次得见，要是牧师早来几个月，人人都听了，也不会逃跑"等等。对于政府继续执行宗教政策有了认识，"卡瓦族说：我们信教的人还不晓得准不准信教。现在放心了，坏分子的话不能听，听了就会走死路"[401]。

---

[399] 沧源县档案馆藏1958年7月30日临沧地委关于沧源县勐角区坝卡、糯掌两乡执行宗教政策上存的问题及今后意见的报告。

[400] 沧源县档案馆藏1958年8月7日访问组内地牧师（张现洲）访问情况简报（第3号）。云南省有关部门关于建立及加强内地教会与边疆教会的联系、变外向为内向等工作意见于1955年提出；昆明教会牧师到边疆民族地区开展工作始于1956年，最早他们是到德宏州陇川县广山等地教会。1957年上半年，国务院宗教事务局充分肯定这种联系，认为是促进边疆信教群众思想内向、爱国爱教的重要措施，继续开展。

另外，云南省宗教事务处除组织三自会牧师除到德宏州陇川、盈江等县外，还分别到澜沧、耿马及沧源等地。参见本项目景颇族部分。关于张现洲等人来沧源等地的缘由及活动情况，参见张现洲《解放前后云南基督教状况及其变化》（载《云南民族民俗和宗教调查》）等资料。

[401] 沧源县档案馆藏1958年8月8日访问工作组内地牧师访问情况简报（第6号）。

部分边民背井离乡，移到缅甸，暂时避免了"大跃进"等冲击，但其在境外的处境也不好，除耕地难寻、家庭难安外，还因治安混乱，安全得不到保障，以及地租征收多，负担重等等，其中一些人还萌生返乡的念头，考虑归国。从 1958 年底起，边民外迁明显减少，部分已外逃者又纷纷返回国内。

尽管，当时尚处于"大跃进"及人民公社运动的高潮期间，但边民外逃导致人口锐减，佤族地区、尤其是沿边地带因缺乏劳动力、社会不稳等而导致生产停滞等使得"大跃进"及人民公社等背负上"沉重的翅膀"，无法"腾飞"而实现跃进。现实迫使云南省、临沧地区或沧源县等党政部门考虑调整政策，减少以至避免边民外逃。

前面已叙，在引发佤族边民外移的原因中，宗教无疑是重要因素。既然中共和人民政府没有放弃宗教信仰自由的政策，那么在调整过程中还得正确对待群众的宗教信仰，对正常、正当的宗教活动少干涉为宜，故有前面的调整行动，要求正视宗教的长期性、复杂性，承认民族群众的宗教信仰。

1958 年 12 月，云南省委鉴于"大跃进"及"人民公社"运动等在边疆民族地区带来了严重的破坏，再次召开边疆各县县委书记的会议，采取措施，急刹车，暂停运动。

根据这次会议的精神，包括沧源在内的边疆民族地区"急刹"大跃进运动，适当调整部分政策。如在宗教问题上，继续执行宗教信仰自由的政策，"防止企图用行政命令的做法和刺激宗教感情的做法，对妨碍生产的宗教活动要限制，但应注意发动群众，讲清道理，注意工作方式"。要教育干部认识宗教工作的长期性、复杂性，批判"一星期就可以消灭宗教"等错误观点，树立长期工作的思想准备，妥善解决 1958 年变化中所出现的遗留问题。

在调整当中，要大力领导各族教徒群众发展生产、改善生活，对他们进行社会主义、共产主义教育和文化科学教育。从教徒及撒拉中要培养进步力量，夺取宗教旗帜。为了达到对撒拉等的改造，指示要求，对撒拉等还要加上劳动光荣、剥削可耻的教育，促使其接受社会主义改造，逐步成为自食其力的劳动者等等[402]。

佤族在 1957 年前被称为卡瓦族，据说该名称有民族歧视成分，故改名佤族，沿用至今。

402 沧源县档案馆藏 1958 年 12 月 5 日临沧宗教在工农业生产大跃进和人民公社运动

肯定地讲，1958年"大跃进"等运动对基督教等宗教的猛烈冲击并非仅限于沧源等云南沿边地区，当时全国各地均发生了类似问题，需要正视及解决！年底，中央统战部在京召开第十一次全国统战工作会议，讨论及制定《关于少数民族及少数民族地区宗教工作方面若干问题的意见》等文件，要求正确认识宗教的"五性"[403]，对少数民族宗教采取慎重的态度。处在当时的环境下，这些要求意味深长！前有说明，此略。

进入1959年，在纠正"大跃进"等"左"倾错误时，按照中央有关部门的要求，宗教事务工作要"有张有弛"，1958年是"张"，1959年就要"弛"，即放宽尺度。

按照这些指示，沧源县也适当调整作法，主要作法是：贯彻宗教信仰自由的政策，拟召开宗教座谈会，进行政策宣传、爱国守法和劳动光荣的教育，提高教牧人员、教徒的觉悟，使他们爱国守法，转变立场，划清宗教与帝国主义的界线，由外向转内向。对于群众要求的正常宗教活动，要加以安排，不要硬硬地挤掉，在执行过程中，要注意不同类型地区，采取不同的政策。如"信教区，不要硬硬的，有意挤掉正常的宗教活动；半信半不信地区，根据群众要求，谁信谁就信，谁不信不要强迫；已经不信教地区，不再宣传宗教政策，而加强社会主义、共产主义思想教育，现已停止宗教活动的不再加以恢复"。当然，执行宗教信仰自由的政策，并非放任宗教，而是要"把宗教旗帜抓过来，使广大教牧人员和教徒跟我走"[404]，等等。

沧源县这些调整措施，得到了临沧地委的认可，在对其指示中，除要求加强统战工作，专人负责，扩大政协组织，沟通渠道；召开座谈会，交代政策等外，还明确要求：

> 对基督教，已废除地区，不再去恢复。目前仍有活动的地区，暂准维持现状，并正确执行宗教信仰自由权利，但必须加强领导，争取靠我，割断与其帝国主义和国外反革命的联系。某些地区教堂倒塌，如群众要求修补，可让其自行修补。个别政治意义较大的地

中的变化情况。

403 所谓宗教"五性"系原中央统战部部长李维汉根据宗教的特点而提出，指"长期性"、"复杂性"、"群众性"、"民族性"和"国际性"。关于这个问题，参见李维汉《统一战线问题和民族问题》相关部分。

404 沧源县档案馆藏1959年7月7日关于下半年统战工作的安排。该报告后于7月20日由县委上报临沧地委。

方（如永和、糯掌），为有利于争取外逃和破除敌人污蔑我消灭宗教
的谣言，考虑由政府给予适当补助修理。关于过礼拜的问题，在总
的休假时间中去安排解决，不另作安排。[405]

1959 年以后，沧源等地纠正在"大跃进运动"中某些作法、恢复宗教信
仰自由政策，以及调整及改变若干不当措施等方面产生了积极的作用：社会
趋于安定，外迁现象减少，部分村寨信教群众开展了礼拜等活动，满足宗教
信仰诉求，等等。

然而，我们在前文中已经指出，沧源佤区基督教的兴衰成败，固然受制
于形势的变化，但与该村寨撒拉或头人的态度直接相关。

从 1957 年以后，在各级政府或工作队的动员及教育下，各村寨都涌现出
数量不同的积极分子，通过互助组、合作化等运动的锻炼，其中部分人发展
为党团员，培养为新型的民族干部，在各级政权中担任职务，实现对传统头
人、王子或撒拉的替代。1958 年，边疆民族地区开展"民主补课"运动，实
施了"抢换肩"，人民掌握武器；划分阶级，打击了所谓不法地主、富农及
山官、王子等，使得这批昔日权势者威风扫地，一落千丈……进入 1959 年，
政府部门也曾纠正了 1958 年的某些不当作法，不再划分阶级，不打击所谓地
主、富农等。然而，环境变化、结构改变，佤区社会构建、尤其是村寨面貌
无法回归"补课"前状态，上层头人威风不再，今不如昔，难以再组织甚至
强令村寨民众保持或接受基督教。相关资料反映：即使恢复了宗教信仰的自
由，允许教徒开展宗教活动，1959 年时沧源教徒仅 1700 余人，比较 1958 年
3400 人少了一半。1960 年、1961 年，该县基督徒仍呈持续下降的趋势……对
此，我们认为，除环境压力外，症结是新型干部替代了头人或撒拉，逐步管
理基层政权及村寨，权势发生转移，教会赖以存在发展的根基已动摇，即使
实施再好的政策，教会也难以根据社会变化而加以调适，恢复昔日荣光！换
言之，当时佤区基督教的衰落是社会变革的必然！

基督徒减少、宗教活动消沉等固然受制于社会结构的变化、撒拉或头人
地位下降等因素，但我们也注意到，调整政策、允许宗教信仰自由等也存在
一个过程，其中可能存在反复。多数地方政府干部能执行政策，尊重民众的
宗教信仰权利，仍有个别干部视宗教为敌人，采取措施，欲拔而后快。如永

---

405 源源县档案馆藏 1959 年 8 月 22 日地委办公室转发沧源县委关于民族上层宗教变
化情况及今后统战工作意见。

和区永和大寨，曾是教徒聚集寨，信徒人数多达 535 人（1956 年统计），1958
年，该寨外逃教徒达 309 人。1959 年，进驻该寨的工作队确实执行了政策，
改变或调整部分措施，允许群众开展宗教活动，满足宗教诉求。然而，他们
对信教群众周日礼拜不参加生产劳动等仍存看法，从 9 月份起，便将合作社
在礼拜天出工的工分由每天 8 分提高到 16 分[406]，试图用经济手段来限制宗教
活动，寓禁于"工分"。这将产生什么样后果，毋庸多说。

（二）1961 年调整政策及宗教活动

1、纠正"五风"，继续慎重稳进

1958 年底，云南省委曾召开会议，采取措施，纠正边疆民族地区的"大
跃进"及人民公社等中不当的作法，调整政策，力图逐步回归工作正轨。然
而，受多种因素、尤其是"庐山会议"后党内开展的"反右倾思想"运动等
的牵制，在调整政策过程中，屡有反复，急躁冒进情绪等时有表现，某些不
当措施继续实施，于是"党和少数民族群众关系又趋于紧张，再次出现边民
外流，边境动荡不稳"[407]。

边民外逃，生产破坏，边疆不稳，损害国防安全……1960 年 7 月，省委
第一书记阎红彦针对部分边疆地方存在问题进行调查，认为"边疆工作，总
的一条，把生产搞好，使群众收入增加。有了这一条，跑的人就少了"，以
发展经济、改善生活作为稳定人心、搞好民族宗教工作，"如果生产问题解
决了，粮食够吃了，基本群众就稳定了，跑的也就少了，解决问题的根本办
法，是搞生产、改善生活"。于是，省委考虑再召开工作会议，切实解决存
在的问题[408]。

11 月，云南省委制定《关于在边疆地区若干政策问题的规定》（草案），
提出了全面调整，纠正左倾作法等 12 项措施，其中在调动各方面的力量、积
极发展生产措施中，规定"尊重群众的正当的宗教活动。对宗教界人士的生
产和生活，应当予以适当安排"[409]等，重申宗教信仰自由，尊重和保护正常

---

406 沧源县档案馆藏 1961 年 11 月 15 日省地县委调查组沧源县宗教情况。

407 《云南民族工作四十年》，上卷，第 193 页。

408 阎红彦：《对边疆工作的若干意见》，李原等编：《阎红彦同志讲话集》，1996 年，
　　第 329、332 页。

409 《中共云南省委关于在边疆地区若干政策问题的规定》，《阎红彦同志讲话集》，第
　　363 页。关于调整 1958 年对民族地区宗教事务的作法，1962 年 6 月云南省委第一
　　书记阎红彦将其作为急待解决的四个问题之一加以认识。参见《阎红彦同志讲话

的宗教活动。

　　云南边疆民族地区的这些现象并非个案，是当时全国特殊形势的缩影，需要全国采取同步的纠正行动。1960 年 11 月，中共中央发出《关于农村人民公社当前政策问题的紧急指示信》和《关于贯彻执行〈紧急指示信〉的指示》（简称"十二条"），规定了一系列重要政策，纠正左倾作法，规定以生产队为基础的三级所有制，是现阶段人民公社的根本制度，明确分配原则还是各尽所能，按劳分配。为了使这些政策得到切实贯彻，中央拟在农村进行整风整社，批判和消除共产风等。

　　1961 年 1 月，中共中央召开八届九中全会，决定对国民经济实行"调整、巩固、充实、提高"的方针，采取果断措施，制定了符合局势的政策。4 月，阎红彦又到思茅等地开展调查，对人民公社的规模、分配及耕牛、大型农具所有制等提出了若干纠正的建议，得到毛泽东的肯定[410]。

　　根据中央及毛泽东的指示，云南省委结合前期工作，先后下达《关于边疆地区贯彻执行中央紧急指示信的指示》等，重申边疆民族工作的指导思想是"照顾大局，服从稳定，继续坚持慎重稳进的方针"，指出"大跃进"运动中反"三论"的做法是错误的，稳定现有的生产关系，"坚决纠正"一平二调"的"共产风"、浮夸风、命令风、干部特殊风和对生产瞎指挥风，使全党干部集中精力去发展生产，改善人民生活，巩固提高合作社，加强对人民群众的思想教育，培养民族干部，从各方面巩固社会主义阵地"，等等[411]。

2、执行宗教信仰自由政策，保障群众权利

　　在调整过程中，沧源县也反思"大跃进运动"期间对基督教的某些作法，正视停止宗教活动派生的后果。

　　　　我们认为：在边疆地区的宗教，过早的停止了没有好处。相应的必须从思想上重视，对纯宗教活动的原则上不加干涉，主要从长

集》中《接见出列席云南省人民代表大会省政协委员的少数民族代表、委员的讲话纪要》中相关部分。

410 毛泽东批语："阎红彦同志此信写得很好，他的调查方法也是好的，普遍与个别相结合，发给中央局，各省、市区、区党委，供参考。"《转发阎红彦关于调查农村人民公社几个问题来信的批语》，《建国以来毛泽东文稿》，第 9 册，第 501 页。关于阎红彦调查报告的要点，参见该批语注释 2。

411 《云南民族工作四十年》，上卷，第 197 页。关于云南省委这道指示的全文，参见《阎红彦同志讲话集》第 373—376 页。

期对敌斗争考虑，继续做好上层工作，教育他们割断与帝国主义之间的联系。[412]

鉴于"大跃进"及人民公社运动期间，沧源等地基督教等受到的冲击力度较大，包括教徒在内的边民外移最突出，形势不稳，边防不宁。1961 年 11 月，省、地区及县三级组织调查组，实地认识沧源的宗教情况。

通过调查，初步了解到基督教在多数地方几乎"荡然无存"，仅剩 7 座教堂，3 名撒拉，185 名还公开表明信仰的教徒，他们多集中在边境线内侧的永和等地。虽然，这些数据并不完全代表沧源县基督教的真实情况，但多少反映了宗教所受冲击的猛烈程度。鉴于这些，调查组建议当地政府，贯彻执行宗教信仰自由的政策，允许信教群众开展宗教活动等：

1、外三区应充分讲清党的政策后，允许他们恢复正当的宗教活动；

2、允许教徒在自愿和不影响生产的原则下，修补缅寺、教堂，保障教徒正当的宗教活动；

3、根据党和国家的法令政策，加强对宗教活动的行政管理，反对两种倾向。

4、加强对宗教神职教牧人员的教育工作，以县政协出面，定期地组织他们进行政治学习，在教徒群众中也要经常进行社会主义和爱国主义的教育。

5、信仰宗教的地区必须加强干部对宗教信仰自由政策的学习……对群众正当宗教活动不要粗暴干涉，而应当教育他们不要太浪费和影响生产。[413]

为了让信教群众相信政府纠正过去对宗教的左倾作法，贯彻宗教信仰自由的政策，尊重及保护群众的宗教信仰权利，地方政府除约束基层干部的行为外，还召开座谈会、交流思想，以政协会形式，联络宗教界人士，宣传相关政策，等等。据说这些措施实施后，收到了良好的效果。

自从去年贯彻政策以来，干部作风的转变，端正执行党的政策，党与政府和基督教界的关系更一步的得到密切，生活比过去更

---

412 沧源县档案馆藏 1961 年 8 月 10 日县有关部门 1961 年 8 至 12 月份统战工作意见。

413 沧源县档案馆藏 1961 年 11 月 15 日省地县委调查组沧源县宗教情况。该县外三区指永和、班洪和单甲。

加活跃。以永和为例，过圣诞节 10 天，群众购买力每天为 800 至 1000 元（去年为 300 至 400 元）。现表现为：年前家家户户积极修理房屋；外迁教徒群众不断回国，大部分教牧人员对政府的宗教信仰自由政策，思想上进一步明确，如原来有些寨子背着政府在家过礼拜，唱诗、念圣经，逐步转向为公开礼拜，而解除对政府的戒备，向政府汇报情况。[414]

为了宣传宗教信仰自由的政策，争取信教群众心向内地、心向祖国，接受党和政府的领导，加强团结，维护边疆地区的稳定，有关部门决定再次组织基督教会牧师到沧源、耿马及双江等地。

3、内地教会指导佤区教会

早在 1958 年 5 月，耿马县委鉴于部分教徒受境外某些人员的诱惑或煽动，外迁缅甸，在边疆民族地区产生出些不应有的社会问题，拟从民族和宗教着手，提高信教群众及教职人员的爱国主义觉悟和民族觉悟，同内地教会挂上钩，稳定情绪，发展生产；并通过牧师来访，影响和争取外逃人员回归[415]。月底，临沧地委接受耿马县委的建议，报请省有关部门，请昆明市基督教三自会牧师张现洲来到边疆地区，走村串寨，组织活动，访问座谈，宣传政策，成立爱国团体，按立教职人员[416]，促进边疆基督教的内向。同年 6—8 月，张现洲先后到耿马福荣、沧源永和等地，开展相关活动，收到了明显的成效[417]。然而，随之而来的"大跃进"等运动，则猛烈冲击这新结的果实，基督教再受压制，边民外迁，边境不稳……

1962 年初，省政府有关部门组织省基督教三自会牧师孙守信等人从澜沧来到沧源永和、糯掌，耿马福荣及双江蒙化等地，宣传政策，介绍情况，沟通思想，统一认识，主持宗教活动，施洗教徒，按立部分传教员等[418]。

这次活动解除了部分教徒的思想顾虑，恢复与增进沧源等地基督教与内地"三自会"的联系，信教群众的普遍拥护，赢得了民心。他们说"我们

---

414 沧源县档案馆藏 1962 年 1 月 6 日沧源县基督教情况。
415 临沧地区档案馆藏 1958 年 5 月 17 日耿马县委迎接牧师来访计划。
416 临沧地区档案馆藏 1958 年 5 月 31 日临沧地委关于内地牧师到我区访问期间几个问题的请示。
417 临沧地区档案馆藏 1958 年 6—8 月内地牧师访问情况（第 1—5 号）。
418 临沧地区档案馆藏 1961 年 12 月 26 日关于昆明市爱国会牧师来访活动安排的意见。

的撒拉弄来了，就不能再听外国撒拉弄的话，有困难说给撒拉弄帮助解决，没有耶稣像，写信给撒拉弄要"，争取并逐步疏远与境外教会的联系。"中国撒拉弄好，不要百姓的钱；外国撒拉，不给他钱，他都要向百姓要"，等等。

由内地牧师主持洗礼仪式及礼拜活动等，除满足群众的宗教要求，具有特殊的宗教意义外，还带有浓郁的政治含意，用事实揭穿了"敌人企图以宗教活动诱骗群众外出受洗的阴谋和'中国不准信教'，取消了宗教的谣言"，藉此掌握宗教旗帜，"我们要求洗澡，我们中国的昆明派撒拉龙（弄）来给我们洗了，我们就要好好地听毛主席的话，听政府的话，不要听外人的话"[419]。抵制了境外教会的渗透及破坏。

在孙守信访问期间，沧源等地还召开教职人员及教徒代表的座谈会，传达中国基督教三自爱国会第二届会议的精神，宣传宗教政策，交流思想，反映问题。部分教牧人员及教徒纷纷表达宗教诉求，"我们过去虽没有进教堂祷告，心里还是想着，在各自的家里祷告，心里默默的唱耶稣"等[420]，希望能与内地教会保持长期的联系，"中国的政策越来越好了，撒拉弄也来了，也给教徒授洗了。要求牧师不要回内地，如果要回，就要给他们留个证明，保证要派牧师来"等多项要求[421]。

4、工作重点与教会活动

这次访问收效积极，安定了当地基督徒的情绪，按立了教牧人员，管理教务，制止外迁，稳定了局势。临沧行署等在予以肯定的同时，对在边疆民族地区贯彻执行宗教信仰自由政策，保护信教群众的宗教信仰权利等有了进一步认识，要求沿边各地政府：

　　1、继续加强爱国主义和社会主义教育，送内地参观……同时

---

419 沧源县档案馆藏1962年1月20日统战部永和区基督教访问情况简报（第1号）；3月7日昆明市基督教爱国会牧师在沧源、耿马两县访问的情况报告。其间，孙守信牧师在永和区12个村寨洗礼了191名佤族教徒。另外，撒拉弄是拉祜语的牧师。

420 罗开荣：《昆明市基督教"三自"爱国会牧师在临沧访问片断》，《临沧文史资料选辑》第3辑。该文章将孙守信错为孔守信，1962年1月误为3月。与孙守信牧师同来边疆者，是省基督教女青年会马仲文。

421 沧源县档案馆藏1962年3月7日昆明市基督教爱国会牧师在沧源耿马两县访问的情况报告。据访问组报告，沧源永和及耿马福荣等地的基督教之所以存在，原因是头人控制了宗教，政教合一。

也要适当地揭露帝国主义利用宗教进行反革命活动的阴谋，使教徒认清界限，爱国爱教，爱国守法。

2、帮助他们解决圣经、唱诗、画片的问题。

3、在教徒中选拔进步靠我之教牧人员送内地神学院学习培养。

4、允许正常的、正当的宗教活动。在边沿地区，逢宗教节日可有意识的让他们搞得浓一些，充实活动内容（原注，组织他们搞文娱活动）。

5、加强内地教会同他们的联系，或访问，或检查。[422]

遵照指示的精神，沧源等地政府部门表示尊重群众的宗教信仰，允许其开展正常的宗教活动，将工作的重点放在制止宗教摊派、强迫信教、干涉婚姻，以及送鬼医病、杀鸡收魂等不正常活动等方面[423]。

即使政府有力地执行宗教政策，但因社会结构已经改变，今非昔比，曾受村寨头人制约的基督教也因之衰落，难以恢复原状。虽然，基督教仍在沧源部分佤寨继续开展活动，但总的趋向衰落⋯⋯

四、对佤区基督教的认识

从 1964 年开始，"四清"运动开展及轰轰烈烈的"文化大革命"等再给佤区基督教以强烈的荡涤⋯⋯

我们知道，宗教与社会密不可分。基督教要传入并扎根于佤族地区，为部分民众所接受，必须正视佤区的社会环境及民众的心理特点。关于基督教的传播缘由及特点，我曾在《基督宗教在西南民族地区传播史》中有详尽分析，此略。

关于 20 世纪五六十年代佤族地区基督教活动的认识，首先离不开环境的改变而引起的变化。当中华人民共和国建立后，新的社会制度、新的领导阶级、新的思想教育等，营造及建设新的天地。环境的改变，促使佤区基督教会必须正视，有所调整，在适应之中求得发展。前述部分佤区基督教的有关调适颇能说明这一点。

---

422 沧源县档案馆藏 1962 年 3 月 7 日昆明市基督教爱国会牧师在沧源耿马两县访问的情况报告。

423 沧源县档案馆藏统战部 1962 年县宗教界情况（该资料缺具体时间）。

除社会大环境外，基督教更附着于"小环境"，即族群的社会结构、人际关系等。20 世纪 50 年代中叶，沧源等地佤族社会经历了重大的变化，告别家庭奴隶制，"直接过渡"社会主义，接受并实施新型的现代国家建制，传统的部落性因社会变革而"摧毁"，村寨头人已被新型民族干部替代，附着其上的教会因"根基"丧失难以为继。或许多方努力，积极调适，但收效甚微。其中五六十年代沧源等佤区基督教活动式衰及变化就是典型。

1978 年，宗教信仰自由政策真正恢复、贯彻落实后，基督教在沧源佤区虽得到了恢复，但仍难过快地恢复。其原因与本文论证有关。

不过，我们也注意到基督教则在澜沧佤族中得到较快发展，症结在于当地社会出现了以田×为代表的新型撒拉群，利用 80 年代期间农村体制的改革，部分村寨基层党团员的"空壳化"状况，这些撒拉借助履行村民自治等形式等而变相成为村寨的新"头人"，起到组织群众、协调关系、维护稳定等作用。关于这个问题，在下面章节中专作认识。

第八节　滇北民族地区基督教的活动及演变[424]

一、基督教开展革新运动

（一）解放初基督教活动

1950 年，解放军进入云南，摧毁了国民党政权，建立人民政府，领导及组织各族民众，稳定秩序，恢复经济。

是年，中国人民志愿军进入朝鲜，抗美援朝，抵抗美军及南韩军队，保家卫国。期间，美国海军第七舰队游弋台湾海峡，威胁中国各族人民；台湾国民党政权也跃跃欲试，妄图武力返回大陆，所谓第三次世界大战爆发之谣言甚嚣尘上。当时，禄劝教会中个别人错误估计形势，大肆叫嚣"共产党的江山要垮台，是一颗露水珠，太阳一出就化了，帝国主义很强大，有几千万人，一颗原子弹炸了中国，大家信教，大家种烟"（注，鸦片烟），号召教徒反对政府，抵制禁烟令等。

尽管这些只是个别传道员的恶毒攻击，但损害了教牧人员及教徒的形

---

424 本节的滇北指昆明市以北地区，以禄劝、武定两县为重点，当地信教群众除苗族、彝族外，还有傈僳族、汉族等群众，因其人数少，故以苗族、彝族为名，兼涉及傈僳、汉等族信教群众。

象，在社会上产生较大的反响。当这些说教传播开后，激怒了该县农民协会等成员，数十人会员包围了教堂，打枪示警，还扣留数名布道员，扭送公安局，请求惩办。农会等组织与教会关系紧张，既无助于争取团结工作的开展，也不利于教会活动。

对此，武定地委认为，这些现象不单为帝国主义之间谍活动的问题，也是如何使兄弟民族同胞脱离帝国主义影响等问题，在处理时必须采取慎重的方针。对于外籍教士应予以管制，对中国教职人员，说服他们切实执行教会在教堂内传教的规定，但不能发表反政府法令的言论，更不能有违反政府法令的举动。同时，各地政府在各种群众集会上，要讲明既有信教自由，亦有反宗教自由；教徒只能在教堂内传教，反宗教不能进入教堂；教会学校同于私人学校，实行传教与教育分离，不准做礼拜，不准上宗教课。在处理宗教问题时，应将政治、民族问题区别开来，等等[425]。

我们也注意到，旧政权的推翻及减租减息等的开展，广大农民在政治上翻了身，消除了压迫，当家作主人；经济上减轻以至避免了剥削，焕发了生产的积极性，拥护共产党、爱戴毛主席。

形势的改变及人心所向，对基督教会有所影响，一些教牧人员改变策略，借用攀附的手法，将教理嫁接于新中国的政策、耶稣等同毛主席，适应新社会，积极宣传"耶稣两千年要降世一次，现在快到了，如信教不诚心或不信教，要被天火烧，没有生路。毛主席的政策和圣经一样，是由圣经写下来的，毛主席的办法老实（是）合符耶稣的主张。毛主席救穷人，耶稣就是救世人"[426]。甚至还说"毛主席、朱总司令都信基督教，刘××也信基督教"[427]。于是，编造谎言，胡诌一些人信仰基督教，成为教徒，这也是毛主席、共产党的要求，甚至声称：

> 毛主席说我们每个人都要讲圣经，又要会唱歌，不会讲圣经、不会唱圣歌的，毛主席不要。今天，有不会讲圣经的，不准和我们开会，把那些不止（信）教的人赶出去。以后政府还要派人来检查，看我们是不是真信教，作祷告时，眼睛闭不闭。[428]

---

[425] 禄劝县档案馆藏 1950 年 12 月 21 日武定地委关于基督教活动的几点指示。

[426] 武定县档案馆藏 1950 年武定县第二、三、四区宗教情况。

[427] 中央访问团第二分团：《禄劝县访问材料》，1951 年 2 月，第 17 页。刘××是当地著名的劳动模范。

[428] 禄劝县档案馆藏 1951 年 12 月 21 日关于基督教活动情况的报告。

这些说教意图混淆基督教教理与新中国政策的概念、将耶稣等同毛主席，杜撰领导人的话等以维持宗教活动，保持以至扩大活动的空间，促进发展。或许这样内容宣传不能到预期的成效，但也是基督教会调适自我、适应社会的尝试。

（二）接受"三自"，实践革新

1951 年 2 月，中央政府民族委员会（国家民委）要求各地政府在少数民族地区开展抗美援朝运动、订立爱国公约等，宣传祖国，启发民众觉悟，确立或增强对中华民族、中国的热爱，肃清历史上帝国主义造成的恶劣影响。

民族地区，尤其在宗教和民族上层统治较强的地区开展抗美援朝和"三自"革新运动，在工作步骤上，必须采取特殊形式，由上而下发动本民族进步分子和有代表性人物出面带头开展宣传活动，根据群众的觉悟程度，把抗美援朝等意义传递到各族民众中，有系统、有计划地进行爱国主义教育，尤其是在教徒中间，要宣传"爱教必爱国，国存教才存"道理。与之配套的工作是驱逐"外国帝国主义分子"，协助教徒解决自养自传，订立团结爱国公约，并结合实际工作把该项运动经常化，并巩固下去……

> 在对民族上层团结改造工作中，必须有一界限分明的政策，从政治上加以严格分别，并具体地不同对待……我们的政策应该是对一般宗教首领，原则上维持其现状，不予干涉。对中国籍牧师、神甫，则帮助其开展"三自"革新运动，驱逐帝国主义分子。[429]

于是，有关部门明确要求基督教会割断与外国的联系，辞退外籍传教士，独立自主，自办教会；清理教会资产，专门登记；宗教活动限于教堂内，不能随意外出宣传，等等。

环境改变、人心所向，加上教会内部革新的要求，促使教职人员正视形势，调整方式，认同并适应新社会，实践真正意义的自立。2 月 17 日，滇北基督教六族联合会第十五届年会在元谋县召开，金宗贤、王志明、李发献、李世忠等教牧人员代表该会 3 万余教徒发表宣言，愿意遵从政府的要求，拥护相关政策，开展"三自革新"运动：

> 滇北基督教会于 1905 年由内地（会）派宣传（教）师开始传道，于滇北各县传了花苗、傈僳、黑彝、甘彝、葛布等五个教会。

---

429 王连芳：《加强边疆少数民族工作和对敌斗争》，《云南民族工作实践与理论探索》，第 73—76 页。

至 1929 年，西国差会向我们宣布，华人自己接管教权，外国经费自此减少，至 1935 年为止，完全断绝外款，由华人自治、自养、自传。各单位为团结互助起见，接着就产生了滇北基督教联合会。

到了今天，我们教会达到了完全自立的程度，我们滇北全体 3 万教徒都是祖国的儿女，我们热爱祖国的心情不愿落后。我们为了广泛加强基督教的革新运动工作，我们教会坚决地与帝国主义割断关系，严斥奥斯汀在联合国安理会上诬蔑中国的无耻谰言，我们诚恳拥护郭沫若副总理在 65 次政务院会议上报告，关于处理接受美国津贴文化教育、救济机关及宗教团体方针的指示，竭力做到基督教为中国人民自己的宗教，使基督教露出圣洁的本来面目，洗涤一切污点。现在，我们诚恳地向党政和群众表示我们的态度：（一）我们拥护《共同纲领》及政府一切法令，加紧团结；（二）我们信徒提高爱国精神，尽心竭力为人民服务；（三）我们要加强生产，发挥我们的人力、财力、物力，推展（动）基督教自治、自养、自传的"三自"运动；（四）我们在毛主席的英明领导之下，用实际行动支援抗美援朝、保家卫国，拥护世界和平，消灭侵略战争；（五）我们要严厉防备间谍、敌探、阴谋反动分子偷入教会；（六）我们要加紧学习时事，向信徒宣传教育，分清敌我，发挥高度爱国热忱，为建设富强的新中国而奋斗。[430]

鉴于形势的变化，结合包括基督教徒在内各族上层及群众的积极要求，4 月初西南军政委员会民族委员会作出了《关于开展西南少数民族地区抗美援朝运动的指示》，指示各地民委开展工作，配合抗美援朝运动的宣传，引导及协助教牧人员及信教群众开展"三自革新"运动，肃清帝国主义的影响，独立自主，自办教会：

对于兄弟民族人民的信教自由，应予尊重；凡由美帝国主义直接办理或津贴的宗教团体，应劝其立即停止接受津贴，并与美帝完全的、永远的脱离关系；而要他（它）实行自治、自传、自养的革新运动。以任何强制或命令的方式，或其他简单急躁的办法，去干涉或解决宗教问题，是错误的。同时，由于帝国主义长期施行文化侵略的结果，在部分兄弟民族人民中，存留有相当深厚的印象，因

---

430 编委会：《武定县志》，天津人民出版社，1990 年，宗教，第 356 页。

之一切应听取群众的意见和反映，采取慎重妥善的步骤和方法，耐心解释说服。并通过群众的自觉自愿来处理宗教和教育，以及其关联的医疗救济机关等一切有关问题。处理宗教教育等问题，各地文教部门负有专责，我们只是站在协助地位，配合进行。[431]

武定县委统战部根据这道指示，拟从苗族教会着手，开展相关工作，达到教育群众、争取团结的目的，派遣干部来到洒普山，召集教职人员了解情况，沟通思想，表示政府愿意免费送医送药，派人教唱歌跳舞，赠送书刊；派遣教师为学道班讲解时事、宣传政策；采取措施，解决群众的困难等。这些工作的开展消除了误会，接近了政府与教会间的距离。不久，教会负责人主动表示，愿意召开座谈会，商议及讨论如何开展自立革新运动。

4月22日，武定、禄劝等八县五族（苗、傈僳、黑彝、干彝、葛布）80余名教牧人员聚集洒普山，连同教徒代表，共计130余人，召开自立革新的专题会议。

与会代表认为开展"三自"革新、爱国爱教是中国基督教的必由之路，滇北基督徒也应如此，采取相应行动。在确定同识的基础上，与会代表愿意"三自革新"，爱教爱国，讨论了自治、自养、自传等办法。经讨论后，决定以下数项：

自治方面。要求各教堂发动教徒在《中国基督教在新中国建设中努力的途径》的宣言上签名，拥护三自革新；各总会写信给上海总会，要他们以后不要派外国人来，各总堂自选牧师、长老、执事等，报总会批准；如果总会不批准，就以代理名义开展工作。推选人选时，除必备的宗教条件外，要加上"必须是爱祖国爱人民"这项要求，且必须具备；各教堂要主动组织信徒参加抗美援朝示威游行，表现爱国热情；以后各总堂间加强联系，各族教会实现团结，交流革新经验，等等。

自养方面。教会拒绝外国教会的任何接济，节约开支，教育每个教徒努力生产，向教会积极乐捐，解决困难。各教会小学，凡有30个学生以上者，一律呈报政府，请予补助支持学校；所有各教会外国人移下的财产，一律向政府登记；将来要买圣经、圣歌书籍等，可请统战部转请新华书店代购，等等。

---

431 四川省档案馆藏1951年4月6日西南军政委员会民族委员会关于开展西南少数民族地区抗美援朝运动的指示。

自传方面。教会目前不求教徒数量上的发展，多做整顿工作；传教活动只能在教堂内，按圣经传道，不乱说，至少不能违反政府的政策；讲道最好能做到结合时事开展宣传，如结合抗美援朝运动进行宣传。于是，各教堂的传道员要加强政治学习，提高认识；必要时以各总堂为单位，举办传道员训练班，请统战部设法派同志去上政治课。

会议期间，与会代表们还举行了"为朝鲜人民军及中国志愿军部队的胜利而祈祷"的特别活动；并决定洒普山教会给美国基督教会写信，希望美国的基督徒一心一德地为了实行耶稣基督的博爱，团结起来，共同阻止杜鲁门侵略台湾、朝鲜等行为。

最后，会议讨论、认可并接受了昆明基督教团体联会《告基督教同工同道书》，将此作为教牧人员及教徒的爱国公约，遵照执行。

> 4 月 21 日至 23 日止，我们滇北各基督教会团体承蒙武定专区人民政府之领导召开联合座谈会，响应教会革新运动，同时又接到你们的告同道书，大家看了之后，并作详细的讨论，一致拥护，并愿在联会领导下，坚决实行抗美援朝，减租退押的政策和您们所订的公约。敬颂，主内平安！[432]

通过相关的工作及会议的召开，当地政府部门认为，我们的干部与基督教教牧人员见了面，宣传了政策，进行了爱国主义教育，促进了"革新"运动的开展；建立起党、政府与教会的联系，对地方民族及宗教情况有了较全面认识，总结出这些经验，认为"宗教革新与少数民族工作是分不开的，必须密切地结合着去做；他们信仰宗教是国民党反动政府长期迫害及帝国主义者小恩小惠欺骗的结果，所以在进行宗教革新工作时，要以他们自觉自愿为原则；必须帮助他们解决一切具体问题，如照顾他们的学校，补助他们的医药等，这对宗教革新与民族工作都有很大的作用"等等，利用以后相关工作的开展，收效明显。

还有，在接触交流中，地方政府在教会中发现了若干"优秀"的少数民族青年，拟经过教育后，将他们吸收政府从事工作，逐步培养，成为新型的民族干部。而且，这次会议的召开及圆满结束，为拟召开的专区各族各界代

---

432 昆明市档案馆藏 1951 年 4 月 24 日滇北各基督教团体声明。在此声明签名的有滇北基督教会代表王志明、龙福华、张文学、沙玉廉、李忠福、杞崇善、张志清、张明仁、李世忠、张文芳，基督教复临安息会代表韩新德、龙新德，中华基督教会代表王弘道。此资料系刘鼎寅、韩军学先生提供。

表会议提供了范式，打下了初步基础[433]。

（三）"洒普山决议"的肯定及推广

对于滇北基督教联合会响应人民政府的号召，开展革新运动，断绝与外国教会的联系，实践自治、自养及自传的道路等行动，云南省委予以肯定，认为"'把少数民族地区中的宗教界工作做好，则少数民族地区的工作可以更顺利的进行'这个意见是正确的"，向各专区推荐了武定地委的作法，强调"三自革新"的作用及意义，要与抗美援朝、区域自治等项工作相配合，能有效地消除帝国主义的影响，实现人民当家作主：

> 事实证明：帝国主义在少数民族中，有其百年或数十年的基础和影响。如何去动摇和根绝这一影响，是一年来很感苦闷的问题！此次抗美援朝中，我们推行了三自革新运动，如武定区的洒普山苗族教区，一年来没有进入，此次进去了。有的边远区少数民族将外国传教士驱逐了。经验证明：三自革新运动是动摇帝国主义在少数民族中的影响和基础的很好办法，但须继续努力进行工作。根据帝国主义在少数民族中的影响（原注，因为云南在边地），是少数民族工作中基本工作之一，只有这样才能达到民族团结。因此，联合政府、区域自治、抗美援朝、三自革新运动必须推进一步。[434]

根据滇北等民族地区对基督教工作的经验及取得的成绩，云南省委认为"凡是宗教势力较大的少数民族地区，必须把抗美援朝和三自革新工作做好，以便开展其他工作。在少数民族地区，必须把抗美援朝运动和爱国主义教育推进一步、深入一步，少数民族地区的建政和抗美援朝工作必须前进一步，边沿地区的社会改革工作则暂退一步，这是省委对目前少数民族工作的中心精神，请各地研究，提出意见"[435]。

1951 年 5 月 23 日，省民工委在关于民族建政工作及社会改革等 12 个方面工作中，重申云南省委的上述要求，将其推广到边疆民族地区[436]。9 月 7 日，云南省府及省军区把"实行宗教自由，尊重各族人民的宗教信仰及风俗

---

433 四川省档案馆藏 1952 年 7 月 24 日文委宗教事务处编内地会在西南边疆的活动；
《云南武定区基督教会的变化》，《西南民族通讯》，第 4 期，1951 年 10 月。
434 《云南省委关于少数民族工作的意见》，《云南边疆民族地区民主改革》，第 118—119 页。
435 《云南民族工作四十年》，下册，第 18 页。
436 《云南民族工作四十年》，下册，第 19 页。

习惯，还将赞助各族内天主徒、基督徒三自革新运动"列入《为加强民族团结、巩固国防联合发布十项公告》中，要求各地教会响应号召、遵守公告，开展革新运动，爱国爱教，以增进民族团结，巩固国防[437]。

不过，上述滇北基督教会的决议及措施仅是实践三自革新的初步行动，如何深入、持久地开展，适应新的社会，教会还得经历漫长的道路。然而，对教会来说，随之而来的土地改革运动，也是必须面对的新情况、新问题。

二、土地改革与基督教会

（一）土改运动与基督教

1952 年初，云南省内地（含民族地区）农村开展了土地改革运动。为确保土改工作不受干扰而顺利进行，5 月 28 日武定专署召集王志明、龙正兴、韩兴才等 184 名教牧人员及教徒代表，要求教会暂停宗教活动，集中思想及人力，搞好土改运动。至于何时恢复宗教活动，听候通知。该项要求得到了各教牧人员及教徒代表的同意，表示接受，订立了"全力支持土地改革，遵守人民政府的政策法令，经常检举和监督利用基督教破坏政府政策法令及非法活动的坏分子"三项公约[438]，愿意配合，停止活动，不影响土改运动的开展。不过，当地仍有个别教牧人员在暗地活动，秘密串连，晚上聚会，继续活动；或组织家庭聚会，小范围暗地开展。

土地改革旨在废除封建土地所有制，没收地主的多余土地、耕畜及大型农具，分配给贫穷农民，实现耕者有其田，发展农业生产。由于基督教会、天主教会过去用教会名义购置大量田地作为教产（尤以天主教会最为突出），曾经影响以至损害部分民众、主要是非教徒民众的利益，而土地改革运动肯定会触及教牧人员和教徒。如有个别教职人员被划为地主或富农，其多余土地、大型农具等生产资料被没收或征收；教会土地被没收、房屋被占用；教会学校被政府接管，改造成公立学校。

由于土改是一场动员民众广泛开展、积极表现的群众性运动，目的是废除封建土地所有制、实现耕者有其田。多数教徒通过土改分得土地、农具或

---

437 《云南省人民政府、中国人民解放军云南军区为加强民族团结巩固国防联合发布十项公告》，《云南边疆民族地区民主改革》，第 121 页。

438 编委会：《楚雄州志》，人民出版社，2000 年，第 6 卷，社会，宗教工作，第 83页。

耕畜，发展生产，增加收入，地位提高，观念改变，"入基督教多年不得翻身，毛主席一来就翻了身，没有那样信场"[439]，从而淡化宗教信仰，不再依附教会，参与宗教活动。

当然，土改运动不止于此，其纵深发展势必触及，以至声讨旧政权的统治、外国传教士（时称帝国主义分子）的行为等。"过去，帝国主义分子在时，他挑拨我们民族不团结，教派之间互相歧视，看不起，教内人说教外是魔鬼"。通过清算旧账，忆苦思甜，挖穷根、诉苦水，激发贫雇农的阶级仇、血泪恨，激起反对情绪[440]，影响教内，撕裂了教友是"兄弟姐妹"的"外衣"，难以和谐相处。于是，一些教职人员或教徒采取各种方式，宣传和平及博爱，声称"不要斗地主，斗了不仅不得入天堂，反而有罪恶"，欺骗信教群众，反对斗争或追究地主、富农和分配财产；或暗中组织活动，要求信徒参加，等等[441]。诸如此类，"在苗族中基督教很普遍。在未土地改革区发现有反革命藉口'三自革新'，召开秘密会议，破坏土地改革，或天天做礼拜，阻碍群众集会，将来可能要作一些艰苦斗争"[442]。

为团结争取多数，保护教牧人士及部分教徒，开展统战工作，有关部门有所考虑，采取相关措施，分别对待，尽量保护。

> 至于天主教、耶稣教的神父、牧师、传道师等，现一般均为帝国主义有计划撤退外国人换中国人。昆明教会宣布拥护土改停止土改期间宗教活动后，他们普遍采取主动探听工作队态度，分散联系教徒，秘密作礼拜，暗中挑拨造谣等。在深入发动群众后，许多已控诉、揭发其强奸、敲榨、甚至特务活动。故土改中基本上放手让群众控诉，以彻底肃清帝国主义影响。个别涉及反革命活动者，必须经地委批准后始得逮捕破案。要特别注意对待其个别系地主、本民族人物的牧师、神父，至少争取其表现中立，以利发动群众。[443]

虽然如此，并非所有的教牧人员都能认识及理解相关政策的规定，予以

---

439 武定县档案馆藏1952年8月12日滔谷基督教情况。
440 武定县档案馆藏1954年12月武定县宗教神职人员座谈会情况报告。
441 武定县档案馆藏1952年8月12日滔谷基督教情况。
442 四川省档案馆藏1951年3月13日云南省委关于内地少数民族地区土地改革问题的报告。
443 《西南局批转云南省委关于土改中对少数民族各种上层人物处理问题的意见》，《云南边疆民族地区民主改革》，第75页。

接受，配合政府部门开展工作，参加土改，废除封建土地制，发展生产。相反，个别地方却发出了杂音，有了不协调的言行，"自从洒普山开会回来的说：不准跳舞，不准吃政府的药、请医生，谁请医生谁负责，有了病祷告上帝会好。现在，不许作（做）活计了，信教可以不作活计，单单煮饭吃。信教，不作活计也得"[444]。虽然，它们仅是极个别地点出现的不正常现象，却产生了严重的后果，对当地基督教活动产生了深刻的影响。

（二）适应变化，有所改革

当土改完成后，在各级政府的引导及组织下，农民群众经过互助组、初级社、高级社等，完成了从个体所有制到集体所有制的历史转变，实现了所有制形态的变革，"组织"的观念及力量在农民中得到树立，逐渐增强。对比新旧社会的不同状况，考量信仰的实际所有，有些人就认为"我信教这么多年，也不见什么，现在共产党领导，星期天也一样做活，80 多亩地提前种完。三区老板村过去有十五六家信教，现在只有七八家信了，而大部分教徒在星期日都下田干活，搞副业"[445]。然而，部分基层干部将这些有所觉悟教徒的要求视为普遍现象，错误认为宗教的消亡已为时不远。于是，他们采取措施，限制教会活动，规定如已停止活动者，不得恢复；如经批准恢复活动的，只得在教堂内传教；未被批准的，可以在家信仰，不能到外乡、外村或别人家去传道布道，开展活动；未经批准，不能召集会议，否则，即为破坏社会秩序，妨碍生产。还动员群众，开展回忆对比、忆苦思甜等活动，进行爱国增产宣传，号召包括信徒在内的群众搞好生产，发展经济，改善生活。

同样，在疾风暴雨式的土改之后，环境宽松，生活生产步入正常，部分信教群众希望开展宗教活动，一些教会提出申请，要求恢复活动。由于当时社会上对宗教、主要是基督宗教存在一些负面看法。这些看法影响了少数基层干部，拒绝批准教会恢复活动的要求，还采取措施，限制群众的宗教生活。

在内外因素的交相作用下，滇北地区基督教发生变化，部分群众的信仰淡漠，一些人还放弃信仰，"反了教"，公开的宗教活动基本"消失"。据有关部门对禄劝县善德乡的调查：土改前，全乡信教有 90 户、236 人；土改

---

444 禄劝县档案馆藏 1951 年 12 月关于禄劝县基督教活动的报告。
445 武定县档案馆藏 1954 年 12 月武定县宗教神职人员座谈会情况报告。

后，信教者降至 34 户、132 人。即使在信教群众中，存在三种情况：第一种，可信可不信。这类人多属于贫雇农成份，年岁不大，信教时间不长，有空就去信，生产一忙就不去。第二种，认为信了教，灵魂可以上天堂，已经进入，就不能反教。这种人是多数。第三种是比较忠实的信徒，一般是年老的，信教时间较长的长老、执事等人的家属或亲友[446]。类似现象，在滇北各县普遍存在。

前面已叙，活动在武定、禄劝等地基督教是内地会。与部分教派比较，内地会还非常注意教牧人员的本土化，重视使用本族传教人员，鼓励教牧人员及信众传播"福音"，积极、主动传教的意愿表现强烈。面对部分教徒信仰淡漠、甚至放弃，活动消沉等，一些教牧人员深感忧虑，担心基督教就此消除。于是，他们主动行动，秘密动员，积极组织，恢复活动，藉此维系信众，凝聚教徒。"过去，单武定苗族教徒共有 7000 余人，每个礼拜天，做礼拜人数有 3500 人左右。从 52 年 5 月，停止了一年多活动。但到 53 年 2 月，由王志明发展 23 个教徒，在大阱村举行礼拜以来，全县苗族又恢复礼拜"，积极活动，且有发展[447]。

其间，个别教职人员仍沿袭天堂地狱，非此即彼的极端说教而开展宣传，以吓唬方式影响群众，"信教的，以后死了灵魂可以得救上天，不信教的下地狱"。试图用这些说教，恐吓教徒，产生惧怕心理，只得依附教会，服从教职人员，藉此凝聚教徒、维持信仰。"不要几年，世道要变了，那些干部不懂，我还不说给他们听，他们还说什么□□主义，等四年世道一变，天火一烧，人死完，什么都完蛋，到那里一个不得见一个。到那时，上帝拿大洋号在天上一吹，所有死掉的都复活起来，到天堂上，上帝来审判，信过教的可以得救，上天堂过快乐日子，没有信过教的，赶下地狱受苦难日子……"兜售这些说教，影响部分民众，以接受基督教。

但多数传道员还是觉悟到时代已发生改变，诸如天堂、地狱等说教难以奏效，有必要适应形势，积极调适，注入新元素，改变内容，才能吸引群众，产生影响。在传教宣传中增添了"公元纪年"来源耶稣诞生，是基督教，以及"红十字"等同十字架之类说教，与时俱进，藉以影响群众，维系教徒。

---

446 禄劝县档案馆藏 1953 年 11 月 5 日关于撒老坞基督教活动情况调查报告。
447 武定县档案馆藏 1953 年 7 月 19 日对洒普山基督教会一年来情况的汇报。

现在全世界的人都信耶稣，共产党只口头说不信，其表现是信，因为有三个见证，第一，全世界都统一公元，这是主耶稣诞生日算起，第二，共产党说不信教，但是星期日都要信放假休息一天，第三主耶稣杀死在十字架，复活升天，而现在的医院医务工作者，都佩用"红十字"。这说明复活救人的都用"红十字架"做标记，上帝创造万物，人有灵魂，这是全人类都相信的。[448]

这些说教利用了新社会的某些现象，偷换概念，利用群众对政府的信任、攀附新生事物的广泛影响，塞入宗教概念，新瓶装旧酒，寓基督教传播于其中，影响群众，接受基督教。

除了攀附政府、圣经套用政策，藉此混淆外，部分教牧人员放宽了教徒入教的条件，希望多收多纳，保持及扩大教会的力量。如洒普山等地，过去入教者，须18岁以上的已婚男女青年；现在取消了这条限制，只要在18岁以上就吸收。实际上，有的只有五六岁，甚至两三岁，就吸收为所谓"教徒"。并改革宗教活动的内容，组织青少年参与其中，从事娱乐活动，唱赞美诗等，用风琴拌奏，抒发情感，以歌声、舞蹈等吸引群众、主要是青少年参与其中，培养接班人[449]。

（三）家庭礼拜，暗地活动

当土改完成后，部分教会曾申请开展活动，未被批准，但一些教职人员自发恢复，暗中联络，秘密开展活动，因之此时基督教会由"组织"性活动变为个体行为。如"武定一、二、三、四等区（19）53年下半年以来，活动特为嚣张，并公开的、秘密的进行非法活动，在近月内以王志明为首的公开到处活动，进行施洗，参加者约有七八百人……至今活动的有近城、洒普、曼坡、小雨庄，二区大石房、哨子冈，五区长冲、分水岭，田以拉，四区干沙沟等地"[450]。当这些地方自发恢复宗教活动后，活动形式也有所变化，由公开的、大规模的集体活动转入了小型的、暗中的聚会或家庭礼拜……接着，基督宗教界开展的"肃反"行动又给了教会较大冲击。

1955年，在"肃反"运动中，龚品梅（天主教）、王明道（基督教）等人

---

448 武定县档案馆藏1955年4月21日武定县宗教工作总结报告。

449 武定县档案馆藏1956年11月13日楚雄州团委工作组关于洒普山青年的情况调查及今后意见的报告。

450 武定县档案馆藏1956年3月29日统战部整理宗教、民族、华侨等情况报告。

受到了处罚，基督宗教各教派以此为典型，开展了反对"龚、王反革命集团"的斗争，作为宗教界的肃反内容，肃清一切隐藏在教会内部的"反革命分子"，扩展到各地教会，学习批判，检查及处理相关人员。

虽然，天主教会在禄丰、盐丰及大姚等地有所活动，但在武定、禄劝等地没有传播，不涉及对龚品梅等人的批判，当地开展的宗教"肃反"只针对基督教。

武定等地基督教会属于内地会系统，与（北京基督教会堂）王明道缺乏组织联系及个人关系，但在神学认识上，内地会和王明道归于"基要派"类型，有相通之处。这里多数基督徒能认识汉字，能阅读宗教书籍。在这些书刊中间可能夹杂有王明道的宣教品[451]。即使如此，仅是思想认识的问题。然而，在当时氛围下，部分地方不同程度开展宗教界"肃反"行动，声讨"反革命"罪行，提高觉悟，划清界线，清理"参与者"。当时，某县曾清出了1500人，其中基督徒1462人。

在所谓"参与者"中，大多数是无辜的受害者，受到了错误处理，事后虽然有所纠正，却留下明显的心理创伤。个别人因此产生抵制情绪，赞同并接受王明道的观点，坚持小群的"纯正"思想，传播"以后我们教会的人要信王明道，他是教会的硬骨头，属灵的，不要信吴耀宗、陈崇桂牧师，他们两个都被政府买去的，不属灵，神也不要他们两个了"[452]等说法。

受这些思想的影响，隐蔽的宗教活动仍继续开展，少数教牧人员或教徒暗地活动，巡回传教。令人担忧的是，这种抵制现象演化为尔后当地滋生"小

---

451 20世纪七八十年代，武定、禄劝等地出现所谓"小众教"，与三自会（他们称其"大众教"）公开对立。在"小众教"的观念上，北京基督教会堂王明道的说教颇有影响。甚至在一些苗族教徒中，"王明道"三个字耳熟能详。当地宗教部门干部曾对此迷惑不解。其实这之中既有宗教传播的影响，如王明道个人的宗教著述数量甚多，发行量大，影响较广泛。武定、禄劝等虽是彝、苗聚居区，当地通行汉语文，一些教徒能够阅读诸如王明道等撰写的汉文书籍；再者，1946年王明道受昆明内地会的邀请，曾在该市连续讲道18天，宣传其观点。禄劝、武定等地毗邻昆明，同派组织的长时间讲道会，不能不说没有影响。但主要因素是，在滇黔交界地区苗族（花苗）民众中，取汉姓王的较多。如一些人信了教后，取名王洪道、王有道、王传道、王明道等。贵州赫章葛布苗族教会有长老姓王明道。由于赫章苗族与滇北苗族有血缘及宗教等关系，我个人认为滇北部分苗族教徒除知道王明道外，有可能将北京王明道（汉族）与贵州王明道（苗族）相混淆、相等同，视为同族。

452 禄劝县档案馆藏1956年2月28日宗教会议总结报告。据当时执事李××反映，此话是该县云龙人讲的。

众教"教的远因。

不过，1956 年以后，全国及云南形势发生了变化，它们不能不影响到滇北基督教会，正视现实，有所调适。

三、政策调整，公开活动，有所变化

（一）贯彻宗教信仰自由政策

1、健全及充实宗教政策

1953 年后，人民政权在发展中不断壮大，各项建设事业蓬勃发展时，中共和人民政府也积极调整或贯彻相关政策，调动广大民众的积极性。

1954 年 9 月，全国人大第一届一次会议召开，人民代表审议并通过《中华人民共和国宪法》，重申了公民宗教信仰自由的权利，并赋予法律的保障。

1955 年 2 月，国务院秘书长习仲勋在全国宗教工作会议工作总结中，指出开展对基督教、天主教工作目的是将其变为中国教徒自办的宗教事业，基本任务是通过当前各项政治运动和中心工作，进行教牧人员和扩大教徒群众的思想工作，开展反对侵略战争、保卫世界和平与爱国守法教育，提高政治觉悟，动员及组织教牧人员和教徒参加各项政治运动或社会中心工作，参加社会主义建设。他还要求干部们多与教牧人员接触，加强正面教育，照顾或解决生活困难。

与此同时，随着对外交往的扩大，中国政府也积极参与国际事务，阐述包括宗教信仰自由在内的各项政策，与相关国家、政党或团体开展友好交往活动。1955 年 4 月，周恩来总理在印尼万隆召开的亚非会议上，阐述中国政府实施宗教信仰自由的政策[453]。1956 年 5 月 30 日，周恩来总理在接见巴基斯坦及印尼代表团时，重申亚非会议的讲话，肯定"宗教在教义上有某些积极作用，对民族关系也可以起推动作用"。并向客人介绍，中国少数民族中信仰宗教比较较高，不乏全民信同一种宗教，"汉族当中也有很多人是信仰宗教的，汉族首先应该尊重少数民族的宗教信仰，其次是尊重少数民族的风俗习惯"，还表示"中国的宗教信仰自由政策是在实实在在地执行着的。我们

---

453 周恩来总理发言是："宗教信仰自由是近代国家所共同承认的原则。我们共产党人是无神论者，但是我们尊重有宗教信仰的人。我们希望有宗教信仰的人也应该尊重无宗教信仰的人。中国是有宗教信仰自由的国家，它不仅有七百万共产党员，并且还有以千万计的回教徒和佛教徒，以百万计的基督教徒和天主教徒。"《在亚非会议全体会议上的发言·补充发言》，《周恩来外交文选》第 123 页。

要造成这样一种习惯，不信教的尊重信教的，信教的尊重不信教的，和睦相处，团结一致"[454]。

1956 年 9 月，在中共"八大"开幕词中，毛泽东指出"我们还必须继续加强各民族、各民主阶级、各民主党派、各人民团体的团结，继续巩固和扩大我们的人民民主统一战线，必须认真纠正在任何工作环节上的任何一种妨害党同人民团结的不良现象"[455]，强调了开展统战工作的重要性。

当时，民族及宗教工作属于统战工作的重要内容，要继续巩固及扩大人民民主统一战线，应该也必须注意团结宗教界人士，执行宗教信仰自由的政策。于是，李维汉在"八大"大会发言时强调：

> 中华人民共和国成立以后，我们党和政府经过各种方式，向宗教界进行了反帝爱国教育，帮助他们摆脱帝国主义和国民党反动派的影响，揭露和清除反革命分子，从而保障了宗教界的爱国自由，并使他们团结在人民民主统一战线之内。同时，我们党和政府实行了彻底的宗教信仰自由政策……在我们国家内，只要人民中有人信仰宗教，我们就尊重他们的信仰自由，保护他们所信仰的宗教。共产党是唯物主义者，所以不信仰宗教；同时共产党是历史唯物主义者，懂得宗教必然会在长时期内存在的原因，所以采取了长期尊重宗教信仰自由的政策，在处理宗教问题上还有采用行政手段的情况，是必须纠正的。[456]

"八大"是新中国建立后召开的首次中国共产党全国代表大会，会议分析了中国社会的变化，宣布中国已进入社会主义社会，主要矛盾是人民群众日益增长的物质文化需要与落后的社会生产之间的矛盾，必须大力发展生产力，满足人民群众不断增长的需要，等等。李维汉在"八大"大会发言，代表当时中共对宗教的认识和基本态度。

2、确定工作任务

1956 年底，根据"八大"精神，中央统战部在北京召开了全国统战部长会议，国家宗教事务局长何成湘在发言中，肯定了建国以来党和政府在管理

---

454 《不信教的和信教的要互相尊重》，《周恩来统一战线文选》，第 309—310 页。

455 毛泽东：《中国共产党第八次全国代表大会开幕词》，《建国以来重要文献选编》，第 9 册，第 34 页。

456 李维汉：《进一步加强党的统一战线工作》，《统一战线问题与民族问题》，第 169 页。

宗教事务上取得的积极成绩，提出了当前宗教事务工作的主要任务：

> 在土地改革时，农村中曾经暂时停止宗教活动，但不少地区，停止后至今没有恢复。另一方面，几年来我们已经赶走了教会中（主要是天主教、基督教）帝国主义分子，基本上消除了暗藏在宗教中的反革命分子，我们已争取了广大教徒群众和爱国的上层人士。现在应当端正宗教政策，实行宪法，切实保障宗教信仰自由；另一方面，作好对宗教界人士的统战工作，把他们安定下来。我们的主要任务是调动宗教界中一切可能调动的力量，为社会主义建设事业服务，尽可能地减少来自宗教方面的对社会主义建设和社会主义改造事业的阻力，而要调动宗教界的力量，必须切实贯彻宗教信仰自由政策。

同时，他指出了过去部分地方在宗教工作上存在的问题，如有的干部错误地将一般宗教活动当作反动的政治活动，把宗教职业者和教徒当作反革命分子和坏人；有的干部看到宗教职业者和教徒就不顺眼，从心里感到厌恶，笼统地认为他们落后、反动，因而加以歧视、刁难，甚至随意侮辱，以自己的感情来代替政策等。他分析出现这类问题的思想根源，要求"纠正干部，特别是基层干部对宗教职业者和一般教徒的盲目歧视、怀疑和厌恶心理"。强调对宗教徒采取正确的态度，是贯彻宗教信仰自由政策的一个重要关键，我们贯彻执行宗教信仰自由的政策"目的不是为了助长宗教影响的扩张，相反地，我们正是通过社会主义建设和社会主义改造的发展，逐步地、稳妥地削弱宗教的物质基础，及其在人民群众中的影响"。

于是，他要求各地干部执行宗教信仰自由政策，尊重教徒的信仰权利与宗教感情，不得对他们加以歧视；保障教徒有开展宗教活动的自由，凡教徒遵守法律、按照宗教惯例举行的各种宗教仪式及其他宗教活动，均应予以保护，不得干涉。对现有教堂等一般不再占用，更不要随便改装和拆毁，对其中影响较大或有文物价值者，尤须注意保护；过去已经占用或借用的教堂，如当地仍有神职人员、教牧人员，并有教徒要求过宗教生活而无适当场所时，原则上应该发还；凡教会、宗教职业者和教徒自己出资新建和修整教堂、庙观，原则上可以允许，等等[457]。

---

457 四川省档案馆藏 1956 年 12 月 18 日何成湘在全国统战部长会议上关于宗教工作的发言。

3、正确对待宗教及处理宗教问题

1957 年 2 月，毛泽东在最高国务会议第十一次（扩大）会议上作了《关于正确处理人民内部矛盾的问题》的讲话，提出要划分不同性质的矛盾，正确处理人民内部矛盾的问题，以便团结各族人民顺利地走过过渡时期，巩固新制度，建设社会主义新国家。

根据对社会现状的分析、划分不同类型的矛盾、正确处理人民内部矛盾等精神，在 4 月初全国第七次统战工作会议上，李维汉发言中指出，宗教在我国仍然存在，但我国的宗教状况及宗教矛盾已发生变化，解决问题及矛盾的方式方法也有所不同：

> 宗教的影响在一定范围内，既广且深，它影响到民族关系，有的还影响到国际关系，所以我们要做宗教界的统战工作。有些人不懂这一点，他们看不见宗教的群众性、民族性、国际性和它的长期性，他们只看见宗教是迷信，是鸦片烟。因此，他们不允许人们自由信仰，用行政手段禁止这种精神鸦片，甚至采取粗暴的手段。他们不懂得：允许自由信仰，正是为了在政治上团结宗教徒，争取宗教影响下的群众和广大人民一道，为了解放和发展生产力，为了在长时期内逐步地消灭宗教的根源，允许这个消极方面的自由，是为了达到积极的目的。这些问题要从道理上讲透，在政策上作妥当处理。[458]

中央领导人的这些讲话、指示及要求，意味着将调整先前的政策，切实贯彻及实施宗教信仰自由的政策，保障教徒群众宗教信仰的权利。这些指示及讲话，对云南省宗教事务及基督教活动也有产生了相应的影响。

4、采取措施，贯彻政策

1955 年底，"一化三改造"运动基本完成，中国社会走完了"过渡"时期，进入了社会主义社会。通过合作化运动，全国农村（指汉区及部分民族地区）实现对所有制形式的改造，建立集体所有制。

接着，云南与四川部分民族聚居区开展民主改革，运动肯定会不同程度地触及宗教活动及职业者。1956 年 3 月，中央统战部发出关于调查民族上层分子和宗教职业者情况的通知，要求对开展社会改造（含民主改革）地区民

---

458 李维汉：《在全国第七次统战工作会议上的发言》，《统一战线问题与民族问题》，第 182－184 页。

族宗教职业者予以安置或补贴，等等。

5 月，云南省委召开扩大会议，学习了毛主席的《论十大关系》，讨论民族工作中存在的某些问题，认为过去重视边疆民族地区，放松了内地以苗族聚居区及某些特别落后地区的工作，在社会主义改造中对苗族等族群众生产、生活的特殊需要安排和照顾不够，于是会议提出要进一步加强民族团结，内地民族地区要认真研究少数民族生产的条件、特点和要求，给予特殊的帮助，动员群众参加社会主义建设，迅速提高其生产水平和文化水平，对高寒山区及落后地区，要给予特殊帮助和照顾，其中包括滇北苗族地区[459]。

要动员群众积极参加社会主义建设，满足他们日益增长的物质文化需要，其中包括信教群众的宗教信仰需要。同月，云南省召开全省第一次宗教工作会议，传达中央的历年指示及全国第三次宗教工作会议精神，重申宗教信仰自由政策，希望加强宗教工作，指示各地政府允许开展并保护正常的宗教活动，对信教群众进行社会主义和爱国主义教育，争取团结大多数教牧人员，培养一批爱国的积极分子和进步的中上层代表人士，等等[460]：

> 对守法的、正当的宗教活动不加干涉，对宗教界中某些人因对我政策法令缺乏认识而发生违反政府法令的行为者，一般采取教育批评的方式，加以纠正或制止；对有意违反政府法令或进行反革命活动者，根据不同情况处理；对个别现行反革命，取得确凿证据后，坚决惩办。[461]

除允许教会开展日常的宗教活动外，对于其组织的大型集体活动，当地政府也是有条件地允许开展。希望借助这些活动，传播党的声音，开展相关工作。"在武定洒普山，由我干部出面去参加，并讲了宗教政策及解放台港的斗争，这些地区由于我们积极正面的去进行了一些工作，既适当地满足了教徒群众的宗教生活，又对教徒进行了一次爱国主义教育，防止了坏分子藉机进行非法活动的企图"。其间，省委还通报了个别地方干部限制信教群众在教堂内组织活动的作法，认为这样做将脱离了信教群众，伤害了教徒

---

459 《云南民族工作四十年》，下册，第 74 页。相关材料还显示，云南省委曾于 1955 年 4 月 21 日及 57 年 3 月有两次专题讨论苗族地区的经济发展问题（《云南民族工作四十年》，下册，第 62 页、91 页）。

460 《云南民族工作四十年》，下册，第 63 页。

461 江城县档案馆藏 1955 年 4 月 15 日云南省委关于宗教工作的指示。

的宗教感情，影响到干群关系等，应该予以纠正[462]，尊重和保护信教群众的权益。

1956 年，根据全国统战工作会议的精神，云南省也召开了全省宗教工作会议，总结工作，分析问题，调整方法，落实宗教信仰自由政策，调动包括教徒在内广大群众的积极性，积极参加革命和建设事业，为社会主义贡献力量。

根据相关指示，武定、禄劝有关部门针对前几年对宗教活动限制较多、合作化运动中存在排斥教徒，阻扰正常宗教活动开展等问题，反思原因，认为"过去思想上不明确，认为教徒是帝国主义的尾巴，是帝国主义的走狗！不要他们参加合作社。今晚上听了政策，对宗教有些认识，今后心中有谱系了。如果早点把政策给我们讲了，问题发生会少一些"[463]。当地要采取各种措施，贯彻及落实宗教信仰自由政策。如以生产为中心，配合卫生、文教及其他各种工作来开展，组织教牧人员参加合作社，动员广大教徒积极参加社会主义改造事业，发展生产，改善生活；还要求"1956 年秋季将全部所有教牧人员，凡够入社的全部加入合作社，并有 70%加入高级社……至 62 年将达到平坝区农民生活水平，逐步达到每村有厕所，基本消除随地大小便不良现象"；遵循"积极教育，耐心等待"方针，采取座谈会、报告会等形式，对教徒群众进行社会主义前途及反帝爱国的教育、科学文化知识的宣传，定期进行时事报告，启发觉悟，激发爱国热情；恢复一些活动场所，调整了部分堂点，集中礼拜，不干涉正常的宗教活动，尊重信教群众的信仰生活，满足其需要；在爱国教徒中培养积极分子，分期分批送到省、县学习或培训，组织参观，提高认识，培养靠拢政府、要求进步的教牧人员，再选送神学院等学习或培训，成为牧师、传道员、长老或执事，通过他们去争取中间或落后者；对有代表性的教牧人员，团结争取，或给生活补贴，或以适当安置；切实解决自养、自治和自传，促进宗教组织在社会主义建设中发挥积极作用，等等。

为了表示政府的关心，有关部门利用圣诞节的机会，在武定洒普山开展物资交流会、文化宣传会，放电影、搞图片展览、画报宣传，以及开展文艺

---

462 云南省档案馆藏 1955 年 5 月 7 日云南省宗工会关于天主教、基督教庆祝复活节的情况报告。

463 禄劝县档案馆藏 1957 年 4 月 15 日关于检查禄劝县基督教撒老坞总堂情况。

活动等，丰富群众的文化生活，促进流通，实现交换，带动经济发展。

当然，政策的调整，宗教信仰自由政策的贯彻，环境的宽松，也得到教会及信教群众的拥护，他们积极行动，投入生产，参加建设事业。

（二）基督教恢复活动及要求

1、"三自爱国会"成立，做好"三个见证"

1954 年 4 月，第一次中国基督教会议召开，成立了"三自爱国会"，标志着人民共和国基督徒有了自己的全国性组织。次年，昆明等地相继建立起"三自爱国会"，领导基督徒实践自治、自传和自养，爱国爱教。接着，云南省、昆明市基督教三自爱国会召开相关的会议，召集滇北地区基督教代表人士集中培训，学习文件，宣传政策，座谈讨论，爱国爱教，参加社会主义的各项建设事业。

1956 年 3 月，基督教三自爱国运动委员会第二次委员（扩大）会议在京召开。与会代表讨论建国以来基督教在"三自革新"等方面取得的进展，介绍了各地教会情况，以及与社会相适应等。吴耀宗在发言中"号召全国信徒在不同的岗位上，和各界人民在一起，响应政府各项中心运动，积极参加祖国社会主义建设事业。占全国基督徒多数的农民信徒，应当发挥爱邻如己、互助合作的精神，积极参加农业合作化运动，努力增产……"[464]

根据吴耀宗等发言的精神，结合形势的需要，会议制定并通过《告全国同道书》，提出全国基督徒要作三个见证，"我们希望全国基督徒，都能同心合意的仰望上帝，祈求他赐我们能力，为建立三自的教会，为参加社会主义建设、为保卫世界和平，奉献上自己和自己的一切"[465]，等等。

2、基督教恢复活动，适应社会

会议消息公布及相关精神传达后，武定、禄劝等地基督徒积极拥护，愿意通过自己的努力，努力生产，搞好建设，以行动作好"三个见证"。接着，部分地点宗教活动从暗地转向公开，信教群众自发组织活动、自我管理，还主动向当地政府有关部门汇报情况，愿意接受管理。如武定县仓底大坝教会

---

464 吴耀宗：《关于中国基督教三自爱国运动的报告》，《中国基督教三自爱国运动委员会第二次委员（扩大）会议》，第 25 页。

465 《告全国同道书》，《中国基督教三自爱国运动委员会第二次委员（扩大）会议》，第 30－31 页。三个见证指"实现中国教会的见证"、"参加社会主义建设的见证"和"为保卫世界和平而努力的见证"。

的情况：

我会自 1956 年 8 月复兴聚会礼拜，聚会地点在仓底大坝村，自从开始聚会，礼拜人员由四五人发展到现在，每一个星期日的聚会，人数多到 100 人，少到 40 人。

我会开始聚会礼拜自 1956 年 8 月至 1957 年 2 月，只在外面做一下，自从 1957 年正月内，经过大家教友、学友的自愿要求，经过大家的同意，自愿出人工，建修了一间草房作为礼拜堂。自草房盖好后，1957 年 3 月 7 日正式入堂礼拜，并且组织了教会的领导人，共有长老两人，一名杨清义，苗族，住化同乡代足利村；一名王义清，苗族，往中兴村大坝村。执事三人，一名张文芳，苗族，住中兴乡湾子阱村；一名龙有朝，住化同乡代足利村，苗族；一名袁文德，住中兴乡大坝村。主领拜人共三人，一名袁文学，苗族，住化同乡鸡鸭塘；一名张开学，住中兴乡林大相公村；一名普荣光，夷族，住盐兴县青老乡花阱村。

我会聚会情况与户数人数，我会有两种民族，户数 47 户，人数，男 134 人，女 123 人，包括儿童、少年、青年、壮年、老年在内，以上人数都据各户各人自愿向我会报名而统计的。另外，已领洗的男 36 人，女 29 人。

聚会情况，自从教会组织了领导后，在聚会都是按着生产方面来接（结）合。如在春耕的期间内，和秋收秋种期间，我们都停止聚会而来生产，但是在每一个月初的星期日，聚会一次领圣餐，出（除）开其他星期天都生产。等到生产完毕，才是每个星期照常来礼拜，可是若有个别的生产对（队）有主要完成的生产任务，还是仍然去生产。

另外，我们教会有目前的工作计划，所以我们将我们的计划向统战部汇报，因为现在在教会还有 40 余人准备受洗旧主（受洗礼？）；另一方面，因为大家教友要求今年要举行一次献恩节。所以我们计划订于本年旧历十一月初九日，是星期日，在大坝分堂举行典洗礼和行献恩，但是我们之计划献恩只准于损（捐）输人民币，不能捐献粮食。对我们须（需）要到我们这里的人，就是洒普山总堂会长王志明来。因为若少了他，对典洗礼职，只有他能行，对其他就不能奉行的，所以我们须要他来。

> 对于我们这些计划，我们已到区，找区干部谈一下，但他们答复，要我们直接向统战部办好手续，区上不能做主，所以我们将这情况向统战部会（汇）报和请示，希统战部负责同志审核指示，我们照行为盼
>
> 仓底大坝分堂同工长老王义清、王清义，执事张文芳、袁文德，主礼拜袁文学、张开学启。[466]

除此而外，一些地方教会还强烈要求参加"三自爱国会"，成为会员单位，愿遵守法律，努力生产，做好公民，爱教爱国。兹引武定县毕家乡基督教会申请予以说明：

> 教友人数，王麻大村 6 人，小村 14 人，鲁巧村 31 人，毕家 4 人，共 4 村 55 人，傈僳族，全部是社员，反应（映）申请，特向人民政府请示，灰（恢）复宗教会议与礼拜，目的要求信徒的积极性，响应政府生产大丰收的号召，特向政府要求参加中国基督教三自爱国运动，学习宗教政策，反对帝国主义侵略和毒害，遵守宪法，做好一个公民的人，更加更（与）群众团结一致，建设社会主义而努力，以上特向县人民委员会与统战部评（批）准为荷。此致，敬礼！
>
> 王麻村基督教负责人　白加五、白登科、左开材　谨启
>
> 公元一九五七年　 × 　月 × 　日

贯彻宗教信仰自由的政策，环境的宽松，社会和谐，教徒心情舒畅，组织正常的活动，靠拢政府，汇报活动情况，愿意接受管理。然而，宗教信仰自由政策也存在一个认识、接受及落实的过程。

3、宗教活动与社队管理体制的矛盾

当时，在认识、接受及执行宗教信仰自由政策上，各地情况不尽相同。确有极少数干部，尤其是基层干部对宗教活动的认识存在偏见，对宗教信仰自由政策的认识不够、执行不力。加之生产资料改造及合作社建立后，农村基本上实现了社队一元化领导的管理体制，强调集体化，进行不同程度的严格管理。然而，在该体制之外，尚存在组织严密、凝聚力较强的基督教，教

---

466 武定县档案馆藏 1957 年 1 月 9 日武定县第八区兴井乡仓低大坝基督教教会汇报。

会活动如何与社队务工安排等相协商、社队干部如何有效管理信徒、社队干部与教牧人员的关系如何，以及土改中处理教产将如何解决等，这些的确是棘手的难题！

　　然而，部分教徒不甘愿默认、无声接受这些。他们有知识、有文化、有见识、有表现。如一些教徒欲利用这个特殊环境，通过各种渠道，用书信等形式向省市"三自爱国会"教会反映问题，要求归还教堂、解决基层干部的态度、改善地位等，争取有活动的空间，以便组织开展宗教活动。如禄劝县云龙乡部分教徒向昆明市基督教爱国会孙守信牧师呈信，反映该乡存在的部分问题，希望通过孙牧师向省市有关部门反映情况，以求问题得到解决：

　　亲爱的孙牧师：

　　　愿主的恩惠与你们同在，甚为欣慰。

　　　我们禄劝县第二区的信徒，就是古宜乡、新山乡、云龙乡、收资乡、幸丘乡、利山乡、又武定所属附近禄劝的信徒，在民国廿年（1931 年），我们信徒共同选择一个撒老坞本堂所属分堂的地址，已经选是云龙乡普张康村为中心地点，建造正房一个，耳房两个，偏房一个，共计十个，我们一直做礼拜。到我们地方土改的时候，上面召集我们暂时停止集会，我们已经停止到今年。停止后，有宗普小学校假借借用的名词，把我们教会礼拜堂霸为教室。

　　　现在，蒙政府的保护下，召集我们宗教代表到云南省开爱国爱教的学习会两个多月，上级交代宗教信仰、过宗教生活和星期日做礼拜的政策。但是，由昆明回到本县，找统战部，他们没有在家，又找县委商量，没有得什么言语，只有办法仍然停下来。

　　　到（19）56 年底，才找着统战部，就叫长老刘宗签名，信徒在今年旧历正月初四日到礼拜堂上边张执事家签名做礼拜。我们一面申请上级叫宗普小学退还礼拜堂，这样为手续向统战部备案后，信徒仍然在张炳清家里做礼拜。不料云龙支部书记不惟不退还礼拜堂，而且在旧历二月二十三日信徒有一百多个正准备做礼拜的时候，支部书记李××带领村干部普光星、史文光等四人来我们礼拜处，跟究刘宗到云龙乡公所审问。刘宗被跟究去后，信徒吓得魂不附体，又安帽子，说有李得彰、张炳清抵抗他们等等的诬陷词语。我们教徒这一天的礼拜就不得做了，到乡公所后，杨乡长××拿一杆枪站在大门内，又拿一棵索子泡在锑盆里，有一个工作同志雄纠纠地考（拷）问了我们半天功（工）夫，支部书记说：李得彰、张炳清两家已信了卅多年，慢慢地改正，以下要消减。又说以后做礼拜，要有县委签名盖章的介绍信，到乡上支部书记批准。不然，就在跟究逮捕等语。

并且（19）49 年我们分堂容纳不下，至古宜乡德宜古建一个支堂，土改时被接收为农民居所，以后又被乡上烧掉，连刘宗房子也烧掉，棹凳被学校收用。现在的礼拜堂，他们上占，久占不退，还要跟究我们。在这种情况下，只有希望你们代为向有关机关反映一下，给我们得原来的礼拜堂做礼拜为盼，并颂　主内平安

李德彰、张炳清、刘宗（以上均盖图章手印）

一九五七年三月二十三日

尽管，处在当时的社会环境中，这些要求或许因群众反映会得到某些解决。然而，该信件也反映出个别基层干部对基督教及其活动的某些认识及不妥的处理方式。这些认识及处理方式若因特殊的政治氛围而发生催化，往往迅速发酵，急剧放大，可能转化对正常、公开的宗教活动实施压制，甚至打击。部分教牧人员及教徒的思想观念因之改变，对政府及干部的态度随之有所变化，从认同、接受变为躲避或抵制，活动方式甚至活动也会发生变化。

1957 年下半年，"反右运动"影响到基督教会，除个别地方（主要是大中城市）外，教会要求开展"社会主义教育"等运动，当中对滇北基督教会冲击最大的是"大跃进"运动。这些运动践踏了包括宗教信仰自由在内的各项政策，群众的自由受到了"约束"，宗教活动遭到了打压；也损伤到了人民政府的权威。

四、五十年代后期基督教活动

（一）"大跃进"运动及冲击

1、开展社会主义教育

1957 年下半年，"反右运动"扩张至宗教界，全国基督教三自爱国会组织要求各地教会积极配合，开展"社会主义教育"运动。在运动中，着重讨论这些问题：1、宗教徒应当爱国爱教，首先是爱国的问题；2、社会主义制度优越性的问题；3、拥护共产党对国家的领导和党的宗教政策问题；4、宗

教活动必须遵守国家法律的问题，等等[467]。

10 月中旬，中共中央发出关于在少数民族地区进行整风和社会主义教育的指示。云南省政府根据文件精神，结合各地实际，将民族地区分为三类，规定了不同的要求，其中第一类地区是已基本实现生产资料社会主义改造的地区，要开展关于资本主义和社会主义两条道路的大辩论，结合批判地方民族主义，辨明关于资本主义道路和社会主义道路、民族主义立场和社会主义立场方面的大是大非，适当进行反右派斗争[468]。武定、禄劝等滇北地区属于第一类地区，要开展相关问题的大辩论。

根据该指示，云南宗教界增加了社会主义教育运动的内容，辩论专题从 4 个增至 8 个专题：1、宗教徒应当拥护党对国家政治生活的领导和拥护党的宗教政策问题；2、宗教团体和宗教徒应当爱国爱教和爱国爱教的一致性问题。3、社会主义利益和宗教徒个人利益的一致性问题。4、社会主义制度和宗教信仰自由的问题。5、教徒和非教徒之间、教派之间，应互相尊重、团结合作，共同参加社会主义建设的问题。6、宗教生活和活动应当适应新的社会生活和社会秩序的问题。7、宗教徒应当爱护"宗教信仰自由"的公民宪法权利，同时应当尽好公民应尽的宪法义务问题。8、宗教徒有保持宗教信仰的自由，同时应当积极参加学习爱国立场和社会主义觉悟的问题。

除此之外，基督教、天主教还增加以下 4 个专题：1、中国天主教、基督教应当进一步肃清帝国主义影响和毒素的问题；2、梵蒂冈不应该干涉中国内政和中国天主教应当与梵帝冈割断政治、经济上关系，实现教会的独立问题；3、爱国是否有罪，应不应该受罚的问题；4、中国基督教应完全实现教会的自治、自养、自传问题。

按照要求，教育运动的重在教育，采取方式是学习、讨论及教育，主要由政协出面，举办教职人员学习班，讲事实、摆道理，广泛讨论，进行辩论，划清是非，明确界限，"容许对方争辩，不戴'右派'帽子，最后将反动论点驳倒"[469]。通过这些运动，达到教育教牧人员及教徒爱国爱教、接受党的领导、拥护社会主义制度、提高觉悟等目的。

---

467 江城县档案馆藏 1957 年 9 月 27 日省委宗工作委关于在我省宗教界中开展社会主义教育运动的意见。

468 《云南民族工作四十年》，下册，第 87 页。

469 云南省档案馆藏 1957 年 11 月 4 日省宗工委关于执行省委批转我委关于在我省宗教界开展社会主义教育运动的意见。

然而，随着群众性运动的纵深发展，和风细雨似的讲事实、摆道理等方式变成激烈的刺激"教育"，划分敌我界限，戴上了"帽子"，开展批判斗争。进而要求揭露宗教的"反动"本质，揭露近代帝国主义利用基督教的侵略活动，提高教徒群众的觉悟，争取与宗教决裂，等等。

2、"大跃进"运动及冲击

1958 年，"大跃进运动"再将社会主义教育运动推向了新高潮。当时，有关部门要求教牧人员、信教群众要紧跟形势，参加生产，积极劳动；宗教活动要服从"大跃进运动"的需要，改变周日不能劳动的习俗，消除白天做礼拜的现象；必要时，晚上聚会也要"控制"起来，减少或暂停开展宗教活动，以便全身心投入生产中，实现"大跃进"，快速迈入共产主义社会等。如武定县教牧人员爱国座谈会议通过决议，要求：

> 今后各地宗教活动，一定要服从于生产大跃进，决不能让宗教活动来影响生产；每一个基督徒要和全县人民一样，在党的领导下，一切为了国家建设，在自己工作上大大跃进一步。今后，检查各地教会工作，爱国爱教搞得好不好，首先就是要看增产不增产、模范多不多。同工同道们，大家比一比！

还有，该项决议也提出要注意"反坏"分子利用宗教活动实施破坏的可能性，要求教徒们提高警惕，坚决斗争。"会议还注意到全县各地还有少数反坏分子和其他坏分子，以自由传道的名义进行反党反社会主义的罪恶活动，会议认为今后全体同道必须对他们进行坚决的斗争，并要政府依法予以处理"[470]，等等。

在"大跃进"的推动下，各地合作社都迅速升格，发展成"一大二公"的人民公社。公社、大队及小队三级，从上至下，有效管理，农民成为社员，定格于社队的制度安排内，除了生产劳动，就是学习教育，基本上没有过多可资支配的时间；教会在社队的层层监督下，活动的空间愈加紧缩。在重重压力下，教会取消了宗教活动，部分教堂改作他用，教牧人员集中学习，教徒也"放弃"了宗教信仰，白天及晚上都在搞生产、炼钢铁，超英赶美，争取实现"大跃进"……

于是，1950—1958 年间，滇北地区基督教会经历了恢复活动、再显生机到"满目疮痍"、迅速"消失"的过程。1958 年底，据禄劝县有关部门统计：

---

470 武定县档案馆藏 1958 年 3 月 30 日武定县基督教教牧人员爱国学习座谈会决议。

在全县 343 个教牧人员中，继续活动者 44 人，"半信半疑"者 72 人，"反教"者 229 人；在 42800 名教徒中，有活动者 1900 人，"半信半疑"者 2850 人，"反教"者 38940 人[471]。类似现象，在武定及其他各县，均不同程度存在。既然难以开展公开的宗教活动，教会活动转入了"地下"，采取自由传道、小群聚会、家庭礼拜等形式暗中开展，继续延伸，变相对抗。

（二）隐藏起来，暗地活动

1、秘密活动，发生异化

1960 年，云南省委、省府根据中央指示，及时调整政策，允许群众开展正常的宗教活动。可是，经历了多次政治运动的冲击，部分教牧人员及信徒对宗教信仰自由政策的恢复抱有怀态度。一些人继续开展秘密活动，暗中巡回传道，利用当时政治环境，与之联系，竭力宣传，影响群众观念，或坚持信仰或接受基督教。兹引 1962 年少数自由传道人的数段宣传内容，略见一斑：

> ×××的真理要变了，只有主耶稣的真理才会永远存在。现在世道要变了，中印边界发生了战争，蒋介石要反攻大陆，×××不给中国人民信教，苏联给我们关系不好，因此苏联专家全部撤走……

> 现在蒋介石要回来，美国要打进来了，印度也要打进来，苏联给我们中国关系不好，×××天下不长了，到那时，只有我们信教的人有出路。凡信教的，统统留在世上，不信教的全部要杀死、烧光。

> 现在世道要变了，末日快要到来了，耶稣快要下降，在不久，天上要大震动，你们干生产干什么，房子都盖了，等到末日来到，传教人统统要上天，不信教的人全部要杀死、烧光。你们以前斗争过地主的人，要很快坦白交待自己的罪恶，要不是你们到那时就不能上天……

前面曾述，内地会在传教时，对当地部分民族的神祇没有触动，视为"邪神"保留下来，作为"正统的上帝"的对比物，留"邪"凸"正"，烘托"上帝"。在宗教活动正常、公开时，"邪"神难起作用。但当基督教转入"地下"后，暗中宣传，秘密活动，容易与民间信仰（邪神），即所谓"封建迷信"

---

[471] 禄劝县档案馆藏1958年禄劝县基督教变化的调查情况。该调查中，相关数据统计不一致。

活动遭遇。由于隐蔽活动，缺乏引导，难以辨析，"正""邪"不分，是非不明，宗教"边界模糊"，反对偶像崇拜、主张一神（三位一体）的基督教接受甚至渗入了主张偶像崇拜、多神论的民间信仰元素，出现融合，其传统的说教被异化，发生质变。如武定等地流传的苗文《刘伯伟救世进道记》（摘录）便是：

> ……教会在世界
>
> 七六年、七七年十二月一日听不见人的声音，教会被接上天。
>
> 七八年、七九年二月、三月要有火灾，八零年、八一年四月、五月要有刀枪。
>
> 八二年、八三年六月、七月七年灾难。
>
> 刘伯伟"拯救受难者的道理"
>
> 人人赶快信福音，逃避灾难的道理，正月初二正午，陕西太白山现在刘伯伟先生的讲道记录。
>
> ……
>
> 刘伯伟（温）说：一、病症多不太平，二、山东要扫平，三、湖北水满天，、四、四川疾病多，五、江苏不太平，六、百姓死一半，七、尸首无人埋，八、有饭无人吃，九、有衣无人穿，十、敬畏鬼神，属虎鬼相争。
>
> 上节记下，你工价来，你工价必须分给朋友。把救受难者的道理……
>
> 出自五月属鸡圣经道理一本，起初创造天地，魔鬼的塑像掌了权，但是从始至终是上帝创造，翻来覆去应验，他许过是话，十月现在满了，又要过后边的十月，上帝坐在宝座上，要差派天军到世界，世界人民福载，不信恶事顶了天。想一想何时来到，两个十月要相碰，魔鬼、黄帝要出来看，看见两弟兄争权不停，到官府听宣判，十月中现在已完，十月前颠来倒去，天下人民没有一个好的，准备说十件的恶事，皇帝鄙视士兵，国家要分裂……[472]

在这篇《刘伯伟（温）的救世讲道》文中，既有所谓基督教的说教，更多的是民间宗教元素，其中数段内容，与百余年前义和拳（团）揭贴（宣传品）同出一辙。兹引义和团的"关帝乱语文"，对照阅读，认识究竟。

---

472 武定县民委翻译组：《刘伯伟救世讲道》，1976 年 9 月，抄本。

一愁长安不安宁，二愁山东一扫平，三愁湖广人马乱，四愁燕
人死大半，五愁义和拳太软，六愁洋人闹直隶，七愁江南喊连天，
八愁四川起狼烟，九愁有衣无人穿，十愁有饭无人餐，过戌与亥是
阳间。[473]

这样带有强烈煽动性的宣教品，恐吓加动员，容易使接受者"走火入
魔"，认可并接受"劫变"说教，观念改变，产生抵制社会的心理。如果再
遇"别有用心"者挑拨或煽动，往往导致对立情绪，甚至对抗行动的产生。

由于采取巡回传道、秘密宣传、暗中活动等，基督教在武定、禄劝等部
分民族地区仍在延伸，只是调适了宣讲内容、改变了活动方式：从公开转入
隐蔽，从集体的、规范的活动变为小群的、"随意"的举动；从大型的礼拜
活动变为短暂的祈祷行为，从发展成年人到注重接纳青少年……

2、引起重视，力图限制

1966 年初，有关部门调查禄劝县部分公社，发现基督教在基层社会仍在
活动，且相当活跃。如三哨公社某大队，除 4 个生产队的社员均是汉族群众
不信教外，其余 9 个队（5 个苗族队、4 个白夷队）均有基督教的活动，入教
者 208 人，占 9 个队总人口的 42%，其中成年人几乎百分之百入过教。在该
社的基层干部中，不少曾经是基督教徒[474]。再如该社漩涡塘苗族生产队，共
有 45 户、214 人，基督徒却有 25 户、82 人，他们接受施洗时间多在 1962—
1965 年间。在该生产队中，除生产队长和贫协组长不信教外，副队长、民兵
队长、会计、小组长及小学教师等均不同程度信仰基督教。据说：

家家有圣像，只有两户挂毛主席像，有教徒在门上写着"以利
马内"（原注：上帝与我们同在），家家挂上耶稣像，有的神职人员
把帝国主义牧师挂在毛主席像的上，教堂墙上的"国民党徽"和十
字，现在仍然存在。[475]

---

473 《关帝乩语文》，陈振江等编：《义和团文献辑注与研究》，天津人民出版社，1985
　　年，第 103 页。据 1950 年调查，武定、禄劝等地有白洋教等民间宗教活动，该教
　　密语是"一串素珠两头空，一般丝线穿当中。不是红线来引路，然何落在佛门中。"
　　习惯散布劫变，恐吓群众，加入活动（中央访问团第二分团《武定区民族情况》，
　　1951 年 2 月，第 12 页。
474 禄劝县档案馆藏 1966 年 8 月 9 日三哨四清工作组关于三哨公社四清运动中同基督
　　教作斗争的情况报告。
475 禄劝县档案馆藏 1966 年 3 月 14 日关于内地会当前活动情况的调查报告。

这些现象反映，苗族群众既感激毛主席解放他们，翻身做主，又信仰基督教，跟随耶稣。就是说，在世靠政府，拥护毛主席、共产党；离世有归宿，解决终级关怀。两者离不开，都需要。这样的现象本为正常，引起一些干部的过度紧张，感到不安，试图控制。于是，他们采取措施，"正面"宣传，错误理解宗教信仰自由政策，声称"宗教信仰自由政策必须在党和人民政府的管理、教育、改造下的自由"，把宗教信仰的自由与人民政府对宗教事务的管理混同起来，限制信仰，制约民众，试图控制；还规定教牧人员和教徒必须"反帝爱国守法"、遵守各项政策法令，礼拜活动不得妨碍生产；不准发展青少年信教，特别是未满 18 岁的儿童；严禁教牧人员向群众摊派负担，以及利用宗教敲诈财物等；以及利用各项运动，宣讲政策，引导教徒服从政府的安排，从事活动，以及放慢发展速度，以及采取措施，集中力量，利用典型，加以打击，宽严相济，试图收到有效管理之作用[476]。

固然，绝对的自由是不存在的，宗教信仰自由是有条件的、有约束的，虽然这自由不等于恣意行为、想干什么就干什么，但也不是在"政府管理、教育、改造下的自由"，这种"自由"实质上就是不自由。我们既抵制藉宗教信仰自由之名，不接受政府部门对宗教事务加以管理的作法；也反对以"宗教信仰自由政策必须在党和人民政府的管理、教育、改造下的自由"的提法压制群众正当的信仰权利。民众是否选择宗教信仰是自由，尊重和保护群众的正常宗教信仰，政府管理宗教事务，不是对群众的宗教信仰施以"教育"和"改造"。倘若施以"教育"或"改造"，则是禁止群众的宗教信仰、限制正当的宗教活动，否定了信教群众的信仰自由权利。然而，在"文化大革命"中，这些问题不同程度有所表现。

五、六七十年代基督教活动

（一）"文革"摧残，教会对抗

不幸的是，进入"文化大革命"后，"宗教信仰自由政策必须在党和人民政府的管理、教育、改造下的自由"等规定因个人崇拜的盛行与强化而发展到极致。1968 年，云南省革委成立后，鉴于过去的混乱状况，根据中央首长要"分清是非"、开展革命的指示精神，因而采取大行动，"划清两年多

---

476 禄劝县档案馆藏 1964 年 12 月一年来宗教情况总结报告。

来云南文化大革命的大是大非问题",从省到市县,县到公社(均),全面推行"划线站队"运动,采取会内会外相结合等办法,以阶级斗争观点,分清阶级队伍,揭开"阶级斗争盖子"。

在滇北民族地区,造反派藉"划线站队"运动,限制以至打击信教群众,规定:爱国就不能爱教,崇拜毛主席就不能崇拜耶稣,非此即彼!信教群众必须表态,只能二选一。

在沉重压力之下,部分信教群众被迫作出违心的回答;但也有一些教徒坚持自己的选择,却受到沉重的打击。如武定县发窝公社(乡)小石桥队(组)苗族信教群众"既有感于共产党给他们带来了翻身和解放,又不愿背叛先辈传下来的信仰,所以表示既忠于毛主席,又忠于上帝。但是上面说,只许忠于一位,限期作出选择。最后他们只好表态说:总要忠于上帝。于是被打成'现行反革命'。上面还说:'田地是毛主席的,你们不能种。'连牧牛放羊也不行,因为'山上一草一木都是毛主席的',并且出诸同样的'理由',连布票、盐巴也不给他们⋯⋯"[477]这些强制规定及压迫措施引起了信教群众的不满,产生强烈的对立情绪,激发积极宣传、拼命发展的热情,促进了活动的频繁、形式的多样及传播的活跃:

> 兴风作浪,利用宗教大搞反革命复辟活动,有的私自选举,封立自任教牧职务,非法集会、传教、施洗,发展教徒,建立以村、队为单位的小教会,扩大反动教会势力,有的大量制造,传抄反动书刊,诗歌,图画,攻击伟大领袖和导师毛主席,攻击敬爱的周总理,攻击以华国锋为首的党中央,攻击共产党和社会主义制度,破坏各项政治运动;有为被镇压、逮捕、判刑的反革命分子翻案;有的组织收听敌台"福音"广播,传播反革命谣言,蒙蔽恐吓群众,妄图变天复辟;有的瓦解党团、民兵、治保宣传队等组织,对干部软硬兼施,搞和平演变,把持、操纵和篡夺基层领导权,有的利用宗教邪说,反对科学实验,反对移风易俗,干涉婚姻自由,甚至破坏抓革命、促生产;破坏各种抗灾斗争,破坏农业学大寨的群众运动,甚至破坏集体经济,单干走资本主义道路;有的限制青少年参加政治运动活动,不准看电影,不准唱革命歌曲,甚至不准适龄儿童上学读书,同无产阶级争夺接班人;有的恢复教会封建特权和剥

---

477 扈宗尧:《关于云南"小石桥"问题的考察报告》,《宗教》,1982 年第 1 期。

削制度，勒索财物，残害人民，还有的秘密串连，组织反革命集团，企图进行反革命暴乱，妄想建立所谓的"保罗国"、"千年平安国"，等等。[478]

当时，基督教并因外部环境"恶劣"而萎缩，以至消亡，反而转入"地下"，秘密活动，反缺乏约束而更加活跃、发展更迅速。如 1978 年初，禄劝县所谓"宗教复辟"公社、大队及生产队分别占全县同类数的 77.8%、47.4% 和 18.6%；在 4000 余名教徒中，1961 年后新发展者有 2710 人，占有 67.6%，其中有党员 51 人，团员 71 人，国家干部 14 人，大队干部 6 人，小队干部 151 人，教师 3 人，医生 5 人[479]。同样的现象，在武定也有类似的反映（参见下表）。

表 2-6　　1961～1978 年武定县基督教发展概况表　　　　单位：个、人

	有教徒的生产大队	信教户数	教徒人数	18 岁以下的信教人数
1961 年			2798	
1967－1978 年	74	1564	3682	242
1978－1980 年	90	2894	13155	3317
1982 年	99	2905	10975	2811

资料来源：扈宗尧：《关于云南"小石桥"问题的考察报告》，《宗教》1982 年第 1 期。

当时，是否允许宗教信仰自由等，直接导致个别地方的信教群众与政府间矛盾尖锐，甚至酿成了对抗。如武定发窝公社小石桥信教群众拒绝搞所谓"三忠于、四无限"等，认为界线不清、站队错误而遭到捆绑、毒打及关押，被停发"购物证"，形成"小石桥事件"；个别教牧人员遭到严厉处罚；王志明牧师因"披着宗教外衣进行反党反社会主义活动"的罪名被关押，1973 年底他因传播基督教等缘由而遭造反派枪毙[480]，等等，致使干群间矛盾更尖

478　武定县委负责人讲话，缺年月。根据抄录时，接触材料推算，应为 1978 年当地开展"双打第六次战役"时的讲话。

479　禄劝县档案馆藏 1978 年 5 月 25 日关于"两打"第六次战役的总结。

480　武定王志明牧师于 50 年代初拥护人民政府，接受及实践三自革新运动（见前），是当地宗教界的爱国人士，1956 年选为该县人民代表，1963 年任楚雄州政协常委。他暗地传教，发展教徒，组织活动，与当时政策的规定不合，曾多次记载在案。仅我接触的材料所见，当时地方政府对之未采取什么过激措施。文革期间，他的遭遇主要是造反派所为，因为当地党和政府早已"瘫痪"，难以开展工作。

锐、对立更突出……形成禁者自禁、信者自信上下背离的特殊格局，滋生更多的"问题"。如武定县洒普山等地，教会除巩固原有教徒外，还采取多项施措施，发展少年儿童，施以洗礼，读圣经、唱圣歌，致使教徒急剧增加，"质量"感增强。在教徒占多数的村寨，不信教者受到歧视，有的遭到毒打，或用婚配制度限制婚姻，一些人为躲避迫害或因婚姻缘故而被迫信教。据说出现了这些不应有的现象：

1、少数教牧骨干组织收听敌台，企图与境外敌人挂钩联系。

2、大量制造、传抄反动书刊、诗歌、图画，攻击×××、×××、×××，×××、社会主义制度，否定和破坏各项政治活动。

3、瓦解党团、民兵组织，对干部软硬兼施，搞和平演变，把持、操纵、篡夺基层领导权。

4、限制青少年参加政治活动，不让适龄儿童上学读书。

5、制造反革命谣言，宣扬天命论和各种封建思想，破坏抓革命促生产，各种抗灾斗争和农业学大寨运动。

6、反对新生事物和各种科学试验，反对移风易俗，干涉婚姻，歧视妇女。

7、恢复教会封建特权和剥削制度，勒索财物，残害人民。

8、宣扬"天下教友是一家"，蒙蔽信教群众，为被打击的反坏分子喊冤叫屈，为新老资产阶级复辟打掩护。

9、私自树立、推举、自任教牧职务，集合传教，施洗发展教徒，建立以村、队为单位的小教会，扩大教会势力。[481]

（二）"两打六次战役"及后果

1976年10月，党中央采取断然行动，粉碎"四人帮"反党集团，结束了"无产阶级文化大革命"，社会形势发生了根本变化。

至于成立新成立的革委会，多数成员是造反派，不能代表中共及人民政府。1973年，在批林批孔运动中，12月26日武定县革委会以王志明在"建国初煽动暴乱，对抗人民政府；破坏合作化运动；利用国际形势等，制造谣言，散布对政府不满言论；文化大革命中，反对毛主席"等，要求给予"严厉制裁"。29日，该县某会议一些代表上书，说王志明是"反革命分子"，不杀不足以平愤。不久，王志明被革委会判处死刑。1980年12月，楚雄州有关部门在武定县召开大会，对王志明错案公开平反，并按规定给予抚恤，发给家属一定的生活补贴，等等。

481 武定县档案馆藏1978年4月9日工作队坚持党在社会主义历史阶段的基本路线，加强同基督教反动势力作斗争。

可是，云南省委负责人×××未及时辨清形势，转变方向，紧跟党中央的行动，反而继续开展"反击右倾翻案风"，坚持批判邓小平等[482]。1977 年 2 月，×××调离昆明，中央任命新的省委班子，主持工作。然而，受多方面因素的影响，云南省的拨乱反正等工作比较缓慢，其间还试图采取批判"四人帮"等方式推动"农业学大寨"的广泛深入开展，粉碎资本主义的猖狂进攻，贯彻落实"抓革命、促生产"的要求。

9 月底，云南农业学大寨干部会议召开，提出揭批江青反党集团要与开展"农业学大寨"运动相结合，以大揭批促进大发展，抓革命促生产。鉴于近几年来部分地方和单位出现资本主义泛滥的现象，会议要求各职能部门要集中一段时间，采取城乡结合、内外结合、上下结合等，广泛发动各族群众，"打一场保卫社会主义公有制、粉碎城乡资本主义势力猖狂进攻的总体战"[483]，要打击以至消灭资本主义的势力。显然，这样的要求不能满足各族干部及群众的普遍要求，也无助于拨乱反正、正本清源，恢复实事求是的作风，贯彻执行相关的政策，当然更不可能解决武定、禄劝等地存在的"问题"。

其实，六七十年代之际，在"文化大革命"激发的思想狂热逐步退烧之时，压抑多年的基督教重新抬头，在武定、禄劝等地继续积极传播，暗中聚集，秘密活动，凝聚群众，表现追求。如武定苗族信徒每年秋收结束时，都要举行谢恩节，向神"奉献"粮食，表示感谢。"仅洒普山大阱分堂，每次捐献的粮食就有 6000 斤左右；加上另外 7 个分堂，每次捐献的粮食不下 5 万斤。现金收入，每个分堂都在 100 元以上。此外，每月还举行一次圣餐节，又要教徒捐献"[484]等等。教会有了钱、粮等物资，开展活动有了资源，延续影响；亦可凝聚教徒，增强"力量"。

其间，造反派组织及帮派头目采取了极端手段，试图压制基督教活动，如逮捕并枪毙牧师王志明、武装包围及抓捕小石桥信教群众，藉扫"资产风"之名批斗基督徒等……但事与愿违，教会活动仍在暗地进行，转辗传播，发展势头难以抑制，教会情况难以掌握。

> 林彪、"四人帮"对宗教采取消灭的政策，实际上把宗教打入地下，特别是基督教在偏僻落后地区、一些县与县之间的结合部活

---

482 孙雨亭：《历史的选择——我的回忆》，云南人民出版社，1996 年，第 372 页。
483 《云南民族工作四十年》，第 182 页。
484 武定县档案馆藏 1978 年 4 月县工作队坚持党在社会主义历史阶段的基本路线，加强同基督教反动势力作斗争。

动更凶，教徒也有了发展；边境地区的信教群众则跑到境外去参加宗教活动。这个期间，可以说我们完全失去了对宗教的领导和对宗教情况的掌握。[485]

1976年7月，禄劝有关部门经过粗略调查后，得知该县撒营盘公社19个大队77个生产队有1161人信教，比新宪法（1975年）公布前多483人。这些教徒中有"地富"分子39人，基层干部16人，党员3人，团员21人，青少年118人。其他公社的情况也大同小异。显然，实际情况比过去要"严重"的多！

粉碎"四人帮"以后，拨乱反正，环境出现宽松的迹象。当地政府部门曾对"文化革命"时期错误对待宗教的作法加以纠正，落实政策。如武定县区干部还亲自到发窝小石桥生产队，为在"小石桥事件"中受打击信教群众赔礼道歉，求得了谅解。

形势的变化，尤其是1978年2月五届人大一次会议通过的《中华人民共和国宪法》重申保护宗教信仰等，鼓舞了当地教徒及教牧人员，激活传教热情，基督教活动从隐藏到公开，大肆活动，积极宣传，表现活跃。因缺乏约束，活动极不规范。在正常活动的主流下，也存在某些"不正常"的活动及言行：

> 少数教牧骨干组织收听敌台，企图与境外敌人挂钩联系；大量制造、传抄反动书刊、诗歌、图画，攻击×××、×××、×××、×××、社会主义制度，否定和破坏各项政治活动；瓦解党团、民兵组织，对干部软硬兼施，搞和平演变，把持、操纵、篡夺基层领导权；限制青少年参加政治活动，不让适龄儿童上学读书。制造反革命谣言，宣扬天命论和各种封建思想，破坏抓革命促生产，各种抗灾斗争和农业学大寨运动；反对新生事物和各种科学试验，反对移风易俗，干涉婚姻，歧视妇女；恢复教会封建特权和剥削制度，勒索财物，残害人民；宣扬"天下教友是一家"，蒙蔽信教群众，为被打击的反坏分子喊冤叫屈，为新老资产阶级复辟打掩护；私自树立、推举、自任教牧职务，集合传教，施洗发展教徒，建立以村、队为单位的小教会，扩大教会势力。

---

485 孙雨亭《认真学习十一届五中全会精神，加强党对民族、宗教工作的领导》，《民族工作文集》，第199页。

这些不正常的活动且在隐蔽状况下秘密进行，难以察觉，持续产生所谓社会"问题"。在诸多问题中，以多种手段"强迫"群众接受基督教的行为尤其突出。为了多发展、快发展，在那些教徒占优势的社队，非教徒群众受到歧视以至打击，向少年儿童灌输宗教思想，教圣经及赞美诗，不准上学，甚至以婚姻相要挟，强迫信教等[486]，因之武定、禄劝等县部分地方出现了宗教的"大面积"的复辟现象。如禄劝县基督教在 14 个公社、99 个大队和 427 个生产队就已经公开活动，教牧人员 160 人，其中 70 人是建国以后担任的；已知教徒 4000 余人，其中 1961 年后入教者 2710 人。这些教徒中，"有党员 51 人，团员 71 人，国家干部 14 人，大队干部 6 人，小队干部 151 人，教师 3 人，医生 5 人"[487]，等等。

当然，我们不否认，少数人在传播过程中，宣扬"世界末日"、"耶稣复临"，"千年平安国"，信教上天堂，不信教下地狱等，鼓励祈祷颂经，听主安排，不事生产等，产生所谓"破坏抓革命、促生产，破坏各种抗灾斗争，破坏农业学大寨的群众运动，甚至破坏集体经济，单干走资本主义道路"等现象。显然，这些言行与当时深入开展"农业学大寨"运动的要求不相吻合，它们本属引导、教育的问题，在那个特殊的年代，矛盾的性质变化，要受到"保卫社会主义公有制、粉碎城乡资本主义势力猖狂进攻的总体战"的打击。

1978 年春季，有关部门在武定、禄劝等地开展了"两打第六次战役"，迅速向基层推开。所谓"两打"，一是打击阶级敌人的破坏活动；二是打击资本主义势力的猖狂进攻。

受"左"思想的影响，当时有些人视宗教为剥削阶级的思想，宗教活动往往与"阶级敌人的破坏"有关。因而，滇北地区开展的这次战役，打击的重点对象是教会及部分教徒，"我们必须认清基督教的欺骗性、反动性和危害性，团结信教和不信教的广大群众，坚决打击一小撮阶级敌人的复辟破坏活动，并把这项工作长期坚持下去，才能巩固无产阶级专政"[488]。通过"两

---

486 武定县档案馆藏 1978 年 4 月县工作队坚持党在社会主义历史阶段的基本路线，加强同基督教反动势力作斗争。

487 武定县档案馆藏 1978 年 5 月 25 日"两打第六次战役"总结。

488 武定县档案馆藏 1978 年县委负责人关于"两打"第六次战役的讲话。查当代云南编辑部编《当代云南大事纪要》（增订本）记载，1978 年初，云南省委布置了开展揭批"四人帮"第三次战役，省级机关组织了 1400 人的农业学大寨工作队奔赴

打第六次战役"的打击，清除"不正当"宗教活动的危害，抓革命，学大寨，促生产，推动及加快"农业学大寨"运动的深入发展。

在"两打第六战役"中，武定、禄劝等地、尤其边远贫困地区的基督教受到沉重的打击，部分教牧人员逮捕以至判刑劳改。如小石桥生产队长杨光荣以"披着宗教外衣的现行反革命分子"名义被判刑 7 年[489]；部分信教群众遭到批斗，再受冲击；宗教活动被禁止，活动场所被占用或封闭……"今后一切宗教活动必须在国家法律规定的范围内进行，限于个人信仰。对聚众礼拜，传道、施洗教徒，选举委任教牧人员等非法活动要坚决取缔"……[490]

显然，武定、禄劝等地开展的"两打第六次战役"与时代的要求不相符合，与粉碎"四人帮"以后拨乱反正的形势相背离，短短三两月该运动就很快"哑火"了[491]，无法继续开展。

10 月，中共中央以中央文件形式批转中央统战部《关于当前宗教工作中急需解决的两个政策性问题的请示报告》，允许开展正常的宗教活动。11 月中旬，云南省统战部召开了学习该文件的座谈会，表示拥护中央的批复，在宗教工作中执行相关政策。12 月，省、州及县联合调查组来到武定小石桥等地开展调查。1979 年 2 月，武定县法院对杨光荣等人的错案公开平反，无罪释放[492]，等等。

省、州及县有关部门贯彻执行党的宗教信仰自由政策，实事求是，纠正冤假错案，公开赔礼道歉等作法，受到武定、禄劝等地信教群众的拥护及认同。"武定县原来信基督教的苗族群众，与基层干部、周围群众对立很厉害。由于该县县委认真抓了落实党的宗教政策的工作，释放了 21 名错捕的宗教人

各县，省委规定的任务："在当地党委的领导下，和广大贫下中农一道，以揭批'四人帮'为纲，紧密联系实际，深入开展'一批两打'（揭批'四人帮'反革命修正主义路线，打击敌人破坏活动，打击资本主义势力的进攻）运动；认真地搞好整党整风，搞好领导班子的革命化建设；落实党在农村的各项经济政策，整顿好农村人民公社的经营管理；坚持抓革命、促生产的方针，千方百计把农业生产搞上去"（《当代云南大事纪要》第 361 页）。估计武定等地开展的两打第六次战役便是该运动在当地具体的体现。处于当时环境下，基督教等活动容易被个别人视为"敌人破坏活动"，列入打击之列。

489 《武定县志》，宗教，第 354 页。
490 武定县档案馆藏 1978 年县委负责人两打第六次战役的讲话。
491 关于"两打第六次战役"情况，在《楚雄州志》、《禄劝县志》及《武定县志》大事记内均无点滴记载。
492 《云南民族工作四十年》，下册，第 198 页。

士，政治上平了反，生活上作了安排，把宗教活动由地下引向公开，调动了全县信教群众的生产积极性，改善了党群关系、干群关系，改善了信教与不信教群众之间的关系，出现了团结的气氛"[493]，等等。但我们也要看到，"两打第六次战役"的负面影响也是存在的：

1、它发生在粉碎"四人帮"后的拨乱反正时期，使尔后当地党政部门对关于政策等的宣传受到了损害，纠正错案的说服力不强。"你们什么都推给'四人帮'，我们没有见过什么'四人帮'，只见你们整我们"[494]。这些气话虽系个别信教群众的不当之辞，但多多少少反映一些实情。我们虽然不能将这些归错基层干部，上级部门却应该反思，为什么会在这个时间要掀起这类运动？打击所谓阶级敌人的破坏行动。

2、破坏了小石桥少数信教群众对政府部门的信任。虽然 1975 年时曾发生"小石桥"事件，但在 1976 年底粉碎"四人帮"反党集团之后，村队干部专程上山，召开大会，承认过去的错误，逐户赔礼道歉，取得了群众的谅解。他们选举生产队长，重新从事集体生产。

结束"双打第六次战役"后，地方干部虽然再次上门承认并纠正过去的"错误"，却难取得信教群众的谅解，他们与政府等渐行渐远，回到"自闭"状况[495]，在信仰追求走"窄门"，被外人目为"小群"，也就是所谓"小众教"[496]。影响所至，附近部分村寨出现仿效现象，"凡信教较多的生产队，都不同程度出现不搞集体生产，摆脱党的领导的倾向，流传着'学小石桥，走小石桥的路'的说法"[497]。影响所至，个别群众离开"大众"教，进入"小众"教，扩张了"小众教"的势力及影响。

493 孙雨亭：《提高对宗教问题长期性的认识，正确执行党的宗教政策》，《民族工作文集》，第 204 页。
494 武定县档案馆藏 1983 年 5 月 17 日调查组等武定县发窝公社基督教情况调查报告。
495 一位长期深入滇北等苗族地区工作的老同志认为，由于历史上受民族歧视及压迫，加上基督教影响等，部分苗民对族内外的关系十分敏感，"受不得气"、"见不得"。"'记仇'的心理很突出，对别人不满时，记恨在心，不得表露，也不采取报复行动"。对政府的相关要求，"一般只反映一次，如不解决，第二次就不来了"，变相隔离。关于这个问题，参见马绍忠《民族工作之路》第 42—43 页。
496 需要说明的是，小石桥信教群众并不认可"小众教"这称谓。当时，他们虽与基督教三自会在教理认识、活动方式等有差别，但并非是走"小道"的小众教。
497 省民工委：《民族边疆情况》，第 44 期，1980 年 4 月。

3、形势变化，反复折腾，部分社队干部、积极分子等受到挫折，产生畏难情绪，对基层宗教事务不愿管，也不敢管，放任自流。

反思这段特殊的历史，60 年代后期武定等地基督徒受迫害与"文化大革命"时云南遭受的严重破坏有关。毋庸论述，十年"文化大革命"是 20 世纪六七十年代中国社会的一场浩劫，其中云南受到的伤害非常严重，社会局势"乱得不能再乱"[498]。如该省两个省委第一书记，一个（阎红彦）被迫害致死，一个被潜伏敌人杀害（谭甫仁）。混乱的局势必然会产生恶劣的问题。

云南系多民族杂居的省区，接壤数国，民族、宗教及边疆等问题相交织。文革期间，形成了全省范围的两大造反派——炮派和八派[499]。它们对立严重，势不两立，冲突不断。派系争斗又影响到昆明军区及驻滇部队等，分派站队。1967 年初，遵照相关指示，军队介入文化大革命，表明态度，支持"左派"，搞好革命。因有内部存在分歧，"'支左'实际变成了支派，云南地方两大派都得到部队一些人的支持，这时云南两大派斗争越来越激烈，以至武斗越来越升级的重要原因"[500]，武斗由枪战发展到炮战，形势混乱，……于是，中央不得不采取行动，指示实行军事管制，命令昆明军区机关及部队不能介入地方派系的武斗，必须制止武斗，持平解决。这样，社会才有所安定，1968 年 8 月省革委会得以成立。

不久，省革委会负责人决定要"划清两年多来云南文化大革命的大是大非问题"，在全省各地广泛开展"划线站队"运动，分清敌我，明辨是非，揭开"阶级斗争盖子"，打击敌人，保卫人民，等等。当然，覆巢无完卵，各民族地区也不能幸免，同样也开展了"划线站队"运动，其中部分信教突出的民族地区因其教会"潜伏"、组织尚存、宗教活动持续等被视为"划线站队"运动中的"马蜂窝"，必须解决。于是，在运动中，一些地方发生违反宗教、民族等政策，狠狠"捅马蜂窝"、解决"土围子"等恶劣事件。

在这次专项斗争中，包括武定、禄劝等地滇北部分信教地区因"问题"突出而列入其中，予以处理。事后统计，"划线站队"运动在云南全省造成

498　鲁瑞林：《西南三十年》，人民日报出版社，1998 年，第 185 页。鲁瑞林时任云南省革委会副主任，后任贵州省革委会主任。

499　"炮派"全称"毛泽东主义炮兵团"，由"新云南无产阶级革命造反派大联合联络站"演变而来；"八派"全称"八二三造反精神"，由"昆明地区无产阶级革命大联合指挥部"演变而形成。

500　《当代云南大事纪要》（增订本），第 279 页。

了冤假错案达 1.51 万件、打伤致残者达 6.17 万人、迫害致死者达 1.72 万人 [501]，受批斗审查的 138.7 万人（不包括受株连的直系亲属）。在这些受迫害者中，包括滇北地方个别教牧人员及一些信教群众。因而，当时武定、禄劝等地部分苗族信教群众遭遇的压迫及打击是"文革"的产物，云南各族人民同受其害，并非因信仰而发生的特例，这笔账要算在"文化大革命"上。

至于"文革"以后滇北部分地区为什么会开展"双打六次战役"，这与当时云南特殊局势有关。

所谓"双打"是"一批双打"的简称，"一批"指"批林彪、四人帮的反革命修正主义路线"；"双打"指"打击阶级敌人的破坏活动，打击资本主义势力的猖狂进攻"。该运动是当时云南"学习大寨运动"、保卫社会主义公有制中开展的专项斗争。

按照相关布置，在"一批双打"运动中，各地深入开展"三查四清"（查"四人帮"的谬论是否批透，阶级敌人的破坏活动是否受到打击，资本主义势力的破坏活动是否粉碎；清工分、清账目、清财务、清仓库）为内容的保卫社会主义公有制、粉碎城乡资本主义势力猖狂进攻的总体战。该项运动始于 1977 年下半年，到 1978 年初达到高潮，处理对象主要是农村所谓资本主义的自发势力，割资本主义的"尾巴"，发展并壮大社会主义的经济。

前面曾叙，受多种原因的影响，滇北苗族地区、尤其是基督徒较多的地区，对学大寨运动不"感冒"，不同程度加以抵制。当地个别村寨曾被作为"马蜂窝"狠狠捅过。但"问题"并没有彻底"解决"，仍有遗留。针对这些问题，1976 年底省统战部、民边委及公安厅联合召开滇北武定、禄劝等地基督教工作座谈会。虽然，此次座谈会强调要重视民族宗教工作，派人主管，随时检查贯彻执行情况等，会议精神也转发全省。可是，省公安厅派参加这样的会议，寓意特别，不说自明。

1977 年底，滇北等地因其地缘因素，接近昆明、反映"问题"及时、消息扩展快，引起上级的重视等，因而该运动的开展较迅速。1978 年初，运动的纵深发展，将斗争矛头针对部分地方基督教活动，称为"六次"战役，象作战一样狠狠地打击"阶级敌人的破坏活动"。因之，这些运动来得猛烈，涉及之广泛、打击力度之强，前有说明，此略。

---

501 《当代云南大事纪要》（增订本），第 289 页。

（三）迅速纠正"双打"错误，恢复落实政策

需要解释的是，这场运动虽不发生在"文革"期间，但它是"文革"期间破坏党的宗教信仰自由政策、践踏群众宗教信仰权利等行为的"回光反照"，持续不会很久，涉及范围有限。到1978年6月，该项运动即叫停止，对受打击者赔礼道歉，予以赔偿。

11月，云南有关部门针对基督教等问题召开宗教座谈会。会议肯定新中国成立以来，包括基督教在内的宗教工作取得很大的成绩，清除了教会内的帝国主义势力，废除了宗教封建剥削压迫制度，广大教牧人员及信教群众爱国爱教，参加社会主义建设等等。会议也指出：

> 由于林彪、'四人帮'干扰破坏，对宗教工作的破坏也很大：一、粗暴干涉信教群众的宗教信仰，甚至采取专政手段强迫信教群众放弃宗教信仰，禁止正常的宗教活动；二、'划线站队'中把一些地区80%—90%的信教群众划为'站错队'，甚至打死打伤，严重违反民族政策，伤害了群众的民族宗教感情；三、破坏和取消了党对宗教界的统一战线，颠倒了敌我关系，打击了进步力量，放弃了党对宗教界的一部分领导权；四、取消了党的宗教工作，撤销了宗教管理机构，致使宗教工作长期无人抓；党和广大信教群众的关系极为紧张，一部分回族地区和苗族地区尤为突出。

这些总结实际上承认了过去有关部门在民族及宗教上犯下的错误，这是受林彪、"四人帮"影响"左"的错误，必须采取措施，予以清算，及时纠正，要提高各级领导对宗教工作重要性和贯彻执行宗教政策必要性的认识，正确执行党的相关政策；尊重信教群众的正当宗教活动；因地制宜，逐步解决宗教活动场所；还特别提出要"杜绝秘密的地下宗教活动"，引导基督教等公开开展正常的活动，等等[502]。毋庸解释，该座谈会所指的"苗族地区"就是滇北武定、禄劝等地；要解决者，就是诸如"划线站队"、"双打六次战役"等运动对部分信教群众的打击与迫害。

1981年4月，中共中央为解决云南省在"文革"期间发生的种种问题召开专题会议。针对"文革"期间在对待包括滇北苗族群众在内的少数民族群众宗教信仰上存在"问题"。会议纪要特别指出，明确要求：

> 正确、全面地贯彻执行党的宗教信仰自由的政策，是做好民族

---

502 《当代云南大事纪要》（增订本），第374页。

工作的一项重要内容。云南有些少数民族有着不同的宗教信仰，我们必须正确对待和正理群众的宗教信仰问题，按照宪法规定，我国公民有信仰宗教的自由、不信仰宗教的自由和宣传无神论的自由。我们既要尊重信教群众的正常宗教生活，保障宗教人员的正常宗教活动，适当照顾他们的合理要求；又要加强对他们的思想政治工作和科学知识教育，加强爱国主义、社会主义和遵纪守法的教育，努力把广大信教群众团结到党和政府周围，充分发挥他们进行四化建设的积极性。[503]

这些相关要求及约束，就是"文革"期间出现对待苗族等信教群众的不应有"错误"的纠正，从中央文件的高度来保障群众的宗教信仰自由权利。

第九节　黔西北民族地区基督教的调适与变化

一、基督教应对与变化

（一）响应号召，开展革新

1、中央访问团及开展工作

1949 年底，解放军进入贵州，消灭国民党残军，摧毁旧政权，建立人民政府，揭开了新的历史篇章。

贵州是多民族杂居地区，按照《共同纲领》的要求，为了少数民族翻身解放，倾听群众及民族上层的心声，了解民族地区实际情况，实行民族区域自治，实现少数民族当家作主，管理自己的事务。1950 年 6 月，党中央、政务院决定组织中央访问团到各民族地区宣传《共同纲领》等，宣传共产党、毛主席及人民政府，介绍新中国的民族宗教等各项政策，访贫问苦，联系、争取和团结民族及宗教上层人士，藉此接触广大民族群众，逐步开展工作。

在各中央访问团中，西南访问团最早组建、最早出发。该团内分第一、二、三团，总团长刘格平（兼第一分团团长），其中第二分团是贵州民族访问团，费孝通教授担任团长。

1950 年 10 月，访问团第二分团来到贵州，深入各地开展活动。年底，费

---

503 《云南民族工作汇报会纪要》（节录），《当代中国》丛书编辑部：《当代中国的民族工作》，当代中国出版社，1993 年，下册，第 529 页。

孝通及部分团员专程到毕节、赫章及威宁等地，传达《共同纲领》、宣传包括宗教信仰自由在内的新中国民族宗教政策，开展爱国主义教育，支持基督教会开展"三自革新"，割断与外国势力的联系等。接着，根据政务院的指示，毕节专区各地政府对接受外国津贴及外资经营的文化教育救济机关及宗教团体等开展了登记，对教会财产、教会学校及医院等进行了清理，等待处理，等等。

当时，包括石门坎在内的黔西北各基督教会正视形势的变化，拥护人民政府的要求，调适自己言行，开展相关的政治运动。如石门坎教会在 1951 年 3 月 23 日组织信徒游行，发表革新宣言，致电毛主席，表示拥护人民政府，响应号召，支援抗美援朝等[504]。"石门坎的教会比较更积极些。他们对抗美援朝、宗教革新运动已全部接受，并提出'教会退出学校'的要求。他们除了发表宣言、电毛主席致敬、慰问抗美援朝志愿军，并献衣献旗外，还推派代表杨荣新、张有伦到西南民族事务委员会，陈述他们拥护人民政府与毛主席的诚意，为我们翻译苗文"等[505]，致敬书是：

> 我们石门坎的苗家数千年来被封建势力压迫得没有翻身的日子。帝国主义来我们地方传教后，又用假仁假义麻醉了我们，以致我们政治觉悟不能提高。这次经梁副主任来传达了中央意旨后，我们已经认识清楚，只有依靠人民政府，我们苗家才能真正得到翻身。我们为表示竭诚拥护人民政府起见，现在特派杨荣新、张有伦两位同志特向你们献旗，并向毛主席献衣，敬请你们指示他两个，他们好回来，解达（答）人民政府意指（旨）。[506]

该致敬书除表达与"帝国主义"（外国教牧人员）决绝外，更表现了接

---

504 威宁县党史研究室编：《中共威宁彝族回族苗族自治县历史大事记》（1934—1965），第 16 页。

505 梁聚五：《视察贵州毕节专区少数民族情况报告》，载西南军政委员会编：《西南资料》第 3 期。本文所指翻译苗文是杨荣新、张有伦将《共同纲领》、《论人民民主专政》译为苗文，以便人民政府在苗区开展工作。其间，因发现苗文有缺陷，他们未能将这两文中 80 多处文句翻译出来。当时，西南民委建议他们返回石门坎，与众人商量，调整及修改苗族文字（柏格理文字），使之臻于完善。另据朱焕章报告，1951 年 6 月 9 日，石门坎等地 700 余教牧和教徒聚会，举行三自运动大示威游行。朱焕章：《贵州省威宁县第八区苗族教会概况报告》，《威宁文史资料》第 5 辑。

506 四川省档案馆藏 1951 年 3 月 19 日贵州威宁石门坎教会呈西南民委王维舟致敬信。

受共产党的要求，靠拢人民政府的愿意，反映出石门坎教会在新形势下发生的变化。

2、参与抗美援朝，开展革新运动

1950 年底，中国人民志愿军开进朝鲜，抗击美国及南朝鲜等军队。各族人民积极开展抗美援朝、保家卫国运动，支持人民志愿军，掀起爱国运动的新高潮。

1951 年 2 月，中央民委（国家民委）根据形势的需要，布置了动员少数民族、肃清帝国主义影响等工作，要求"抗美援朝，反对美国武装日本及爱国公约运动，应及时和适当在各省少数民族地区进一步发动和开展，以便在少数民族人民中肃清帝国主义影响，加强爱护自己民族和祖国的认识与感情"。希望各大行政区党政部门依据实际情况及现有条件，"利用种种可能的机会和适合于各地少数民族情况的方式，指导这一运动，从城市深入乡村，作到家喻户晓"，深入人心[507]。通过深入、广泛开展该项运动，对教牧人员及信教群众进行爱国主义教育，提高觉悟，辨清是非，割断与外国教会的联系，实践"三自革新"运动，走独立自主、自办教会的道路。

前面曾叙，在基督教各派别中，内地会较早实践了自治、自传和自养，在形式上完成了"本色化"过程。尽管如此，抗美援朝等运动也极大触动了教牧人员及教徒群众，激发其爱国热情，愿意响应政府的号召，走"三自革新"的道路，爱国爱教，与外国势力彻底断绝关系。1950 年冬天，赫章葛布教会 70 余名教牧人员及 200 余名教徒曾聚会总堂，要求成立"三自"组织。因未获有关部门的批准，此次聚会便改名讲道会，但昭示自立步伐迈出了坚实的一步。接着，葛布总堂及下属各堂点 50 余名负责人再次聚集开会，听取了可乐区干部宣讲形势，宣传政策，商议响应政府的号召，支持并参与抗美援朝运动，开展三自爱国。与会代表"一致认为：'中国基督教会'的信仰深受西方'差会'的奴役辖制的朝代一去不复返，所以必须建立自己的教会，实行'自治'、'自养'、'自传'，走教会本国化的道路"。会后，众教徒向毛主席呈上致敬信，还赠送一件苗族衣服（大花苗花衣），以及发动教徒群众捐钱捐物，支援抗美援朝[508]，等等。

---

507 四川省档案馆藏 1951 年 2 月 2 日中央民委关于发展少数民族运动肃清帝国主义影响的通知。

508 王光祥等：《基督教葛布教会百年史》，2005 年，摘自 www.shimekan.org/book/gb

同时，结构等地基督教会也不甘于落后，响应政府的号召，希望教徒积极参与，声援抗美援朝，祈祷中国人民志愿军取得胜利，以行动来表现爱国热情和对美帝的仇恨：

　　1、每次聚会必须为国家、为前方的将士祷告，求神祝福正义战争，制止非正义战争。

　　2、每个青年都要做好充分准备，随时参军参战，消灭来犯之敌。

　　3、每户都要做好增产节约工作，随时准备捐献一斤粮、一元钱，乃致一斤干菜。[509]

1951 年 9 月中旬，纳雍教会 200 余名代表在东灵乡半坡教堂举行大会，代表全县 1300 余名教徒，公开声明，要采取行动，开展三自革新运动，"澄清基督教徒的崇美思想，并坚决割断与帝国主义的关系，举行我们的自治、自养、自传运动"；制订并发表了《三自革新宣言》，宣布"今天，我们已认清了帝国主义者的凶恶面目，更亲自体验了新中国给我们带来的幸福生活，我们坚决响应'三自革新运动'的号召，实行教会的自治、自养、自传，割断与帝国主义的联系，清除教徒的崇美思想……最后，我们更应坚决以实际的行动来拥护人民政府，搞好我们的翻身事业，并响应抗美援朝总会的号召，努力增产捐献，订好爱国公约，作好优抚工作，来保卫我们的胜利果实，来巩固我们的国防建设"，明确地表示要走中国基督教的革新道路，

与会人员还代表该县苗族教徒向毛主席呈上致敬信、献上礼物，表达毛主席的热爱，响应政府的要求，自治、自传、自养，成为苗族群众自己的宗教组织。

　　敬爱的毛主席：

　　　　我们是贵州省纳雍县的苗族，又是基督教徒，我们今天从心的深处要来感谢你。原来十六年前，你带着你的红军，经贵州路过我们纳雍（大兔场）。你的红军曾对我们说"他们是打富救贫"，并说"将来干人有办法"。从那时起，我们就渴望着这样好日子的到来。

　　（下同，略）

509 文正国主编：《基督教结构教会百年简史》，2008 年印刷，第 89 页。此资料系卢秀敏老师提供，谨致谢忱。

　　毛主席，你太辛苦了，十多年来，你经过了万里长征，你已把你的红军组织训练成数百万无敌的解放军。在一九四九年的冬天，又转到贵州，撵走了匪军，叫我们这些几千年来过着牛马不如的生活，受压迫、受剥削的苗家，因此得到了解放，见到了青天。一年多来的时间，我们已经过了清匪反霸、减租退押，获得了许多果实，使我们初步得到了翻身。不久又要去土改了，我们是怀着无限的希望与快乐。不但如此，自从解放以来，我们在政治、经济、文化各方面，都得到了提高。尤其是你最关心我们，去年又派访问团，跋山涉水千万里来到贵州，亲身问候我们，又给我们带来了许多药品、布草、针线。你这样的关怀，比任何父母都强，我们是永远不会忘记的，我们是要紧紧的跟着你，照着你指示我们方针前进。

　　毛主席，我们更被你伟大的人格感化了，觉悟提高了。我们认识到，帝国主义者假藉宗教外衣，他们外面披着羊皮，里面却是残暴的狼。对我们中国进行各种侵略，对教会进行各种奴化，我们现在要与他们割断联系，我们在你胜利的旗帜下，已进行了控诉，揭发了他们的罪恶，从今以后，我们坚决的要来实行我们的自立自养自传，我们要拥护人民政府，拥护共同纲领，共同来建设我们的新中国。

　　最后，我们给你献上我们苗家旧式的粗麻布花衣、裙子一套，略表我们对你的热爱与敬意，希你收下，并祝

　　身体健康

纳雍县苗族全体教徒敬上
一九五一年九月十六日[510]

　　还有，织金、大方、毕节及盘县等地大多数教牧人员及教徒积极靠拢并接受人民政府的领导，拥护新中国的方针及政策，愿意开展"三自革新"运动，断绝与外国教会的联系[511]，采取积极行动，等等。

四川省档案馆藏1951年9月16日贵州纳雍苗族基督徒呈毛主席的致敬信。该信的部分文字与今传者有所不同（今传者载谢洪淇：《纳雍"三自"革新拾零》，《纳雍文史资料》第3辑）。"干人"指穷人。

511 张勤：《浅谈织金县基督教内地会的传入以及活动》，《黔西北文史资料》，第1辑；唐荣涛：《盘县特区基督教会概况》，《六盘水文史资料》，第2辑。

3、拥护人民政府，参与建设

人民政府建立后，便采取措施，争取和团结教职人员及信教群众，引导参与政权建设，维系社会稳定。

1951 年 1 月，结构总堂传道[512]李朝阳被推选为赫章县代表，出席毕节各族各界代表会议，参与政权建设，参政议政。其间，他还作为贵州省少数民族参观团成员，到北京、成都及重庆等地参观。返乡后，李朝阳向教牧人员及教徒群众宣讲抗美援朝的意义、各地民众积极支持的热情，以及祖国各地的日新月异变化等，动员教徒积极捐献，支援抗美援朝。会后，结构等地教徒响应号召，节衣缩食，为抗美援朝捐献 1 亿多元[513]，支援志愿军。葛布教会杨志诚、王明道、朱文正等也被推选进入赫章各族各界代表会，其中杨志诚还到毕节专区民委工作，担任干部。朱佳仁等也作为民族界代表，出席威宁县第四届各族各界代表会议，担任威宁县民族民主联合政府委员；朱焕章、张斐然等也在人民政府中任职。

当时，也有个别教牧人员恪守传统作法，与政府要求、与形势变化等保持距离。如 1950 年解放军某团进驻结构，清剿土匪，稳定形势，维护群众利益。该团借用结构教堂作为团部，宗教活动因此暂停，对此该堂传道文承明等颇有看法。据说"是年某日，部队文教善意地邀请安承明辩论。文教持进化化，安承明持创造论，谁也辩不输谁。事后，文教写了'基督教是唯心而不是唯物'一行字，贴在教堂正面墙上。安承明也写了'基督教不是唯心，也不是唯物，仍是唯实'一行字贴在其旁"，针锋相对[514]。据说安承明还反对学校师牛到教堂前挂国旗、以及地方政府在教堂围墙外张贴镇反布告等。必须指出的是，类似安承明的言行者在赫章基督教会中仅系个别人，并不能代表大多数教牧人员及教徒。

---

512 传道是原内地会中一种教职，因当时赫章县苗、彝族原内地会中没有任命牧师，故由传道承担传教事务。除传道外，内地会系统内的教职还有长老、执事等，他们负责管理教会、组织宗教活动等。

513 《基督教结构教会百年简史》，第 89 页。

514 文正国主编《基督教结构教会百年简史》，2008 年印刷，第 9 页。安承明时为结构教堂的传道，后担任该教堂长老。所谓文教，指该部队某宣传干事。另外，据相关档案记载，安承明还曾阻止学校在教堂前挂国旗，以及撕毁贴在教堂外墙上的镇反布告等。该简史还记载当时毕节专区民委拟录用安承明作为干部，安从维持基督教活动等角度考虑，未进入政府中。

（二）土地改革与基督教活动

1951 年初，按照毕节专区的工作布置，各地方在完成清匪反霸、减租退押之后，全面开展土地改革，废除封建土地制，改变不合理的生产资料占有制，实现耕者有其田。

虽然，干部、工作队员与教职人员、信教群众等的信仰不同、观念有异，言行也存在差别，但从总体上讲，在土地改革中，他们较正确执行政策，除要求教堂按政策规定实施退赔外，尽量不触动教牧人员及教徒，不触动教会[515]。

为了确保土改运动顺利地开展，各地政府要求基督教会暂停组织集体性的宗教活动。然而，土改运动毕竟是急风暴雨似的群众运动，旨在改变以土地占有为核心的所有制形式，是特殊形态的阶级斗争。其间，个别少数干部、积极分子对政策认识及掌握存在偏差，执行范围扩大，存在过激等言行。一些地方甚至出现了压制、打击教会的行动，占用或没收教堂，改作仓库、学校或供销社，没收、撕毁以至焚烧圣经、赞美诗等，冷嘲热讽教牧人员及教徒，个别者受到打骂、甚至关押等处罚，等等[516]。

当时，部分教牧人员及信教群众也未完全认识及理解中共宣传的宗教信仰自由等，心存顾虑，抱着观望态度，静观形势的变化。

在这些因素的作用下，基督教会进入了"蛰居"，呈现休眠状态。必须指出的是，由于历史缘故、干部及积极分子的认识差异，循道公会及内地会教牧人员在土改运动中的境遇有所不同，对尔后的活动产生出直接或间接的

---

515 1952 年 6 月毕节地委委员、宣传部长陈健吾在威宁县干部大会上作了《威宁县土地改革中的几个问题》报告，明确要求："天主教、耶苏（稣）教、基督教等都是宗教。宗教是个人信仰问题，在共同纲领上规定信教自由，信教是可以的、是合法的。在土改中，我们基本上采取不干涉的态度；反之，宗教也不能干涉我们的土地改革……他信他的教，我们搞我们的土改，信教的农民同样可以参加我们的农协，不能因为参加宗教便不能参加农协，只要是农民都可以参加农协。如果分斗争果实，他就说是上帝给的，我们不管他，我们不能讽刺、耍花枪（腔）。如果个别信教的人违了法，破坏土改，做反革命活动，则依法办理，这不是宗教问题，而是违法问题。"（威宁县委党史研究室编：《草海晨曦》，1996 年 8 月，222 页）这报告内容作出了土改中对宗教、教牧人员及信教群众的政策规定。然而，在具体执行中，个别地点工作队员等不一定完全照政策执行，采取某些不妥言行对待基督教。

516 毕节专区档案馆藏 1956 年 11 月 8 日王保生关于对毕节少数民族地区基督教问题的意见。

影响，决定着能否复苏及发展等。

（三）原循道公会的特点及衰败

循道公会从传入之始，就注重教育与医疗的引导作用，创办及发展学校和医院诊所，以此发展及凝聚教徒，所谓"没有教会，就没有学校；没有学校，就没有我们苗族的文化"[517]；还选派个别教徒到成都华西协合大学等大专院校学习，培养人才，扩大影响[518]。由于受到了较高层次教育等，部分教徒掌握了知识文化，其社会流动得以实现，社会、经济等状况发生了改变，脱离农村，告别农耕生活，进入文教卫生等行业，改变了职业，提高了社会地位。

30 年代中叶，国民党政权加强对石门坎等地的控制，拉拢甚至强迫教牧人员参加国民党，担任基层组织的职务。据统计，在威宁循道公会活动区域内，国民党建立区党部两个、区分部 10 个，发展党员约 200 名，有区党部书记 3 名、县党部执委 1 名、区党部委员 3 人、县党部干部 2 名、区分部委员以上骨干 48 名。这些书记或委员等，大多数是教会的牧师、教士、传道或大小执事[519]。地位的变化，以及知识的作用，部分教徒、主要是一些教牧人员因之实现了地位的上升，成为了权势者、富裕者。新中国后，在干部及群众眼睛中，这些人既是宗教领袖，又是民族中上层，还是国民党的骨干分子，具有"三体一体"的特点。

由于具有强烈的政治色彩和较高的收入，在当时的各类运动中，他们不可避免地会受到冲击。如四方井牧师安××、王××、余××等，石门坎杨××、杨××等人，在土改中被划为地主、富农等[520]，受到退押、没收、清理或打压；个别人还受到了群众的监督，劳动改造。

威宁二次解放后，1950 年 8 月工作组到乡，51 年初开始清匪

517　佚名《少数民族中天主教、基督教》，《宗教情况通报》，第 41 期，1954 年 11 月

518　1951 年据朱焕章书面报告，石门坎苗族教会培养出大学毕业生 6 人，专修（科）毕业生 4 人，高中 23 人，初中 200 人，高小 1700 人，初小约 4000 人。四川省档案馆藏 1951 年朱焕章关于石门坎等地教会情况表。

519　毕节专区档案馆藏 1958 年（？）毕节区教会资料。

520　如威宁法地"黑彝地主余××，主要凭借宗教势力起家。当帝国主义宗教势力侵入法地后，余××成为帝国主义的忠实走卒，担任了牧师。余就利用这一宗教职权，以各种方式敲诈人民，大发横财。他的三个儿子先后被送到成都教会学校直至大学学习"。中国科学院民族研究所贵州少数民族社会历史调查组：《贵州省威宁县法地区别色园子和东关寨解放前社会经济调查资料》，1964 年，第 18 页。

反霸和减租退押，白天黑夜都召开会议宣传政策，发动群众。有时候，礼拜日也用来开会，礼拜堂作会场，教会活动因此受到影响，参加礼拜人数大大减少，石门坎堂口从原来 100 多人降低到 30 人左右，于是，以杨××为首，发动群众做"夜礼拜"来同党对抗，使教徒在哪一家生产，就集中在那一家做夜礼拜，故意阻拦教徒参加各种集会，与我争夺群众。

同一时期，在四方井联区，由于牧师、传道人员安启云、王士全、余世清、安朝忠、余炳恒等都是夷（彝）族中的上层分子，很多是地主、恶霸，在反霸中被群众斗争，因而失掉威信，他们畏罪也不敢公开领导教徒活动。有的堂区就已经随着无人领导停止做礼拜了。[521]

在这样的环境中，他们不能甚至不敢出头组织教徒开展活动，教会因无人统领而趋于衰落。不过，之前原循道公会也对尔后的形势变化作了预测，有所应变。如在临解放时，该会鉴于社会将发生改变，考虑到部分教牧人员的情况，制定"老隐新出"的策略，推出"新"的教牧人员来领导活动。但是受管理体制的限制，老的"隐藏"了，新的因缺乏资质却难以担当，因无人领导，教会组织分崩离析，活动趋向消失。1952 年，"帝国主义分子被我驱逐出国境，并进行清匪反霸、土地改革等运动。该教会的上层分子不敢出头露面，宗教活动处于瘫痪状态，宗教活动市场已由 38 处减为 8 处，参加做礼拜的教徒已由 2000 多人减少为 600 人左右"，活动冷清[522]。

还有，学校教育与教会切割、学校被政府接管、教师角色改变等也直接或间接影响到原循道公会的衰落。

与其他教会比较，历史上循道公会提出"攻心为上"的口号，以"心战"为重点，创办及发展学校和医院，执行"哪里有教会，那里就有医院，那里就有学校"的发展方针[523]，藉教育、医药等影响群众的观念，施以"心战"，改变信仰，发展教徒。在该会的活动区域，教会学校具有特殊的作用，既是学生（含教徒）受教育的场所，也是凝聚教徒的中介，以及联系的纽带，如威宁石门坎，"男女老幼都信仰基督教，学校与教会的关系很深，群众对学

---

521 毕节专区档案馆藏 1958 年 11 月基督教威宁循道公会、葛布内地会解放以后的活动情况。

522 毕节专区档案馆藏毕节专区宗教组织体系、分布及发展情况（缺时间）。

523 毕节专区档案馆藏 1958 年 12 月 24 日威宁、赫章、水城三县教会肃反总结报告。

校异常关心。现学校每期结束时均召开家长座谈会一次，也召集部分比较热心的校友参加，报告学校教学情况，并交换收集意见，以作改进，藉此加强学校与家庭的联系"[524]。毋庸讳言，在教会学校里，负责人及部分教师本身就是传教士，他们除在教学过程中灌输宗教思想外，还承担向周围群众布道等责任。如校长朱焕章，在外国传教士撤离前，被按立为牧师，担任联区长，全面负责石门坎等苗族地区的教务工作。

1950年12月，政务院第六十五次政务会议通过了《接受外国津贴及外资经营之文化教育救济机关及宗教团体登记条例》，要求各地政府对包括教会学校、教会医院等在内的接受外国津贴的机关团体进行登记清理，实现政教分离，与外国教会等脱离关系。次年，贵州等省人民政府依据该条例规定，成立专门机构，开展此项工作，登记清理，剥离学校与基督教会的关系。通过这些措施，使得今后学校成为名符其实的教书育人的场所；教师不能再承担灌输宗教的布道任务，要执行政府要求，按照教学大纲及教材要求，传授文化知识，设立政治课，开展革命教育、政策教育等。

由于外国传教士撤离，差会津贴断绝，教会学校缺乏经费资助而动作困难，难以维系……出于改造、利用，培养新人等目的，1951年2月，费孝通在相关报告中特别建议接管教会学校，加以改造，成为人民政府管理下的新型学校。

> 教会经济力量薄弱，将无力维持学校与医院，各地少数民族知识分子都很关切政府对这些问题的处理。我们认为应在尊重信仰自由原则下，只要他们与帝国主义脱离了关系，真正为人民服务，应让其继续维持或予以资助。如无力维持，自愿交出，应予接收，有计划有步骤地资助或接收，使这些事业继续办下去。[525]

1951年，贵州省教育厅着手资助石门坎等教会学校，维持运行，改为私立学校。1952年，根据政务院的指令，当地政府接收教会学校，加以改造，从私立学校改变为公立学校，纳入政府的管理中。与改造教会学校相同步的是，对校长、教师与职员，或调整，或替换，如朱焕章调到省教育厅任职，杨荣先离开学校等；或开展教育，转变思想，不再介入宗教活动等。部分教

---

524 毕节专区档案馆藏1952年9月8日郭德基配合西南文教部人员赴威宁石门坎了解少数民族教育工作报告。

525 毕节专区档案馆藏1951年2月中央访问团费孝通副团长关于贵州少数民族情况及民族工作报告。

职员因接受教育，提高觉悟；或受外界压力，改变立场，与教会割裂，不再参加宗教活动。如石门坎小学教员朱××说：

> 我每次到县开会，上级都要提到石门坎教会问题。我是学讲道的，上级说人民教师不能讲道。因此，对我思想是一种压力，总认为上级不相信我，莫非石门坎教会的问题与我有多大关系呢？信好，不信好呢？这个问题在我思想上经过反复的斗争，才知道宗教是唯心的东西，上帝是假的，还是要相信科学，唯物主义才是实事求是的真理，现在我全家都不信教了。宗教是信不信由在你，但信教的人不要认为政府不准信，把祸推给政府。[526]

教育与宗教分离，学校从教会中剥离出来，教师不再兼职教牧承担传教活动，学校不再是教理的宣讲点和传播处。由于学校脱离了教会，先前以教育事业为中枢而开展运作的基督教自然而然枯萎，逐渐衰弱。

差会津贴的断绝，还影响到原循道公会部分教牧人员及其家庭成员的生计。过去，他们以讲道为职业，换取教会的薪金；而今津贴断绝，他们只得离开教会，寻找其他职业，解决生计等问题[527]。教牧人员的离岗或转行，教会缺乏领导，无人引领，宗教活动难以开展，难以凝聚教徒，宗教信仰逐渐消失。即使仍在学校工作者，因角色的改变及政府的要求，也难以继续组织宗教活动[528]，石门坎等地基督教受到影响，迅速衰落。

（四）原内地会的特点及处境

由于内地会不重视教育与医药等功能，"着重于愚昧政策"[529]，很少开办学校、医院或诊所。即使创办，也只是经文学校，让受教育者认识几个字，能阅读圣经、唱颂赞美诗。"传授之法，或开周月之研经班，或由各教会合开学道班，每年两次，每次约三四日。各支会领袖齐集一处，研习圣经，联

---

526 毕节专区档案馆藏 1956 年 5 月 30 日赵世岱等关于石门坎宗教上层人物座谈会的情况报告。

527 张坦：《窄门前的石门坎》，云南教育出版社，1992 年，第 230 页。

528 如曾任循道公会西南教区川联区区长、威信牛坡坎光华小学校长熊真海曾说"我过去信教，是为了求学。今天在共产党领导下，人人有饭吃，人人有衣穿，人人有书读，也就用不着信教了"，便与教会脱离关系，集中力量办好教育。《昭通少数民族志》，第 366 页。

529 毕节专区档案馆藏专署 1958 年 12 月 24 日威宁、赫章、水城三县教会肃反总结报告。

络友情。有请领洗者，亦率于此时会齐举行，并举行特别布道之工"[530]。缺乏现代的文化教育，尤其是缺乏受相关教育程度的文凭，教徒颇难流动，进入制度内，实现升迁，只得囤积家乡，复制先辈们的经历。在解放前，他们因贫穷而受剥削、受压迫；建国后他们的地位及处境则完全被扭转，今非昔比。如在土地改革运动中，他们非但没有受到任何冲击，反而缺乏土地、耕畜等生产资料、收入贫穷而划为雇农、贫农或下中农，成为了依靠的对象，政治上占据了"优势"，还分得了土地、耕畜等生产生活资料，实现了"耕者有其田"的梦想。

在原内地会活动区域，在十余年前教会领导权已由当地苗、彝族教牧人员控制；土地、房屋等不动产也完成了产权的转移，由当地教会掌握，归入教产；加之因缺乏所谓正规的学校、医院或诊所，自然不会接受政府有关部门的专门登记，认真清理，实现控制。换言之，建国初年，各级政府采取对基督教涉外文卫事业的行动对其没有什么触动！

社会形势的变化，并没有对葛布、结构等地的教牧人员施以压制，产生压力，却因人民政府采取行动，清除土匪，稳定治安而消除其外出布道的阻碍，方便其开展传播活动。从1954年起，黔西北部分民族地区基督教活动再次呈现迅猛发展的势头，教徒增多、区域扩大、活动频繁、影响广泛，但制造这快速发展并不是石门坎、四方井等地原循道公会，而是葛布、结构等原内地会的教牧或教徒。虽然，昔弱今盛，前后颠倒，但并非是匪夷所思！

二、基督教的调适及嬗变

1953年，土改完成后，广大农民分得了土地、耕畜、农具及房屋，有了属于自己的生产资料，欢欣鼓舞，迸发生产激情。在当地政府的组织下，通过互助组、合作社等，走合作生产的道路，发展生产，增加收入，改善生活。

由于发展生产力，效率提高，农闲时间增多；劳动人民翻身作主，摆脱压迫剥削，自己能够支配的剩余时间。建国后，各级政权采取有效措施，肃清国民党残余势力，清匪反霸，重建了良好的秩序和安定的环境。社会稳定、治安良好，消除了多年来妨碍民众流动的障碍，便利其活动。于是，基督教

---

530 翟先生：《贵州教会》，《中华基督教会年鉴》，第4辑。

会也走出"蛰居"状态，告别了短暂的"休眠"，利用宽松的环境，主动调适，恢复及发展活动，力图扩张。不过，因能否调整作法、发生嬗变，应对社会，直接或间接影响到原循道公会及原内地会的活动，派生出不同的后果：前者，从衰弱到消失；后者，得到更大的发展。

（一）石门坎基督教的变化

1、缺乏引领，教会涣散

历史上，循道公会主要在黔滇川三省交界的苗、彝族地区开展传播活动。仅就贵州而言，该会活动于威宁县西北部石门坎（苗）及四方井（彝）等地。

解放初年，受"历史问题"等的影响，该会有一些教牧及个别教徒被划分地主、富农等，多余土地、耕畜及大型农具被没收或征收，受到批斗等冲击，抬不起头来。

当土改结束后，个别教牧人员曾秘密串联，试图恢复宗教活动，其中苗族教牧人员的表现尤其突出。他们曾秘密召开数次联区会议商议，拟采取措施，调整人员，恢复组织，扩大区域，还派出数名人员到彝良、永善等地活动。据说朱焕章曾用朱斗光的名义，向彝良、永善等教堂去信，了解情况。以及石门坎等堂点组织活动，邀约信教群众，聚集大会，复燃信仰情怀。1954 年 10 月，石门坎教会利用感恩节开展活动，聚集了 150 余信众，热闹数日。钟焕然牧师目睹此情此景，不禁感叹："石门坎道根还在，信教的还是比×××信的多。"然而，事与愿违，原循道公会部分教牧人员恢复及发展宗教的希望只是一厢情愿。无论教会内部，还是社会环境，对之均有妨碍！

我们知道，循道公会的组织健全、程序规范、等级严格，在传教及教会管理中，牧师承担主要角色，地位重要。长期以来，该会牧师一直由英藉人士担当。20 世纪 30 年代，该会按立钟焕然（汉族）为牧师，其后又按立若干名彝族、苗族牧师。尽管如此，国籍牧师数量既少也无实权，外籍职员掌权的格局并未得到改变，话还是他们说了算！临解放时，外籍牧师撤离中国前，考虑到形势的变化难以把握，作为应变之计，他们不得不按立从未接受系统神学教育的朱焕章为牧师，授予了石门坎等地苗族教会的管理权。

1952 年，原石门坎中学等教会学校经过登记，服从人民政府的领导，接受资助，切割了与差会的关系。接着，人民政府接管该校，调整了师资，派遣领导，更换了教材，改革了课程，加以改造，成为公立学校。按照教育机构必须脱离宗教组织等规定，朱焕章不能任学校校长，由杨忠德接任。1954年，贵州省有关部门将朱焕章调到贵阳，担任省教育厅中教科（后为民族教育科）副科长，离开了威宁。

关于省教育厅调动朱焕章到贵阳工作是否寓有妨碍教会开展活动的因素，我们暂且毋论。他的调离，却对石门坎等地苗族教会活动的影响颇大。朱焕章是牧师、苗族群众的代表、石门坎等地教徒的主心骨。他在此办学 20余年，培养众多学生，深受各方面人士的爱戴，有广泛的社会关系和良好的人脉。当他离开后，石门坎等地教因缺乏统率而难以持续开展活动。尽管杨荣先、杨荣新等人不乏组织能力，却因加入国民党并担任基层组织职务等"历史问题"而纠缠，难以动弹；钟焕然年迈体弱，精力和体力均不宜继续领导教务。固然，缺乏牧师等制约了石门坎等地教会恢复活动，但它还不是关键之因素，接下来发生的若干问题，雪上加霜，使其开展活动更步履维艰，导致教会活动的枯萎，以至消失。

我们知道，威宁、彝良、永善等地基督教系英国循道公会传入的，石门坎、四方井两地分别形成苗族、彝族教会的活动中心，循道公会西南联区设在毗邻的昭通，直接指挥。长期以来，循道公会均由差会牧师所掌控。后因各种因素的制约，主要是中国教牧人员谋求"自立"施加的压力等，差会不得不调整方式，国籍教牧人员才出头露面，出任某些职务，甚至担任联区长，但教会由外国人控制格局没有发生彻底改变。如石门坎等地长期驻留外国牧师，直接管理，领导教务。

1950 年，外籍牧师等先后撤离，石门坎等地教会得以实现了"真正"自传。然而，外籍教职人员对石门坎等地情有独钟，念念不忘，数次向朱焕章等人来信，询问情况，表示关心；要求他带领教徒响应差会号召，为"环球周祷"而开展祈祷活动。在今天看来，来了几封外国教会信件询问情况算不了什么。可是，在重视阶级对立、关注阶级斗争的 20 世纪 50 年代初，这些却容易被视为"里通外国"的证据，无限上纲上线，产生"麻烦"，涉及到政治立场。当时，有关部门既对石门坎等地教会密切注意，担心其活动出现反弹；也会对诸如朱焕章等人严密监控，时常盘问，必须交代信件内容等。在压力之下，有人会向组织交代，断绝与教会关系，避免干系；个别者因难以消释压力而选择了极端方式解决。如朱焕章选择了自杀，一了百了[531]。朱焕章逝世，石门坎等地丧失了领导人，对当地苗族民众，主要是信教群众带来了打击。

此外，制约石门坎教会难以恢复的因素还有闹搬家、求神讨药，以及"阴箭"等事件。

2、特殊事件的后果

苗族是迁徙性强的农耕民族。相传苗族原居地在黄河中游[532]，历经多次迁徙，宋代时候转辗来到湖南、贵州，定居湘西、黔东南、黔中等地。之后，部分苗民从贵州迁至云南、广西及四川等地，或辗转迁移老挝、越南、泰等国。

在我国苗族各支系中，以花苗的迁徙行为最典型、最突出。自宋元以来，他们从黔东南迁至黔中地区，再迁至黔西北、云南及四川部分地区。至今花苗群众身上穿戴的衣裙上仍刺绣有表现河流、鱼虾及稻谷等图案，藉此记忆先辈们的悲状迁移史。

英籍牧师柏格理在未到石门坎苗族地区传教之前，曾在四川凉山彝区南部边缘地——金阳（金河）等彝区有所活动，留下了特殊的深刻印象。二三十年代，活动在石门坎的英籍传教士高志华（Gold Sworthy）、王树德（William H.Hudspeth）曾在当地组织过一两次移民行动，但无成效。尽管如此，包括金阳在内的西康（今属四川）却成为当地少数苗民想象中的"乐土"，希望能迁移到该地[533]。

土地改革后，大多数苗民分得土地，翻了身，当家作主人，欢喜无比。不过，随后开展的合作化运动，要将民众组织起来、集中制管理，土地作股入社，转为集体制。的确，集体的刻板管理对习惯散漫的苗民有所约束，丧失了传统意义的自由；刚分得的土地入社成为公有，耕者有其田成了想像，于是有人希望恢复过去的散漫生活，迁移自由。

---

531 朱焕章于 1955 年底或 1956 年初在贵阳市自杀。事后，当地教牧人员传说，朱的自杀原因是难以向政府说清楚与外国人通信、保存外国人的东西和召开几百人大会等"问题"。关于这问题，参见佚名《苗族闹搬家的调查报告》（1958 年 11月）的相关部门。但据我所见部分材料，朱焕章选择自杀的原因，或许与这三个问题交代不清楚有关，但与他和国民党政权的历史关系，以及所谓枪支问题等相联系。

532 一说苗族原居地是东北松花江边。

533 直到目前，在《赫章结构基督教百年史》中还记载安承明等教牧在此地开展活动的内容，并附有所谓西康省副省长（？）赵思祥的相片。

1954 年 3 月，威宁县三区雨朵乡苗族民众朱正保等人出卖耕牛、家俱等，拟作路费，向云南安宁等迁移。贵州省民委闻讯后，认为"兄弟民族辗转迁移，会影响生产及生活，如敌人乘机挑拨破坏，引起民族间的隔阂，政治上的损失更是难以估计"，省委办公厅接到报告后，函示毕节地委，迅速查明情况，妥善处理[534]。

虽然，威宁这次少数苗民外迁举动得到了及时解决，但在推行合作化过程中，一些地方干部的工作方式简单，行政命令，强迫执行，作法粗暴，硬将苗族群众的麻园、蓝靛土、棉花地，以及斗牛、牯脏牛等纳入社内，作为集体财产管理起来，引起部分群众的不满。加上限制户口地籍、统购统销粮食、交纳猪税等等，对生产力不高、剩余物有限的民众带来了负担，经济压力较重。1956 年初，外迁鼓励搬家、逃避压力等谣言在部分苗区秘密流传：

> 6 月间，天使要下界，上帝要降临，苗族皇帝蚩尤要来了。过去汉族杀苗族，今年要山崩地裂，要把他们拖死到河沟里，苗族要搬回老家乡——东北松花江，3 月间准备，7 月间搬走，各民族要分开，不准混杂，杀猪吃、卖牛马……[535]

威宁、水城、彝良及永善等滇黔交界地区部分苗民闻讯后惶恐不安，暗中行动，准备搬家迁移[536]。在这些搬家群众中，部分人是教徒（包括过去的教徒），其中个别人还曾到石门坎接受教牧人员的建议[537]。一些地方还发现个别教牧人员以宗教信仰为名组织苗民外迁。如水城平箐教会传道王成义，在1956—1957 年间，曾动员及组织该地苗族教徒 34 户、208 人迁往紫云县[538]。

534　威宁县党史研究室编：《中国共产党威宁彝族回族苗族自治县历史大事记》(1934—1999)，1999 年，39 页。

535　毕节专区档案馆藏 1956 年 7 月 30 日瓜拉教会材料。

536　如据昭通市民宗局编：《昭通少数民族志》(云南民族出版社，2006 年) 记载 1956 年 "4 月 3 日，永善县塘坝苗族群众受王富才、张美玉等人的煽惑，造成永善、昭通、鲁甸、巧家、大关、彝良、盐津等县的苗族'闹搬家'事件。做劝阻工作的国家干部 4 人被杀害"（大事记，第 16 页）。威宁、水城等地也发生类似事件。《中国共产党威宁彝族回族苗族自治县历史大事记》(1934—1965)，第 75、77 页。

537　然而，1958 年及以后书写的部分资料则认为部分苗民搬家迁移是外国传教士撤离前预先布置的，意在反对共产党和人民政府等，提到反对政府的政治高度上。

538　水城县档案馆藏 1960 年 4 月 10 日水城县统战部关于尖山坝公社藏家坪畜牧场坪箐分场宗教情况的调查报告。

此类现象的发生容易使人将苗民搬家与教会相联系，以为基督教暗地动员及组织教徒迁徙。

对于少数苗民外迁搬家等举动，当地政府极为重视，采取积极措施，劝说、教育或制止。因为它既影响到地方政府的形象，也因户口、土地等问题，对迁入地带来麻烦。在搬家群众中，以基督徒为多[539]。自然而然，地方政府制止迁徙的重点也针对于此。于是，可能采取措施，防范甚至制止教牧人员开展活动。值得重视的是，1956 年 3 月纳雍马场、文化（峰）两乡发生了少数苗民骚动抢劫事件，这两地均有基督教活动，据说该事件的支使者是"基督教会中的反革命分子"。由于他们策动"搬家"，酿成流血事件[540]，影响所至，教会欲组织宗教等活动恐怕就不太顺畅。

在当时所谓求神讨药的现象中，也有基督教活动的影子。如个别教徒利用群众的求神保平安的期盼心情，伺机兜售教义，宣传基督教，建议他们与其求神不如信耶稣，耶稣力量比神大，等等。如某县一座古庙中曾张贴这样内容的揭贴：

> 同志们，我告诉你，一位真神，不是人手所造的，敬他不要香烛之类，只要尊敬他真神圣。因为万国元祖人和世上万物都是他造成的，因为他造人是要认识他做真神，因为人反把自己手所造的东西作神敬。这样他很忿怒，这样将来要受他审判和报应。
>
> 现在只要你能说明旧姓（信？），尊他的道理，永生万样福气谁（随？）你身，因为他是天地独一无二的真活神，就是主耶稣基督教；因为他在天堂千万日或是一日都看着我们，现在可以打点心头是吧。[541]

虽然这是个别典型，但基督教与民间宗教"交融"的现象，在尔后地方政府组织的破除"封建迷信"活动中难逃打击。

还有，所谓"阴箭"危害也对石门坎等苗族教会产生难以估量的打击。

539 据一份材料反映，在 27 名煽动搬家的组织者中，教士、传道、大小执事就有 10 人。参见毕节专区档案馆藏毕节区教会资料。

540 当时，某干部在调查大关、永善苗族搬家事件时，记载有个别教徒参与其间。"我们去了公安局，了解一下在闹事中被捕的几个苗族人的情况。据介绍，……其中有一位华西大学毕业的大知识分子是宗教骨干，可能是闹事的幕后策划者"。马绍忠：《民族工作之路》，第 29 页。

541 毕节专区档案馆藏 1957 年（？）毕节区教会资料。

"阴箭"究竟是什么？我们能够查阅的文献均无此记载，只有1951年2月大定（方）教牧人员李明轩、李道在一份调查表写到：

> 疾病，一般传染病与汉人同，唯有一种特殊怪病，名之曰"阴箭"，为一种急性病，在人□□左肋下，痛苦非常，重者可在几分种内丧命。[542]

该文献记载反映，"阴箭"是病因不明、容易致人死亡的一种急性病。相传该病的发作有人为操纵的因素，即某人暗中发射的"阴箭"所击中。所谓能够施放"阴箭"者是苗族社会中的巫师（端公）或师娘（巫婆）。"他们以抓草药和迎神弄鬼、叫魂、看蛋等邪术给人医病，骗取鸡、米、钱、财。在他们同行之间，由于争夺事主的关系存在矛盾，互相忌恨，一个说一个坏话。因此，那个人会放'阴箭'，那个人被谁放了'阴箭'而生病或死亡的，事先都是从'端公'口中流露，并经端公证实之后引起闹事"。

由此看来，"阴箭"是与苗区民间长期传闻的"蛊"有所联系，射"阴箭"者类似放"蛊"者，源于人们的想像，主观判断而毋需调查取证、客观分析。据调查，威宁石门坎、云炉、马踏等地，以及彝良、盐津等苗族聚居地，曾多次闹过"阴箭"事件，产生恶劣的后果。如1918年至1950年间，仅在石门坎及附近地方，便发生了15次"阴箭"事件，"受害者无不倾家荡产、妻离子散。这15件阴箭事件，使7户44人被赶跑，流落外乡；有5人被吊打致死"[543]。

当基督教传入后，由于耶稣的力量大于民间传说的鬼神力量，"正"能压"邪"，也能治"邪"，"阴箭"因之在有教会活动地区消失。建国后，"阴箭"却在部分苗区又死灰复燃[544]，仅石门坎就出现了3次，内以1954年3月张美秀"阴箭"事件最为突出。

张美秀原系云南省盐津县苗族妇女，1952年到石门坎投亲靠友。之前，

---

542 毕节专区档案馆藏1951年2月李明轩、李道西南少数民族概况调查表。

543 毕节专区档案馆藏1958年11月（？）阴箭问题的调查材料。当时，有关部门调查后认为，历史上发生"阴箭"还其深层次的原因，是与该苗寨寨头利用"阴箭"驱赶某人，欲图霸占其土地及财物有关。

544 关于"阴箭"在石门坎原教会活动区的复活问题，据杨忠德说："我对阴箭研究了十多年，并与端公进行了实验，端公在几万年前就有，英美也有。不过石门坎从教会来后就没有。建国后由于政府帮端公撑腰，如五区一干部与端公打证明医病，这样又搞起来了。"毕节专区档案馆藏1955年2月8日毕节专署公安处石门坎案的补充材料。

她曾作过巫婆。在土改中，张美秀表现积极，踊跃参加相关活动，"在党的教育培养下，很快成了坚决贯彻党的各项政策的积极分子，得到群众爱戴，选当妇女代表，工作中大胆负责，敢与坏人坏事作斗争"，先后揭发了教会上层杨荣先三儿子、王崇武等存在的"问题"。个别人（主要是当地教牧人员）对之有看法，造谣张美秀会放"阴箭"害人，藉此孤立打击。

1954 年 3 月，石门中学教员杨××的妻子患病，到云南昭通医院求医问药，不见好转，返回家乡，自然疗养。当地有人造谣说她中了张美秀放的"阴箭"，引起一些群众的猜疑与愤怒，触发并激化了家族间的矛盾。据说杨荣先三儿子及杨××两兄弟等手持枪支（发给民兵的），捆绑并毒打张美秀夫妇，导致张美秀腹中胎儿流产，其夫妇被迫逃亡他乡，躲避遭受更大程度的打击。接着，杨某又纠众搜查张家，捆打张美秀儿子等等。苗族干部朱佳仁（原系石门坎学校教师，时任威宁县八区区长）[545]等闻讯后，前来劝阻，试图调解，却遭到教牧人员杨某、韩某等人辱骂，还书写诉状，向上级部门控告朱佳仁等干部，并说"阴箭"是真实的，是苗家的风俗习惯，要政府予以承认……

"阴箭"事件发生及积极分子张美秀等被毒打，引起了当地政府的重视，除派人下乡调查，了解情况，朱佳仁还写信给北京张斐然（时在中央民族学院任教）说明情况，"石门坎是宗教区、文化区，反而对阴箭闹得很凶。政府对石门坎知识分子有怀疑，在京的苗族应作何处理。"希望他作些解释工作。张答复他对情况不了解，政府怎样就怎样办！[546]

虽然，话可以这样讲，但是"阴箭"及派生后果加剧了当地干部对基督教的不相信，认为教会"利用民族落后与政府闹对立。如石门坎地区，历次与这次所谓'阴箭'问题，均系教会分子间接与直接掀起来的。因闹阴箭逼死人 5 个，伤 3 人，为此倾家荡产者 7 户"[547]。倘若再有"适合"的环境，这样的认识就会将基督教等同于所谓封建迷信，势必采取措施，压制以至打击。

其间，部分教牧人员（包括石门坎学校教师）在"阴箭"上也有自己的

---

545 朱佳仁曾是石门坎西南边疆初级中学的学生，毕业后曾到南京等地读书。建国后，参加工作，作为苗族的代表，先后在威宁县政府、县委及县政协等担任领导职务。
546 毕节专区档案馆藏 1955 年 2 月 8 日石门坎案的补充材料报告。
547 毕节专区档案馆藏 1955 年元月 11 日石门坎案的报告。

看法，与政府等的要求有距离。如有人说"政府怀疑阴箭是石门坎知识分子搞起来的。知识分子不能代表群众，如果真这样，政府拿这里知识分子去改造也不能解决问题，（阴箭）是有着社会因素、历史因素的群众问题"，等等。换言之，不情愿正本清源，揭露"阴箭"的真伪，配合政府开展解释工作。

不可否认，闹搬家、求神讨药、闹"阴箭"等事件对石门坎等地教会的影响甚大。至少可以这样说，在政府与教会、教徒与非教徒之间形成隔膜，产生误会。如当时专区宗教干部专程到石门坎了解情况，召开座谈会，交流看法后。他们却认为"自从云南的永善、彝良事件发生后，我们相互配合，（从）追查的线索来看，苗族搬家、求仙药都与石门坎有密切关系"[548]。此后，在有教会活动地区，一旦发生什么问题，个别人（包括干部）立即会联想到这是基督教搞的。当然，这样的外部环境对基督教活动就更加不利。

3、教育与宗教分离，教师不能宣教

当人民政府接管原教会学校，采取措施加以改造，按照政策的规定，教育必须与宗教分离，学校要与教会切割；教师或专心教学而不宣教，或继续传教则离开教职，角色单一，必须明确！前有说明，此略。

人民政府规定的政教分离及职业的选择使得原教会学校的教师们不能再传教，涉足宗教活动，当地基督教会因缺乏领导者而难以继续开展活动；学生的来源亦多样化，不再限于教徒，学校的"引导"作用降低以至消失。此后，石门坎等地宗教活动也曾有几次"反弹"现象，利用某些活动凝聚人气，反映信仰诉求，但终难形成什么"气候"。活动消沉、信徒减少，基督教（特指循道公会）的终结等只是时间的问题。

（二）结构、葛布等地基督教活动

1、教会迅速发展

在石门坎、四方井等地的基督教活动渐趋消沉的同时，结构、葛布等地宗教活动却非常活跃，形成鲜明反差。

解放以来，尽管经历了多次政治运动，也不乏教徒放弃了信仰，不再参加宗教活动，然而基督教却在葛布、结构等地持续增长，发展速度前所未所。

---

548 毕节专区档案馆藏 1956 年 5 月 30 日赵世岱等关于石门坎宗教上层人物座谈会的情况报告。

据 1957 年赫章有关部门统计：解放前，该县有彝族教徒（含学道友）1239 人，1953 年至 1955 年信教户为 1168 户、4302 人，1956 年至 1957 年初，信教户为 1956 户、教徒 4667 人。苗族教徒状况是，解放前有教徒 2088 人，53 年至 55 年信教户 763 户、信教人数 3551 人，56 年至 57 年初，教徒 3753 人[549]。无论彝族还是苗族，撇开"反教"、外迁或死亡者不计外，仅在数年，基督徒就净增一倍，内以彝族教徒的增幅最大。值得提出的是，在这些新增教徒中，多系青少年学友。他们加入教会活动，意味着赫章等地（原内地会系统）基督教存在可持续发展的趋势。当然，这也提醒我们注意分析影响部分青少年参加的特殊原因。

应当说明的是，这些数据只是当地政府的粗略统计，教徒的真实数字肯定会超过它们。对当时超乎寻常的发展态势，教会从来就没有加以掩饰，反而津津乐道，视为"神力"运作的结果。

> 神的作为是伟大奇妙的。1952 年以后，国家太平，人民安乐，教会也因此复兴起来。许多教会长足发展，礼拜生活强如鼎沸，各地教会大得圣灵充满；诗歌灵歌、异梦异象、方言智慧、先知讲道之能等属灵恩赐，沛降各地教会。教会与教会之间，信徒与信徒之间的彼此相爱，前所未有。很多教会每年总要召开一两次聚会，每次聚会都要邀请周边教会参加。聚会人数，多的一千有余，少的也不下几百……[550]

2、发展原因及表现

分析结构、葛布等地基督教快速发展的原因，除了教会承认建国初人民政府采取强力行动，消灭土匪或国民党残军，治安良好，秩序正常，和平环境，便利传教活动外，还有以下特殊原因：

首先，传教方式及内容的多样化，适应变化了的社会。尽管，个别人员在传教中继续采取惯用的恐吓性宣传，制造恐怖谣言，吓唬群众，驱至教会。如"朋友们，快悔改；姊妹们，快悔改，来信耶稣。只有耶稣才能救人，花花世界不久将要毁灭，世界要动刀兵"。声称"你们快来认耶稣，不信的，

---

549 毕节专区档案馆藏 1957 年赫章县彝族、苗族统计表。另据 1956 年 7 月调查，葛布教区有教徒 4200 余人，结构教区有教徒 6300 余人。两个统计数据间之所以存在出入，在于葛布、结构教区的范围较大，除赫章及威宁外，还涉及水城及云南镇雄部分地方。

550 《基督教结构教会百年简史》，第 86—87 页。

要被硫磺火烧 1 个月，蝗虫咬 15 天，丢到地狱里受苦"。不信受苦，信则享福，泾渭分明，非此即彼，恐吓或引诱民众改变观念，接受基督教。

但一些教牧人员则利用广大民众对共产党的拥护、对毛主席的热爱，编造出毛主席信教的谎言，"毛主席要我们信教，连毛主席也是信教的，每星期毛主席穿着白衣服守礼拜"等[551]。个别教牧甚至还说"信教是政府交给的任务，完不成还不行喽！"[552]试图利用民众对人民政府的爱戴，试图将其感恩心情转为入教行动，加入基督教，成为信徒。甚至有人还套用时代话语，宣传耶稣出身木匠，属于手工业者，是劳动人民，若加入基督教，就加入劳动人民自己的组织；并将共产党解放广大苗、彝民众，开展土改，分得土地等，说成是耶稣的恩赐，共产党将耶稣的愿望实现了，等等[553]，偷换概念，混淆区别，蒙蔽群众，诱惑入教。诸如此类的说教虽然是有意编造的，也容易被认破，但是，在信息封闭的偏远农村，在文盲群体中，部分人可能受迷惑，加入了教会，参与宗教活动。

其次，原内地会构建的体制也便利基督教的传播活动。内地会也有牧师、传道、长老等不同的教职，这些教职的荣任或接立程序并不严格，担任也相对容易。从建立之日起，内地会就以向偏远民族地区或经济落后地区传播基督教为宗旨，传播意愿强烈、动力强劲，至于传教者是否具备传教资格、讲道内容得当等，均无特别的规定。按照基督教的教义，人人皆可当牧师，个个也能传播基督教。在传播宗教上，这些人的活动没有什么可以指责的！

民国年间，混乱的局势、受压迫受奴役的状况等妨碍了部分人的流动，传教活动因之受到影响；加上外国牧师曾分别驻留结构、葛布教堂，该两处总堂的地位凸显，无形之中对支堂、教牧人员，以及部分教徒起到了约束的作用。

中华人民共和国建立后，人民政府清匪反霸，打击刑事犯罪行为，治安良好，秩序井然，民众外出有了安全保障，能自由开展活动；外国人撤离，葛布及结构总堂地位的丧失，对各支堂缺乏约束，环境宽松、制约懈弛，鼓

---

551 毕节专区档案馆藏 1953 年 10 月 3 日毕节专区宗教科赫章县基督教概况调查表。

552 毕节专区档案馆馆 1958 年 11 月 26 日赫章县关于打击教会内部反坏分子的总结报告。

553 毕节专区档案馆藏 1956 年 8 月 30 日专署宗教科宗教政策贯彻执行情况的工作检查报告。

励以至助长了某些堂点教牧或教徒的活动热情，各自为阵，积极传播基督教。毕竟，在基督教会中，每个人都可能当传教士，都能开展传教活动、宣传基督教，尤其以毋需牧师的彝族教会最突出。从 1952 年起，这些区域持续出现了以"复兴"名义的传教活动。

> 许多教会，不论教牧或平信徒，甚至不论弟兄或姊妹，只要有点能力，就满怀信心，不怕辛苦，到处传福音，有家族互传的，有亲戚互传的，有朋友互传的，有非亲非故硬传的……总之，蒙神眷承，天下太平，圣灵充满，教会复兴。从 1952 年到 1956 年，这样你传我、你传他地建立起来的教会不少。[554]

教牧及教徒的主动活动，不遗余力向民众推销教理教义，拉人入教，故教徒增多、堂点扩张等也是必然的结果。如据赫章结构教会有关人员的追忆，该地基督教的传播概况是：

表 2-7　1951～1956 年赫章结构教会建立部分堂点一览表　　　单位：个

教会名称	建立时间	首　任　教　牧
以哪	1951	苏约拿等
海子（妈姑）	1952	孟约伯、孟正祥等
色居河	1952	王正清、王朝礼等
毛姑	1952	安万庆等
毛拉柱（威宁）	1952	李洪才、龙天朝等
烁开	1953	李洪才、杨四保等
峰岩（镇雄）	1953	余正科、安德明等
摸倮寨（彝良）	1952	陈富全、罗朝光等
赵家桥	1953	陆正明、张国亮等
大桥	1954	罗文亮、文德光等
岩荣	1954	杨克妹、张长秀等
多魁	1954	罗少清、王忠等
安乐	1954	陈定荣等
田坎	1956	宋定国、安正忠等

---

554 《基督教结构教会百年简史》，第 87—88 页。

| 以倮寨 | 1954 | 陈才安、陈忠荣等 |
| 盘雄 | 1952 | 张子清等 |

原注：因缺乏资料，不少 50 年代建立的教会未得统计。

资料来源：《基督教结构教会百年简史》，第 88 页。

　　由于传播活动是各堂点教牧或教徒的自发行为，为了联络信徒、增进联系、增强信仰，各堂点经常邀集教徒或学道友，组织大型聚会，开展活动。这些聚会既凝聚了教徒，宣泄了宗教诉求，并向外界显示了教会"质量"，扩大影响，吸引其他民众参加，发展了教会势力。不过，自发活动派生出"无秩"、"混乱"等问题，一些教牧人员对之有所担心，"现在教会组织混乱，没有总负责人，形成各搞一套，发生各种不正常的现象，希望政府帮助将教会重新整顿一下"，于是请求地方政府考虑是否恢复总传道的职务，组织统一的宗教生活，规范行动，避免发生不正当的现象等[555]。

　　同时，部分信教群众因外出传教或参加宗教聚会而放弃生产，对于合作社安排农活、组织生产、抢收抢种等也有负面影响；聚会期间，参加者消耗了大量粮食、肉食及蔬菜等，给承担者带来了经济负担。对此，当地干部及教外群众存在看法，表示反对，拟采取措施，引导制止。后有阐述，此不重复。

　　再者，礼拜活动的趣味性，有助于增强凝聚力，形成社会舆论，对外产生吸引力，吸引他人参与。

　　内地会是以开展宗教活动为主的教会，尤其注重祈祷，与神灵交流沟通。在 1945 年以前，葛布、结构等地教会的礼拜活动恪守唱赞美诗、讲道和祈祷等固定程式。最初，这种程式对接触不多的信众还有较强的吸引力。但长此以往，千篇一律，呆板死寂。"每堂礼拜都如铁板一块，死水一潭。讲者自讲，听者自便。有看书的，有悄悄摆谈的，有闭目养神的，有神游梦境的。只要你不唱诗、不喜乐，你做什么，主领者都不会过问，都不会觉得不正常"[556]。氛围死寂、程式僵化等因缺乏互动、交流往往使参与者心智麻木、行为僵硬，难以调动教徒的情绪，触发与激励其宗教激情。

　　为了培植教徒的"灵性"，更深刻认识耶稣，增强信心，"圣灵充满"，增添奔走"天路"的力量，内地会曾组织数次培灵聚会，传授、激励及启发

555 毕节专区档案馆藏 1956 年 12 月 20 日宗教座谈会上教牧人员的意见综合。

556 《基督教结构教会百年简史》，第 73 页。

等，但效果均不理想。

1945 年 8 月中旬，牧师李既岸[557]来到了葛布，参加宗教活动。在礼拜活动中，他以"圣灵的工作"为题，积极宣讲，阐述圣灵的本质、圣灵与圣父、圣子的关系，圣灵的工作，圣灵充满及其表现等。相传李既岸牧师讲道：

> （他）声音宏（洪）亮而柔和，吐字清脆而准确，道理讲得深入浅出，使人入耳入心，动性好静。他边讲边跳，手舞足蹈，恰似雄鹰展翅，羚羊腾空。人们听得如春风拂面，醇酒醉杯。全场都被圣灵充满，好像火燎平原，热浪滚滚却一丝不乱；风动麦田，一起一伏而有序井然……

> 这次聚会效果特佳，信徒大得安慰，大得造就，大得平安，大得喜乐，圣灵工作大得普及。会后，各地来参加聚会的人都把圣灵工作带回各地。于是，各地教会的礼拜生活一扫过去呆板死寂的局面，代之以满有各种属灵恩赐充满的生动活跃、朝气蓬勃的景象。从此，认罪悔改、异梦异象，属灵眼光、启示灵歌、方言智慧、先知讲道、赶鬼治病等等属灵恩赐常常充满教会，使教会的礼拜生活常常处在喜乐洋洋的状态中；使多少软弱的教会得以复兴，使多少沉睡的儿女得以苏醒，使多少受伤的心灵得以医治。[558]

我们之所以不嫌其烦地大段引用这段富有煽情的言语，在于其特殊吸引力，形象地说明"灵恩"对葛布、结构等地教会的影响。从此，"圣灵"在教徒中"作工"而一发而不可收拾，深入渗透，影响至今。"灵恩运动带来了圣灵的充满，圣灵的充满则使教会大得安慰，大得造就，从而充满了生命的活力。从那时起，教会就是靠圣灵带领一步一步走到现在的；并且还将继续靠圣灵带领，一步一步走到将来，直走到天国里"[559]。

李既岸的讲道触发出部分教徒潜伏心灵的激情，视为圣灵充满的表现，积极仿效，充分表现，"从此，认罪悔改、异梦异象、属灵眼光、启示灵歌、方言智慧、先知讲道、赶鬼治病等等，属灵恩赐常常充满教会，使教会的礼拜生活常常处在喜乐洋洋的状态中"[560]，唱灵歌、跳灵舞、说方言，搞"同

---

557 李既岸，湖北黄冈人，中国基督教的著名奋兴布道家，曾担任南京贵格会教堂牧师、中华基督教勉励会全国协会干事等。
558 《基督教结构教会百年简史》，第 72 页。
559 《基督教结构教会百年简史》，第 75 页。
560 《基督教结构教会百年简史》，第 72 页。

心"等等，不一而足。这样，传统的唱诗、讲道及祷告的程式被改变，乱蹦乱跳，谓之"快乐"，宣泄感情，表现信仰，突出"爱戴"。不过，当时教会活动尚有"潜规则"的约束，教牧人员还能适当约束，因之在礼拜活动中信徒"圣灵充满"的范围不大、时间不长，影响仍然有限。

从 1952 年起，在原内地会活动区域，以"复兴"名义的礼拜活动迅速恢复。或许因为过去外国牧师、总堂等不复存在，相关约束消失；农民分得土地，有了自主权，效率提高，农闲增多，投入宗教的时间便增加了。于是，礼拜次数增加，除周日一天三场礼拜外，周三、周六也开展晚礼拜。在礼拜中，因夹杂着"唱灵歌"、"跳灵舞"及"说方言"等，活动时间也延长到四五个小时。

所谓"灵歌"就是利用民间曲调形式[561]，谱上歌颂耶稣、赞美上帝等词句（俗称"散诗"），在礼拜活动时，教徒在随心灵感触而歌唱，表现敬畏、崇拜或喜悦的心情，如"起来，起来……起来取生命，得着方言，得着主方言。圣者荣耀、真荣耀，欢喜跳跃，紧急号筒吹响，领我到天家，闪电发光，荣耀围绕四面"等[562]。

"灵舞"指在礼拜进入兴奋时，信教群众手拉着手、肩并着肩，脚前后移动，跳着圆圈舞。当礼拜高潮时，"灵歌"反复歌唱，催促参与者情不自禁围着圆圈，蹦跳"灵舞"，宣泄感情，不能自己。"灵歌"伴奏"灵舞"，"灵舞"又激发"灵歌"……

> 兄弟姊妹们，快来跳舞！现在主耶稣把灵降给我们了，我们□情向主耶稣立定自白，作一个真正的基督徒。我们信主的人是有出路的、有前途的，总有一天要跟耶稣升天，燕（愿）跟同耶稣坐在天国里，那里就是我们□□真正的幸福生活……[563]

> 天国的门要开了，主门徒要警（惊）醒，主门徒要忍耐，等不多时主降临了，预备装饰等新郎（指主耶稣），跳跃跳舞上天国了。啊，啊！……教会的人，主要接去、接去。我们教会的，快快热心，快快努力！现在，时候要到了，想飞去，因为时候不到，现在时候要到了！真快乐的新世界，现在已经看见了，快跑到我的家乡，到

---

561 一说这是新调子，原系旧社会当地妓女等习唱的庸俗歌曲。
562 毕节专区档案馆藏 1957 年 3 月 2 日威宁县宗教活动情况的汇报。
563 毕节专区档案馆藏 1957 年 3 月 12 日水城杨文学致专区宗教科赵科长的信件。

天城极荣华……[564]

在礼拜中，混杂有唱"灵歌"、跳"灵舞"，及"说方言"等，传统的活动程式被彻底改变，讲道少了，唱歌多了，一人起唱，众人相合；跳舞多了，一人踏步，其他配合……灵歌反复吟唱，达到高潮，煽动情绪，情不自禁，跳起舞蹈（灵舞）。以及代祷多了，礼拜时随时听到为某姊妹、某兄弟祈祷或祝福等。这些活动拉近了彼此距离，心心交融。祈祷、歌声、舞蹈、抽泣或"方言"，此起彼伏，相互交错。歌唱、跳舞或祈祷精疲力竭，参与者就地休息，不分男女，并头便睡。

> 我们到羊猫寨，晚上在马应祥家睡，大家都跳得很疯狂，最后扑倒并大家躺在一起。我跑在马应祥和祝永安前面去认罪，从此我们信得更勤了，在那里都做礼拜，……人们都无法理解苗族像疯了一样到山上去做礼拜。[565]

在充满愉悦氛围的礼拜中，通过这些活动，参与者在互动中表达了诉求、宣泄了感情、交流了思想、拉近了关系，涌现喜悦，心灵交通，增强认同，加强了群体的凝聚力。由于每周数次、数小时地同唱"灵歌"、蹦跳"灵舞"，肢体接触、心灵沟通，个别男女发展成恋人关系，终成眷属。诸如此类的愉悦礼拜，对非教群众也产生出强烈的吸引力：少年掺入，图好玩，混时间；青年混进，找对象，有目的。如某青年说"我 54 年才参加做礼拜，是为赶热闹，徒好玩，想找个对象结婚，因此我就参加他们做礼拜"[566]。于是，参与者增多，加快了教会的发展。

当然，也有个别人欲参加礼拜活动伺机寻找异性朋友，发生婚外关系，或导致家庭关系破裂，或出现非婚子女，等等。

对于这些现象，连一些教牧人员也看不下去，斥之"名是教堂，实则花场"，伤风败俗，加以抵制。当然，也引起地方干部的反对、群众的鄙视，形成了抵制的舆论氛围。尔后，教会遭至打压无不与之有关。

自由传播、各自为政等现象，自由自在"圣灵"充满宣泄行为，也导致教会分裂，滋生教派，出现了极端内敛的"圣洁"（圣徒）派。该派以威宁兴

---

564 毕节专区档案馆藏 1957 年 3 月 2 日威宁县宗教活动情况的汇报。

565 康丹瀛：《老传道王少成口述信教经历》，政协毕节地区工委编：《毕节地区苗族百年实录》。

566 毕节专区档案馆藏 1959 年 6 月 11 日伍荣华、冯国才关于赫章县妈姑区珠市乡宗教调查情况的报告。

隆厂罗××为首领，歪曲圣经，断章取义，强调"纯洁"，主张避世灵修，自我封闭，用"认罪"来控制信徒。欲加入者，必须当众"认罪"，交代自己从小到大，犯了什么"罪过"，公之于众，求得宽恕。加入该派之后，不能与外人睡觉，同桌吃饭，以及不吃肉、油，等等。事后，某参与者对之回忆：

> 做礼拜时，传道先生即代表上帝，教徒就跪在传道面前"认罪"。"认罪"后就成为无罪的"圣洁人"，将来可以升天，享受"天堂永福"。于是，心里高兴，乱奔乱跳。跳到疲倦，男女大小不分，倒睡在一起。[567]

从1953年下半年起，基督教在赫章、水城等地得到了快速发展，还持续西向扩张，"赫章教会时常有人约起一帮一帮的到威宁教会乱跑，进行宗教活动"[568]，当地的传统礼拜方式发生改变，增添愉悦、唱歌跳舞、赶鬼治病及说方言等内容，原循道公会倡导的"循规蹈矩"活动方式难以抵挡，教徒丧失，传播区域被逐渐侵噬，范围日渐萎缩，最终丧失。

当然，基督教会并非在真空中开展活动，不可能随心所欲，自由自在，不受约束，它将受到当地政府的引导、管理或制约。

（三）地方政府重视，教育规劝

基督教在黔西北地区苗、彝族地区的传播并非在真空中活动，既存在其与地方政权发生关系的可能性，也不同程度地会受到当地政府的制约。这些关系或制约等因社会制度不同而有所变化，内涵不同，方式不同。为了能全面地加以反映，我们先简略介绍解放前基督教与当地政府的关系来说明或衬托本章的阐述内容。

1、历史的回顾

基督教传入黔西北始于清光绪三十年（1904）。当时，按照不平等条约的规定，清政府负有保护外国传教士自由传教的责任，但不介入其宗教事务，自然谈不上管理问题。其间，那些别有用心的外籍牧师利用并延伸了清政府施加的保护，为教徒争取或谋求更多的权利。百姓怕官，官怕洋人。清朝官员顺从了"洋人"的要求，处罚了若干欺压教徒的人，包括地方豪强，基督教会藉此显示其特殊地位，形成惹不起、碰不得的"洋教"舆论，口口相

---

567 毕节专区档案馆藏毕节专署宗教科1953年10月3日赫章县基督教概况调查表。
568 毕节专区档案馆藏1956年12月20日宗教座谈会上教牧人员的意见综合。

传。不过，因基督教尚未快速发展，力量有限，地方政府既不敢管，也不愿意管。

1911 年底，清朝灭亡，民国建立。在此后一二十年间，贵州处于军阀争权、社会混乱时期，地方政权犹如走马灯似频繁替换，不会注意也无暇过问活动于偏远地区的基督教会。

不过，因循道公会与内地会因管理体制及传播方式存在差别而产生不同后果，影响尔后与地方政权的关系：在石门坎等地活动的循道公会积极兴办教育和医疗事业，创造文字，翻译圣经，编写教材等，拓宽对外联系，在传播知识、提高民众知识文化等方面起到积极的作用。但也有个别牧师在宣教中挑拨苗、彝族与汉族等关系，声称苗族没有祖国，无视甚至抹杀中国在民族群众心中的国家地位，"继白之英人王牧师，军人出身，数十年来调查矿产，擅绘地图，常告诫苗民已亡国，信仰彼等，可以复国"[569]，宣扬英国强大、英皇仁慈等等，灌输崇洋媚外的思想；盛传王树德等要组织苗民迁徙前西康省地界有特殊的目的，"只要靠拢我们，印度、缅甸都是英国属地，英国兵驻在印度，越过喜马拉雅丫口就到西藏、青海一带，来西康保护你们……"[570]由于外籍传教士的错误宣传及恶意挑拨，"一般苗民遂为所惑，每日唱诗歌读圣经，不知有县政府，更不知有国家。加之英人白格礼（柏格理 Samuel Pollard）深入苗寨，改英文为苗文，该花苗亦自认为苗文，老幼男女皆能诵习。三十年来，英人将该地形势、矿产及其他一切均已详查无遗，纤悉毕至，认为香港第二"[571]。

1936 年，国民政府控制了贵州后，采取措施，宣传"三民主义"，灌输国家观念，倡导同化等，设立县、区各级党部，对基层社会加强控制，抵销外国传教士等的错误言行。由于石门坎的名气太大，贵州省府选择其为试点，建立石门坎直属特别党部，从教牧人员入手，将其纳入国民党内，担任基层职务，党教融合；派遣政治教员到教会学校，开展党化教育等，逐步改变"颜色"，以转变教牧及教徒的观念，做到认同并效力国民党政权。在国民党官员的影响、拉拢或威胁下，石门坎、四方井等地教会的部分教牧人员参加国

---

569 贵州省档案馆藏1936年1月田东屏呈报视察威宁石门坎一带苗民学校暨教会情形等由。王牧师英名是 William H. Hudspeth，汉名王树德。
570 毕节专区档案馆藏1958年11月苗族闹搬家的调查报告。
571 贵州省档案馆藏1936年1月田东屏呈报石门坎等地苗民学校暨教会情况并带苗族学生进省由。

民党，还担任了县、区党部或区、乡政权的负责人。某人对之评述，"教会与国民党现在真的彻底同流合污了，因为领导教会、学校和特别党部的人就是一个"[572]。此话虽偏执，多少反映当时石门坎等地的情况。

与循道公会相反的是，葛布、结构等内地会教牧人员关注救赎，恪遵圣经，强调传播福音，基本上不介入政治生活，不与各级政府接触，发生密切关系。它们因而长期被地方政权忽视，处于边缘地位。即使在国民党政权对有教会活动地区加强控制、消除外籍传教士错误宣传带来的负面后果时，也对这些地方基督教活动未予以重视，还谈不上要采取措施，引导或防范。于是，葛布、结构等地基督教处于信者自信、管者自管的分离境地，其发展或衰败，呈现自然之状态。

中华人民共和国建立后，制度发生改变、权势形成转移，这些将受到不同程度的对待，呈现不同的遭遇：

石门坎等地教牧人员加入了国民党等，担任基层支部职务，成为有权者。但当进入新社会，他们可能因"历史"问题被冷遇或受清理，也就令人感到不奇怪了，并联带到教会的活动。"循道公会从建国后，它的活动就不怎么积极。因它们这个教派过去的教牧人员大部分是地主，土改时已受到打击，现这些人掌握的教堂建国后就停止了活动，而活动只是苗族几个教堂……"[573]

葛布、结构等地教会因无这些"历史问题"牵扯，多数教牧人员及信教群众是贫农、下中农，阶级成份好，地方政府对教牧、教徒及活动未加注意，教会伺机延伸，积极发展……

2、积极开展工作

1949 年 9 月底，《共同纲领》规定新生的中华人民共和国要实行宗教信仰自由政策。毋须解释，在全国人大召开、制定宪法之前，《共同纲领》起到临时宪法的作用，指导新政权的各项政策及措施。

1950 年 7 月，中央访问团深入西南各民族地区，代表党中央、政务院开展访问活动，联系民族及宗教上层等，了解情况，制定政策，便于尔后开展工作。

---

572 杨汉先：《基督教在滇、黔、川交境一带苗族地区史略》（民族研究参考资料第 14 集），贵州省民族研究所印，1980 年？，第 29 页。

573 毕节专区档案馆藏 1959 年 2 月 26 日威宁县在宗教工作方面的情况。

12 月，费孝通率访问团部分成员来到威宁、赫章等地，慰问彝族、苗族民众，接触及了解基督教的处境及活动情况。次年初，费孝通在《贵州少数民族情况及民族工作的报告》附件中，专列"贵州少数民族地区的教会势力"部分。该报告指出"解放前后，教会的主要负责人部分逃避，一度遭了匪乱，工作大受影响。目前，教会由于教徒减少，经费困难，还存在一些问题，必须采取适当办法来处理"。期望当地干部正确认识及执行《共同纲领》关于宗教信仰自由的规定，"在思想上要提高，态度上要改进"，作好对基督教的相关工作。

斯时，对教会工作的重心是登记、接收或资助教会学校及医院等，加以改造，为我所用，对其他宗教事务的管理尚未提及[574]。

与此同时，按照西南军政委员会文教委员会的意见，在基督教、天主教会内要开展三自革新运动，通过爱国教育，启发觉悟，划清帝国主义的界限，"我们所要求的内容，应该着重在教育教徒热爱自己的祖国，发动教徒揭发帝国主义利用宗教作为侵略工具的活动，并在群众觉悟的基础上，进行清查教会账款，清理教会财产，批判帝国主义思想，从而逐步地把教会经济权掌握到革新积极分子手中"[575]，实现教会领导权的转移，掌握在靠拢政府、接受三自革新的积极分子手中。

1951 年，抗美援朝的爆发，按照中央民委的要求，民族地区基督宗教的"三自革新"运动应配合抗美援朝的开展而展开。在该项运动中，宣传祖国观念及中华民族，确立及增强对民族、祖国的热爱，订立爱国公约，肃清历史上帝国主义造成的影响。

同年 5 月，西南民委副主任梁聚五视察石门坎等地后，肯定了该地教牧及教徒的爱国意愿及相关行动，再次提到教会学校的接收及改造等问题，作为引导教会活动、管理宗教事务的重要工作。

> 他们并创造苗文，宣传"基督教义"，以麻痹我少数兄弟民族。用苗文译写出来的书本，截至现时止，有"新约全书"、"颂主圣歌"，"真道初学"、"处事常识"、"真道问答"、"苗文简史"、"苗文初学"等几种。它的内容相信是含有毒素的。在我

---

574 毕节专区档案馆藏1951 年2 月费孝通关于贵州少数民族情况及民族工作报告的附件。

575 四川省档案馆藏西南文教委员会对进一步推动宗教界开展三自革新运动的意见（缺时间）。

们还没有写成"民族形式、新民主主义内容"的书本来代替它以前，它流行的地区，是相当的广泛。因为教会建立的地区，也是教会学校设立的地区。他们在昭通、石门坎、威宁、毕节、昆明设有教会中学；在其他联区或堂区，设有教会小学，总共也有一百多所。现在这些学校，因宗教革新运动，割断了帝国主义关系，在经费上发生了问题。我们能够把它接管过来，在传播宗教毒素的废墟上，也可培养"新民主主义"的鲜花的。[576]

从 1952 年起，石门坎等地教会学校、教会医院及诊所先后被人民政府接收，加以改造，转为公立学校、医院或诊所，纳入了人民教育或卫生的管理体制中，以"培养新民主主义的鲜花"。

当时，各级政府积极实践民族区域自治，争取、团结及任用各族各界代表人士，少数民族实现当家作主。按照规定，赫章、威宁等地教会若干负责人进入当地各族各界委员会，代表部分民众的利益，参政议政，参与政权建设等。如威宁朱文正，赫章葛布王明道、乐文正等，结构李明阳、陶德宽、张廷光等。其中个别人员因具有代表性、工作能力强，进入了专区、县级政府，成为干部，担任领导职务。如石门坎朱焕章、朱佳仁、张斐然[577]，葛布杨志诚等。加之当地教牧人员及多数教徒能读书识字，具有文化基础，在区乡政权建设过程中，进入其中，受到了任用甚至重用。在互助组、合作社运动中，多数教牧及教徒踊跃参加，发展生产，受到表彰等等。

50 年代初，在共产党、人民政府的领导下，经过一系列的社会运动，尤其是经过抗美援朝反帝斗争，启发并提高了信教群众的爱国主义觉悟，靠拢人民政府，与全国人民团结一起，开展革命与建设，对支援国家建设作出贡献。在这些运动中，基督教会出现了不少积极分子，他们中有当选了乡和区的人民代表，有当选了社主任和社干部，有成为生产模范，受到政府奖励，有进入政府部门，成为国家干部[578]。

---

576 梁聚五：《视察贵州毕节专区少数民族情况报告》，《西南资料》第 3 期。

577 朱焕章曾任威宁县教育科副科长；张斐然到中央民族学院任教前曾任威宁县建设科副科长；朱佳仁时任威宁县政府委员，后担任威宁县副县长、副书记、政协主席等职务。

578 毕节专区档案馆藏 1956 年 12 月 16 日专署宗教科毕节地区宗教座谈会报告材料。

加上当时毕节地区农村正深入、广泛开展土地改革，废除封建土地制，实现耕者有其田。为了不影响土地改革，确保该项运动的顺利进行，工作队要求教会暂停开展活动；再因土改中，部分教牧受到了冲击，甚至遭打击，威信减弱，影响下降，不便甚至不敢组织活动……这些因素的相交影响，使得基督教处于"蛰居"状态，暂时从人们的视线中"消失"。

从1952年起，部分教会（主要是原内地会）结束了"休眠"状态，进入恢复时期，组织活动，积极传播，建设堂点，搞所谓"复兴"运动，甚至强迫他人信教，妨碍生产、家庭不和，群体分裂等，产生若干问题，地方政府有所查觉，予以注意。

3、宗教活动与政府重视

①教会活动与集体管理的矛盾

1954年9月，第一届全国人大召开，制定并通过了《中华人民共和国宪法》，从法律角度上重申了人民群众的宗教信仰自由权利。

当人大结束后，各地各族人民掀起学习宪法、掌握宪法、执行宪法等活动，让宪法及人大的精神深入人心。黔西北等地也不例外，进行了宣传宪法等工作。

在此之前，当地教牧人员及部分教徒并不完全了解人民政府关于宗教信仰的政策，以及对宗教活动的态度。通过学习宪法及相关文件，得知了新生政府允许群众有信仰或不信仰宗教的权利，还从法律上予以保护。部分教牧消除了思想顾虑后，却片面理解信仰自由，认为宪法关于宗教信仰自由的规定是保护宗教发展的自由，是促进基督教的发展，"现在宗教信仰自由啦，各地要信起基督教来"[579]。他们亲串亲、户串户、强帮弱（大支堂帮小支堂）等，采取送病祈告、唱灵歌、跳灵舞等多种手段，竭力传播，大肆活动，谋获发展。于是，1954—1956年间赫章葛布、结构两总堂的教徒发展到11000人，比1750年增加40%；教堂（包括聚会处）增至102处，比1750年上升53%；教牧人员增至273人，比1750年增加了56%。[580]水城基督徒由1950年800人增至1956年2700人……

教会发展、教徒增多、活动频繁，在农会、民兵及妇女协会等"体制"组织之外的群体发展，引起了部分干部的警觉。还有让他们感到不安的是，

---

579 毕节专区档案馆藏1956年7月30日瓜拉教会材料。
580 毕节专区档案馆藏毕节专区宗教组织体系、分布及发展情况（缺年月）。

部分地方"在发展教徒中，有意识地将反革命、地、富、惯匪、流氓、坏分子等都吸收入了教，并使其大多数控制了教会的领导权，把教会形成了反动集团组织，造成宗教活动异常频繁和混乱"[581]。地主、富农等加入教会，甚至担任教牧人员，"形成了敌我不分的现象……因此，使地主阶级在教会中有了同情和思想依靠"等[582]。这些虽然只是个别现象，但如是现象无疑是对土改期间工作队组织贫雇农等声泪俱下，控诉阶级仇、血泪恨，打土豪、分田地等行为的莫大嘲讽！加上礼拜次数频繁、时间冗长，以及多次聚会、唱灵歌、跳灵舞、说方言，以及赶鬼治病等，社会舆论对之反映恶劣，群众抵制，干部反感。

土改之后，各级政府积极引导或组织农民群众经过互助组、初级社及高级社，走上合作化的集体道路，完成生产资料从个体到集体所有制的转变。

毕节地区系多民族杂居区，合作社将分散的农户组织起来，利用集体的力量，促进生产力的发展，但部分社中既有汉族或少数民族，也存在教徒与非教徒等，教会频繁开展礼拜、聚会等活动，召集信徒、占用时间，不可避免地妨碍合作社的安排生产和劳动力调遣，影响到社员的劳动计量及收入分成，而分配上则实行"大锅饭"，干多干少一个样，干好干坏一个样。自然而然，引起教外群众对信教群众的不满情绪。因信教与否而"割裂"了合作社的社员，同一屋檐下出现了两拨人，各唱各的调，各吹各的调！以至发生了退社、分社等现象，对此该如何解决呢？

值得注意的是，在合作化、集体化进程加快的时候，黔西北地区又出现新的社会问题，程度不同地涉及到教会，引起有关部门的警惕，重视基督教的活动，思考采取措施，管理宗教事务，促使基督教等适应新型的社会制度。

②发生"问题"，高度重视

1955 年底，农村合作化运动纵深发展，合作社形式从初级提升到高级，集体化、统一化等程度越来越高、越来越强，对那些习惯自由、散漫、流动的民众，尤其对花苗群众的约束力增强；统购统销等政策的施行，社员要上余粮、纳猪税；开展除"四害"，搞万斤肥、千斤粮等。不可否认，在少数地区合作化过程中，部分干部采取强迫命令等作法，包办代替，无视少数民族的传统风俗，将其麻园、棉花地、蓝靛土、斗牛、牯脏牛等入社，激起部

---

581 毕节专区档案馆藏毕节专区宗教组织体系、分布及发展情况（缺年月）。
582 毕节专区档案馆藏 1953 年 10 月 3 日毕节专区宗教科赫章县基督教概况调查表。

分群众的不满。

1956 年初，威宁及云南彝良、镇雄、大关等地相继发生苗族闹搬家事件。水城、赫章、织金等县又先后发生了"少数民族群众（主要是苗族或教会地区）在端公、米纳、伪保甲长或富农分子的出面率领下，进行撕门对子、求神水、讨神药等活动"。3 月 4 日，纳雍县马场、文化两乡少数群众（以苗族为多）在"基督教会中的反革命分子指使下"发生了骚动抢劫等恶性事件[583]。

在研究贵州省的报告后，中央认为"毕节苗族中的骚动自然是反动的上层分子和反革命分子为了反抗民主改革和社会主义改造而挑起的。但是，值得严重注意的是经过我们几年工作之后，反动的上层分子和反革命分子还能够利用民族旗帜和宗教旗帜煽起群众性的骚动或叛乱，因此检查我们的工作中，特别是执行民族政策中是否还存在着问题，的确是有必要的"，要求各地广泛检查民族政策的执行情况，针对存在的问题，及时加以纠正，还指示开展工作的相关政策及其措施，由此开展第二次全国民族政策的大检查，发现工作中存在的问题，纠正或改正。

根据中央的指示，结合苗区社会的实际情况，贵州省委考虑采取召开座谈会等方式，召集民族各方面人士，征求批评，听取意见，认真检查执行民族政策的情况，找出缺点，采取措施，及时改正。

当时，毕节专区是检查执行政策的主要区域，部分地点发生群众闹搬家、骚动，以及抢劫等事件，均不同程度地折射出基督教的"影子"，因而检查执行民族政策中的重要内容是正确认识宗教，有效对基督教活动开展工作，掌握民族和宗教旗帜，引导宗教活动适应社会主义。根据省委的指示，毕节行署等积极开展工作，引导及规范教会的活动。

---

583 《贵州省委关于毕节地委纳雍县马场乡发生骚动抢劫事件报告》，中央统战部编《民族政策文件汇编》，，1960 年，第 540—541 页。米纳是当地苗族中的巫师。关于当时苗族闹"搬家"的具体原因，参见马绍忠《民族工作之路》相关部分。
关于这次事件的性质等，1957 年 5 月李维汉在全国民族工作会议上有所解释。在"民主改革与叛乱问题"关系上，他说"叛乱和闹事问题的性质有两种：四川主要是阶级矛盾问题，贵州等地已经进行了改革的地区是人民内部矛盾，处理方式应有所不同，对前者是军事和政治结合，后者只能是政治解决，除非万不得已，才辅以军事"。四川省档案馆藏 1957 年 5 月 14 日李维汉在全国民族工作会议上讲话。1958 年 6 月，在回族伊斯兰教问题座谈会上，李维汉再有阐述。关于这个问题，参见《在回族伊斯兰教问题座谈会上的讲话》，《统一战线问题与民族问题》第 562 页。

③政府的引导管理

检查政策，寻找问题。1956 年上半年，根据省、专区的指示，威宁、赫章、水城及纳雍等政府检查了数年来执行民族政策的情况，发现了确实存在少数干部与积极分子不尊重宗教组织、歧视或羞辱个别教牧或教徒、占用教堂、撕毁经书，以及动员青年退教入团，等等。"有些同志不懂得宗教问题是我区民族问题中的一个重要部分，不尊重少数民族的宗教信仰，甚至干涉教徒正当的宗教生活；有的教堂被我们挪作学校、仓库使用，也引起了部分宗教上层人物和教徒的不满"[584]，致使某些问题的发生。

为了纠正这些不妥当作法，认识宗教在社会主义社会存在的原因及作用，正确对待教会、教牧和教徒，检查组认为要与宗教民族上层多接触、多沟通，了解情况，掌握思想动向，多鼓励、少批评，耐心教育；有些工作可事前与之协商，多方面争求意见。在所有的相关工作中，关键是从基层抓起，做好乡村党支部的工作：

> 1、对教徒集中的乡或社，区委应推动乡支部加强对宗教工作的领导，掌握教徒的思想动态、生产和生活情况，支部要定期研究农村宗教工作，检查执行宗教信仰自由的政策。不论我们或宗教活动超出范围，及发生纠纷，都必须随时处理。2、合作社内的党员和干部要经常向教徒进行团结生产和反帝爱国教育，把这一工作当成社内政治思想工作的主要内容之一。这样就逐渐的建立了思想感情，消除了隔阂。3、在安排生产上必须（考虑？）教徒的宗教生活，用协商的方式尽量做到生产与礼拜生活两不误。4、教徒集中的乡，党支部应直接掌握这一工作，并规定制度，定期向区县委作报告，以便在县委的领导下，做好农村宗教工作。[585]

应该看到，通过检查政策执行情况，清醒了部分干部及积极分子的头脑，对过去不当认识及作法有所认识，进行纠正。不过，也派生出这样的现象：一是少数地点教牧或教徒错误认识形势、错误理解宗教信仰自由政策，提出若干要求，包括某些过份的要求，要当地政府加以解决；二是少数干部中产生怕犯错误的思想，遇到问题，束手无策，不敢过问或管理，放任自流。个

---

584 毕节专区档案馆藏 1956 年 10 月 16 日毕节地委关于民族政策执行情况的检查报告。

585 毕节专区档案馆藏 1956 年 8 月 30 日专署宗教科宗教政策贯彻执行情况的工作检查报告。

别地点教会因之膨胀，从事不正常的活动。

④参观学习，规范行为

1956 年 9 月，根据贵州省委的指示，毕节行署宗教科组织威宁、赫章、纳雍等教会 39 名牧师、传道及长老到毕节、贵阳等地参观，座谈交流，认识各地在建国后所发生的日新月异变化，开拓眼界，交流认识，转变观念。

在贵阳参观期间，省政府宗教事务管理处组织他们开展座谈，听取意见，搜集反映，交流思想，明确是非，端正行为。

在座谈会上，宗教处处长王××肯定解放后教牧人员在靠拢政府、爱国爱教等上取得等成绩，提出教会活动所存在的问题，宣讲了李维汉在中共八大讲话的精神，强调宗教信仰自由政策是长期的，在我们国家中，只要人民中有人信仰宗教，我们就尊重他们的信仰自由，保护他们信仰的宗教。他还提出划分正常与非正常宗教活动的标准是：是否按教义办事，是否建立在爱国、生产基础上而开展的活动，等等。他要求宗教活动在教堂内开展，不能在教堂外面进行。

针对部分堂点宗教活动中存在的问题，王处长建议各地基督教会不要再搞牵涉几个县、几个乡、十几个社数百人的堂外大聚会，因为这样做"容易影响教内外团结，而且也影响生产，对国家建设、增产节约、改善人民生活都是不好的"，聚会还是按堂点的归属开展，否则，政府不好保护。

对于礼拜活动中的"跳灵恩"等行为，他希望教牧人员及教徒要按圣经办事，因为"跳灵恩"而不从事生产、影响家庭关系等是不对的，"肯定一条，男女同睡，互相把嘴里吃的东西，你给我，我给你，这是伤风败俗，和中国的道德与教会的道德不能容忍的"。同样，对唱新调子等的行为，教内外都有反对意见，教牧人员对之要考虑，"宗教是严肃的事情，不是随便可以改变的"，应考虑这些作法是否合乎圣经的规定，与教规教仪是否吻合。

对于部分教牧人员提出希望开展"三自革新"、建立爱国组织等要求，王处长认为爱国爱教、不妨碍生产是爱国会的原则，但在建立爱国会之前，对教牧及教徒提出几项要求，作为行为的准则：

> 第一，号召教会参加社会主义建设，搞好生产；第二，互相尊重，搞好团结；第三，领导教友进行爱国主义学习；第四，保卫国家，保卫世界和平。……最后一件，领导教友过好正当的宗教生活。

最后，王处长要求各位教牧人员结束参观返乡后，要向当地区长、乡长汇报参观及会议的情况以及自己的收获，听取区长、乡长的意见，还叮咛"你们不要藐视区、乡干部，这个骄傲情绪要不得，教会团体有服从政府领导"，等等[586]。

这次参观活动，开阔了部分教牧人员的眼界，认识到中华人民共和国成立后各地的新变化，树立并增强了爱国观念；在与贵阳等地教会交流中，一些教牧人员对所在堂点的宗教活动也有所反思；省宗教事务处王处长等的要求，对引导教徒参加生产，搞好团结，开展正当的宗教活动有所帮助。他们说：

> 在中国共产党和人民政府正确英明的领导下，他们正在和各兄弟民族努力建设社会主义社会，他们的教会在脱离了帝国主义的控制后，正在不断地向三自爱国的光明大道上迈进。又说这次来贵阳参观，看到了祖国社会主义建设的突飞猛进和贵阳市社会的新生气象，感到无比的兴奋和愉快，并说他们返回原地后，更要加努力实现教会三自和积极参加社会主义建设来报答党和政府对少数民族和基督徒的亲切关怀……[587]

根据与部分教牧人员的接触交流，听取意见，省政府相关干部了解到毕节地区基督教的主要要求，针对宗教活动中存在的问题，认为"必须采取稳重的办法，积极进行工作，以团结争取教牧人员为主，慎重、正确地贯彻宗教政策，保护正当的宗教活动，消除某些教会活动中的混乱现象，以便争取广大教徒群众，团结在政府周围，搞好农村生产运动"。不过，作好这些工作的关键在于争取、团结和教育教牧人员，拟采取座谈会、办短训班等形式，先由政府领导介绍国内外形势，讲解宗教政策，开诚布公，热情接待，虚心听取意见等等。教牧人员通过座谈讨论，找出问题，认清形势，了解政策，提高觉悟，"进一步靠拢政府，消除不必要的怀疑和顾虑"；对上层人士要适当予以安排，政治上重视，生活上补助，解决其困难，通过他们团结信教群众到爱国战线方面来，积极参加社会主义建设。

与此同时，政府部门也不放松对广大教徒群众开展工作，"而争取广大教徒的关系，在于切实保障教徒过好正当的宗教生活"，因而要正确贯彻宗教信仰自由的政策，在处理宗教问题上，尽量避免采用行政手段，并按照省

---

586 毕节专区档案馆藏1956年10月22日王保生处长在毕节宗教座谈会结束发言。
587 贵阳市档案馆藏1956年9月毕节地区少数民族基督徒来贵阳参观情况。

委的相关意见，解决教会财产等[588]。

⑤听取意见，提高认识

1956 年 12 月 18—20 日，根据省委转批省宗教处王××的相关报告，经毕节地委批准，由行署宗教科召开宗教界座谈会。参加会议者有各县牧师、长老、传道、执事等 50 人，以及省、专、县宗教事务干部 12 人，共计 62 人。利用座谈形式，搜集意见，检查不足，改进工作，对宗教事务进行管理，引导基督教与社会要求相适应。

会上，部分教牧人员就教会组织与传道活动，举行大聚会与洗礼教徒，恢复、使用或修补教堂，发展教徒，组织学习与参观，以及"唱灵歌"、"跳灵恩"等，各抒己见，反映问题，提出建议，希望政府重视，争取解决。当然，这些教牧人员的踊跃发言，摊开相关问题，提出建议，也对其他教牧人员有所触动，对比认识，反思该地教会的活动情况，产生出整改的意愿。通过座谈会，接受教育，反映情况，交流认识，取得了这些成绩：

第一，教牧人员与政府有所沟通。部分教牧人员表示能到专署开会是梦想不到的事，感到非常光荣；领导与之谈话，征求意见，给予补助等，感谢党和政府的关心，愿意用实际行动予以报答，从思想上进一步靠近政府。部分教牧人员消除了顾虑，检查传教活动中的不正言行，承认"有些教会不按教义传道，甚至丢开圣经乱讲，遭到教外群众不满，我们教会也有责任……"愿意正确认识宗教信仰自由政策的相关规定。

第二，明确了爱教必须爱国，重精神必须重物质的道理。部分教牧人员表示愿意缩短礼拜时间及次数，不能因为宗教活动而影响到生产，等等。

在会议上，政府领导表示今后在干部和群众中要加强宗教信仰自由政策的教育，懂得宗教问题并非单一，涉及民族、外交等问题，认真执行政策，避免工作出现偏差。同时，他们对宗教活动等表明政府的态度：要求教会活动原则上在教堂内举行；对于大聚会的次数，不硬性限制，但召开大聚会要有利于教内外的团结，有利劳动生产，有利于增产节约、改善教徒的生活；对于教徒的奉献，"应本传道人在教堂内讲道的精神，劝其少在不在教堂外传道，体验教徒捐献的困难，少捐献不捐献，但个别的教徒自愿捐献，也不要强制禁止"；对于"跳灵恩"、"唱新调子"等暂不强令禁止，通过教牧

---

588 贵阳市档案馆藏 1956 年 11 月 8 日王保生关于对毕节少数民族地区基督教问题的意见报告。

人员或教徒的思想工作，"善于从其本身利益出发，陈明利害，启发其自觉停止"[589]等等。

⑥政治安排，建立联系管道

要沟通联系，交流思想，宣讲形势，规范行为，有必要通过制度建立并实现长期的联系，1956 年底，毕节专区各县先后建立了政治协商会议委员会（简称政协）。根据政协的组织特点及相关要求，部分教会上层作为宗教界代表，进入政协，政治安置，参政议政，民主协商，反映教会或教徒的要求，认识及向信教群众宣传政府的政策措施等。如在赫章县首届政协中，有若干基督教代表，其中李朝阳、王明道、安承明等 6 人担任县政协常委，李朝阳、王明道还担任政协副主席。

在各县政协会议中，宗教界委员们若干个学习小组，各组每周学习 3 次，学习党和政府的政策文件，开展爱国主义教育，提高觉悟，转变思想[590]。同时，有关部门也通过政协、人大这些管道，向教会代表提出诸如宗教生活不影响生产、不自由传道、不在教堂外传道，以及不干涉教徒有信仰或不信仰宗教的自由等要求，并由代表向全县教牧和教徒提出倡议，用以规范行为，引导开展正常的宗教活动[591]。至于其他各县的情况也基本如此，恕不重复。

⑦教育干部执行政策

对教牧人员开展工作、引导宗教活动固然重要，但必须重视干部、尤其是基层干部的工作，宣传政策，使之理解及贯彻执行党的宗教信仰自由政策，做好相关工作。

根据检查民族政策中存在的某些问题，结合宗教座谈会反映的部分情况，行署宗教科作了专门汇报，建议在宗教事务管理中开展以下工作：

首先，重视宗教活动，指定专人负责。凡有宗教活动的地方，县、区、乡在指定一名党委委员负责兼管宗教工作，经常检查宗教政策的贯彻情况，并定期向党委汇报。

再者，重视教牧人员的工作。根据情况，对教牧人员分类排队，掌握思

---

589 毕节专区档案馆藏 1957 年 1 月 22 日赵世岱关于召开专区宗教界座谈会情况的报告。

590 编委会：《赫章县志》，贵州人民出版社，2001 年，第 23 篇，第 3 章，第 748 页。

591 毕节专区档案馆藏 1959 年 2 月 26 日威宁县在宗教工作方面的情况。

想变化，"作出争取群众、培养核心分子、加强领导、树立榜样"。部分教牧人员除政治上安排外，对那些在生活上有困难而确能起到积极作用的，应根据实际情况，不定期地给予适当的补助，"这样从精神上和物资上，对他们加以照顾，就更有利于团结他们，参加社会主义建设"。

还有，召开座谈会，交流情况，解决问题。各县每年应有计划、有准备地召开一两次教牧人员的座谈会，县领导应出面讲话，热情接待，倾听意见或反映，"通过这种会议，以全面贯彻宗教信仰自由政策，加强教育，提高其爱国主义觉悟，解除思想顾虑，使其说出内心话，达到进一步地从思想上靠近政府，以便逐步地消除教会活动的混乱现象"[592]。

其间，毕节地委亦针对各地在执行政策上存在的问题，要求各级领导要教育基层干部认真贯彻宗教信仰自由的政策，搞好信徒与非信徒的团结工作。在有基督教活动的地方，应教育不信教群众与信教群众要加强团结，搞好生产；要讲清楚"信教是自由的，不信教也是自由的"道理，全面地理解宗教信仰自由政策，避免互相歧视。此外，合作社在安排活路时，应注意照顾教徒做礼拜的时间。对端公、道士、迷拉等，应加强教育改造，合作社也要关心和帮助他们解决生产及生活困难，不应歧视或打击他们，等等[593]。

还有，各地政府通过检查过去执行民族政策的情况，反思存在的问题，也对基层干部进行政策教育，要求认识及执行宗教信仰自由政策，转变观念，正确对待教会及信教群众，引导教会开展正常的宗教活动、组织信教群众从事生产劳动，增加收入等等。

开展这些工作后，既教育了干部及非信教群众，逐步认识及对待基督教及信教群众；也团结了教牧人员及信教群众，逐步消除了其顾虑，收到了一些积极成效。如大方教会教士陈××说"过去政府干部对我不理睬，现在县长对我很关心，我们回到教堂做礼拜，卫生院的干部也不嘲笑我们了"；赫章龙井教会会长冯约翰说"去年，我们到龙泉教堂作礼拜，被公安人员赶出水城境，现在不但不受限制，还受到政府保护"[594]，反映出沟通的建立及观

---

592 毕节专区档案馆藏 1957 年 1 月 22 日赵世岱关于召开专区宗教界座谈会情况的报告。

593 毕节专区档案馆藏 1956 年 12 月 25 日毕节地委关于召开各民族代表会议情况的报告。

594 毕节专区档案馆藏 1957 年 8 月 3 日毕节专署关于专区宗教界座谈会情况的报告。

念的改变等。

虽然，各级政府开展了政策教育，要求贯彻执行宗教信仰自由政策，但部分干部、尤其是基层干部的思想问题并非完全解决，他们也有一些想法，认为既然宗教信仰自由，可以不管了；以及担心管的方法不对，怕干涉了宗教，会犯错误等，便对教会活动撒手不管，任其自由活动。当然，个别地点也存在那些原信教的干部直接或间接支持教会发展，等等[595]。

三、教会的变化及"问题"

（一）基督教的变化

新中国建立后，中国基督教会也有所改变，与时俱进，适应新的社会制度。1956年3月，中国基督教三自爱国运动委员会召开第二次委员（扩大）会议。会议讨论建国以来基督教在"三自革新"道路上所取得的成绩，吴耀宗等作了大会发言，对在新的社会制度下基督教拟开展活动作出若干建议，等等。

根据吴耀宗等代表的发言精神，结合时代的要求，会议制定并通过《告全国同道书》，要求基督徒要为"参加社会主义建设"作好见证，"我们希望全国基督徒，都能同心合意的仰望上帝，祈求他赐我们能力，为建立三自的教会，为参加社会主义建设、为保卫世界和平，奉献上自己和自己的一切"[596]，积极参加合作化运动，踊跃投入生产建设等。

前文已述，1956年6月，根据中央及贵州省委的指示，毕节专区各级政府重点检查执行民族政策的情况，找出了工作的缺点或问题，促进社会稳定、生产发展。由于该地大多数信仰基督教是苗族或彝族群众，在做好民族工作的同时，必须重视与做好宗教工作，要求贯彻宗教信仰自由的政策，从团结教牧人员入手，开展宣传，启发教育，引导宗教活动适应社会的要求。8月，专署宗教科组织部分教牧人员到贵阳等地参观访问，增长见识，听取报告，接受教育，交流思想。年底，专区相关部门又召开宗教代表人士座谈会，各位代表畅所欲言，反映情况，宣讲政策，清楚认识等。加上各级政协、人代

---

595 毕节专区档案馆藏1957年11月25日张绍模威宁、赫章基督教内地会活动与教牧人员动态材料。

596 《告全国同道书》，《中国基督教三自爱国运动委员会第二次委员（扩大）会议》，第30—31页。三个见证指"实现中国教会的见证"、"参加社会主义建设的见证"和"为保卫世界和平而努力的见证"。

会建立后，当地政府对部分教会代表人士作出了政治安排。除参政议政，政治协商外，他们还代表信教群众反映情况，提出建议，要求解决；各地政府也通过政协、人代会等渠道，对他们并通过他们向教徒宣传政策、提出要求、规范行为等。

全国基督教三自爱国会发出号召、积极呼吁，以及当地政府宣传政策，教育引导，黔西北地区教牧人员及信教群众的思想也发生了新变化：

1、对宗教政策有了认识

通过学习、教育及座谈交流，多数教徒对宗教信仰自由政策的内涵及相关规定有了较全面的认识，即信与不信、信这种或信那种宗教都有自由，都同样受到尊重和保护，部分改变了过去视信仰自由就是传教自由的片面认识；还认为宗教信仰自由政策是长期的、稳定的。他们说"过去因受帝国主义和反革命分子的反动宣传的影响，说共产党要消灭宗教，去年贯彻宗教信仰自由政策是暂时的，宗教迟早要消灭。通过这次座谈会，更加明确了政府对宗教现在保护、将来仍然保护的政策，进一步解除了思想顾虑"，坚持基督教信仰，开展正常的宗教活动。

值得提出的是，有个别教牧人员还能对宗教信仰自由政策与宗教自由加以辨别，分清界限：前者是政策，后者是活动，区别明显，不是一回事。"如果认为宗教信仰自由是无限的，到处乱宣乱宗教，发展教徒，耽误生产，是不符合宗教信仰自由的政策的"。并且，他们结合某些事例，对当地的不当发展方式，加以反思，认为"有些教会负责人到原来信教现在已经不信教的人家中挂名字，这是强迫人家信教的手段，是违犯信仰自由政策的作法"[597]，希望教牧人员予以重视，及时纠正，尽量避免类似行为的发生。

其间，部分教牧人员主动宣传宗教信仰自由的政策，呼吁信教群众响应号召，积极努力，投入建设，从事生产。如水城县岩头教堂教牧周××说：

> 各位兄弟姊妹们，我们的宗教信仰自由政策，只要是我们按照教义上的规定，不歪曲圣经，来过好宗教正当的生活，政府是保护的，每一个教徒不要顾虑。过去，我们对党的宗教自由政策不懂，不同政府联系，主观认为政府不信仰何种宗教，怕政府采取消灭宗教的政策，这些认识是我们教会的缺点和错误。政府对宗教

---

597 毕节专区档案馆藏 1957 年 8 月 3 日毕节专署关于专区宗教界座谈会情况的报告。

政府是采取保护的政策，现在信教，政府保护，将来也是同样保护的。

　　我们是一个真正的基督徒，要搞好教内外之间的团结同盟。在我们教会内，过去受帝国主义的毒素较深，在教内外就产生了不团结的现象，特别是我们没有与政府联系。今天，政府保护每一个基督徒真正的信仰自由，我们教会要同政府联系，要求政府多多给我们的指示。每一个基督徒要加强爱国爱教的学习，同时要认真学习吴耀宗主席在三自爱国运动委员会会议上所指出的每一个基督徒要作好历史的三个见证和十项任务，进一步提高我们爱国爱教的觉悟，从思想上清除帝国主义遗留下来的影响和毒素。[598]

2、接受要求，摆正活动与生产关系

通过参观、座谈交流，以及学习政策，多数教牧人员受到教育，提高认识，转变了观念，明确了爱教必须爱国，既满足灵性需要，也必须满足物质生活等道理，愿意靠拢并接受政府部门的管理。如大方教会某执事说"作为一个真正爱国的基督教徒不但要满足灵性生活，而且要满足物质生活。不搞好生产，饿着肚子做礼拜，思想是不会愉快的"。多数教牧人员，如葛布王明道、张廷光等人还现身说法，积极宣传，教育教徒积极努力，搞好生产，增加收入，尊重非教徒社员，搞好团结，促进发展等。还有教牧人员动员已退社的信教群众返回合作社，重走集体化道路。这当中以威宁大松树乡的情况最典型。

　　威宁大松乡朱文正所在的民族社社员90%多都是教徒，由于进行爱国爱教和民族团结的教育，对生产和礼拜时间作了适当安排，提高了教徒社员的生产积极性，星期天除做礼拜外，大部分都投入生产，去年增产60%以上，户户增产，教徒满意[599]。

同样，经过教育活动，多数教徒提高了觉悟，转变了思想，服从合作社的安排，积极生产，减少了礼拜时间及次数。在农忙时甚至周日，他们也要参加劳动，生产与礼拜两不误，物质生产与精神需要都要满足。

---

598 毕节专区档案馆藏1957年2月（？）杨文学致专署宗教科元月份宗教工作情况的报告。

599 毕节专区档案馆藏1957年8月3日毕节专署关于专区宗教界座谈会情况的报告。朱文正是威宁大松树基督教会（原内地会）负责人，曾任威宁县政协副主席。

3、部分上层进入政协或人大，联系交流

当地政府为争取及团结教牧人员，建立与政府的沟通桥梁，管理宗教事务，对于部分宗教界代表，在政治作了适当安排，提高地位。从 1956 年底起，毕节专区安置了 4 位教牧人员担任县政协副主席，31 位担任政协常委或委员；16 位当选县人代会代表，40 余位乡人民代表或合作社主任等职务[600]；还对个别教牧人员给以经济补贴，解决其生活困难。

当然，党和政府对教牧人员的政治安排或经济补贴等并非其个人之事，寓有深刻的含意，表示政府部门对宗教代表人士的尊重，对基督教的重视，对宗教活动的关注。利用政协、人代会等管道与教牧人员建立联系，沟通思想，并通过他们影响信教群众，引导活动……这些作法让教牧人员及教徒群众感到了政府的重视，缩短以至消除了部分教牧或教徒与政府的距离，建立起密切联系，愿意听乡社干部的话，接受政府领导等。如某教牧人员曾这样说：

> 今天，政府对它（他）们是比自己的父母最关心。自从信仰到现在，才得到人民政府的照顾、关怀。向（像）过去反动统治时代，根本没有人过问宗教界的。现在，教会有问题能即时地向区乡政府反映问题。并且向区乡表示，要把教会领导好，教育教徒积极参加农业合作社，在过星期守礼拜时，要按照宗教信仰自由的政策，作到生教两不误的原则[601]。

如果再从细微之处深入认识，这些变化投影到教会组织及宗教活动中还有以下的突出表现：

首先，部分堂点教牧人员承认及接受政府对宗教事务的管理，愿意靠拢区乡等干部，汇报情况，听取意见，接受领导。如水城县坪箐教会王××参加毕节宗教会议返回家乡后，有以下突出表现："1、能积极地向区乡交谈工作问题，教内外有问题就向政府反映。2、积极的动员教内外的群众来开会，解除社员对政府（不）必要的思想顾虑。3、在讲道时，主要说共产党和政府的好处，解释党的各项政策法令"[602]。类似现象，在各地教牧之中均有

---

600 毕节专区档案馆藏 1959 年 2 月 12 日毕节专区宗教科毕节区宗教情况及今后的意见。赫章、威宁等县系 1956 年底起建立政协。

601 毕节专区档案馆藏 1957 年 3 月杨文学致专区宗教科函件。"生教两不误"的"生"指生产。

602 毕节专区档案馆藏 1957 年 2 月杨文学致专署宗教科元月份宗教工作情况的联系。

表现。

其次，在干部的规劝或批评下，部分教牧人员受到了教育，正视过多开展礼拜活动所产生的负面作用，着手减少礼拜次数、缩短活动时间、改变方式，纠正及逐步消除"唱新调"、"跳灵舞"、搞"同心"等遭至教内外反对的不健康活动。

还有，多数教牧人员及教徒愿意与合作社中非信教社员搞好团结，放弃疏远等作法，投身生产建设，等等。

（二）若干老问题仍未消除

尽管，经过各级政府的规劝及教育，多数地点的宗教活动趋于正常，教牧人员主动向基层干部汇报，愿意听取意见、接受管理，等等。从政府方面讲，通过检查民族政策的执行情况，贯彻宗教信仰自由政策，管理宗教事务，纠正个别干部及少数群众的嘲笑、辱骂、甚至打击教牧或教徒等言行，消除了若干限制或歧视等作法，部分教牧及信教群众的处境有所改善，促进教内外的团结。然而，情况复杂，并非如预期那样，也存在着这样或那样问题，突出表现在以下方面：

1、曲解政策，谋求快速发展

经过教育，大多数教牧人员能较全面认识宗教信仰自由的政策，但还有个别人仍然片面理解，将宗教信仰自由曲解为宗教自由，包括发展宗教的自由；认为政府保护群众的宗教信仰旨在帮助教会发展；加之各地政府对宗教界代表作出政治安排，提高地位，给予补助等，使这些人产生了错觉，以为得到政府的鼓励，希望趁机发展，教徒越多越好，教会越大越强，其地位可能会提升等等。"宗教信仰自由政策使一些传道人不听招呼，到处乱传，把教会搞得很混乱，影响了团结"[603]，他们采取各种措施，广泛宣传，吸引以至拉人信教，拼命发展，扩张教会，做大做强，藉此维持或争夺教会的领导权，谋获私利。

尽管，在干部的规劝或教育下，多数堂点的宗教活动恢复到正常，但不正常的活动仍然存在，还有一定的"市场"需要；教会内矛盾继续存在，还有所加剧。从表面看，这些矛盾多反映在礼拜方式及宣讲内容上、表现在是

---

[603] 毕节专区档案馆藏 1957 年 8 月 3 日毕节专署关于专区宗教界座谈会情况的报告。

否规范活动，有序发展教徒等上，实际想另行一套，争权夺利，提高地位，树立权威，要当总传道、总长老等，有谋求利益的因素作祟。

2、上层教牧威信转移，妨碍对基层的管理

当时，各级政府教会部分代表人士作了政治安排，先后进入政协、人代会等，担任副主席、常委、委员或代表等，有了位置，待遇提高，影响增大。可是，在新的社会环境中，受多种原因的制约，部分上层人士的威信却有所削弱，难以制约教牧或教徒，引导活动。"有些宗教上层分子，因在各种社会改革运动中，教会活动受到了限制，思想害怕，不敢大胆去领导和管理教会。同时有些下层教会负责人却不听他们的领导，因此教会活动不统一，任其所为，各搞一套，致造成教会混乱"[604]。

从历史上看，在宗教活动上，各搞一套还与基督教自身的体制有关。16世纪初，德国宗教改革家马丁·路德在反对天主教、创立基督教（新教）中，确定了圣经是最高的权威、因信称义、人人都可当祭司（牧师）等基本教义。尔后，各派别对前两项教义基本无争论，认同并继承，但对后者则存在明显的分歧。人人都可当牧师，固然有助于迅速传播基督教，但也派生教会因缺乏必要的权威而造成活动的紊乱。

为防止无序现象的发生，一些教会也曾采取若干措施加以限制。单就黔西北地区而言，原循道公会比内地会的体制要建全、约束要强得多，自由传道、不规范活动等现象在石门坎、四方井等地教会中很少发生。即使在原循道公会趋于衰落时，诸如此类现象，也不多见！

在原内地会活动的地区，过去教会有牧师、总传道或总长老等的指导，约束行为，混乱现象相对少些。进入中华人民共和国后，该会旧有权威被破除，传教行为因缺乏约束而迅速蔓延，转变成为自由传道；加上少数教牧人员竭力宣传，鼓励或诱惑教徒主动传道，积极表现，将"肉身"变"道身"，自由传教现象较为普遍。

> 号召每个教徒学讲道，人人学会传道。他们说"圣灵充满之后，还须充满道"。"方言"终归没有，惟道不变，主张耶稣就是道身变肉身的，要学主耶稣，把肉身变成道身。企图从此使教徒没有礼拜堂，不进礼拜堂，没有传道人员来指导，也能自己讲道、自

---

604 毕节专区档案馆藏 1957 年 8 月 3 日毕节专署关于专区宗教界座谈会情况的报告。

己传道，以达到教徒们永远坚持信念，至死也不变心……[605]

尽管各级相关干部积极规劝，教育引导他们放弃所谓自由传教行为，但仍有个别教牧人员（原内地会系统）借宣传政策、传达座谈会等，举行大聚会，聚集教徒，施洗新信教，谋求教会大发展：

在（19）56年，安××、文××、陈××等在毕节开会回来后，借已传达宗教政策的帽子下，到处聚会。57年元月至6月，先后到四区色居河、岩头上三区儿马冲、者老各、五区的周坡、六区的多块等6个教会，每次300至500人大聚会，发展了50多户教徒，共领洗了100多个教友。安还以伪籍牧师身份向结构、毛姑等地教徒素（索）聚粮食2000余斤，并以总堂要大聚会为名，摊派教徒斗（凑）钱买风琴、留声机、气灯，剥削人民币130元；又在讲道中蓄意歪曲政策，片面宣传宗教信仰自由政策，这是政府给的任务，完成不成，毛主席都是信教的……[606]

今天看来，基督教发展信徒是其自身之事，属于教务活动的内容，在不违反宪法及法律等前提下，在履行了政府部门对活动地点、时间及主领者等相关规定后，按照程序发展教徒是不会受到指责。然而，在强调集体制度、统一领导、有效管理的年代，教徒增多、教会发展，在合作社等之外的这个团体可能会影响"制度"内组织的号召力，妨碍以至损害到合作社等的动员程度和管理力。

受环境等的限制，解放初宗教事务未纳入地方政府的认识及管理中。1954年，通过宣传及学习宪法，地方干部明确了人民群众有宗教信仰自由的权利，受到法律的保护。1956年，在检查执行民族政策的过程中，因为民族与宗教的关系密切，开展民族工作往往涉及对宗教事务的管理。当时，基层政府干部的劝导与教育、非信教群众的抵制与反对，诸如搞"同心"、"跳灵舞"、"唱新调"等不规范的宗教活动在多数堂点逐步消失，正常的礼拜活动重新恢复，多数教牧人员能听"招呼"，愿意靠拢政府，反映情况，接受意见等。但个别地点仍在跳灵舞、唱灵歌等，诸如影响生产、影响家庭关系，以及教徒身体健康等现象还继续存在，个别教牧不听"招呼"，我行我素，对着干，

---

605 毕节专区档案馆藏1958年11月（？）基督教威宁循道公会赫章内地会解放以后的活动情况。

606 毕节专区档案馆藏1958年11月25日赫章县关于宗教工作情况报告。

因而激起部分基层干部或群众的反感或抵制情绪，对教会活动的认识有了变化，工作方式也趋于急躁。

> 当地解放较晚，群众觉悟较低，对宗教政策不摸底，并处于激烈的运动之中，教会不敢提出抗议和大胆行动。土改后，社会环境转向平静，教会上层对我宗教政策有了基本了解，便领导教徒积极活动，并向上反映违反政策的情况。虽作了一些善后处理，但仍有怀疑和不满情绪。工作同志认识了过去的错误作法，也变为右的倾向，片面强调"宗教信仰自由"，又牵涉着民族问题，遇到了非法活动也不敢批评教育，怕再犯错误。有时，把情况反映给县里，由于领导忙于中心工作，未能及时加以处理。教会活动频繁耽误了生产，又受上面的责备，下面感到两头作难，影响了干部的积极性，出现了问题也不愿向上面汇报，造成了上下不通气，从而又产生左的情绪……[607]

如果遇有"合适"的社会形势，急躁的情绪容易产生简单粗暴的工作方法，从反感、抵制到压制，以至打击极少数不听"招呼"教牧及教徒，"规范"宗教活动。严重的还有，在"左"思想的盛行年代，局部性的压制或打击行为容易迅速发酵，扩张开来，殃及大多数教牧与教徒，1958 年当地开展的"宗教肃反"就是典型！

四、政治运动与教会处境

（一）开展社会主义教育，转变思想

1957 年下半年，整风运动及反右派斗争在全国各地（主要是汉族聚居区）全面展开，掀起轰轰烈烈的运动高潮[608]。不可否认，反右派运动也对包括基督教、天主教在内的我国宗教团体产生了猛烈的冲击。

当时，有关部门拟利用全民整风及反右派斗争的强大声势，在宗教界（主要是汉族宗教界）开展社会主义教育运动，重点是基督教、天主教，对象是宗教职业者，即教牧人员和神职人员。按照部署，该项运动围绕以下内容而

---

[607] 毕节专区档案馆藏 1958 年 11 月威宁县基督教的调查报告。

[608] 10 月 15 日，中共中央发出关于在少数民族中进行整风和社会主义教育的指示，将全国民族地区分为三类，采取不同的行动。贵州民族地区属于第一类地区，要开展整风及社会主义教育运动。关于该文件的具体规定，参见《云南民族工作四十年》，下册，第 87 页。

展开："1、走社会主义道路还是走资本主义道路，2、接受共产党的领导（有神论者同无神论者是否可以在政治上合作）；3、反帝、爱国（天主教同梵蒂冈的关系，基督教的三自爱国、佛道教的爱国守法，以及爱国爱教一致，肃反等）4、对宗教政策的看法等主要问题"。运动采用鸣放、辩论等形式，摆事实、讲道理，暴露思想，明辨是非，批判"右倾"思想，划清界限，认准方向，坚定绝大多数教牧的爱国、反帝及守法等观念，坚决走社会主义道路。有关部门还要求根据教牧人员在教育运动中的相关言行，结合1956年以来的主要表现，进行政治上的排队，划分左派、中派或右派，拟采取团结、争取及教育等方式，实现改造[609]。

其间，中国基督教三自爱国会也有所跟进，作出了适应形势变化的表示。1957年10月下旬，"三自会"常委会在京召开了第十次（扩大）会议，吴耀宗主席作了大会发言，提出基督教应该接受社会主义教育、坚决走社会主义道路，要在基督教会内就走社会主义道路、对党的领导问题、对民主自由与宗教政策问题、对三自爱国运动、对差会和传教士等问题开展大辩论，清楚认识，明辨是非，"进行社会主义教育就象洗澡一样，必须把一切污秽洗干净，这个运动不但可以使我们辩明走社会主义道路的大是大非，同时也可以帮助我们解决其他有关问题，肃清帝国主义和资产阶级长期的影响。进行社会主义教育对三自爱国运动也将发生推动作用，因为建立了社会主义思想，同时也就使我们更深刻地体认三自的意义"，等等[610]。

与会代表经过讨论，接受了吴耀宗的建议，作出了在基督教会开展社会主义教育的决议，呼吁各地基督教三自爱国会组织响应号召，积极行动：

> 在最近期间，召开地区级教会会议，采取大鸣大放、大辩论的方式，认真讨论走社会主义道路的问题，从六亿人民的利益出发，明辨大是大非，破资本主义立场，立社会主义立场，提高社会主义觉悟，警惕帝国主义继续利用基督教进行侵略活动的阴谋，肃清帝国主义和一切剥削阶级在基督教内的反动影响，更好地带领全体同工同道，热爱社会主义的祖国，深入贯彻三自爱国运动，在社会主

---

[609] 四川省档案馆藏1957年10月17日中央统战部关于在汉族宗教界进行社会主义教育的意见。

[610] 吴耀宗：《在中国基督教三自爱国会常务委员会第十次（扩大）会议上的开幕词》，中国基督教三自会编：《中国基督教三自爱国会常务委员会第十次（扩大）会议专辑》，1957年，第2页。

义道路上努力前进。[611]

随后，各地基督教会根据该决议的要求，开展了社会主义教育运动，得到了政府部门的赞同和支持。《人民日报》还为此刊载文章，报导这次会议情况，阐述与会代表通过大辩论，受到深刻教育，表示要热爱祖国，坚决走社会主义道路，等等[612]。

按照计划，1958 年 3 月贵州省宗教事务处在贵阳召开基督教界的社会主义学习会，与会者有教会牧师、传道、执事等 148 人，其中苗族及彝族的教牧人员有 64 人。学习会采用了大鸣大放、大字报和大辩论的方法，就走社会主义道路、接受共产党的领导、宗教信仰自由政策等进行鸣放和辩论，明辨大是大非，弄清思想，然后开展反右斗争。在反右斗争取得胜利后，再进行"交心"活动，订立了爱国公约及教牧人员自我改造规划。其间，该学习会还制定并通过向全国基督教界的"倡议书"和"保证书"，以及成立省基督教三自爱国运动委员会筹备处。

学习期间，与会代表批判了毕节地区少数教徒借宗教为名，搞大聚会、"跳灵舞"等问题，指出"跳灵舞"是违法活动，不能继续存在。毕节地区与会代表也公开承认"错误"，在会上作了检讨，保证今后不再搞"跳灵舞"等活动，愿意努力领导教徒搞好生产，等等。

该学习会建议：各地教会继续扩大反帝爱国统一战线，发现和培养积极分子，巩固左派，争取团结中间派；根据情况，对教会领导作适当调整，吸收进步分子参加，加强进步力量；开展"交心"运动，各个教牧人员要订立自我改造规划与爱国公约，参加生产劳动，转变思想；以及在信教群众中间广泛深入宣传建设社会主义总路线，进行科学知识的教育，启发觉悟，提高认识[613]。

---

611 《中国基督教三自爱国运动委员会常务委员会第十次（扩大）会议决议》，《中国基督教三自爱国会常务委员会第十次（扩大）会议专辑》，1957 年，第 4—5 页。

612 《基督教界代表通过大辩论受到深刻教育：热爱祖国坚决走社会主义道路》，《人民日报》1957 年 12 月 7 日。

613 1958 年 6 月 23 日盘县基督教牧师唐××在一封汇报信中反映：学习每礼拜一次，时间约一个半小时，传达讨论的内容有：要不要共产党的领导，走不走社会主义道路，统购统销好不好，礼拜生产两不误，先爱国还是先爱教，如何认识教会的混乱现象等。如"要不要共产党的领导"讨论的内容是：由于党的领导，教会才能摆脱帝国主义的压迫控制；才能除掉纷争嫉妒，走向团结；才能真正实现三自爱国运动，也才会有今天的政治地位，也才能纯洁教会，清除坏人，免征房地产

该学习会还明确提出要坚决制止"'自由传道'、'地下教会'及其他非法活动，尤其毕节等少数民族地区更应注意"，严防宗教自由泛滥，意味限制活动等[614]。

1、政治排队，争取转化

按照省上的布署，毕节地区对教牧人员进行了思想摸底，结合过去的表现，划分出左、中、右不同类型，进行政治排队，针对具体对象，采取措施，加强政治及政策教育，不断提高觉悟，认识爱国爱教是一致性，从思想上与帝国主义割断一切影响，达到团结"左派"，争取"中间"，孤立"落后"，降低社会影响，缩小活动范围。采取这些方式以彻底改造宗教中的消极因素，转化为服务社会主义建设的积极因素。借助教牧人员的思想转化，逐步消除宗教在群众中间影响。拟结合赫章县 1958—1962 年宗教工作规划（草案）加以说明：

1957 年，赫章县有传道、执事、长老等 188 人。有关部门根据其言行，结合历史表现，作了政治排队：进步（左派）35 人，中间 93 人，落后 40 个，呈现两头小中间大的态势。然后，拟结合形势，根据情况，分期分批进行团结和教育工作，争取中间、促进落后向进步（左派）转化。其中 1958 年要争取中间 30 人成为左派，争取落后 15 人成为中间派；1959 年再争取 40 人中间派为左派，10 名落后为中间；1960 年争取 30 人中间为左派，争取落后 10 人为中间；1961 年争取 30 名中间为左派，1962 年争取 30 个中间为左派⋯⋯"五年内，除少数顽固、屡教不改分子外，全部争取为左派，并以少数顽固分子在教内外，揭发和批判其错误行为，以教育多数"。当然，做好团结、争取工作的重要手段是组织教牧人员参加农业生产，以劳动转变思想，改造立场。

与争取左派同步的是，要积极选择与培养教会的进步力量，由拥护党的领导，走社会主义道路、爱教爱国、信仰虔诚的教牧人员担任领导，引导基督教开展"正常"的宗教活动，把握教会活动的方向。

2、加强管理，有所限制

所谓政府相关部门加强管理工作，主要反映在对宗教事务的管理与加强

税，解决传道人和信徒的生产与生活的困难等，教会才有今天的新气象。批判右倾分子王××说，外行不能领导内行、无神不能领导有神的反动荒缪言论。

614 1958 年 6 月 16 日贵州省宗教事务处关于省基督教界社会主义教育学习会议情况的报告。

对教牧人员教育两个方面。

第一，加强对宗教事务的管理，限制宗教活动的范围。在社会主义教育运动中，各地对宗教活动范围作出明确规定，限定在教堂内开展，禁止自由传道或教牧人员到教堂外及非教会活动地区进行传教活动；采取并堂礼拜、集中活动等，压缩教堂的数量；限制甚至取消诸如区域集会或其他大型集会。简而言之，就是严格执行定点、定时和定人的"三定"作法。

第二，加强教牧人员的教育。继续采用组织参观学习、召开不同规模及级别的座谈会等方式，让教牧人员接受教育，学习时事政治及宗教政策等，采取团结与斗争和自我改造的方法，争取中上层中的左派分子；以及利用政协、人代会等形式，开展交心活动，团结及改造教牧人员，并要求其订出规划，随时检查。

在基层社会，以乡或教会为单位，在乡公所的领导下，定期组织教牧人员学习政治、科学、时事等，"在物质文化科学知识的提高的基础上，逐步冲淡他们的信仰。同时，与教会协商和利用积极分子，适当地缩小宗教活动的时间和次数，每星期一次宗教生活，每次一两个钟头的时间，总的在不影响生产的原则下进行宗教生活"[615]。

（二）"大跃进"等运动冲击

1958 年，社会主义教育运动尚未结束，以"总路线、大跃进、人民公社"三面红旗的全民运动又在全国各地迅速的、全面的展开。

当时，毛泽东主席概括"人民公社好"，好在"一大二公"。"大"指范围大，"公"则是公有化程度高，生产资料实现全民所有制。人民公社还结合了工、农、商、学、兵等行业，形成政社合一的"四化"战斗组织。所谓"四化"就是组织军事化，公社、大队及生产队分别编成营、连、排，实施一元化领导；生产战斗化，土地扎营盘，劳动力统一调动使用；生活集体化，建立公共食堂，统一作息及伙食时间；民主管理化，每项工作都是由干部参加研究及管理。

毋庸解释，由于采取这"四化"的管理方式，严密集体制的人民公社压缩了诸如教会团体活动的空间，挤占其活动时间，降低以至消除了教会或教牧人员的影响。

---

615 1958 年 9 月 27 日赫章县五年宗教工作规划草稿。对教牧人员进行政治排队的作法长期袭用，直到中共十一届三中全会后才取消。

　　教会在新形势的逼迫下，不得不停止礼拜活动，或大大减少礼拜次数和时间，"妥善安排教会活动时间，以利信徒群众积极参加工农业生产，以及加速自我改造，澄清帝国主义毒素，清除教会内部坏人坏事，警惕帝国主义阴谋和办好独立、自主、自办的三自教会等实际行动来拥护党的宗教政策"[616]，削弱了宗教的力量及影响。通过运动的荡涤，公开地消除"大聚会"、"跳灵舞步"、"唱新调子""自由传道"和诈骗教徒财物等非法、违法的活动混乱现象，使狂热宗教活动的教牧人员基本陷于分化和孤立，使其对教徒的婚姻问题，也不再加干涉了，现在教内外都能互相通婚。特别是 1958年粮食生产获得空前大丰收，普遍增加了教徒群众的收入，大大提高了他们的物质生活水平，更有力地冲淡了他们的唯神（心）思想观念；更由于人民公社成立了公共食堂，吃饭不要钱，解决了靠天吃饭的思想问题，绝大多数教牧人员和教徒在食堂吃饭时也不做祷告了。据 1958 年对宗教情况的了解，有 95%以上的教会先后都停止了礼拜活动，有 20%左右的教会把教堂、寺庙"自觉自愿"地献给了人民公社，改作办公室、食堂、学校、仓库或托儿所，等等[617]。

　　应该指出的还有，在"大跃进"期间。威宁、赫章及水城县个别领导对教会活动作出了错误的判断，采取肃反（肃清反革命）的极端方式处理部分教牧人员，约束及压制宗教活动。1958 年 10 月中旬，在威宁县委第一书记张××主持下，召开有威宁、水城及赫章三县公安、检查院负责人的肃反协作会议[618]，决定采取统一行动，要沉重打击隐藏在教会内的"反坏分子"，期望"通过这次打击，使教会活动瘫痪下来，以保卫工农业生产的大跃进"[619]。同月 25 日凌晨，威宁等三县采取了同步行动，逮捕牧师、传道或长老 47名，判处了期限不等的徒刑[620]；还有 30 名交群众"管制"，劳动改造，放弃

616 王明道：《赫章教会举行年议会》，《贵州三自通讯》，第 5 期，1959 年 2 月。

617 毕节专区档案馆藏 1959 年 2 月 12 日专署宗教科毕节区宗教情况及今后的意见。

618 《中国共产党威宁彝族回族苗族自治县历史大事记》（1934—1965），第 96 页。

619 毕节专区档案馆藏 1958 年 10 月 16 日威、赫、水三县联合会议对宗教肃反统一行动计划的意见及请示报告。这次三县召开的宗教肃反协作会虽然经过毕节地委批准，但事后检查，认识不全面、考虑不充分，存在个人的主观作法。对此，贵州省委领导予以批评，认为该作法是不妥当的，"应在内部认真检查，在群众中作必要的解释工作"。

620 贵州省宗教志编纂小组：《我省的宗教政策概述》，《贵州民族报》，2005 年 5 月 23日。

宗教信仰。

如果说 1957 年下半年，经过社会主义教育，政府部门对教牧人员的"政治"排队，开展争取团结等工作，部分堂点的宗教活动及传道内容受到约束，趋于规范，诸如"跳灵舞"、"唱灵歌"、"搞同心"等迅速减少，逐步"消失"；一些信教群众不参加宗教活动，脱离了教会。据有关部门统计：1951 年土地改革前，毕节地区有教堂（含聚会处）323 处、教徒 27000 余人。1957 年 12 月，全地区有教堂（包括聚会处）139 处，有牧师 15 人、长老 190 人、传道 128 人及执事 139 人，教徒 14271 人，教堂及教徒减少近半。教堂分布及教徒构成也发生显著变化：威宁县原循道公会教堂由 110 多处减至 8 处，教徒 12000 余名减至 450 余人；大方县原内地会（含纳雍）教堂由 32 处减至 16 处，3090 余教徒降至 1120 人。其余 100 余处教堂、近 13000 名教徒均系原内地会教徒，集中分布赫章、水城和威宁东部[621]。

1958 年，更大的打击接踵而至，当时威宁等县开展的"宗教肃反"，矛头虽不完全针对原内地会教牧人员[622]，由于采取逮捕及管制等措施，进一步加剧了紧张的氛围，加重了社会压力，多数信教群众放弃了信仰，"反了教"，教徒锐减，基督教活动顿时沉寂，迅速从干部及广大民众的视线中"消失"。据统计，这年毕节地区仅剩 41 处教堂（含聚会处），"反教者"约 9000 人，继续参加礼拜者仅 1230 人，昔盛今衰，天壤之别！其他 4000 余人暂时处在"观望"状态中，还未表态。

不可否认，社会主义教育运动掀起的大鸣放、大辩论，给基督教带来沉重压力；"军事化"的人民公社则紧缩了教会活动的时间及空间，当地政府采取的"宗教肃反"，予以教会更猛烈的打击。

> 教牧被批斗或判刑劳改或戴帽管制劳动，教会的礼拜活动自然
> 被限制了。到 1958 年上半年，有的教会还断断续续的开展了一些礼
> 拜活动，下半年以后，所有的教会被关闭了。[623]

我们用赫章县为个案，显示变化，认识"打击"效果。据调查，赫章县原系内地会的活动区，1958 年上半年，有 58 个教会（有教堂的 34 个，聚会处 24 个）仍在活动。但到 1959 年初，甘河井等 15 个教会（占 25.8%），没有

---

621 毕节专区档案馆藏 1959 年 2 月 12 日专署宗教科毕节区宗教情况及今后的意见。
622 肃反打击的重点主要是当地的小群会（属于倪柝声聚会处）及循道公会。
623 《基督教结构教会百年简史》，第 97 页。

人负责，也没有人信教，处于瘫痪状态；有 20 个教会（占 44.8%）没有宗教活动了。两项合计，该县 70.6% 的教会已不存在。从教徒情况反映，原有 8420 名信徒（彝族 4667 人，苗族 3737 人，汉族 16 人）中，信仰冷淡或不信了的，彝族约占 70% 左右，苗族约占 50% 以上，汉族占 75%，据此推算，有 5000 多教徒"放弃"了信仰。

当然，各地的情况也不尽相同，有全放弃者，有部分放弃者，不能一概而论。不过，形势压力挤压了教会活动的空间及能量，教牧人员或教徒受到抑制则是一致的。

进入 1959 年，贵州省、毕节地区遵照上级指示，变"紧张"为"松弛"，一张一弛，原则上对宗教活动不加干涉，对教牧人员实行"更加和风细雨和深入细致的改造工作，组织和调动他们参加政治、时事和政策的学习"，以调动教牧及教徒的积极性，为社会主义建设服务[624]，等等。尽管如此，受"大跃进运动"及"宗教肃反"等后续效应的影响，公开的宗教活动持续减少，全专区仅剩 17 处教堂（含聚会处），参加者约有 350 人。先前处于"观望"状态的 4200 余教徒均"放弃"了信仰[625]，其中水城县成为了无教堂、无教牧人员、无教徒和无宗教需要的所谓"四无"县。

> 在 58 年大跃进中，教徒自觉地把 5 个教堂献给人民公社办公共食堂和学校之用，6 个家庭聚会处由于在社会主义建设形势逼人的情况下，6 个家庭聚会处基本上停止了宗教的活动。所有的教徒一般都在忙于参加生产，在人民公社按劳分配制度的原则下，发挥了很大的积极性，在出勤率上一个比一个出工早，完成了生产任务，增加了收入，改善了生活。[626]

（三）贯彻"弛"的精神，调整作法

1、由"张"到"弛"，调整措施

1957 年，开展社会主义教育运动；1958 年，进行以总路线、人民公社和大跃进为标志的"三面红旗"运动，以及威宁等县实施的"宗教肃反"等，给了基督教予以持续、猛烈地打击，当地的礼拜等活动顿时消沉，从人间"蒸发"。

---

624 毕节专区档案馆藏 1959 年 12 月 30 日专署宗教科 1959 年宗教情况汇报。
625 毕节专区档案馆藏 1959 年 12 月 30 日专署宗教科 1959 年宗教情况汇报。
626 水城县档案馆藏 1960 年 2 月 4 日水城县民委关于宗教工作情况的报告。

按照经典作家所言，"一切宗教都不过是支配人们日常生活的外部力量在人们头脑中的幻想的反映。在这种反映中，人间的力量采取了超人间力量的形式。"换言之，宗教是支配部分民众思想的"外部"力量的反映。当然，宗教并非如此浅显，它是由宗教信仰、宗教仪式、宗教经验、宗教组织等构成。固然，宗教信仰是对超人间力量的崇拜，但它是人类社会的一种重要、深刻而系统的知识体系，是部分群众对世界的认知体系，属于思想层面的要求，具有群众性、民族性、长期性等特点。外界社会施加的打击只能针对宗教群体或组织，可能导致其活动暂时消沉或仪式发生改变，不能也不可能消灭宗教，"谁要企图人为地把宗教消灭，那是不可能的"[627]。换言之，既不能消灭人们的宗教信仰，也不能消除其宗教经验及宗教感受。再退一步讲，即使某统治集团能够消灭某种宗教，该社会也会滋生其他宗教。野火烧不尽，春风吹又生。在宗教存在及发展的社会"土壤"没有消除之前，任何消灭措施都是徒劳的！

我们知道，无论在新中国建立前制定的《共同纲领》，还是 1954 年全国人大审议通过的《中华人民共和国宪法》，均载有宗教信仰自由的条款。简言之，群众的宗教信仰是受到法律的保护，尊重及依法保护群众信仰或不信仰、信这种或那种宗教等是政府的义务、法律的责任。然而，受时代认识的影响，当时又要求要改造群众的思想，强调开展无神论等教育的必要性。

1958 年底，"大跃进"运动的热潮尚未降温，中央统战部等在北京召开了第十一次全国统战工作会议。会议讨论了各地（包括民族地区）的宗教活动现况、宗教事务管理，以及宗教制度改革[628]等问题，商议并制定《关于少数民族及少数民族地区宗教工作方面若干问题的意见》等文件。该文件明确提出"对宗教仍须坚持宗教信仰自由政策，在克服和防止强迫命令的错误作法"，反对禁止宗教的简单作法，认为不但不顶事，反而很有害，还提出宗教具有"五性"是"我们对少数民族的宗教采取慎重态度"[629]，要求从宗教具有"五性"出发，对少数民族（含民族地区）宗教采取慎重的态度。

接着，中央统战部针对大跃进运动及宗教制度改革中存在的问题，要求宗教工作"有紧有松"、"有张有弛"。认为在当前阶级斗争趋于缓和的形

627 周恩来：《关于基督教问题的四次谈话》，《周恩来统一战线文选》，第 185 页。
628 1958 年底，四川、青海及甘肃开展的宗教制度改革是针对喇嘛教及伊斯兰教中封建剥削及封建特权等而开展的改革。
629 水城县档案馆藏关于少数民族及少数民族地区宗教工作方面若干问题的意见。

势下，宗教工作要贯彻"弛"的精神，执行宗教信仰自由的政策，转变思想，调整作法等。根据这些精神，贵州省有关部门认为：

> 我们宗教工作的目的是达到消灭宗教，但不能不顾历史条件与现实条件而企图一举消灭宗教。消灭宗教是我们较长远的战略目标，当前我们仍是在社会主义建设大跃进中，从各方面利用可能的条件逐步促使它的削弱。宗教信仰自由政策是争取宗教界人士的多数和广大教徒群众到反帝爱国统一战线中来的一个重要政策，是团结、教育、改造宗教界人士和广大教徒群众的一个重要武器，也是限制、削弱以至消灭宗教的最终武器……[630]

因而，在宗教工作上，不能采取简单否定的作法，取缔或打击宗教。要正视现实，考虑社会发展阶段，继续贯彻宗教信仰自由政策，加强党委领导，作好争取、团结、教育、改造宗教职业者的工作，进一步开展反帝爱国运动，调动宗教界的积极因素，服务社会主义建设事业。

所谓继续贯彻宗教信仰自由的政策指肯定信仰与不信仰宗教、信仰这种或那种宗教等是自由的，属于公民个人的私事，法律予以保护，但要求宗教活动必须服从国家的政策法令，对正当的宗教活动仍要继续保护，但对秘密的、非法的活动应予制止或处理；宗教活动必须服从于生产等。具体作法是，在基督教内要继续深入开展反帝爱国运动，从思想上继续割断与差会的关系；建立经常的学习制度，推动教牧人员定期检查与修订自我改造规划，积极参加社会主义建设和各项政治运动，转变思想；继续组织教牧人员参加劳动生产，通过劳动实践加强其自我改造；在加强教育、争取和团结宗教职业者的同时，注意培养一批进步分子，使他们逐渐成为"左派"，通过他们带动教徒群众，继续开展反帝爱国运动；对宗教界上层人士在政治上适当安排，生活上予以适当照顾；必须坚持宗教活动服从于生产的原则，采取协商方式，与宗教界人士协商，适当减少宗教活动，尤其是农忙期间，暂停活动；结合各时段的中心工作，加强对教徒群众的社会主义和科学知识的教育，以及发动教徒群众参加教会反帝爱国工作，打击教会内的反动势力与坏人坏事等[631]。概括言之，就是贯彻政策、调整关系、调动服务和加

630 毕节专区档案馆藏1959年2月27日关于我省几年来的宗教工作情况和1959年宗教工作安排意见。

631 毕节专区档案馆藏1959年2月27日关于我省几年来的宗教工作情况和1959年宗

强改造。

为了能有效规范及引导基督教会的活动，促进教会适应社会主义社会，带领信教群众积极从事社会主义的建设。1959 年底，贵州省宗教处组织各专区、市、州的宗教界人士到贵阳参观钢铁厂、棉纺厂、木工厂等，以及贵州十年经济建设成就等展览，学习《中共八届八中全会公报》等，对祖国形势展开讨论，以及参观各地的心得体会等。

1961 年 9 月底，贵州省基督教第一届代表会议召开，与会代表"认为在党和政府的正确领导下和教育关怀下，我省基督教界的自我改造任务取得了显著的成绩，特别是 1958 年社会主义教育运动后，明确了基督教界必须接受共产党领导、走社会主义道路"，今后基督教会及三自爱国运动的主要任务就是"顾一头、一边倒"。所谓"顾一头"指顾教会改造的大局，开展政治学习，参加生产劳动，加强思想改造，转变政治立场；"一边倒"指基督教完全倒向社会主义制度：

> 一心一意听毛主席的话，一心一意跟着共产党走，一心一意接受改造，一心一意为社会主义服务。坚决拥护总路线、大跃进、人民公社三面红旗，与全省人民一起，积极参加祖国社会主义建设事业。[632]

有必要指出的是，从 1958 年起，黔西北等地基督教活动迅速消失，潜藏起来，秘密活动。从表面上看，当地既无宗教徒，也无宗教活动，更无宗教诉求，但这并非"好事"。对政府部门而言，教会开展暗地活动则更难管理，更难对付。从 1959 年下半年起，贵州省相关部门多次要求毕节等开展调查，掌握教会活动的真实情况，对症下药，开展工作。"对教徒聚居的地区和毕节专区、安顺、册亨少数民族基督教、天主教进行全面和重点调查、摸底工作。在调查中作到发现问题，解决问题"[633]。故在调整做法期间，开展社会调查、摸清及掌握情况也是其重要的环节。

教工作安排意见；水城县档案馆藏 1959 年 7 月 8 日省宗教事务组关于我省 1958 年宗教工作概况及今后工作安排的意见，1960 年 6 月 17 日省人委宗教处关于我省 1959 年宗教工作概况及对今后工作安排的意见。

632 水城县档案馆藏 1961 年 10 月 30 日贵州省基督教第一届代表会议决议；贵阳市档案馆 1964 年杜光炎贵州省三自会常委会工作的报告。

633 水城县档案馆藏 1960 年 6 月 17 日省宗教处关于我省 1959 年宗教工作概况及对今后工作安排的意见。

2、执行政策，调整做法

根据中央及省委的指示，毕节地区有关部门反思"大跃进"期间对于宗教活动的认识及管理措施，认为亦有不妥之处，产生新矛盾、新问题。

> 由于我们的思想赶不上形势的发展，对宗教工作的长期性、复杂性认识不足，在工作中表现束手束脚，不敢全面地宣传宗教信仰自由政策。如有的只宣传宗教信仰自由的一面，而忽视了不信教有自由的一面；有的只从现象上看问题，认为教徒不进行宗教活动，就没有宗教了，宗教工作无啥可作，而不去进行政治思想教育工作；有的则采取简单、粗糙、行政命令的方式，想"剃光头"，挤掉全部教堂，致使部分地区的教徒转入家庭聚会，这就给反坏分子造成活动的机会。所有以上偏向，都会造成我们工作被动，增加我们对宗教界人士争取、团结、教育、改造工作上的困难。[634]

遵照中央"弛"的精神，执行贯彻政策、调整关系、调动服务、继续改造的方针，对宗教界人士进行政治思想教育，在领会文件精神的基础上，以和风细雨、摆事实、讲道理的方法，针对各种"错误"论点，深入细致地进行教育，使大多数教牧人员和教徒群众的思想觉悟均有不同程度的提高，正视人民公社的优越性，减少怀疑、抵触情绪，积极投入社会主义建设事业。这些政策的体现在：

第一，执行宗教信仰自由政策，允许教会从事正常的宗教活动。各地政府在不违反国家法令的原则下，允许教徒有一定时间和适当场所过正当的宗教生活（如基督教的礼拜、祷告、丧事礼拜、领圣餐……），保护教徒的宗教信仰自由；允许教职人员有时间履行其宗教职务（如视察教会、探访教徒等），按照教义在教堂内传教但不允许在教堂外进行自由布道；允许教会接收确系自愿信教者入教，在教堂内分别举行入教仪式等。

第二，不再合并或挤占教堂，根据情况，适当恢复一些活动场所，满足信教群众的需要。从1959年下半年起，毕节地区有关部门规定，今后不再合并或挤占教堂等宗教活动场所，其中石门坎教堂要长期保留，利于争取群众。至于过去挤占堂点较多的地方，对教徒多、有做礼拜要求，又有教牧人员的地方，可作适当调剂或恢复活动场所，以便团结、教育及改造宗教界人

---

[634] 毕节专区档案馆藏1959年8月31日毕节"口"办公室关于1959年上半年宗教工作情况及今后工作的意见。

士，争取广大信教群众，可避免搞秘密的宗教活动。在恢复工作中，必须充分研究，逐步进行，讲究策略，防止出现"一轰而起、遍地开花"现象的再次发生。

第三，继续开展教育，培养积极分子。当时，在大搞技术革新运动中，对教牧人员要进行"人定胜天"和科学知识的教育，树立并增强科学观念。在教育工作中，抓两头带中间，对表现好的适当表扬鼓励；对表现不好的适当批评，调动他们的积极性。继续对宗教界代表人士在政治上适当安排，经济上适当照顾，使其进一步靠近党和政府；继续培养有一定政治觉悟又有宗教造诣的教牧人员，使其占领教会阵地。同时，培养及使用进步的教徒，推动反帝爱国运动，鼓励其参加揭露教会内的反动势力与反对坏人坏事的斗争。

第四，召开各种形式的座谈会，宣传政策，加强反帝、爱国、守法的教育；组织部分教牧人员外出参观，开阔眼界，提高认识，转变思想，等等[635]。

当地政府通过这些方式，执行党的宗教信仰自由政策，和缓了紧张的空气，拉近了与教牧人员及教徒的距离，保障了信教群众的权利，正常的宗教活动再次展开。

（四）基督教的调适与变化

的确，社会主义教育运动、特别是"大跃进"，以及"宗教肃反"等，给威宁、赫章等地基督教会予以沉重打击，一度活跃的宗教活动顿时消沉，秘密隐藏；教牧人员纷纷表态，要积极劳动、加强学习，加快自我改造等：

> 一、继续深入开展反帝爱国三自运动工作，关于帝国主义利用基督教在贵州进行侵略的罪恶史实，我们一定要将自己知道的和尽力在教徒群众中收集到的所有材料，争取在三个月以前编写好，寄交省爱国会……
>
> 二、坚决拥护和积极参加人民公社，服从公社领导，作到劳动服从公社安排，物资费用服从公社分配，一定要坚持"生产第一，

---

[635] 水城县档案馆藏 1960 年 2 月 21 日毕节专署 1959 年宗教工作基本情况和 1960 年工作意见，1961 年 11 月 8 日毕节专署宗教科关于宗教工作基本情况及今后工作意见（草稿），1961 年 11 月 18 日毕节关于进一步贯彻党的宗教信仰自由政策的请示报告。

宗教生活必须服从于生产"的原则，在大跃进中当促进派，为完成 1959 年社会主义建设更大、更好、更全面的跃进。

三、教牧人员积极劳动生产，加速自我改造……

四、加强政治学习，我们要在各自工作生产单位的党政领导下，加强政治、时事、政策、法令的学习，联系思想实际，勤学苦钻，以提高社会主义思想觉悟，彻底改变政治思想立场。

五、协助政府贯彻宗教信仰自由政策……坚决不作（搞）家庭聚会、不唱灵歌，不跳灵舞、不吃灵奶、不作（搞）自由传道、不医病赶鬼、不诈骗钱财、不奸污妇女等非法违法活动，不替被搜捕处理的坏人申冤叫曲，不接收来历不明的传道人，不乱吸收教友，要坚决与坏人坏事和非法违法活动斗争到底。[636]

在受到教育后，确有若干群众（包括过去部分信教群众）公开表示信耶稣不如信共产党、听毛主席的话，信耶稣没有得到什么好处？做礼拜要耽误生产；听党和毛主席的话，搞好生产，建设社会主义，就能过幸福的生活等，放弃宗教信仰，不参加或组织礼拜活动，等等。但当时很难说它们是出至内心的真话，代表信教群众的真实想法。

不过，绝大多数教牧及信教群众仍坚守信仰，缄默无语，冷漠相待。当然，也有少数教牧人员及信教群众表示出不同看法，公开说毛主席、共产党的话要听，耶稣讲的道理也要信，兼顾两者。有的还加以发挥，表示这两者关系是"我们血体、肉体交给毛主席来领导，把灵魂交给耶稣来领导，所以生产要搞，宗教生活要过"；"信神的人是听毛主席话的，要达到最后的希望；把肉体交给公社，灵魂交给神，要上天堂"等等。一些人说政府不准我们在星期天做礼拜，为什么机关干部在星期天休息不工作呢？个别者还公开指责："宗教信仰自由，是中央政府规定的政策，任何人都不准干涉，但你们（指政府）光强调生产忙，不准许我们做礼拜来限制宗教自由。"[637]有必要解释的是，那些要求开展宗教活动、表达不同看法者均是当地的贫穷农民，属于"草根"人物，他们在旧社会苦大仇深，阶级立场稳，阶级感情深。在强调阶级划分、大抓阶级斗争的那个年代，"好"的家庭阶级成份就是"护身符"，根正苗红，是人民民主专政体制的依靠对象，因由信仰宗教而实施

---

636 张廷光、李正邦、朱文正等：《保证书》，《贵州三自通讯》，第 7 期，1959 年 5 月。
637 毕节专区档案馆藏 1959 年 7 月 24 日赫章县关于目前宗教情况和今后意见。

的压制或打击在此面前往往失效！尤其是大范围的那些信教农村。

可是，消沉不等于放弃，缄默并非无要求。1959 年 6 月，省宗教处干部选择水城县盘雄公社为典型，调查该地的基督教情况。发现该公社并不是所谓的"四无"社，仍有两座教堂、130 余名教徒，4 位教牧人员，宗教活动暗地举行，自由传道、家庭礼拜或跨县活动等仍然继续存在[638]，是名符其实的"四有"公社。

> 在这种形势下，凡信徒都人人自危。尽管时时小心谨慎，束手闭口，也难免朝不保夕之忧。于是，教会的礼拜活动完全停止了。当然，教会的礼拜活动停止了，并不等于教会被消灭。教会有两种：一种是一定地域范围内的信徒在规定的时间和地点举行礼拜活动的群体；一种是个体信徒。被迫停止的只能是信徒群体的礼拜活动，个体信徒心中对神的信仰和礼拜是不会停止，更不会被消灭的。其实，即使是教会群体的礼拜活动也并没有停止，不过是潜伏而已，就如地表的水流潜入地下一样。[639]

的确，在教牧人员中放弃信仰者是有限，多数人未告别宗教，洗心不革面。如赫章县，经过社会主义教育、大跃进和"宗教肃反"等运动之后，虽有 40%左右教牧人员的宗教信仰淡漠，但仍有 50%以上的人是属于中间分子，"思想认识模糊，其中大部分表现有两面性。一方面能接受党的领导，爱国守法，愿走社会主义道路，在劳动生产中表现较好。但一方面，对宗教信仰思想很浓厚，而积极领导教徒做礼拜或要求恢复宗教活动"。还有 10%左右的人坚决要组织开展宗教活动，抵制或反对当时政府部门在宗教问题的作法，说什么"教会需要，公社也需要，因为宗教和党的政策是连起来的。要达到最后的希望，教会还要大发展，培植教会、做礼拜是值得的"，等等[640]。两项合计，"中间"分子与"落后"分子超过了 60%，这就是说在教牧人员中间，真正做到改变立场、放弃宗教者，数量有限。至于信教群众，其思想认识、信仰追求等也大同小异。

其实，当外界施加的压力强时，大多数教牧及信教群众便放弃公开的宗

---

638 水城县档案馆藏 1964 年 10 月 19 日省宗教处曹汉章关于水城等三县在基督教内部进行肃反工作中的一些问题和建议。

639 《基督教结构教会百年简史》，第 99—100 页。

640 毕节专区档案馆藏 1959 年 7 月 24 日赫章县统战部关于目前宗教情况和今后意见。

教活动，人间蒸发，消失于干部、积极分子及非信教群众的视线外，转入家庭、山林或岩洞等，结成内敛群体，秘密活动，"转变了斗争形式，而利用狭隘的民族情感，偷偷摸摸的活动，拉拢落后分子搞家庭聚会"[641]，产生更多的问题，对政府等管理工作带来新的麻烦。

文武之道，一张一弛，有"张"就有"弛"。从1959年起，根据上级指示，毕节各地政府贯彻"弛"的精神，继续执行宗教信仰自由的政策，对教牧人员进行争取、团结和教育，促进自我，对教徒群众加强政治教育，提高觉悟，转变思想。

由于外部环境逐渐趋于宽松，部分地方的基督教便浮现出来，或由教牧人员承头，或信徒自发组织，召集聚会，开展礼拜等宗教活动。1961年11月，有关部门的调查统计，从1960年冬季起，威宁有4个教堂开展了宗教活动，其中"大松树支堂是每个星期过一次礼拜，并且是一搞就是一天一夜，搞的大部疲劳，第二天不出工，影响生产"；赫章葛布等6个教堂重新活动；织金有3个教堂组织礼拜；纳雍有两个教堂公开组织活动。值得注意的是，这些活动多系教牧人员或教徒自发组织。如赫章葛布教会：

> 这两个教会的负责人共用一个，都是自愿的，甘心尽力，义务劳动生产，自食其力，始终没有住会，安享生活，劳累教会。每逢礼拜日，就从葛布晨早跑到该处教会主领礼拜，早去晚回，每日往返的路程至少不下七八十里路，每一个礼拜日就到一处教会，领导举行礼拜，这样轮流负责，不辞辛苦地坚持了八年时间。[642]

在这之中，以纳雍县维新区半坡教会最典型。1961年7月，该教会组织了120余名教牧及上层教徒秘密聚会，选举了马显文为牧师，负责全县教务；研究宗教活动及恢复教会的计划，除已恢复的两个支堂外，另在秋收前还要恢复10个教堂；以及圣诞节期间，拟在半坡教堂召开300余人聚会，教牧人员均要参加，表现声势[643]。到1963年，该县的基督徒已有近千人[644]，活动频

---

641 毕节专区档案馆藏1959年12月30日专署宗教科关于1959年宗教工作总结报告。

642 贵阳市档案馆藏1964年王明道赫章县第四区葛布教会。

643 水城县档案馆藏1961年11月7日目前各地宗教活动情况。在"大跃进"运动前，纳雍县有16个教堂，半坡是系总堂。按此计划，1961年恢复12个教堂，重新开展活动，恢复数占原有数的75%。

644 贵阳市档案馆藏1964年3月14日马显文纳雍县教会简报。

繁。然而，我们也注意到，这些自发恢复宗教活动的堂点，基本上是原内地会系统的教会。

> 1964 年以后，潜伏了五六年的结构总会又像春风吹拂的小草一样复苏了，并且像地火在地底下到处漫延运行。首先，是南三部板房教会的陶以撒（苗族）说：圣灵启示并摧（催）迫他，要他带领信众聚会敬拜神。于是他在板房及其周边各教会活动，安慰和勉励信徒恢复礼拜生活，并且在板房、锅圈岩、茶树、包包寨等地带领信众乘夜深人静之时，或在深谷，或在山洞，或在山凹，或在旷野，总之，在人们不易察觉的地方聚会做礼拜。这地火从南三部很快漫延到南一、二、四部，再漫延到中部、东部和北部各教会。各地方的聚会礼拜活动在暗地里开展起来。[645]

五、六七十年代基督教活动概述

（一）环境的变化，影响活动

1959 年上半年，经历了"大跃进"及"宗教肃反"等，黔西北地区基督教几乎"消失"，不见踪影；信教群众或公开"放弃"信仰，却暗中活动；或迁往他乡，躲避打击……然而，群众信仰宗教是宪法赋予公民的一项权利，尊重及保护宗教信仰自由政策是中共的主要政策，也是对外宣传的重点之一。显而易见，斯时毕节及相关各县政府对宗教组织、宗教活动及信徒群众实施的压制，尤其是"宗教肃反"行动，与宪法及中共相关政策的精神相背离。即使在"左"思想的指导下，这些措施不仅"张"太开了，而且"张"过了头，产生出若干不当后果。

> 无数事实证明，凡是这样作的结果，不仅未削弱宗教，反而引起信教群众的恐慌，对党的宗教政策产生怀疑和误解，导致信教群众对我们不满，给敌人造谣破坏可乘之机，由于在逮捕反革命分子时没有向群众讲清楚肃反政策、宗教政策和披着宗教外衣的反革命分子利用宗教进行反动活动的界限，以致在群众中引起思想混乱，兼之教堂被占用，他们不敢公开过宗教生活，而转入家庭聚会、地

---

645 《基督教结构教会百年简史》，第 100 页。引文中所谓南一、二、三、四部，及中、东等部，系 1950 年前结构作为当时内地会彝族总堂时管辖的各教区。1950 年，这些隶属关系不复存在，仅是该书撰写者的追忆而已。

下活动，使我们在政治上处于被动，不好管理。[646]

从 1959 年上半年起，根据"有张有弛"的精神，在"张"之后要实施"弛"，采取"贯彻政策，调整关系，调动服务，加强改造"等措施，以调整了"大跃进"期间的不妥作法，协调关系，化解矛盾，以调动信教群众及教牧人员建设社会主义的积极性。相关措施，前有叙述，此略。

但从 1962 年下半年起，受当时政治形势的影响，阶级及阶级斗争等提法占了上风，要用阶级观点去认识、分析问题，进而影响到对宗教、宗教活动的认识。

12 月 17 日至 1963 年元月 11 日，第七次全国宗教工作座谈会在北京召开。与会代表反映各地（含民族地区）的宗教活动概况，以及对宗教事务管理等情况，认为目前宗教工作中存在这样两大问题：①对宗教活动的放任自流，甚至支持、助长或参加宗教活动；②用简单粗暴方法，干涉正当宗教活动的现象。"这两方面的问题，都是不符合党的宗教政策的，对于团结广大宗教徒，对于同宗教作斗争，都是不利的，都必须加以纠正"。

会议认为在资本主义向共产主义的过渡时期，宗教仍然是剥削阶级利用的工具，帝国主义及反动派还竭力利用宗教进行阴谋破坏活动等，必须以阶级观点及阶级分析的方法来观察及处理宗教问题，宗教工作的首要任务是开展以反帝、爱国、守法为主要内容的爱国主义、国际主义和社会主义教育（简称"三个主义教育"）。不过，在措施上，要采取和风细雨、正面教育、联系实际，摆事实、讲道理等方式，开展讨论，分清是非，提高受教育者的政治思想，团结、教育和改造大多数人士，孤立、分化及打击少数披着宗教外衣的反、坏、右分子，等等。

会议还认为，自从毛泽东提出"千万不要忘记阶级和阶级斗争"号召后，干部及民众站在阶级立场上，用阶级观点分析宗教本质及宗教活动等，成为时代的主旋律。这样，宗教的负面作用自然会倍受关注，甚至被有意夸大，有必要加大力度开展思想改造及政治教育，消除宗教的影响。但由于我

---

646 水城县档案馆藏 1964 年 10 月 19 日曹汉章关于水城等三县在基督教内部进行肃反工作中的一些问题和建议。该报告还反映，1959 年水城县二区某副区长前往紫云县，动员外迁农民（主要是基督徒）返乡，他们则要求干部解释以下问题：1、政府为什么要逮捕我们的教牧人员？他们犯了什么罪？应向我们宣布；2、要求政府释放我们的教牧人员；3、要求政府今后要认真按毛主席的指示办事，不要再乱振（整）人；4、发还我们的教堂，允许我们过宗教生活。

国多数宗教徒是劳动人民，并以根正苗红的贫下中农为多，他们是人民民主专政的依靠力量而不是打击对象。如何对待群众的宗教信仰、宗教活动及宗教诉求呢？既然"马克思、列宁主义在思想领域内同宗教的斗争，和宗教的消亡，是更为长期的"。因而，在社会主义社会里，宗教仍有存在的理由，宗教组织开展活动、以及信教群众的宗教诉求等也是长期的，是不以某些人的意志为转移的。

于是，该会"会议纪要"明确要求：应当允许教徒在教堂开展宗教活动和个人在家里过宗教生活，宗教职业者履行主持宗教仪式、管理教务等正当的宗教职务；对于某些需要在教徒或者群众家里举行的宗教仪式，如神职、教职人员应教徒的请求到教徒家里作终傅或丧事礼拜，不予禁止；原则上不禁止宗教职业者下乡视察教务、探访教徒等等，但应在派出的人选、外出的次数和时间、前往的地点等方面妥为掌握，力求减少可能产生的消极影响；对教会接受人们自愿入教的行为，不宜以行政命令加以禁止；对于"家庭聚会"，应区别情况，按照以下原则，分别处理：①对于反革命分子、坏分子用以进行反革命活动和其他违法活动的，应予取缔，对反坏分子依法处理。②引导"家庭聚会"的教徒到教堂去，开展宗教活动。如果因为教堂被占用而造成的"家庭聚会"，应设法解决教徒的公开活动场所，促使秘密、分散、流动的"家庭聚会"转向公开、集中和固定的宗教活动，以便管理；以及巩固及提倡基督教的"联合礼拜"[647]，认识问题，加强对宗教事务的管理等等。

根据该"会议纪要"及中央的批语，贵州有关部门落实相关要求，贯彻"三个主义"教育，实施开展教育、打击及管理等项工作，即除对宗教界人士实施"三个主义教育"外，在广大信教群众中要开展阶级教育，提高思想觉悟，争取团结；打击披着宗教外衣的反革命分子、坏分子等，贯彻宗教信仰自由政策，加强对宗教活动的管理等。还有，在贵州省第十五次统战工作会议上，省委副书记苗春亭公开批评 1958 年水城、威宁等地开展的"宗教肃反"等作法，指出"水城等 3 县对待宗教问题的这种作法是不妥当的"，要

647　《中央批转国务院宗教事务局党组第七次全国宗教工作会议纪要》，《宗教工作通讯》，1963 年第 2 期；《关于近两年来汉民族宗教方面阶级斗争情况的四个材料》，《宗教工作通讯》，1963 年第 3 期；国务院宗教事务局：《关于在宗教界人士中开展以反帝、爱国、守法为主要内容的爱国主义、国际主义和社会主义教育的意见》，《宗教工作通讯》，1963 年第 1 期。

求当地有关部门"对此问题，应在内部认真检查，在群众中作必要的解释工作"，采取措施纠正[648]。

进入 1964 年，受"阶级斗争为纲"路线的指导，有关部门对宗教及宗教活动的认识发生剧变，明确提出宗教问题的实质是阶级问题，阶级问题就是敌对问题，要采取措施，通过运动，限制、削弱以至消除宗教的作用及影响。该项运动就是社会主义教育运动（简称"四清"）。

按照布置，全国各地农村要广泛开展以"四清"为内容的社会主义教育运动，运动内容从清帐目、清仓库、清工分、清财物等纯经济因素变为清思想、清政治、清组织和清经济，提到了政治层面的高度上来，运动方向也变为查清基层政权，查找及清除隐藏的"阶级敌人"，由劳动人民、主要是贫下中农重新掌握权力（俗称"夺权"），以实现对基层社会的控制、落实无产阶级专政的任务。对"四清运动"如何看待？事后，中共中央对之评价，认为四清运动"虽然对于解决干部作风和经济管理等方面的问题起了一定作用，但由于把这些不同性质的问题都认为阶级斗争或者是阶级斗争在党内的反映，在 1964 年下半年使不少基层干部受到不应有的打击"[649]，其中包括信仰基督教的农村基层干部。

当时，因基督教多在农村开展活动，农民、主要是贫下中农构成了教徒的大多数。建国后，部分信教群众跟随共产党，积极开展土改运动和生产建设等，受到教育，得到锻炼，培养成社队干部，掌握领导权，管理基层，因而部分社队出现了所谓"政教合一"现象。如当时毕节地区工作队调查了 100 余个信教群众聚居的生产队后，认为教会正在夺取农村基层政权[650]，等等。类似现象，各地均不同程度存在。

1964 年底，全国信教群众工作座谈会召开，会后在呈交中央统战部的报告中特别强调，"我们在这次社教运动中，必须同这些地方的天主教、基督教反动势力进行坚决的斗争，狠狠地打击敌人，攻破这些反动堡垒，把领导权夺过来，建立巩固的无产阶级政权，从根本上改变这些地方的政治面貌"。次年 3 月，有关部门在批转了该座谈会的情况报告，针对对农村基督教等活

---

648 毕节专区档案馆藏 1964 年 10 月 19 日曹汉章关于水城等三县在基督教内部进行肃反工作中的一些问题和建议。

649 《关于建国以来党的若干历史问题的决议》，中共中央党校党建教研室编：《十一届三中全会以来重要文献选编》，中共中央党校出版社，1981 年，第 154 页。

650 张坦：《窄门前的石门坎》，云南教育出版社，1992 年，第 236 页。

动情况，作出了明确指示，要求同教会势力进行坚决的斗争：

> 天主教、基督教会是信教群众比较集中的农村中的反动堡垒，教会势力向我们发动了猖狂的进攻，气焰非常嚣张，敌我矛盾很突出，两条道路的斗争很尖锐。因此，在信仰天主教、基督教群众比较集中的地方进行"四清"运动，势必要同这些教会势力作坚决斗争，很多地方还是一场尖锐的夺权斗争。否则，"四清"运动就会受到阻碍，就不可能把运动搞深搞透，取得胜利。[651]

在这样形势之下，毕节等地基督教也不会幸免，教堂被拆毁、教产被没收，《圣经》及赞美诗等被没收及焚烧，正常的宗教活动被禁止，信教群众再受到歧视以至打击，教牧人员被批斗，甚至有人受迫害致死。

从 1966 年 5 月起，"文化大革命"在全国迅速蔓延，要彻底肃清"封""资""修"等思想，大树特树无产阶级权威。在"文化大革命"中，宗教及宗教组织、宗教活动等更是作为"封、资、修"的产物，厉行清理，严格禁止，甚至予以沉重的打击，包括黔西北在内的全国各地进入了"无宗教"时期。"那时，基督教被诬为'反动宗教'，聚会礼拜活动被诬为'反动宗教活动'，教牧人员被扣上'反动宗教头子'或'反动宗教坏分子'、'帝国主义的忠实走狗'、'牛鬼蛇神'等帽子。只要定了罪名，就免不了被批判斗争；只要被批判斗争，就常常免不了捆、绑、吊、打。折磨得死去活来之后，轻则戴帽管制，重则判刑劳改。一般的信徒也要进学习班洗脑。称叫'斗私批修'。'斗私批修'时，如果说话稍有出格，态度稍有不顺，立马就要升一级——由人民内部矛盾上升为敌我矛盾"[652]。

关于这段时期对宗教信仰的认识、相关政策及措施等，1982 年 3 月中共中央、国务院在《关于我国社会主义时期宗教问题的基本观点和基本政策》内作了这样评价：

> 自 1957 年以后，我们在对宗教的工作中的"左"的错误逐渐滋长，60 年代中期更进一步地发展起来。特别是"文化大革命"中，林彪、江青反革命集团别有用心地利用这种"左"的错误，肆意践踏马克思列宁主义、毛泽东思想关于宗教问题的科学理论，全

---

[651] 中央统战部：《批转国务院宗教事务局党组关于全国信群群众工作座谈会的情况报告》，载《宗教工作通讯》1965 年第 2 期。
[652] 《基督教结构教会百年简史》，第 103 页。

盘否定建国以来党对宗教问题的正确方针，根本取消了党对宗教的工作。他们强行禁止信教群众的正常宗教生活，把宗教界爱国人士以至一般信教群众当作"专政对象"，在宗教界制造了大量冤假错案……他们在宗教问题上使用暴力，结果却使宗教活动有秘密和分散的状态下得到某些发展……[653]

的确，"文革"期间（主要是"文革"初期），各地对部分教牧人员或教徒予以打击，试图禁止宗教活动。当然，在这期间，受冲击或迫害者，不仅教牧人员及教徒，广大干部及群众亦同受其害，各级党委和政府"瘫痪"，无法也无"天"。不过，期间也是黔西北基督教频繁活动、积极发展的时期，还扩张到毗邻的滇东北等地苗彝族地区。"近年来由贵州赫章来人串联，散布什么：'天要翻，地要覆，地球要毁灭，只有信教的人才能得救。'搞得人心惶惶，部分苗彝群众被迫信仰基督教，跟随传教士，半夜起来大搞宗教活动，跳跳闹闹，天亮又回去"，更多的苗彝群众接受基督教，"不信教的少数人受到歧视和孤立"……[654]

（二）基督教的调适及嬗变

的确，形势的改变，尤其是在以阶级斗争为纲思潮的引导下，人民群众的宗教信仰被制止，教牧人员受到打压，宗教活动被公开禁止。可是，"基督教像风中的野火，早旺却不可怕，到一定的时候了，风一息，火也就熄了。如果用（力？）打，反而当得给它浇油，它会燃得更厉害，并且越用力打，飞出去的火星越多。每个火星都会引燃新的野火，这样就更好不好收拾了"[655]。打压行为不可能收到预期的效果，反却激发部分教徒的激情，"革面"不"革心"，坚持信仰，秘密活动，暗中传播。加之受"文化大革命"的猛烈冲击，各级党政部门基本处于瘫痪状态，难以也无力对基层某些活动加以有效管理、严格控制，基督教伺机秘密活动，加快了底层社会的传播。更为严重的是，加快了某些异端的迅速扩张，如威宁"以十一区兴隆厂罗××、十区以独朱××为首的'灵恩'派别所谓精兵、仙女……脚立定'隆开伍'、'攻破轿顶山'、'解放石门坎'（原注，指现在不信了），要以灵恩

653　中共中央印发《关于我国社会主义时期宗教问题的基本观点和基本政策》，中央文献研究室综合研究组等编：《新时期宗教工作文献选编》，1995年，第57—58页。
654　马绍忠：《民族工作之路》，第64—65页。
655　《基督教结构教会百年简史》，第123—124页。

派来解放"[656]，等等。概括而言，当时赫章、威宁及水城等黔西北地区的基督教呈现这些特点：

1、秘密活动，急剧扩张

受"左"思想的指导，当地党政部门采取强力措施对待群众的宗教信仰，压制激发了部分教牧及信教民众的激情，触发出对抗情绪，秘密信仰，参加甚至自行组织宗教活动。表面观察，在这些地方，的确"教会的礼拜活动停止了，并不等于教会被消灭。教会有两种：一种是一定地域范围内的信徒在规定的时间和地点举行礼拜活动的群体；一种是个体信徒。被迫停止的只能是信徒群体的礼拜活动，个体信徒心中对神的信仰和礼拜是不会停止，更不会被消灭的。其实，即使是教会群体的礼拜活动并没有停止，不过是潜伏而已，就如地表的水流潜入地下一样"[657]。

基督教不同于其他宗教，除经典（新约）文字简洁，道理明了，比喻生动，易于学习、理解及传授外，还在于其传播活动有突出的特点，"人人皆是祭司"，教牧人员可以传教，普通教徒也能如此，为主作见证，积极传播。任何信徒都可作自由传道人，毋需具备相应的资质，也没有特别的"门槛"限制，只要愿意，就可宣讲传播。

当年，在"左"思想的作用下，宪法赋予公民宗教信仰的权利被践踏、宗教信仰自由政策遭到破坏，政治上施加的打压，迫使教会潜入了"地下"，暗中活动。由于是秘密开展活动，缺乏限制、约束或限制，致使传教活动更频繁、更自由、更随意，"无端而残酷的迫害，不但不能吓倒教牧和信徒，反而更坚定了他们的信仰；更激励了他们的力量。像铁进了炉里烧炼后反而成了钢一样。许多教牧人和信徒在残酷的迫害中，在恐怖的氛围里，一如既往地、默无声息地为主作主，为教会作工，安慰信徒持守信仰，传福音引人归主"[658]。自发传教的行为在原内地会活动的地区表现尤其突出，部分教牧、教徒积极作见证、广宣扬，拼命传播，引人入教，谋求发展。1965 年，毕节有关部门调查了威宁大街、羊街两个区情况，得知该两区的自由传道人多达640 余人，超过原教会教牧人员的 20 倍[659]：

---

656 贵阳市档案馆藏 1965 年 7 月 28 日朱文正关于威宁进（近）来宗教活动情况汇报。

657 《基督教结构教会百年简史》，第 99 页。

658 《基督教结构教会百年简史》，第 126 页。

659 张坦：《窄门前的石门坎》，第 236 页。

　　十年熬炼中，灵程路上有人困惑止步了，有人观望后退了。但更多的人跟上行走天路的行列。有人惧怕极"左"错误路线的高压而停止了聚会，有人只见眼前利益而脱离教会，有人卖主卖友而向后倒退。然而，却有更多弟兄姊妹和原来不信主的一些村寨青年加入了教会，蒙恩得救了。他们不怕路途艰险参加聚会，不怕天寒地冻，敲开冰块受洗入教。

　　十年中，教会行进在漫长的流泪谷中，主使这谷变为泉源之地，福乐盖满全谷，力上加力之地。十年中，主没有离弃他的教会，他仍在前面呼唤着他的羊群。[660]

　　这样，传播福音、引人入教的行为在部分地点变为群众性活动。信仰与否，成为认同接触、守望相助、团结凝聚的"界限"。当时，在"左"思想的指导下，有关部门采取以我划"界"、非此即彼的措施，事实上起到驱赶作用，为渊驱鱼，为丛驱雀，加快了基督教向基层社会中的渗透，迅速发展。"患难中的信徒更加虔诚，信心更坚固、更灼热，困苦中的敬拜，灵里显得更丰盛，犹如'沙得拉、米煞、亚伯尼歌在火窑中的喜乐'，充满教会"[661]。

　　如赫章县，从1962年起基督教不仅在原活动区持续发展，还迅速扩张其他地方。到"文化革命"期间，发展速度最突出。据1977年统计，全县61个公社已有基督教活动（该县共89个公社），活动点从51个增至192个，教徒由1万余人发展3.39万余人，净增两倍多[662]。如该县财神区毛姑乡毛姑村，1986年5月有基督徒338名，其中291名是在1961—1978年时加入基督教的[663]，再如赫章县结构教会，部分教牧依据残存的记忆，统计出1962—1978年间由结构教会教牧人员或教徒秘密传播的堂点（参见下表）：

660　《基督教葛布教会百年史》，第5章，第4节。
　　　引自《石门坎文集》http//www.shimenkan.org/book.
661　《基督教葛布教会百年史》，第5章，第4节。
　　　引自《石门坎文集》http//www.shimenkan.org/book.
662　编委会：《赫章县志》，贵州人民出版社，2001年，第23篇，第748页。
663　张坦：《窄门前的石门坎》，第304—305页。

表 2-8　1962～1978 年结构教会建立部分堂点简表

教会名称	建立时间	首　任　教　牧
安甲	1962	罗发荣、安德烈等
发纳	1975	赵荣华等
海突冲	1979	罗清发、陆亮才等
大路边	1975	聂正宣等
先锋	1975	朱国荣、郭连发等
水井湾	1975	王远华、王远兵等
丰家	1978	聂德秀（女）等
桃坪	1978	陆明华、王德亮等
寨上	1977	王远方、王远高等
一棵树	1976	严朝清、文正友、雷安惠等
格答寨	1964	文正友等
飞来块	1979	安盛忠、赵志全等
益毛沟	1968	罗发祥等
大寨	1972	文富亮、顾开荣等
中寨	1975	龙登明等
小米期	1973	罗志敏、顾兴亮等
枧马坝（威宁）	1972	张拉结、王朝云等
朱宗（镇雄）	1978	黄德祥、赵学银等
麦车（镇雄）	1977	文国明、陇万才等
野角沟（镇雄）	1975	陈树华、文德友等
比道角（镇雄）	1976	陇庆全、罗绍科等
田坝（镇雄）	1976	陇庆全、罗绍科等
流沙河（镇雄）	1977	鲁尧该等

引自《基督教结构教会百年史》第 127—128 页。该书原注：因缺乏资料，此时期建立的教会未得统计完全。

值得提出的还有，当时基督教的传播活动，除扩大区域、增加对象外，部分教牧或教牧还采用多种方式，积极向青少年灌输宗教思想，成为信徒，让基督教世代相传，后继有人。据 1963 年的一份报告披露，"贵州葛布、河山寨等地基督教以'帮助就业'、'保送升学'、'介绍婚姻'等欺骗手段，去年（1962 年）发展了 18 岁至 25 岁的青年 136 人入教"[664]。葛布如此，其他地点也不会两样！部分青少年接受宣传，萌生或增强宗教的思想，秘密受洗，成为信徒，教会因有后续力量而得到持续的发展。

更糟糕的是，基督教在隐蔽状态下展开活动，容易遭遇民间宗教，交流整合，致使教义宣传、教规传授发生变异，产生新的"问题"。前有说明，此略。

2、消除隔阂，实现"合一"

历史上活动在黔西北地区的基督教主要有循道公会与内地会两派，其中循道公会以威宁石门坎、四方井为中心，分别建构苗族、彝族两大联区，活动于威宁西北、云南彝良和昭通，及四川筠连等地。内地会的活动区域较广泛些，活动在赫章的内地会以葛布、结构为中心，分设苗族、彝族两个传教总堂，还传至水城、织金及云南镇雄等苗、彝地区。至于大方（定）、纳雍等县基督教，虽属内地会系统，但与赫章等地没有什么隶属关系。

在宗教团体中，因派系不同而观念、认知、行为及要求等有所差异。同为基督教群体，派系就是其中亚群体或树干各分枝，由派系划分了传教的地盘，凝聚或排斥了信徒群体，曾起到加快或阻碍基督教传播的作用。前有叙述，此不重复。

建国后，属于原循道公会的教会因政治、教育及人事等原因而衰弱，一蹶不振；反之，原系内地会的教会则活动频繁、发展迅速，对比鲜明，高低悬殊。但从 1957 年以后，因"左"思想的错误指导，宗教被视为剥削阶级的意识形态，尽管绝大多数信教群众是贫下中农，苦大仇深，因为接受了"剥削阶级的意识形态"，成为宗教徒，也要接受教育，被批评以至被批斗，触及灵魂深处，争取告别宗教，成为无神论。覆巢之下无完卵，原内地会的教牧及教徒也受到了压迫或打击，与原循道公会教牧及教徒处于同一境遇。处境相同，拉近距离，历史的隔阂在接触中逐步得到化解。加之从 1950 年至 20 世纪六七十年代，时间过了一二十年，已是两三代人，旧有的障碍因信徒的代际更替而不断地消失。1971 年，从彝良梭戈寨起，原内地会与原循道公会的信徒自发消除了派系，实现联合，同堂礼拜，携手合作，谋求生存，争取

---

664 《关于近两年来汉民族宗教方面阶级斗争情况》（材料之三）《宗教界毒害青少年的情况很严重》，《宗教工作通讯》，1963 年第 3 期。

发展。

> 1962 年 10 月一个傍晚，梭戈寨的王爱英（36 岁）、陶美秀（23 岁）俩普通义工传道，召集家庭成员和亲戚邻舍的人，在梭戈寨李文宽的 45 平方米私房展开了暗下传道工作。在一年的努力中，信徒就达 120 余人，于 1972 年 9 月贵州赫章县水塘的朱明祥传道员与教会取得联系后，双方协商，取消内地会、循道公会的界限，连成一片，友好往来，以传福音为宗旨。由此引起两省境地信徒拥挤梭戈寨教会，超出 500 人的聚会就达 10 余次，因教会狭窄情况，转移山林中聚会就达 20 余次。每次受洗人数超过百余人的就达 3 次。[665]

之后，原石门坎及四方井等地久熄的信仰之火也被激活，迅速复燃。"内地会一系的自由传道人员，跨过灼圍梁子，在他们的同胞和'敌人'中，重新煽动起了宗教热情。一些放弃了信仰的原循道公会教徒及他们的子女，又转入内地会一系进行活动"[666]，只是当时未挑明消除"边界"，实现合一而已。

彝良县梭戈寨这些信徒的行为非同小可，是苗族基督徒调整自身、适应形势的重要举措，由此而消除了教派隔阂，拆散了多年的"边界"篱笆，一加一大于二，产生并增强了合力效应，薪火相传，促进了基督教的传播。今天，当地基督教已非过去的循道公会或内地会，柏格理等人的传奇经历、繁荣的教育事业等，仅在追忆历史、是过去式而已。书写当今黔西北地区基督教发展及变化的是中国苗族、彝族基督徒！

的确，当原有两大教派"边界"的消除后，"合一"促进了基督教的传播；但我们也注意到这样的事实：尔后，包括石门坎在内的基督教会则传承过去内地会的活动方式，表现原内系的特色。不可否认，内地会以重视圣经、注重祈祷、强调与神交通、鼓励传播等在适应社会，尤其在"生态环境"较差的社会中能产生积极的传播作用及超强的延伸效果。然而，原内地会的重视信仰、单纯传教、个人因素等在新的生态环境中又容易被滥用，扭曲嬗变，导向神迷主义的"灵恩运动"。是故，当黔西北基督教派系得到消除后，"灵

---

665 王建刚主编：《彝良基督教百年简史》，2006 年，第 34 页。此资料系王礼祥先生提供，谨致谢忱。此文中的"1962 年 10 月……"疑为 1971 年。

  关于石门坎苗族群众接受原内地会传教的缘由，始于 1979 年 7 月赫章黑土公社杨德荣的传播活动等。关于这问题，参见《窄门前的石门坎》第 237—238 页。

666 张坦：《窄门前的石门坎》，第 237 页。

恩派"、"火浇派"、"圣洁派"、"雅各派"等异端或膜拜团体则在部分地点产生，并且得到发展。

3、"特殊活动"的延续及发展

本文所讲的"特殊活动"指对教理教义片面认识，宗教活动不正常、不规范者，即《窄门前的石门坎》作者称为的膜拜团体。

前文曾说，原内地会注重属灵，重视信徒宗教神秘的体验，灵恩之说颇有市场。早在 50 年代初，唱"灵歌"、跳"灵舞"、搞同心、说"方言"等现象曾在部分堂点出现，曾一度得到快速的发展。经过 1956 年有关部门召开的宗教界人士座谈会，以及 1957 年开展的社会主义教育运动，针对这些现象，批露其"恶果"，抑制其影响。当时，基督教尚能公开活动，经有关部门的帮助，以及其他教牧人员的规劝，诸如"跳灵舞"、"搞同心"等圣灵充满行为有所减少……

从 1957 年下半年，受"左"错误的干扰，宗教信仰自由政策受到破坏，基督教受到持续地打压，生态环境发生改变，趋于恶劣，教会便从"地上"潜入"地下"，在秘密状态下开展活动，谋求延伸和发展。环境的恶劣，应对方式也因之变化，活动的秘密化、小型化，以及受压抑激起的情绪，个别者容易因之走极端，纠集少数人组成内敛群体，区分"边界"，自我欣赏，独自宣泄，当然不排除极端化，改变以至征服基督徒或其他宗教徒。严重的还是，"大跃进运动"及"宗教肃反"等实施的"摧毁"性打击，环境恶劣，激起极少数教牧人员及教徒的逆反心理，产生并加剧了对抗意识，为了谋生存、求发展，部分人往往情绪化，以我为正确，采取了极端的方式，非此即彼。

1962 年，葛布出现自称"神的精兵"群体，嫌主流教会的活动正规及观念保守，提出"立足红花坪、攻破轿顶山、解放石门坎"等口号，圣灵充满，弘扬灵恩。该群体形成及开展活动时，被地方政府及时发觉，视为"反革命"集团[667]，予以打击，以儆效尤。到了"文化大革命"期间，压迫及打击更达到高潮，欲消灭宗教而后快！

---

667 张坦：《窄门前的石门坎》，第 236 页。据张坦解释：红花坪系葛布附近一地名，是"神的精兵"发祥地；轿顶山是葛布附近一教堂，以坚持传统的信仰及仪礼，反对灵恩运动而闻名；内地会系统认为循道公会的做法"不属灵"，是"假信仰"，其中石门坎是顽固不化的"小台湾"，故提出"解放"的口号，从解放石门坎入后，推行其他地点地点。同页注①－③。

然而，事与愿违，压迫激起抵抗，抵抗产生情绪，情绪容易煽动，走向极端，极端容易滋生内敛，形成并强化他们的特殊活动。

> "文革"中为躲避错批错斗而外逃流动，秘密传福音的人和那些自称受神托付出来作主工的人，不完全都是纯正的基督徒。有的人传的不是福音，目的也不是引人归主，建立教会，让人在其中行善行义得永生，而是拉帮结派，笼络人心，兜售自己的货色，以标新立异，从而立山头、树自己。他们中有的人自称圣洁，不见死人，不摸死尸，不与跟自己不同信仰生活的人同吃喝，尤其不与众教会的信徒同吃喝。有的人自称属灵，说能与神通话，常见天上的事，能预测生死祸福。有的人则妄评圣经，说某卷书写得不好，不应该选入圣经，明目张胆地反对圣经关于复活等真理。如此等等。他们否定圣经，谬讲圣经，满口胡言，还无知地说，自己已经跑到圣经前面去了。他们各自为政，拉帮结派，自立山头，冒充领袖，误导一些信徒，甚至一些教牧也跟着他们摇旗呐喊，导致一向统一和谐、和睦相处的教会出现了帮派。造成教会分裂，家庭分争：夫妻、父子、兄妹，各吹各的号，各唱各的调，各走各的道，互不买账，让耶稣基督伤心，令弟兄姊妹寒心，叫不信耶稣的人疑心。他们说：都是信一位耶稣，都是读一本圣经，为什么互相攻击胜过仇敌？[668]

固然，形成异端有对教义认识及理解差异等因素的作用，某人不是从整个思想脉络上全面、整体地理解及认识圣经，而往往凭借个人的体验或体会，对《圣经》中某些字句做出诠释，具有浓郁的个性化色彩；但重要原因是社会施加的压力使得教会转入"地下"活动，公开变为秘密，行动诡秘。宗教活动不公开、不透明，缺乏认识、鉴别及交流。不比较则无鉴别，不透明则易生神秘，在"秘密"状态下，个别人自我的神秘体验及随意阐述容易迷惑无知者，产生迷信，迷信聚结同类，组成内敛群体。外界的歧视或压制，往往加剧内部的偏执或抵制，紧缩凝结，与之抗衡；并适当展示其"特色"，标明"身份"。

进入 80 年代，宗教信仰自由政策的恢复，人民群众的宗教信仰权利受到了尊重和保护，宗教活动公开、正常地举行。有比较则有鉴别，环境的宽松，

---

668 《基督教结构教会百年简史》，第 128—129 页；《赫章县志》，第 23 篇，第 748 页。

使得多数不正常的宗教活动回归正常，其活动暴露于"阳光"之下，神秘色彩逐渐消退，生存空间日渐缩小。90 年代末，所谓"灵恩派"、"火浇派"、"圣洁派"、"雅各派"等群体，虽然还有信从者，甚至实践者；作为团体几乎不复存在，因之引导教会公开活动，见见"阳光"，是比较与鉴别宗教活动的重要方式，也是管理宗教事务的方式之一。

当今，影响黔西北地区基督教的，不再是所谓异端或教派之见，而是外来的强调"末日论"，宣扬教主崇拜、行动诡异的"门徒会"、"灵灵教"或"闪电教"等"邪教"的活动。

第十节　凉山民族地区基督教的变化

一、历史概况

四川是一个多民族杂居的省份，少数民族主要有藏族、彝族、羌族、苗族及回族。除回族之外，历史上基督教均在这些民族地区中开展活动，试图改变部分群众的传统观念，接受基督教信仰。然而，传教士们的种种努力，几乎没有收效，犹如竹篮打水一场空！

藏族地区。20 世纪初，内地会、基督会及复临安息日会等差会传教士先后进入，曾在巴塘、康定等地设立教堂、开办诊所医院、创办学校、散发圣经及宗教书籍，积极活动；40 年代末，基督教边疆布道团、康定长老会，以及康定环球布道会等也相继来到，试图开展活动。可是，除传教士掌握的医疗技术及西药的"神奇"效果等给部分藏族群众留下深刻烙印外，在教育及传教等方面没有得到什么收获，所谓"洋人莫嘎，洋钱嘎"（意思，洋钱可爱，洋人不可爱）谚语道出其活动的窘境[669]。自 1951 年外籍传教士被驱逐出境后，基督教在当地迅速消失，难觅痕迹。

苗族地区。筠连、珙县、高县等苗族地区接壤云南，历史上受滇黔两地苗族群众信教的影响，珙县罗渡王武寨等地苗民也接受了基督教，还传至叙永、高县等苗区，活动在昭通的基督教循道公会将此地划入石川教区，成立川联教区，隶属石门坎苗族教会领导；还创办了王武寨等 5 所光华小学，传授苗文（柏格理文字）、宣传教义，教唱赞美诗（川苗福音诗），发展教育，

---

669 傅方、辛可《美国的基督教会"牧师"在西康巴塘的侵略》，《帝国主义利用基督教侵华活动》，1951 年。

教务一度甚为活跃[670]，但到 40 年代后期，受石门坎教会衰弱的影响，筠连、珙县等地基督教活动也趋于萎缩，到 50 年代初便停止活动。

1912 年前后，古蔺少数苗区相传在贵州大定（方）苗区出了救世主，该县蔓岭乡马亚伯等 20 余名苗民便相约到大方寻访，期盼获得拯救，还邀请传教士来古蔺等地传教。不久，内地会传教士海烈斯（海彦士）来到这里，设立教堂，创办"华洋拯救会"，宣传福音，给予米布等物，影响群众，加入教会。于是，古蔺大坪、龙山、鱼化及叙永枧槽、两河等地部分苗民先后接受了基督教。该地以古蔺大坪为总堂，隶属贵州大方内地会，建立教堂及传教点 30 个，教务一度比较红火[671]。

1951 年，外籍传教士离开中国，当地的宗教活动无人统领，基督教也趋于消失。

羌族地区。虽然基督教进入羌区开展活动时间不算最早，但各差会在此的密集活动则算更突出的，圣经公会陶伦士（T.Torrance）、圣公会李白庚，以及美道会毛树森等先后来此开展活动，其中毛树森的不懈努力取得了较为成功，吸收了部分教徒，建起美道会理番（县）自养区，力谋向周边发展。但当毛树森逝世后，后继乏人，该自养区难以维持，基督教便无形消失。

40 年代初，中华基督教边疆服务部派人进入汶川、理县等地，建立川西区，以教育、医药及生计等开路，接触羌族及藏族（嘉绒）部分民众，积极开展活动，逐步得到认可。尤其是得到理县担杂木沟土官官淑贞的竭力支持，基督教在当地重新扎根，还得到了发展。

临解放时，因官淑贞全家遇害等，边疆服务部开展的活动受到伤害，逐步陷入停顿状态。建国后，该部的经费来源断绝，妨碍活动的开展，相关人员坚持乏力；加之受黑水、草地等平叛行动的影响，医疗及生计等工作被迫中止。1952 年初，川西部实施专门登记之后，便向当地政府移交服务点、医院诊所及学校，结束工作，停止活动。

彝族地区。长期以来，彝族聚居区是基督教活动的空白区，传教士们梦寐以求实现开拓凉山。20 世纪 40 年代中叶，中华基督教边疆服务部人员以医疗、教育等开道，进入彝区，曾在昭觉、普雄建立诊所，兼作传教点，有所

670 珙县民委编印：《珙县苗族志》，1996 年，第 73—75 页；熊绍荣：《基督教传入珙县的始末》、熊绍荣等：《珙县王武寨光华小学的由来》，宜宾市政协文史委等编：《宜宾近代天主教基督教史料集粹》，2008 年。
671 王成：《基督教在川南苗族地区的活动》，《宜宾近代天主教基督教史料集粹》。

活动。不久，因治安难以保障，尚未扎根的传教人员被迫撤离，后退西昌，集中力量，经营这里。

1947 年，内地会海恒博（A.J.Broomhall）从贵州赫章辗转来到昭觉，建立诊所，以施给医药、救死扶伤为手段接触彝民，巡回医疗，间接传教。1951 年初，海恒博离境回国。之后，凉山彝区没有外籍传教士。

尽管，当时彝族聚居区已没有基督教的活动，但在西昌、会理等彝汉杂居区，基督教仍然存在，适应环境，有所调整，继续活动。

20 世纪初，雅安等地浸信会曾派人来西昌建立教堂，开展活动，发展信徒。受第一次世界大战等的影响，该部放弃西昌等地的教务，撤离外籍人员。除会理教会由澳洲基督会及国内布道会先后维持外，其他地方教会几乎不复存在。

1940 年，中华基督教边疆服务部派人来此活动，成立西康部，复燃了熄灭多时的基督教活动。该部亦以医疗、生计及教育等为手段，接触民众，扎住了根，逐步发展，还向周围地方积极扩张。

西昌等地是彝汉杂居区，为了能进入彝族聚居区传播基督教，该部特别建立夷胞招待所，为部分来昌活动的彝民免费提供住宿等，开展宣传教育，伺机接触彝族群众，消除隔阂，建立联系。藉此关系，该部逐步进入彝族聚居区，先后在昭觉县城、四开及竹核，以及越西普雄建立诊所、学校等，巡回活动。

除了边疆服务部外，40 年代末，北美浸信会、内地会及中华（南美）浸礼会等亦先后派人来到西昌等地开展活动。1950 年，人民解放军进入，解放西昌等地，不久，抗美援朝爆发后，受政治形势等的影响，外籍传教士亦离境返国，只有国籍人员及边疆服务部暂留该地[672]，但这些教会都基本上停止了活动。

比较四川各民族地区，基督教在西昌等地的活动时间较长，还延续至今。因而本节主要介绍以西昌等地的相关情况。

二、西昌等地基督教的活动

1951 年初，除中华基督教边疆服务部及国内布道会外，原来在西昌等地

---

672 对中华基督教会边疆服务部的权威研究，参见杨天宏《救赎与自救——中华基督教会边疆服务研究》（三联书店，2010 年 10 月）

活动的各建制教会不复存在。

在活动之初，中华基督教会边疆服务部曾得到国民政府行政院等补助，以及国际红十字会等援助，经费较充裕，西康等区各类活动开展积极且频繁，还多次组织大学生暑期服务团到各区实地服务，影响也不断扩大。然到40年代后期，受持续内战、通货膨胀及国民政府摇摇欲坠等的影响，边疆服务部向外筹措经费非常困难，基本上依靠中华基督教会全国总部的补助，数量少，间隔时间长，难济缓急。到 1950 年度，总会只能补助原额 2／3，其余部分以自筹填充。1951 年初，美国政府宣布冻结中国在美资产等。影响所至，中华基督教会全国总会难以再获资助，依靠过去的节余，勉强给边疆服务部少量的补助。到 1952 年时，总会无钱筹措，只得停止了补助，边疆服务部顿时陷入困境。

如前所述，边疆服务部的"传教活动，解放前大都与医疗、办学以及慈善事业同步进行，借以扩大传教影响"[673]。医疗、教育及慈善等，均系花费金钱的社会事业。缺乏资金的资助，边疆服务部西康区步履维艰，不断收缩活动范围，停办部分服务点。其间，中华基督教全国总会对之也有所指示，"全国建国后，我人民政府对各少数民族有完备、正确政策，将逐步予以实施。本会独力负责之服务方式，已成过去。今后惟有追随政府之后，完成建国计划，无力亦无需另立门户，别树一帜。所有社会服务工作，应向当地人民政府申请接办，若政府不欲接办时，应设法结束"[674]，放弃教务，撤离该地。

鉴于实际情况，根据指示的要求，从1951 年 9 月起，在接受专门登记中，西康区便向当地政府移交学校、医院诊所、儿童福利站，以及三一农场等，请求接管[675]；加之受土改及城镇改造等的影响，多数职员离川返乡，回到原籍参加工作；教育及医疗等服务事业被政府接收后，部分人员也随之参加工作。于是，该部的人员急剧减少，部分活动既无力也无法开展。1954 年初，边疆服务部西康区宣布结束在西昌、会理等地的工作；次年 10 月，边疆服务部总部也停止工作，无形解散。

---

673 编委会：《凉山彝族自治州州志》，方志出版社，2002 年，卷 6，宗教。

674 四川省档案馆藏中华基督教会全国总会边疆服务部一九五二年度第一次半年书面报告。

675 四川省档案馆藏中华基督教会全国总会边疆服务部总部会议纪录（1952 年 12 月24—28 日）

建国以来，作为建制的教会，中华基督教边疆服务部、内地会、浸信会等逐步结束了传教等事务，但这些教会尚有部分职员，他们响应吴耀宗等人士的号召，在宣言上签字，拥护人民政府，开展革新运动，中止该部原外籍人员的工作。

1951 年 8 月，各派教会职员在西昌召开革新扩大会，成立了基督教革新联谊会，有委员 7 人，他们是吴景、郭在柘、杨叔桐（中华基督教会）、韩玉玖（浸信会）、张仲理（内地会）、洗崇光（中国浸信会）、于道揆（山东孤儿院），由吴景负责。该会系松散的群众团体，多起联络、沟通及交流等，响应号召，接受领导，支持抗美援朝运动，进行政治学习，宣传禁烟禁毒等。

其间，西昌农村开展土地改革，乡点各堂点接受要求，停止了活动，逐步无形消失。城镇革新联谊会教职人员在政府的要求下，组织生产劳动或参加城镇集体合作社，继续保持信仰，开展宗教活动。

1954 年，当边疆服务部西康区结束工作后，当地教牧人员破除教派隔阂，建立基督教三白革新运动委员会，实践自传、自养、自治，按照积极反帝爱国，有实际的行动表现，遵守政策法令，积极拥护；学习积极，工作热诚，实事求是，大公无私，有正当宗教信仰，能联系教徒群众，为教徒所拥护等项条件，推选三自会委员[676]，组织并领导相关活动。结合政府部门的要求，适应形势的变化，该会拟在 1955 年初组织以下特别的爱国活动：召开反对美蒋共同防御条约座谈会，声讨美国及蒋介石政权；组织反对使用原子弹武器的礼拜活动；召开拥护镇压反革命座谈会，肃清暗藏在教会内反革命分子座谈会等[677]。

其间，三自会还配合政府开展的扫盲运动，组织速成识字班，扫除文盲；开展拥军优属等活动，继续举办查经班、主日学习，以及组织礼拜，等等。[678]

据统计，1956 年时西昌城镇还有基督徒 43 人，其中多数人系小商小贩，他们已参加社会主义改造，进入集体制经济组织或工厂中。至于当地教牧人员，在吴景牧师的带领下，参加生产劳动，以种蔬菜、养蜜蜂、喂家畜等解决生活，维持教会的日常开支等（参见下 3 表）。

---

676 凉山州档案馆藏 1956 年 10 月 15 日郭在柘、吴景西昌中华基督教会报告。

677 凉山州档案馆藏中华基督教西昌堂会 1955—1956 年第一季度工作报告。

678 四川省档案馆藏 1953 年 2 月 15 日边疆服务部西康服务区西昌堂会 1953 年年会报告。

表 2-9 1956 年 1～6 月西昌教职人员参加生产劳动表 单位：天

	1 月	2 月	3 月	4 月	5 月	6 月	合 计
吴 景	14	21.5	24.5	17	14	14.5	105.5
许正光	16	24.5	26.5	28	27	21.5	137.5
陈松廷	18.5	24	23	25.5	17	8.5	116.5
王新良	31	25.5	28.5	30	27	30	172
合 计	79.5	95.5	102.5	100.5	79	74.5	531.5

注：每人全部为 180 天。

表 2-10 西昌基督教会蔬菜、瓜类收入比较表 单位：元

蔬菜收入		瓜类收入	
香 菇	157.33	黄 瓜	25.71
苤 兰	59.34	白 瓜	15.62
高 笋	37.2	南 瓜	11.26
葱	29.59	苦 瓜	8.37
四季豆	15.64	笋 瓜	6.39
包包白	14.26	税 瓜	3.93
蒜	13.88	葫 芦	3.73
茄 子	3.42	飘 瓜	0.85
厚皮菜	1.45	丝 瓜	0.34
大海椒	0.59		
韭 菜	0.26		
芫 荽	0.04		
合 计	333.00	合 计	76.2

表 2-11 西昌基督教会财产及收入情况 单位：元

收　　　入			支　　　出	
上期转来	现 金	55.28	工 资	195.74
	外 欠	6.2	猪	57.27
	垫支猪款	8.48	兔	0.3

	垫支兔款	2.39		工 具	3.65
本期转入	猪 款	90.97		种 子	3.55
	葡萄款	1.7		农 药	1.13
	蔬菜款	333		用 具	1.7
	瓜类款	76.2		什 支	11.84
	种子款	5.65		暂付款	6.5
	工具款	1.00		归教会款	126.68
转下期	猪价款	10.00	纯益分配	教 会	37
	兔价款	2.69		吴 景	35
				许正光	43
				陈松廷	39
				王新良	31
				转下期	0.2
合 计		593.36			593.36

注：上表所列纯分配，系经全体开会决定；教会按规定提 20%，本期经负责人转告，该款留本组作流动资金，但经确实保证，不使受丝毫损失。
资料来源：三表资料取自凉山州档案馆 1956 年 7 月中华基督教会生产组总结。

此外，当时会理县城内还有原国内布道会教徒 30 余人，由牧师王道然领导，具体情况不详[679]。

前面曾述，经过土改，西昌地区农村基督教会已停止了活动，不再存在。唯有会理县东南部摩坡佐、田房及他禄等彝汉杂居地，因毗邻云南武定等地，武定滔谷基督教曾派人来此设立堂点，开展活动。建国初，受武定教会的影响，该地教会还有所发展，教徒约两三百人，以彝族群众为多。由于地处两省交界的民族杂居区，地处偏僻，交通不便，受外界的影响较小，其活动延续到 1966 年"文化大革命"前。后受"文革"的猛烈冲击，当地基督教被迫暂停活动，蛰居隐藏，直到 80 年代初才重新恢复。

---

679 凉山州档案馆馆藏 1956 年 12 月 29 日西昌专员公署 1956 年度宗教工作综合报告。